Guttentagsche Sammlung
Nr. 13. Preußischer Gesetze. Nr. 13.
Textausgaben mit Anmerkungen.

Ergänzungssteuergesetz.

Textausgabe mit Anmerkungen und Sachregister

von

Geh. Oberfinanzrat A. Fernow,
Vortragender Rat im Königl. Preuß. Finanzministerium.

Fünfte vermehrte und verbesserte Auflage.

Berlin 1914.
J. Guttentag, Verlagsbuchhandlung,
G. m. b. H.

Abkürzungen.

AbgH. = Abgeordnetenhaus.
Anm. = Anmerkung.
AusfGes. = Ausführungsgesetz.
Begründ. = Begründung.
BGB. = Bürgerliches Gesetzbuch.
EA. = Anweisung des Finanzministers vom 25. Juli 1906 zur Ausführung des Ergänzungssteuergesetzes in der vom 1. April 1909 an gültigen Fassung.
EinfGes. = Einführungsgesetz.
EinkA. = Anweisung des Finanzministers vom 25. Juli 1906 nebst Änderungen zur Ausführung des Einkommensteuergesetzes Teil I.
EinkA. Zweiter Teil, Dritter Teil = Anweisung des Finanzministers vom 25. Juli 1906 zur Ausführung des Einkommensteuergesetzes und des Ergänzungssteuergesetzes Teil II, III.
EinkstGes. = Einkommensteuergesetz.
ErgstGes. = Ergänzungssteuergesetz.
Erkl. = Erklärung.
FME. = Erlaß des Finanzministers.
GesS. = Gesetzsammlung.
HGB. = Handelsgesetzbuch v. 10. Mai 1897.
Komm. = Kommission.
KME. = Erlaß des Kriegsministers.
MittH. = Mitteilungen aus der Verwaltung der direkten Steuern, Heft.
OVG. = Entscheidungen des Oberverwaltungsgerichts in Staatssteuersachen.
RegVertr. = Regierungsvertreter.
RegVorl. = Regierungsvorlage.
RG. = Reichsgesetz.
StenBer. = Stenographische Berichte.
Techn. Anl. = Technische Anleitung vom 26. Dezember 1893 für die erstmalige Schätzung des Wertes der Grundstücke behufs Veranlagung der Ergänzungssteuer.
ZPO. = Zivilprozeßordnung.

Inhaltsverzeichnis.

Einleitung.

Das große Werk der Steuerreform, welches der preußische Staat dem verewigten Finanzminister v. Miquel verdankt, gliedert sich in zwei Teile.

Der erste Teil umfaßt die Neugestaltung des Einkommensteuer- und des Gewerbesteuergesetzes und fand seinen Abschluß in den beiden Gesetzen vom 24. Juni 1891.

Den zweiten Teil bilden die drei Gesetze vom 14. Juli 1893, das Gesetz wegen Aufhebung direkter Staatssteuern, das Kommunalabgaben- und das Ergänzungssteuergesetz.

Miquel hatte die bessernde Hand in erster Linie an die staatliche Einkommensteuer gelegt. Durch Einführung der Steuererklärung in Verbindung mit einem zweckentsprechenden Veranlagungsverfahren war eine richtigere und gleichmäßigere Erfassung des steuerpflichtigen Einkommens ermöglicht worden. Gleichzeitig hatten die neuen Vorschriften eine gerechtere Verteilung der Steuerlast herbeizuführen gesucht, indem die Leistungsfähigen höher als bisher herangezogen, die geringeren Einkommen dagegen entlastet wurden.

Das Gewerbesteuergesetz hatte die auf veralteter Grundlage beruhende Gewerbesteuer den modernen Verhältnissen angepaßt und gleichfalls für eine gerechtere Verteilung der Steuerlast Sorge getragen.

Die erste Veranlagung nach dem neuen Einkommensteuergesetz, welche für das Steuerjahr 1892/93 stattfand, ergab ein Veranlagungssoll von 124842848 M., während für das Steuerjahr 1891/92 das Hebungssoll der Klassen- und klassifizierten Einkommensteuer zusammen nur 79558827 M. betragen hatte, so daß sich also ein um ca. 45 Mill. M. höheres Veranlagungssoll herausstellte.

Nach § 82 des Einkommensteuergesetzes vom 24. Juni 1891 sollten die Überschüsse, welche die Einnahme an Einkommensteuer für das Jahr 1892/93 über den Betrag von 80000000 M. abwerfen würde, nach Maßgabe eines zu erlassenden besonderen Gesetzes zur Durchführung der Beseitigung der Grund- und Gebäudesteuer als Staatssteuer, bzw. der Überweisung derselben an kommunale Verbände verwandt werden.

Diese Bestimmung bedeutet den Anknüpfungspunkt des zweiten Teiles der Miquelschen Steuerreform. Mit Rücksicht auf das hohe Ergebnis der neuen Einkommensteuer wurde indessen nicht nur die Überweisung der Grund- und Gebäudesteuer an die Kommunen, sondern der erweiterte Gedanke ins Auge gefaßt, die Ertragssteuern überhaupt als Staatssteuern aufzugeben und den Gemeinden zu überlassen.

Mit der beabsichtigten Aufgabe der Ertragssteuern verzichtete der Staat nun auf folgende Einnahmen (nach dem Voranschlage für 1892/93, bzw. nach der Kontingentierung der Gewerbesteuer in § 81 des Gewerbesteuergesetzes):

1. Grundsteuer	39 907 000	M.
2. Gebäudesteuer	35 086 000	„
3. Gewerbesteuer	19 811 000	„
4. Bergwerksabgaben	6 926 000	„
Sa.	101 730 000	M.

Diesem Ausfalle standen zur Deckung nur folgende Summen gegenüber:

1. Mehrertrag der Einkommensteuer, nach Abrechnung der Abgänge und Ausfälle rund anzunehmen auf	40 000 000 M.
2. Ersparnis durch Aufhebung des Gesetzes vom 14. Mai 1885, der sogenannten lex Huene	24 000 000 „
3. Ersparnis durch Beseitigung der den Gemeinden für Veranlagung und Erhebung von Staatssteuern bisher seitens des Staats gezahlten Vergütungen	2 940 000 „
Sa.	66 940 000 M.

Mithin verblieb ein Fehlbetrag von rund 35 Mill. M., auf welchen der Staat nicht verzichten konnte, sondern von dessen anderweiter Deckung er das Zustandekommen des ganzen weiteren Reformwerks abhängig machen mußte.

Diese fehlenden 35 Mill. M. der Staatskasse zu ersetzen, war der finanzielle Zweck des Ergänzungssteuergesetzes vom 14. Juli 1893.

Nebenbei fallen aber der „Ergänzungssteuer" noch wichtige Aufgaben innerhalb des preußischen Staatssteuersystems zu. Nicht nur finanzielle Schadloshaltung der Staatskasse soll sie erzielen, sondern sie soll zugleich ein Mittel sein, die von dem Einkommensteuergesetz erstrebte, aber immerhin noch nicht vollkommen erreichte gerechte Verteilung der Staatssteuerlasten noch mehr zu verwirklichen. Außerdem aber soll sie als stetige und sichere Steuer die gesamte Finanzgebarung des Staats stärken, nachdem dieser in den Realsteuern sichere, auf festen Grundlagen beruhende Einnahmen aufgegeben.

Die gerechtere Verteilung der Steuerlast erstrebt die Ergänzungssteuer dadurch, daß sie einmal das fundierte, d. h. das auf Besitz gegründete, Einkommen gegenüber dem unfundierten Einkommen (Arbeitseinkommen) stärker belastet, zweitens aber auch ergänzend da eintritt, wo die Form der Einkommensteuer behufs angemessener Erfassung an sich leistungsfähiger Elemente nicht ausreicht.

Darüber, daß eine stärkere Heranziehung des fundierten Einkommens in der Tat eine Forderung der Gerechtigkeit sei, herrschte bei der Beratung des Gesetzes von vornherein allgemeine Übereinstimmung. Unverkennbar liegt ja ein bedeutender Vorzug des fundierten Einkommens darin, daß dasselbe, als von der persönlichen Arbeitskraft unabhängig, sich von selbst dauernd erneut, während das nicht fundierte Einkommen durch Krankheit, Alter, Tod der dasselbe erzielenden Person beeinträchtigt oder ganz beendigt werden kann. Mit Rücksicht auf diese möglicherweise früher oder später eintretende Verkürzung oder gänzliche Beendigung muß der auf unfundiertes Einkommen Angewiesene daran denken, durch rechtzeitige Rücklagen seine und der Seinigen Zukunft zu sichern, er kann daher nicht einmal sein volles Einkommen zur Befriedigung seiner Bedürfnisse verwenden, während der Inhaber fundierten Einkommens, ohne Sorge für die Zukunft, seine Jahreseinkünfte vollständig aufzehren darf. Mit Fug und Recht wird daher der Besitzer fundierten Einkommens, d. h. derjenige Steuerpflichtige, welchem seine Person überdauernde Quellen gesicherte Aussicht auf fortdauernden Einkommensbezug gewähren, als gegenüber dem nur auf Arbeitseinkommen Angewiesenen leistungsfähiger, in erhöhtem Maße zu den Staatslasten herangezogen.

Fand die Grundidee der schärferen steuerlichen Anfassung des fundierten Einkommens allgemeine Zustimmung, so waren doch die Meinungen darüber geteilt, in welcher Form diese höhere Besteuerung zur Ausführung zu bringen sei. Da die Ertragssteuern nach dem Grundgedanken der Reform lediglich der Kommunalbesteuerung zu reservieren waren, konnte es sich jedenfalls nur um eine Personalsteuer handeln; die Ansichten gingen aber darüber auseinander, ob das Ziel besser durch die von der Staatsregierung vorgeschlagene Ergänzungssteuer, oder nicht vielmehr durch die von anderer Seite vorgezogene Form eines Zuschlags zur bestehenden Einkommensteuer, oder endlich etwa durch eine erweiterte Erbschaftssteuer zu erreichen sei. Der Regierungsvorschlag ward schließlich Gesetz, nachdem die erweiterte Erbschaftssteuer, welche namentlich auf eine ziemlich hohe Besteuerung der an Aszendenten und Deszendenten fallenden Erbschaften hinausgelaufen wäre, als inopportun, ungleichmäßig wirkend, den Volksanschauungen widersprechend und aus dem Rahmen der geplanten Reform fallend verworfen worden war, die höhere Besteuerung des fundierten Einkommens im Rahmen der Einkommensteuer aber, für welche von einer Unterkommission der mit Beratung des Ergänzungssteuergesetzes befaßten Kommission des Abgeordnetenhauses „Grundzüge" aufgestellt worden waren, sich schon wegen der entgegentretenden Schwierigkeiten der Ausführung als nicht angängig erwiesen hatte.

Abgesehen von den äußeren Schwierigkeiten der Ausführung einer Besteuerung des fundierten Einkommens im Rahmen der Einkommensteuer hatten auch die inneren Vorzüge der Ergänzungssteuer ihr gegenüber einem Einkommensteuerzuschlage zum Siege verholfen. Die Begründung der Regierungsvorlage äußert sich hierüber wie folgt:

„Die Ergänzungssteuer soll denjenigen Faktor der Leistungsfähigkeit treffen, welcher in der gesicherten Fortdauer des Einkommens gegründet ist. Dieser Faktor findet einen entsprechenden Ausdruck in der Höhe des Einkommens nicht; denn die Höhe des Einkommens aus dem Vermögen richtet sich nach der Art der Anlage und steht nicht selten bei gleichen Vermögen in umgekehrtem Verhältnis zur Sicherheit derselben.

. . . . Einen richtigeren Maßstab bildet der Kapitalwert des Vermögens; insofern derselbe zugleich den Tauschwert anzeigt, ist die Voraussetzung begründet, daß gleichen Werten auch die gleiche steuerliche Leistungsfähigkeit entspricht."

Dasselbe deutet der Bericht der Kommission des Abgeordnetenhauses in folgenden Sätzen an:

„Das Einkommen ist seiner Höhe nach wesentlich abhängig von der Verwendung des Besitzes, der Art der Anlage des Vermögens; bei gleichem Besitz könne das Einkommen mehrerer Steuerpflichtiger aus demselben und bei einem und demselben Besitz das Einkommen des Steuerpflichtigen zu verschiedenen Zeiten sehr verschieden sein. Daraus folgt, daß nicht das jeweilige Besitz*einkommen*, sondern der Einkommens*besitz*, das Vermögen, derjenige Faktor ist, welcher seinen Inhaber gegenüber dem Besitzlosen leistungsfähiger macht."

Die „Ergänzungssteuer" nach dem Gesetz vom 14. Juli 1893 stellt sich dar als **eine auf das Einkommen der Steuerpflichtigen gelegte, nach dem Maßstabe des Reinvermögens zu entrichtende Personalsteuer.** (Vgl. Bericht der Komm. des AbgH. S. 1.) Sie steht in unmittelbarem Zusammenhange mit der Einkommensteuer des Gesetzes vom 24. Juni 1891; sie „ergänzt" diese Steuer in finanzieller und in steuerlicher Hinsicht, indem sie den nach Überweisung der Ertragssteuern an die Gemeinden, trotz des erhöhten Ertrags der reformierten Einkommensteuer, verbleibenden Fehlbetrag der Staatskasse deckt und indem sie das fundierte Einkommen besonders besteuert, sowie gleichzeitig an sich leistungsfähige Personen, welche die Einkommensteuer nicht trifft, weil sie zeitweise kein Einkommen erzielen, nach ihrem Vermögen zur Steuer heranzieht.

Die Ergänzungssteuer ist nicht eine für sich bestehende Hauptsteuer, sondern ihrem ganzen Wesen, ihrem Zweck, ihrer Ausgestaltung nach eine Nebensteuer, die eben nur in Verbindung mit der Einkommensteuer als der Hauptsteuer zu betrachten ist. Ihr Charakter als Nebensteuer drückt sich von vornherein auch in ihrem mäßigen Prozentsatze aus; ihre organische Verbindung mit der Einkommensteuer wird noch besonders durch § 50 des Gesetzes zum Ausdruck gebracht, welcher bestimmt, daß, abgesehen von der Bestimmung in § 49, eine Veränderung der Ergänzungssteuersätze nur bei gleichzeitiger und verhältnismäßiger Abänderung der Einkommensteuersätze zulässig sein soll. Mit Rücksicht auf diesen akzessorischen Charakter der Steuer und um von vornherein ihre Bestimmung klarzustellen, ist die Bezeichnung als „Ergänzungssteuer" unter Ablehnung eines Antrags, welcher den Namen „Vermögenssteuer" einführen wollte, beibehalten worden.

Durch die Allerhöchste Verordnung vom 25. Juni 1895 sind die im § 18 des Ergänzungssteuergesetzes bestimmten Steuersätze auf Grund der Vorschrift des § 49 Abs. 3 des Gesetzes um 5,2 Pf. für jede Mark erhöht worden, mit der Maßgabe, daß bei der Feststellung der hiernach zu berechnenden Jahressteuersätze jeder überschießende, nicht durch 20 teilbare Pfennigbetrag auf den nächsten in dieser Weise teilbaren Betrag abzurunden ist.

Durch die Novelle vom 19. Juni 1906 (GS. S. 241) ist insbesondere, im Einklang mit den Abänderungen im Einkommensteuergesetz, das Rechtsmittelverfahren auch für die Ergänzungssteuer hinsichtlich der Steuerpflichtigen mit Einkommen von nicht mehr als 3000 M. neu geregelt worden. Diesen Steuerpflichtigen ist nun als erstes Rechtsmittel der Einspruch an die Veranlagungskommission und als letztes die Berufung an die Berufungskommission gegeben. Dagegen haben die Steuerpflichtigen mit höherem Einkommen auch für die Ergänzungssteuerveranlagung die bisherigen Rechtsmittel der Berufung an die Berufungskommission und der Beschwerde an das Oberverwaltungsgericht behalten.

Von den sonstigen Änderungen des ursprünglichen Gesetzes durch die Novelle von 1906 ist hier noch hervorzuheben, daß in § 11 Abs. 1 eine anderweite Bestimmung wegen der Schätzung des Werts der land- oder forstwirtschaftlich genutzten Grundstücke insofern getroffen wurde, als nunmehr bei der Einschätzung von Grundstücken, deren nachhaltiger Wert durch eine ordnungsmäßige land- oder forstwirtschaftliche Bewirtschaftung bedingt wird, der Wert nach den Verkaufswerten und den Pachtpreisen zu bemessen sein sollte, welche sich für Grundstücke gleicher Art nach dem Durchschnitt der letzten zehn Jahre ermitteln ließen.

Dieser Absatz des § 11 des Gesetzes hat aber später durch Artikel II der Novelle vom 26. Mai 1909 (GS. S. 349) eine abermalige Neugestaltung erfahren, indem jetzt, und zwar nach Artikel III derselben Novelle von der Veranlagung der Ergänzungssteuer für 1911 beginnend, bei der Einschätzung von Grundstücken, die dauernd land- oder forstwirtschaftlichen Zwecken zu dienen bestimmt sind, einschließlich der dazugehörenden, denselben Zwecken dienenden Gebäude und des Zubehörs, der Ertragswert zugrunde gelegt werden soll. Als Ertragswert gilt das Fünfundzwanzigfache des Reinertrags, den die Grundstücke als solche nach ihrer wirtschaftlichen Bestimmung bei gemeinüblicher Bewirtschaftung im Durchschnitt nachhaltig gewähren können.

Ergänzungssteuergesetz

in der vom 1. April 1909 an gültigen Fassung.

Wir Wilhelm, von Gottes Gnaden König von Preußen usw., verordnen mit Zustimmung beider Häuser des Landtages Unserer Monarchie für den Umfang derselben (mit Ausschluß der Hohenzollernschen Lande und der Insel Helgoland) was folgt:

§ 1. Vom 1. April 1895 ab wird eine Ergänzungssteuer nach Maßgabe der folgenden Bestimmungen erhoben.

1) Ein bei der Beratung des Gesetzes im Abgeordnetenhause gestellter Antrag, die Steuer nicht als „Ergänzungssteuer", sondern als „Vermögenssteuer" zu bezeichnen, wurde abgelehnt. Mit dem Ausdruck „Ergänzungssteuer" soll gleich von vornherein die Stellung und Bedeutung der Steuer im preußischen Steuersystem angedeutet werden. Vgl. Einleitung S. 13/14.

2) Durch das Gesetz betr. die Umgestaltung der direkten Steuern in den Hohenzollernschen Landen vom 2. Juli 00 (GS. S. 252) ist das Ergänzungssteuergesetz auch in den Hohenzollernschen Landen eingeführt.

3) Das Ergänzungssteuergesetz gilt nicht für die Insel Helgoland. Ein aus einem preußischen Gebiet nach Helgoland übersiedelnder preußischer Staatsangehöriger unterliegt von dem seinem Umzuge folgenden Monate ab nicht mehr der preußischen Einkommensteuer (MittH. 30, 43) und daher gemäß § 2 I ErgstGes. auch nicht mehr der Ergänzungssteuer.

Die Vorschriften in § 2 II ErgstGes. finden aber auch auf die Angehörigen der Insel Helgoland Anwendung, soweit es sich um Grundbesitz usw. handelt, der sich innerhalb des preußischen Staatsgebiets mit Ausnahme von Helgoland befindet. OVG. VII, 217.

I. Steuerpflicht.

§ 2. Der Ergänzungssteuer unterliegen:

I. die im § 1 des Einkommensteuergesetzes zu Nr. 1 bis 3 bezeichneten physischen Personen nach dem Gesamtwert ihres steuerbaren Vermögens (§ 4);

II. ohne Rücksicht auf Staatsangehörigkeit, Wohnsitz oder Aufenthalt alle physischen Personen nach dem Werte

a) ihres preußischen Grundbesitzes,

b) ihres dem Betriebe der Land- oder Forstwirtschaft, einschließlich der Viehzucht, des Wein-, Obst- und Gartenbaues, dem Betriebe des Bergbaues oder eines stehenden Gewerbes in Preußen dienenden Anlage- und Betriebskapitals.

1) Der Ergänzungssteuer unterliegen (im Gegensatz zur Einkommensteuer) nur physische Personen. Die Ergänzungssteuerpflicht erstreckt sich also nicht auf die nichtphysischen Personen, von denen, sofern sie in Preußen einen Sitz haben, der Einkommensteuer die Aktiengesellschaften, die Kommanditgesellschaften auf Aktien, die Berggewerkschaften, diejenigen eingetragenen Genossenschaften, deren Geschäftsbetrieb über den Kreis ihrer Mitglieder hinausgeht, die Vereine zum gemeinsamen Einkaufe von Lebens- oder hauswirtschaftlichen Bedürfnissen im großen und Ablaß im kleinen und mit gewissen Ausnahmen die Gesellschaften mit beschränkter Haftung unterliegen. Art. 1 Abs. 2 d. EA. und § 1 Nr. 4 bis 6 des Einkommensteuergesetzes. Handelsfirmen, die nicht zu den in § 1 Nr. 4 bis 6 des Einkommensteuergesetzes bezeichneten Gesellschaften ge-

hören, insbesondere offene Handelsgesellschaften, dürfen als solche weder zur Einkommensteuer noch zur Ergänzungssteuer veranlagt werden. OVG. V, 368.

2) Im § 2 wird unter I die unbeschränkte, das Gesamtvermögen erfassende, unter II die auf bestimmte inländische Vermögensstücke beschränkte Steuerpflicht geordnet.

3) Physische Personen unterliegen der Ergänzungssteuer mit ihrem gesamten steuerbaren Vermögen unter denselben Voraussetzungen, unter welchen sie nach § 1 Nr. 1—3 des Einkommensteuergesetzes mit ihrem gesamten Einkommen der Einkommensteuer unterliegen. Art. 1 Abs. 1 der EA.

Der § 1 Nr. 1—3 des Einkommensteuergesetzes lautet wie folgt:

Einkommensteuerpflichtig sind:

1. die preußischen Staatsangehörigen, mit Ausnahme derjenigen,
   a) welche, ohne in Preußen einen Wohnsitz (§ 1 Abs. 2, § 2 Abs. 3 des Reichsgesetzes wegen Beseitigung der Doppelbesteuerung vom 13. Mai 70, BGBl. S. 119) zu haben, in einem anderen Bundesstaat oder in einem deutschen Schutzgebiete wohnen oder sich aufhalten;
   b) welche neben einem Wohnsitz in Preußen in einem anderen Bundesstaat oder in einem deutschen Schutzgebiet ihren dienstlichen Wohnsitz (§ 2 Abs. 3 a. a. O.) haben;
   c) welche, ohne in Preußen einen Wohnsitz zu haben, seit mehr als zwei Jahren sich im Auslande dauernd aufhalten.

   Auf Reichs- und Staatsbeamte, welche im Ausland ihren dienstlichen Wohnsitz haben und dort zu entsprechenden direkten Staatssteuern nicht herangezogen werden, findet die Ausnahme unter c keine Anwendung;
2. diejenigen Angehörigen anderer Bundesstaaten,
   a) welche, ohne in ihrem Heimatsstaat einen Wohnsitz zu haben, in Preußen wohnen oder, ohne im Deutschen

Reiche einen Wohnsitz zu haben, sich in Preußen aufhalten;

b) welche in Preußen ihren dienstlichen Wohnsitz (§ 2 Abs. 3 a. a. O.) haben;

3. diejenigen Ausländer, welche in Preußen einen Wohnsitz haben, oder sich daselbst des Erwerbes wegen oder länger als ein Jahr aufhalten.

4) Da nach Anm. 3 die subjektive Steuerpflicht für die Ergänzungssteuer sich nach § 1 Nr. 1—3 des Einkommensteuergesetzes bestimmt, so sind die folgenden für die Auslegung des § 1 Nr. 1—3 des Einkommensteuergesetzes maßgebenden Gesichtspunkte auch für die Ergänzungssteuer von Bedeutung und deshalb auch hier zu behandeln:

A. a) Für die Fassung der Vorschriften des § 1 Nr. 1—3 des Einkommenstuergesetzes sind die reichsgesetzlichen Bestimmungen des Gesetzes wegen Beseitigung der Doppelbesteuerung vom 13. Mai 1870 (BGBl. S. 119) bestimmend gewesen. An die Stelle dieses Gesetzes ist aber jetzt das Doppelsteuergesetz vom 22. März 1909 (RGBl. S. 332) getreten. Die Bestimmungen desselben lauten wie folgt:

§ 1. Ein Deutscher darf vorbehaltlich der Bestimmungen im § 3 zu den direkten Staatssteuern nur in demjenigen Bundesstaate herangezogen werden, in welchem er seinen Wohnsitz hat.

Einen Wohnsitz im Sinne dieses Gesetzes hat ein Deutscher an dem Orte, an welchem er eine Wohnung unter Umständen innehat, welche auf die Absicht der dauernden Beibehaltung einer solchen schließen lassen.

§ 2. Ein Deutscher, welcher in keinem Bundesstaat einen Wohnsitz hat, darf nur in demjenigen Staate, in welchem er sich aufhält, zu den direkten Staatssteuern herangezogen werden.

Hat ein Deutscher in seinem Heimatsstaat und außerdem in anderen Bundesstaaten einen Wohnsitz, so darf er nur in dem ersteren zu den direkten Staatssteuern herangezogen werden.

In Reichs- oder Staatsdiensten stehende Deutsche dürfen, sofern sie sowohl in demjenigen Bundesstaat, in welchem sich ihr dienstlicher Wohnsitz befindet, als auch in einem anderen Bundesstaat einen Wohnsitz im Sinne des § 1 Abs. 2 dieses Gesetzes haben, nur in dem ersteren Bundesstaate, sofern sie aber in keinem Bundesstaat einen Wohnsitz im Sinne des § 1 Abs. 2 dieses Gesetzes, sondern nur einen dienstlichen Wohnsitz haben, nur in dem Bundesstaate des dienstlichen Wohnsitzes zu den direkten Staatssteuern herangezogen werden.

§ 3. Der Grund- und Gebäudebesitz und der Betrieb eines stehenden Gewerbes sowie das aus diesen Quellen herrührende Einkommen dürfen nur in demjenigen Bundesstaate besteuert werden, in dessen Gebiete der Grund- und Gebäudebesitz liegt oder die Betriebsstätte zur Ausübung des stehenden Gewerbes unterhalten wird.

Betriebsstätte im Sinne dieses Gesetzes ist jede feste örtliche Anlage oder Einrichtung, die der Ausübung des Betriebs eines stehenden Gewerbes dient. Außer dem Hauptsitz eines Betriebs gelten hiernach als Betriebsstätten:

Zweigniederlassungen,
Fabrikationsstätten, Ein- und Verkaufsstellen,
Niederlagen,
Kontore
und sonstige zur Ausübung des Gewerbes durch den Unternehmer selbst, dessen Geschäftsteilhaber, Prokuristen oder andere ständige Vertreter unterhaltene Geschäftseinrichtungen.

Befinden sich Betriebsstätten desselben gewerblichen Unternehmens in mehreren Bundesstaaten, so darf die Heranziehung zu den direkten Staatssteuern in jedem Bundesstaate nur anteilig erfolgen.

Die Besteuerung des Gewerbebetriebs im Umherziehen einschließlich des Wanderlagerbetriebs bleibt demjenigen Bundesstaate vorbehalten, in dessen Gebiete der Betrieb stattfindet oder stattfinden soll.

§ 4. Wird ein Steuerpflichtiger für denselben Zeitraum, für den er in einem Bundesstaate die von ihm dort eingeforderte direkte Staatssteuer entrichtet hat, in einem anderen Bundesstaate zu einer gleichartigen direkten Staatssteuer herangezogen, so ist ihm diese auf Antrag bis zur endgültigen Entscheidung über das Recht und das Maß der Besteuerung zu stunden.

§ 5. An den Wirkungen, welche der Wohnsitz oder Aufenthalt außerhalb des Reichsgebiets auf die Steuerpflichtigkeit eines Deutschen äußert, wird durch das gegenwärtige Gesetz nichts geändert.

§ 6. Beschwerden über eine infolge Verletzung der Vorschriften dieses Gesetzes eingetretene Doppelbesteuerung sind innerhalb eines Jahres nach der endgültigen Feststellung der Doppelbesteuerung anzubringen. Solche Beschwerden dürfen nicht aus dem Grunde zurückgewiesen werden, daß der Steuerpflichtige die in Landesgesetzen vorgesehenen ordentlichen Rechtsmittel gegen die Veranlagung nicht innerhalb bestimmter Fristen eingelegt oder den Antrag auf Erstattung nicht innerhalb landesgesetzlich vorgeschriebener Fristen gestellt habe.

b) Veranlagungen, welche gegen das Doppelsteuergesetz verstoßen, sind auch außerhalb des Rechtsmittelwegs auf entsprechende Beschwerde, bzw. von amtswegen durch Abgangstellung zu beseitigen. Vgl. Art. 86 I Abs. 2 Nr. 2a d. EinkA. Dritter Teil. Beschwerden von Steuerpflichtigen über eine infolge Verletzung der Vorschriften des Doppelsteuergesetzes eingetretene Doppelbesteuerung sind nur zulässig, wenn sie innerhalb eines Jahres nach der endgültigen Feststellung der Doppelbesteuerung angebracht werden. § 6 des Doppelsteuerges., Art. 86 I 3 Abs. 2 d. EinkA. Dritter Teil.

c) Ob ein Steuerpflichtiger nach Maßgabe des Doppelsteuergesetzes zu Unrecht zugleich in Preußen und in einem anderen Bundesstaate zu den direkten Steuern herangezogen ist, unterliegt nicht der Entscheidung des Oberverwaltungsgerichts; dessen Prüfung beschränkt sich darauf, ob die in der Berufungsentscheidung für Preußen getroffene Steuerfestsetzung dem bestehenden Rechte zuwiderläuft oder gegen wesentliche Verfahrensvorschriften verstößt. OVG. VII, 206, auch II, 127; III, 139; X, 5.

d) Streitigkeiten zwischen Bundesstaaten über das Besteuerungsrecht entscheidet (falls sich die zuständigen Zentralinstanzen nicht einigen können) nach Art. 76 Abs. 1 der Reichsverfassung der Bundesrat. OVG. VIII, 4.

B. a) Für die Beurteilung der Staatsangehörigkeit sind die Vorschriften des Gesetzes über die Erwerbung und den Verlust der Bundes- und Staatsangehörigkeit v. 22. Juli 1913 (RGBl. S. 583) maßgebend. Vgl. Anm. 1 zu Art. 1 d. EinfA. Die wichtigsten hierher gehörigen Vorschriften dieses Gesetzes lauten wie folgt:

§ 1. Deutscher ist, wer die Staatsangehörigkeit in einem Bundesstaat (§§ 3—32) oder die unmittelbare Reichsangehörigkeit (§§ 33—35) besitzt.

§ 2. Elsaß-Lothringen gilt im Sinne dieses Gesetzes als Bundesstaat. Die Schutzgebiete gelten im Sinne dieses Gesetzes als Inland.

§ 3. Die Staatsangehörigkeit in einem Bundesstaate wird erworben

1. durch Geburt (§ 4),
2. durch Legitimation (§ 5),
3. durch Eheschließung (§ 6),
4. für einen Deutschen durch Aufnahme (§§ 7, 14, 16),
5. für einen Ausländer durch Einbürgerung (§§ 8—16).

§ 4. Durch die Geburt erwirbt das eheliche Kind eines Deutschen die Staatsangehörigkeit des Vaters, das uneheliche Kind einer Deutschen die Staatsangehörigkeit der Mutter.

Ein Kind, das in dem Gebiet eines Bundesstaats aufgefunden wird (Findelkind), gilt bis zum Beweise des Gegenteils als Kind eines Angehörigen dieses Bundesstaats.

§ 5. Eine nach den deutschen Gesetzen wirksame Legitimation durch einen Deutschen begründet für das Kind die Staatsangehörigkeit des Vaters.

§ 6. Durch die Eheschließung mit einem Deutschen erwirbt die Frau die Staatsangehörigkeit des Mannes.

§ 7. Die Aufnahme muß einem Deutschen von jedem Bundesstaat, in dessen Gebiet er sich niedergelassen hat, auf seinen Antrag erteilt werden, falls kein Grund vorliegt, der nach den §§ 3—5 des Gesetzes über die Freizügigkeit vom 1. November 1867 (BGBl. S. 55) die Abweisung eines Neuanziehenden oder die Versagung der Fortsetzung des Aufenthalts rechtfertigt.

Der Antrag einer Ehefrau bedarf der Zustimmung des Mannes; die fehlende Zustimmung kann durch die Vormundschaftsbehörde ersetzt werden. Für eine unter elterlicher Gewalt oder unter Vormundschaft stehende Person wird, wenn sie das sechzehnte Lebensjahr noch nicht vollendet hat, der Antrag von dem gesetzlichen Vertreter gestellt; hat sie das sechzehnte Lebensjahr vollendet, so bedarf ihr Antrag der Zustimmung des gesetzlichen Vertreters.

§ 8. Ein Ausländer, der sich im Inland niedergelassen hat, kann von dem Bundesstaat, in dessen Gebiete die Niederlassung erfolgt ist, auf seinen Antrag eingebürgert werden, wenn er

1. nach den Gesetzen seiner bisherigen Heimat unbeschränkt geschäftsfähig ist oder nach den deutschen Gesetzen unbeschränkt geschäftsfähig sein würde oder der Antrag in entsprechender Anwendung des § 7 Abs. 2 Satz 2 von seinem gesetzlichen Vertreter oder mit dessen Zustimmung gestellt wird,
2. einen unbescholtenen Lebenswandel geführt hat,
3. an dem Orte seiner Niederlassung eine eigene Wohnung oder ein Unterkommen gefunden hat und
4. an diesem Orte sich und seine Angehörigen zu ernähren imstande ist.

Vor der Einbürgerung ist über die Erfordernisse unter Nr. 2 bis 4 die Gemeinde des Niederlassungsorts und, sofern diese keinen selbständigen Armenverband bildet, auch der Armenverband zu hören.

§ 14. Die von der Regierung oder der Zentral- oder höheren Verwaltungsbehörde eines Bundesstaats vollzogene und bestätigte Anstellung im unmittelbaren oder mittelbaren Staatsdienst, im Dienste einer Gemeinde oder eines Gemeindeverbandes, im öffentlichen Schuldienst oder im Dienste einer von dem Bundesstaat anerkannten Religionsgesellschaft gilt für einen Deutschen als Aufnahme, für einen Ausländer als Einbürgerung, sofern nicht in der Anstellungs- oder Bestätigungsurkunde ein Vorbehalt gemacht wird.

Diese Vorschrift findet keine Anwendung auf die Anstellung als Offizier oder Beamter des Beurlaubtenstandes.

§ 15. Die im Reichsdienst erfolgte Anstellung eines Ausländers, der seinen dienstlichen Wohnsitz in einem Bundesstaate hat, gilt als Einbürgerung in diesen Bundesstaat, sofern nicht in der Anstellungsurkunde ein Vorbehalt gemacht wird.

Hat der Angestellte seinen dienstlichen Wohnsitz im Ausland und bezieht er ein Diensteinkommen aus der Reichskasse, so muß er von dem Bundesstaate, bei dem er den Antrag stellt, eingebürgert werden; bezieht er kein Diensteinkommen aus der Reichskasse, so kann er mit Zustimmung des Reichskanzlers eingebürgert werden.

§ 16. Die Aufnahme oder Einbürgerung wird wirksam mit der Aushändigung der von der höheren Verwaltungsbehörde hierüber ausgefertigten Urkunde oder der Urkunde über die unter den Voraussetzungen des § 14 oder des § 15 Abs. 1 erfolgte Anstellung.

Die Aufnahme oder Einbürgerung erstreckt sich, insofern nicht in der Urkunde ein Vorbehalt gemacht wird, zugleich auf die Ehefrau und auf diejenigen Kinder, deren gesetzliche Vertretung dem Aufgenommenen oder Eingebürgerten kraft elterlicher Gewalt zusteht. Ausgenommen sind Töchter, die verheiratet sind oder verheiratet gewesen sind.

§ 17. Die Staatsangehörigkeit geht verloren

1. durch Entlassung (§§ 18—24),
2. durch den Erwerb einer ausländischen Staatsangehörigkeit (§ 25),
3. durch Nichterfüllung der Wehrpflicht (§§ 26, 29),
4. durch Ausspruch der Behörde (§§ 27—29),
5. für ein uneheliches Kind durch eine von dem Angehörigen eines anderen Bundesstaats oder von einem Ausländer bewirkte und nach den deutschen Gesetzen wirksame Legitimation,
6. für eine Deutsche durch Eheschließung mit dem Angehörigen eines anderen Bundesstaats oder mit einem Ausländer.

§ 23. Die Entlassung wird wirksam mit der Aushändigung einer von der höheren Verwaltungsbehörde des Heimatsstaats ausgefertigten Entlassungsurkunde. Die Urkunde wird nicht ausgehändigt an Personen, die verhaftet sind oder deren Verhaftung oder Festnahme an einer Gerichts- oder Polizeibehörde angeordnet ist.

Soll sich die Entlassung zugleich auf die Ehefrau oder die Kinder des Antragstellers beziehen, so müssen auch diese Personen in der Entlassungsurkunde mit Namen aufgeführt werden.

§ 24. Die Entlassung gilt als nicht erfolgt, wenn der Entlassene beim Ablauf eines Jahres nach der Aushändigung der Entlassungsurkunde seinen Wohnsitz oder seinen dauernden Aufenthalt im Inland hat.

Diese Vorschrift findet keine Anwendung, wenn der Entlassene sich die Staatsangehörigkeit in einem anderen Bundesstaate gemäß § 20 vorbehalten hat.

b) Ein Deutscher, der die Staatsangehörigkeit in Preußen und in einem anderen deutschen Bundesstaate besitzt und in einem jeden dieser beiden Staaten durch Innehabung einer

Wohnung einen Wohnsitz begründet hat, unterliegt nach § 1 Nr. 1a des Einkommensteuergesetzes, § 2 des Ergänzungssteuergesetzes in Preußen der unbeschränkten subjektiven Steuerpflicht. Reichsgesetzlich ist in diesem Falle jeder Heimatstaat, in dem ein Wohnsitz begründet ist, bezüglich des Kapitalvermögens, der außerhalb Deutschlands belegenen Grundstücke und des dem Betriebe der Land- oder Forstwirtschaft, des Bergbaues oder eines stehenden Gewerbes außerhalb Deutschlands dienenden Anlage- und Betriebskapitals in vollem Umfange zur Besteuerung berechtigt. Das Doppelsteuergesetz hat diese eventuelle Doppelbesteuerung zugelassen. Ebenso kann ein Deutscher, der in seinem Heimatstaate keinen Wohnsitz hat, wohl aber in mehreren anderen Bundesstaaten, in jedem der letzteren besteuert werden. OVG. XII, 11. Zur Beseitigung der Doppelbesteuerung in solchen Fällen steht nur der Weg gegenseitiger Verständigung der beteiligten Bundesstaaten offen. Siehe § 2 des preuß. Ges. betr. die Vermeidung von Doppelbesteuerungen v. 18. April 1900; OVG. XI, 1, 5f. und XII, 10. Die außerhalb Preußens belegenen Grundstücke und das dem Betriebe der Land- oder Forstwirtschaft, des Bergbaues oder eines stehenden Gewerbes außerhalb Preußens dienende Anlage- oder Betriebskapital sind jedoch nach § 4 II des ErgStGes. von der Besteuerung in Preußen überhaupt ausgeschlossen.

c) Im Sinne des § 2 Abs. 2 des Doppelsteuergesetzes ist Heimatstaat jeder Staat, dessen Angehöriger der Steuerpflichtige ist. OVG. XV, 1.

C. Über den Begriff des Wohnsitzes gilt folgendes:

a) Einen „Wohnsitz" hat nach § 1 Abs. 2 des Doppelsteuergesetzes (siehe Anm. 4 Aa zu diesem §) ein Deutscher an dem Orte, an welchem er eine Wohnung unter Umständen inne hat, welche auf die Absicht der dauernden Beibehaltung einer solchen schließen lassen. Anm. 42a, b zu Art. 39 d. EinfA. Diese reichsgesetzliche Legaldefinition ist für das Einkommensteuergesetz (und damit auch für das

Ergänzungssteuergesetz) allein maßgebend; die etwa abweichenden Bestimmungen des Zivilrechts über den Begriff des Wohnsitzes bleiben außer Betracht. OVG. I, 83. Insbesondere kommt das für den Begriff des Wohnsitzes nach bürgerlichem Rechte maßgebende Merkmal des Mittelpunkts geschäftlicher und wirtschaftlicher Tätigkeit für den Begriff des Wohnsitzes in steuerlichem Sinne überhaupt nicht in Betracht. OVG. XII, 5. Siehe auch Maatz, Rechtsprechung des OVG. S. 81, ferner den Artikel „Der Wohnsitz" im Jahrg. XIX d. PrVBl. S. 265 f. und die Ausführungen von Th. Clauß in Schanz' Finanzarchiv Jahrg. V S. 157; Maatz PrVBl. XXIV Nr. 46.

Nach der maßgebenden Begriffsbestimmung des Doppelsteuergesetzes müssen also zwei Voraussetzungen zusammentreffen, wenn ein Wohnsitz im steuerlichen Sinne angenommen werden soll, erstens das Innehaben einer Wohnung und zweitens die aus den Umständen des Falls hervorgehende Absicht der dauernden Beibehaltung einer solchen.

Als „Wohnung" im Sinne der Legaldefinition ist nicht schon jedes nur zu einem zeitweiligen und vorübergehenden Aufenthalt eingerichtete oder ausreichende Absteigequartier zu verstehen, sondern es gehört dazu, daß die Wohnräume zu dauerndem Aufenthalte eingerichtet sind und dem Steuerpflichtigen für sich und seinem Haushalt standesgemäße Unterkunft gewähren. Anm. 42a zu Art. 39 d. EinkA.

Für die Annahme eines Wohnsitzes genügt nicht, daß die Wohnung der Frau und den Kindern des Steuerpflichtigen allein standesgemäße Unterkunft gewährt, sondern es ist erforderlich, daß sie der gesamten Familie des Steuerpflichtigen einschließlich seiner selbst zu jenem Zwecke dienen kann. OVG. VII, 209.

Der Umstand, daß der Steuerpflichtige selbst nur bei vorübergehenden Besuchen seiner Familie in der Wohnung verweilt, schließt die Annahme, daß es sich um eine auch für ihn mit dienliche Wohnung und nicht um ein bloßes Absteigequartier handelt, nicht aus. Vgl. OVG. VII, 211. Die Eigenschaft der zu Wohnzwecken benutzten Räume (in einem Jagdhause) als Wohnung kann nicht schon deshalb verneint werden, weil sie nicht unter allen Umständen für die Bedürfnisse des Besitzers ausreichen. Vgl. OVG. XII, 7. Auch die dauernde Unterhaltung einer möblierten Wohnung an einem Orte und deren wiederholte Benutzung sind regelmäßig als ausreichende Merkmale eines Wohnsitzes an diesem Orte zu erachten. Vgl. Maatz, Rechtsprechung des OVG. S. 85.

Es erscheint nicht zweifelhaft, daß jemand eine Wohnung auch auf einem Schiffe haben kann und, falls das Schiff in einem Flusse dauernd fest verankert ist, durch das Innehaben der Wohnung an dem Standorte des Schiffes einen Wohnsitz begründen kann. Vgl. OVG. X, 6.

Zu Bureauzwecken dienende Räume kommen als Wohnung nicht in Betracht, denn diese sind Geschäftslokale und das Geschäftslokal ist begrifflich verschieden von der Wohnung des Geschäftstreibenden. Vgl. OVG. X, 3.

Das Innehaben der Wohnung bedeutet die tatsächliche Herrschaft über die Wohnung mit dem ausschließlichen Verfügungsrechte. Nur derjenige hat an einem Orte einen Wohnsitz, der dort über Wohnräume rechtlich verfügen kann, dem in solchen Räumen das Hausrecht zusteht, sei es auf Grund seines Eigentums, eines dinglichen Rechtes oder eines nur persönlichen Rechtsverhältnisses. Ein solches ausschließliches Verfügungsrecht liegt z. B. nicht vor, wenn ein Ausländer bei vorübergehendem Aufenthalt im Inlande besuchsweise Zimmer in einer seiner Mutter gehörigen Villa benutzt. Vgl. OVG. XII, 6.

Innehaben einer Wohnung ist verschieden von dem Besitz eines Hauses und unabhängig von der zur Einbürgerung nach dem Reichs- und Staatsangehörigkeitsgesetz erforderlichen Niederlassung. Vgl. OVG. IV, 153.

Mitbenutzungsrecht ersetzt nicht das für die Feststellung des Innehabens einer Wohnung Voraussetzung bildende ausschließliche Verfügungsrecht. Vgl. OVG. VII, 213.

Ausschließliches Verfügungsrecht ist nicht vorhanden bei einem Gasthofzimmer, das bei Abwesenheit des Mieters anderweit besetzt wird. Vgl. OVG. VI, 20.

Der Steuerpflichtige, der den Mietvertrag abgeschlossen hat und, was für sich allein schon maßgebend sein würde, als Ehemann und Familienvater den Mietzins für die Wohnung hergibt, ist die Person, bei der allein von einem Innehaben der Wohnung die Rede sein kann, nicht aber seine Ehefrau. OVG. VII, 212.

Erlaubt der Ehemann seiner Frau, eine eigene Wohnung zu haben und verläßt die Frau infolgedessen die Wohnung des Mannes, so ist dessen Wohnung nicht mehr die der Frau und demgemäß der steuerrechtliche Wohnsitz des Mannes auch nicht mehr ohne weiteres der der Frau. OVG. XIV, 63.

Die Absicht der dauernden Beibehaltung der Wohnung muß aus den Umständen erkennbar sein. Ein Rechtsirrtum liegt nicht darin, wenn die Absicht aus der geschäftlichen Stellung und Tätigkeit des Pflichtigen gefolgert wird. OVG. I, 166. Die Auffassung, daß die Benutzung einer Wohnung zum Sommeraufenthalte auf die Absicht der dauernden Beibehaltung nicht schließen lassen könnte, ist irrtümlich, wenn die Wohnung fortwährend zur Aufnahme des Besitzers eingerichtet ist und bereit steht und auch noch tatsächlich in regelmäßiger Wiederkehr während eines nicht unerheblichen Teiles des Jahres benutzt wird. OVG. VIII, 4.

Die dauernde Benutzung einer Wohnung wird dadurch nicht ausgeschlossen, daß die Benutzung nur von Zeit zu Zeit und nur zu bestimmten Zwecken (Jagd) stattfindet. OVG. XII, 8.

Bei dem Innehaben einer Wohnung darf die Absicht der dauernden Beibehaltung einer solchen nicht allein aus der Länge des Aufenthalts gefolgert werden; es kommt vielmehr auf die tatsächlichen Umstände an, welche für den Aufenthalt und seine Verlängerung maßgebend sind. Eine unfreiwillige Verlängerung eines nur vorübergehenden Aufenthalts allein ist nicht geeignet, dem Aufenthalte den Charakter eines vorübergehenden zu nehmen. OVG. XV, 6.

Das OVG hat die Absicht der dauernden Beibehaltung in einem Falle für ausgeschlossen angesehen, wo der Steuerpflichtige unstreitig den Wunsch hegte, sein Rittergut so bald als möglich zu verkaufen und nur deshalb Möbel in dem Schloß gelassen hatte, um es dadurch leichter verkäuflich zu machen. OVG. VII, 213.

Ein Beamter der bei Versetzung seine Familie einstweilen noch am bisherigen Orte beläßt, hat hier keinen Wohnsitz mehr, weil nicht dauernde Beibehaltung der Wohnung beabsichtigt ist. OVG. v. 5. Januar 1906, PrVBl. Jahrg. 27 S. 680. So auch FME. v. 15. Juli 1913 II 12260.

Die Absicht der dauernden Beibehaltung der Wohnung muß auch rechtliche Wirksamkeit besitzen. Die Fähigkeit der Geschäftsunfähigen und der in der Geschäftsfähigkeit beschränkten Personen, selbständig oder mit Genehmigung ihres Vormundes oder sonstigen gesetzlichen Vertreters einen Wohnsitz neu zu begründen oder zu verlegen, bestimmt sich nach den Vorschriften des maßgebenden bürgerlichen Rechts (vgl. §§ 8 ff. d. BGB.) Art. 39 Nr. 1 Abs. 2 d. EinkA.

Unterbringung einer Person in einer Irren- oder anderen Heilanstalt begründet ebensowenig wie die Verbüßung einer zeitigen Freiheitsstrafe oder zeitweilige Abwesenheit vom Wohnorte aus anderen Gründen für sich allein einen Wohnsitzwechsel, Art. 39 Nr. 1 Abs. 3 d. EinkA. Aber Geisteskranke, die auf vormundschaftliche Anordnung dauernd in einer Irrenanstalt untergebracht sind, haben ihren Wohnsitz daselbst. MittH. **23**, 13; OVG. VI, 18.

Die Ehefrau teilt den Wohnsitz des Ehemannes. Sie teilt den Wohnsitz nicht, wenn der Mann seinen Wohnsitz im Auslande an einem Orte begründet, an den die Frau ihm nicht folgt und zu folgen nicht verpflichtet ist. § 10 BGB.; OVG. XIV, 33.

Wird ein in einem anderen Bundesstaate wohnhafter und staatsangehörger Ehemann von seiner Frau verlassen und wohnt oder hält sich diese in Preußen auf, so gehört sie zu denjenigen Angehörigen anderer Bundesstaaten, welche, ohne in ihrem Hematstaate einen Wohnsitz zu haben, sich in Preußen aufhalten und daselbst einkommensteuerpflichtig sind. OVG. XIV, 33.

Ein eheliches Kind teilt den Wohnsitz des Vaters, ein uneheliches Kind den Wohnsitz der Mutter, ein an Kindes Statt angenommenes Kind den Wohnsitz des Annehmenden Das Kind behält den Wohnsitz bis es ihn rechtsgültig aufhebt.

Eine erst nach dem Eintritte der Volljährigkeit des Kindes eintretende Legitimation oder Annahme an Kindes Statt hat keinen Einfluß auf den Wohnsitz des Kindes.

§ 11 BGB.

Behufs ihrer Ausbildung als Lehrlinge, Schüler, Studenten auswärts von den Eltern usw. unterhaltene Minderjährige begründen keinen besonderen Wohnsitz am Ausbildungsorte. OVG. [illegible], 83.

Militärpersonen, die nur zur Erfüllung der Wehrpflicht dienen, oder die nicht selbständig einen Wohnsitz begründen könnn, haben ihren Wohnsitz nicht am Garnisonorte. § 9 Abs. 2 BGB.

Dauernde Beibehaltung, nicht dauernde Benutzung der Wohnung ist Voraussetzung für den Begriff des Wohnsitzes. Ob ein Steuerpflichtiger seine an sich zu dauerndem Aufenthal eingerichtete und geeignete Wohnung dauernd benutzen will, oder ob er sie bisher nur vorübergehend benutzt hat, ist nach dem hier in Frage kommenden Begriffe des Wohnsitzes nicht von Bedeutung. OVG. XI, 3; XII, 7.

Ein einmal begründeter Wohnsitz kann daher auch bei vorübergehendr oder selbst dauernder Abwesenheit vom Orte des Wohnsitzes beibehalten werden. Der Verlust des Wohnsitzes tritt erst ein, wenn ein Merkmal des im § 1 des Doppelsteuergesetzes bestimmten Begriffs nicht mehr zutrifft, sei es das tatsächliche Innehaben einer Wohnung, sei es die Absicht, eine solche beizubehalten. Die Anschauung, daß der Wohnsitz durch längere Zeit andauernde Abwesenheit verloren gehe, ist rechtsirrtümlich. Einen Rechtssatz, daß jemand den Wohnsitz an einem Orte lediglich durch die Tatsache der Abwesenheit verliert, gibt es nicht. Die Abwesenheit als solche schließt den Begriff des Wohnsitzes an und für sich nicht aus. OVG. I, 84.

Durch die Hinzufügung des Zitats „§ 2 Abs. 3" des Reichsgesetzes wegen Beseitigung der Doppelbesteuerung vom 13. Mai 1870 im § 1 Ziffer 1a des preuß. Einkommensteuergesetzes sollte zum Ausdruck gebracht werden, daß der dienstliche Wohnsitz dem Wohnsitz nach § 1 des Reichsgesetzes (tatsächlichen Wohnsitz) in dieser Hinsicht völlig gleich stehe. Durch das jetzt geltende Doppelsteuergesetz v. 22. März 1909 hat dieses Allegat seine Bedeutung verloren. Der dienstliche Wohnsitz hat jetzt gegenüber dem tatsächlichen Wohnsitz nur noch abgeschwächte Bedeutung. Er ist nur dann noch für das Besteuerungsrecht entscheidend, wenn der Beamte auch tatsächlich einen Wohnsitz im Sinne des § 2 Abs. 1 des Doppelsteuergesetzes an diesem Orte inne hat, oder wenn der Beamte überhaupt keinen Wohnsitz im Sinne des § 2 Abs. 1 cit. im Deutschen Reiche hat.

Als „dienstlicher Wohnsitz" gilt derjenige Ort, an welchem ein Beamter oder Offizier nach den für ihn maßgebenden dienstlichen Vorschriften verpflichtet ist, Wohnung zu nehmen. Art. 39 Nr. 2 d. EinkA.

Einen dienstlichen Wohnsitz können nur in Reichs- oder Staatsdiensten stehende Deutsche haben, nicht z. B. ein Rechtsanwalt. OVG. X, 4.

D. Über die Art und Dauer des Aufenthalts als Vorbedingung der Zulässigkeit der Besteuerung fehlt es an gesetzlichen Bestimmungen. Es genügt jedenfalls nicht eine ganz vorübergehende Anwesenheit. Eine gewisse Stetigkeit und Dauer des Aufenthalts an demselben Ort oder wenigstens in dem Gebiete desselben Bundesstaates ist eine notwendige Vorbedingung für die Zulässigkeit der Besteuerung. Anderseits braucht Aufenthalt und körperliche Anwesenheit nicht immer zusammenzufallen. Der Aufenthalt stellt einen Zustand dar, in dem sich der am Orte Angezogene befindet und der fortdauern kann trotz körperlicher Entfernung. Die polizeiliche Abmeldung allein bringt hierin keine wesentliche Veränderung vor sich. OVG. VI, 19; XIII, 9; MittH. 55, 19.

Die Fortsetzung des Aufenthalts wird durch zeitweilige Abwesenheit außerhalb Preußens nicht aufgehoben. OVG. IX, 10.

E. Bei Berechnung der zweijährigen Dauer des Aufenthalts im Auslande im Sinne des § 1 Nr. 1 c des Einkommensteuergesetzes werden die verschiedenen Abschnitte eines unterbrochenen Aufenthalts im Auslande nicht zusammengerechnet. Die Steuerpflicht lebt wieder auf, sobald eine der beiden Voraussetzungen für die Befreiung fortfällt, also entweder ein Wohnsitz in Preußen begründet, oder der Aufenthalt im Auslande wieder aufgegeben wird und nicht etwa Umstände vorliegen, welche die Steuerpflicht nach den Vorschriften zu Nr. 1 a oder b des Art. 1 d. EinkA. ausschließen. Eine nur vorübergehende, z. B. besuchsweise Rückkehr nach dem Inlande unterbricht weder den Lauf der zweijährigen Frist, noch begründet sie den Wiedereintritt der einmal erloschenen Steuerpflicht. Art. 1 Nr. 1 d. EinkA.; OVG. XI, 333; XIII, 5.

F. „Ausland" im Sinne des § 1 des Einkommensteuergesetzes bedeutet nur, „was nicht zum Bundesgebiet oder Schutzgebiet gehört". OVG. I, 118. Vgl. auch Anm. 5 zu Art. 1 d. EinkA.

G. a) Die Bestimmung im § 1 Nr. 1 c Abs. 2 des Einkommensteuergesetzes erstreckt sich auch auf Offiziere. Vgl. Art. 1 Nr. 1 Abs. 3 d. EinkA.

b) Reichs- oder Staatsbeamte, welche preußische Staatsangehörige sind und nach Aufgabe ihres bisherigen dienstlichen Wohnsitzes im Auslande keinen Wohnsitz in Preußen haben, sind in Preußen nicht einkommensteuerpflichtig, wenn sie sich, ohne einen Wohnsitz in Preußen, seit mehr als 2 Jahren im Auslande aufgehalten haben. OVG. XI, 17.

c) Die Annahme einer entsprechenden Besteuerung im Sinne des § 1 Nr. 1 c Abs. 2 des Einkommensteuergesetzes, deren Nachweis dem beteiligten Beamten obliegt, wird durch die abweichende Form der ausländischen Steuer nicht ausgeschlossen. Art. 1 Nr. 1 c Abs. 4 d. EinkA. Über die bestehenden vertragsmäßigen Steuerbefreiungen der preußischen Berufskonsuln und Konsularbeamten im Auslande siehe die Zusammenstellung in Anl. II zum Bericht der Komm. d. AbgH. bei Beratung des Einkommensteuergesetzes v. 24. Juni 1891.

H. a) Mit dem Aufenthalt „des Erwerbes wegen" im Sinne des § 1 Nr. 3 des Einkommensteuergesetzes braucht nicht immer ein Gewerbebetrieb verbunden sein. Gewerbebetrieb ist aber stets eine Beschäftigung um des Erwerbes willen. Es ist nicht Voraussetzung für die Steuerpflicht, daß der Betreffende des Erwerbes wegen nach Preußen gekommen ist, es ist allein entscheidend, daß er sich in Preußen des Erwerbes wegen aufhält. OVG. VI, 294.

b) Für die Zulässigkeit der Besteuerung anläßlich eines Aufenthalts des Erwerbes wegen ist eine gewisse Stetigkeit oder ständige Dauer desselben notwendige Vorbedingung. Sofern die Absicht des Aufenthaltnehmens von vornherein ersichtlich und erweislich auf ein nur vorübergehendes — dem Zeitmaße nach selbstverständlich nicht genau abgrenzbares — Verweilen gerichtet ist, dazu noch (wie im vorliegenden Falle), unter Beibehaltung des vorhandenen ständigen Wohnsitzes im Auslande, und insoweit diese Absicht tatsächlich durchgeführt wird, kann ein derart vorübergehender Aufenthalt des Ausländers in Preußen die Steuerpflicht nicht begründen. OVG. VI, 290.

c) Aufenthalt eines Ausländers in Preußen des Erwerbes wegen ist nur bei einer mit der Absicht längerer Dauer und mit dem Hauptzweck der Erzielung eigenen Erwerbes unternommenen Aufenthaltsnahme in Preußen vorhanden. Die Steuerpflicht wird daher durch eine rein gelegentliche und vorübergehende, diesen Charakter während der ganzen Dauer des Aufenthalts an sich tragende Erwerbstätigkeit nicht begründet.

Durch die Aufstellung im Auslande gefertigter Maschinen in Preußen durch einen im Dienste der ausländischen Maschinenfabrik stehenden ausländischen Monteur wird für letzteren ebensowenig Steuerpflicht in Preußen des Erwerbes wegen begründet, wie beispielsweise für einen Ausländer durch Besuch seines preußischen Guts zu Aufsichtszwecken, für einen ausländischen Arzt durch Berufung zur Behandlung eines Kranken in Preußen, oder für einen ausländischen Diener durch Begleitung seines zu Vergnügungszwecken reisenden Herrn. OVG. IX, 3 ff.

Der Umstand, daß ein Ausländer Mitglied des Aufsichtsrats einer in Preußen am Orte seines Wohnsitzes domizilierten Aktiengesellschaft ist und als solcher Tantiemen bezieht, ist nicht geeignet, die Annahme eines Wohnsitzes oder Aufenthalts des Erwerbes wegen in Preußen zu rechtfertigen. OVG. IX, 8.

Als Aufenthalt des Erwerbes wegen kann nur derjenige Aufenthalt erachtet werden, während dessen ein Erwerb bezweckt wird, nicht aber auch schon der Aufenthalt, den ein Ausländer in Preußen deshalb nimmt, um von einem bestimmten späteren Zeitpunkt ab einem Erwerb in Preußen nachzugehen. OVG. X, 16.

Die vorübergehende Unterhaltung eines sog. Kontrollbureaus seitens eines Ausländers in Preußen zum Zwecke der Leitung der im Auslande belegenen gewerblichen Betriebe während seines vorübergehenden Aufenthalts außerhalb seines Heimatstaates begründet weder die Annahme einer Betriebsstätte in

Preußen noch einen Aufenthalt des Ausländers des Erwerbes wegen. OVG. XIII, 11.

J. Ausländer, welche weder in Preußen einen Wohnsitz haben, noch sich hier des Erwerbes wegen aufhalten, sind nur dann steuerpflichtig, wenn sie sich länger als ein Jahr in Preußen aufhalten. Dieser mehr als einjährige Aufenthalt in Preußen muß ein ununterbrochener sein; es ist aber gleichgültig, ob er an demselben oder an verschiedenen Orten des Staates stattfindet. Durch eine nur vorübergehende Abwesenheit wird die einmal begründete Steuerpflicht des Ausländers nicht aufgehoben. Art. 1 Nr. 4 des EinkA.

Die Steuerpflicht des Ausländers auf Grund des Wohnsitzes in Preußen geht mit der Aufgabe der Wohnung und hiermit des Wohnsitzes in die Steuerpflicht auf Grund des Aufenthalts über, wenn der frühere Wohnsitz mit mehr als einjähriger Aufenthaltsnahme verbunden gewesen ist und der Aufenthalt in Preußen nach Aufhebung des Wohnsitzes fortgesetzt wird. Die Fortsetzung des Aufenthalts wird durch zeitweilige Abwesenheit außerhalb Preußens nicht aufgehoben. OVG. IX, 10.

K. Nach § 2 des preuß. Gesetzes, betr. die Vermeidung von Doppelbesteuerungen v. 18. April 1900 (GS. S. 259) ist der Finanzminister ermächtigt, mit Bezug auf Personen und Steuerquellen, welche der Steuerhoheit mehrerer Staaten unterliegen, Vereinbarungen zu treffen und Anordnungen zu erlassen, durch die ihre Heranziehung zu den direkten Staatssteuern unter Wahrung des Grundsatzes der Gegenseitigkeit auch abweichend von den in Preußen geltenden gesetzlichen Vorschriften geregelt wird.

Auf Grund dieser Ermächtigung sind ein Staatsvertrag mit Österreich und Vereinbarungen mit Luxemburg und dem Kanton Basel-Stadt abgeschlossen worden, nach denen die Steuerpflicht preußischer Staatsangehöriger, die in diesen Ländern wohnen, bzw. sich aufhalten einerseits, und die der Angehörigen dieser fremden Staaten, welche in Preußen wohnen, bzw. sich aufhalten anderseits, zur Vermeidung von Doppelbesteuerungen besonders geregelt worden ist. Vgl. diese Vereinbarungen im Anhang dieses Buches unter Nr. III.

5) Physische Personen, auf welche die Voraussetzungen der allgemeinen unbeschränkten Steuerpflicht (vgl. Anm. 3, 4 zu diesem §) nicht zutreffen, unterliegen ohne Rücksicht auf Staatsangehörigkeit, Wohnsitz oder Aufenthalt der Ergänzungssteuer nur nach dem Werte

a) ihres preußischen Grundbesitzes,

b) ihres dem Betriebe der Land- oder Forstwirtschaft, dem Betriebe des Bergbaues oder eines stehenden Gewerbes in Preußen dienenden Anlage- und Betriebskapitals. Art. 2 I d. EA.

6) Die Vorschrift des § 2 II a des ErgstGes. setzt voraus, daß der Grundbesitz im Eigentum der betreffenden physischen Person steht. Bei ungeteilten Erbschaften kommt es für die Annahme der beschränkten Steuerpflicht nur darauf an, daß der Nachlaß, zu dem der preußische Grundbesitz gehört, im Miteigentum der Erben steht, was der Fall ist, wenn die Personen der Erben und ihre Erbanteile feststehen. OVG. X, 372.

7) Unter dem preußischen Grundbesitz in § 2 II a des ErgstGes. sind nur in Preußen belegene Grundstücke (Liegenschaften und Gebäude) nebst allem Zubehör, nicht auch Rechte an solchen zu verstehen. Das Nießbrauchsrecht eines von der unbeschränkten Steuerpflicht Ausgeschlossenen an einem preußischen Grundbesitz ist z. B. nicht steuerpflichtig. OVG. IX, 355.

8) Ein der unbeschränkten Steuerpflicht nach § 1 des Einkommensteuergesetzes nicht unterliegender Ehemann darf wegen des in Preußen belegenen Grundbesitzes seiner Ehefrau zur Ergänzungssteuer nicht herangezogen werden. OVG. XI, 358. Wegen der Steuerpflicht der Ehefrau in solchem Fall vgl. OVG. VII, 176ff.

9) Da das Gesetz die Insel Helgoland von seinem

räumlichen Geltungsgebiete ausgeschlossen hat, so sind unter dem preußischen Grundbesitz usw. im Sinne des § 2 II nur solche Grundstücke usw. zu verstehen, die sich innerhalb des preußischen Staatsgebiets mit Ausnahme der Insel Helgoland befinden. OVG. VII, 214.

10) Zu der „Land- und Forstwirtschaft" (§ 2 II b) gehören auch die Viehzucht, die Fischerei, die Jagd, der Wein-, Obst- und Gartenbau und die land- und forstwirtschaftlichen Nebenbetriebe. Zu vgl. Anm. 1 zu Art. 2 d. EA.

Der Wert des dem Betriebe der Land- und Forstwirtschaft, des Bergbaues oder eines stehenden Gewerbes dienenden Betriebs- und Anlagekapitals unterliegt nur insoweit der Besteuerung, als der Betrieb in Preußen stattfindet.

Die Land- und Forstwirtschaft sowie der Bergbau gelten als in Preußen betrieben, sofern die Grundstücke oder Bergwerke, auf denen der Betrieb stattfindet, innerhalb des preußischen Staatsgebietes belegen sind. Ob der Betrieb auf eigenen oder fremden Grundstücken (z. B. pachtweise) stattfindet, macht keinen Unterschied. Art. 2 Nr. 1 b u. 2 d. EA. Daß sich auch die zu dem Anlage- und Betriebskapital gehörigen beweglichen Gegenstände ausschließlich und dauernd innerhalb des preußischen Staatsgebiets befinden müssen, um für die Besteuerung in Betracht zu kommen, wird nach dem Gesetze nicht erfordert. Es kann also auch keinem Bedenken unterliegen, daß, wenn ein Steuerpflichtiger die Landwirtschaft sowohl in Preußen wie auf außerhalb des preußischen Staates belegenen Grundstücken mit einem einheitlichen Wirtschaftsinventare betreibt, der verhältnismäßig auf den Betrieb in Preußen entfallende Teil dieses Inventars, selbst wenn sich sämtliche dazu gehörige Gegenstände regelmäßig außerhalb des preußischen Staatsgebiets befinden, die Bewirtschaftung also von einer außerhalb Preußens belegenen Stelle erfolgt, bei der Besteuerung in Preußen zu berücksichtigen ist. OVG. XI, 360.

11) Unter die Bestimmung in § 2 IIb fällt nicht jede in Preußen geübte gewerbliche Tätigkeit. Es müssen die Voraussetzungen vorliegen, unter denen eine Betriebsstätte in Preußen im Sinne des Art. 2 Ib d. EinkA. u. der Anm. 7 u. 7a dazu anzunehmen ist. Art. 2 Ziffer 3 d. EinkA. Nach Art. 2 Ib d. EinkA. ist unter Betriebsstätte jede feste örtliche Anlage oder Einrichtung, die der Ausübung des Betriebs eines stehenden Gewerbes dient, zu verstehen. Außer dem Hauptsitz eines Betriebes gelten hiernach als Betriebsstätten: Zweigniederlassungen, Fabrikationsstätten, Ein- oder Verkaufsstellen, Niederlagen, Kontore, sonstige zur Ausübung des Gewerbes durch den Unternehmer selbst, dessen Geschäftsteilhaber, Prokuristen oder andere ständige Vertreter unterhaltene Geschäftseinrichtungen.

Der Begriff der „Betriebsstätte" wird in der Begründung des Doppelsteuergesetzes v. 22. März 1909 wie folgt bestimmt: „Der Begriff der Betriebsstätte umfaßt zwei Merkmale: das Vorhandensein eines festen örtlichen Mittelpunkts des Betriebs und die Stabilität, d. h. eine gewisse Dauer des Betriebs. Das Erfordernis eines festen ordentlichen Mittelpunkts bewirkt, daß die außerhalb der Niederlassung sich vollziehende Ausübung des Gewerbebetriebs durch Aufkauf oder Absatz von Waren, Ausführung gewerblicher Arbeiten oder dgl. lediglich als Ausfluß des stehenden Gewerbebetriebs am Orte der Niederlassung erscheint, so daß nur derjenige Staat, in dessen Gebiete sich die Betriebsstätte befindet, zur Besteuerung berechtigt ist. Das Merkmal der Stabilität, welches der besonderen Hervorhebung im Texte des Gesetzes nicht bedarf, weil es an sich schon mit dem Begriff der Stätte eines Betriebs gegeben ist, schließt aus, daß z. B. schon bloße, wenn auch einige Zeit in Anspruch nehmende Montagen industrieller oder sonstiger Werke die Steuerpflicht begründen.

Bei dem Merkmale der Stabilität kommt es jedoch nur auf den Gegensatz zum Vorübergehenden, nicht aber darauf an, daß der Fortbestand der Betriebsstätte im voraus auf eine lange Zeit sichergestellt ist. Es gelangen Fälle zur Entscheidung, in denen ein industrielles Unternehmen, das in einem Bundesstaate seinen Sitz hat, in einem anderen Bundesstaate beispielsweise die mehrere Jahre dauernde Kanalisierung einer ganzen Stadt übernommen hat. Es würde zu weit gehen, sogar in solchen Fällen die Stabilität und damit das Vorliegen einer Betriebsstätte zu verneinen. Der Natur der Sache entspricht es vielmehr, dem Staate, auf dessen Gebiete Arbeiten ausgeführt werden, die die Herrichtung für längere Zeit berechneter örtlicher Anlagen, wie Baubureaus, Arbeiterwohnungen und dgl., erfordern, die Besteuerung des auf seinem Gebiete stattfindenden Teiles des Betriebs vorzubehalten.

Nicht erfordert wird zum Begriffe der Betriebsstätte ein besonderer von der Wohnung getrennter und ausschließlich der Ausübung des Gewerbes dienender Raum; vielmehr kann ein gewerblicher Betrieb auch in der Wohnung vor sich gehen, so daß auch die Wohnung des Steuerpflichtigen beim Zutreffen der sonstigen Begriffsmerkmale Betriebsstätte im Sinne des Entwurfs sein kann. Ob sie das ist, ist Sache der tatsächlichen Entscheidung.

Die geltende Vorschrift,

> daß der Betrieb eines Gewerbes nur von demjenigen Bundesstaate besteuert werden darf, in welchem das Gewerbe betrieben wird,

wird bei Verzweigung eines Betriebs auf Gebiete mehrerer Staaten zwar schon jetzt von der Verwaltungspraxis und der Rechtsprechung (vgl. Urteil des Reichsgerichts v. 7. November 1885, Entsch. d. Reichsgerichts in Zivilsachen, Bd. XV S. 27 ff.) ganz überwiegend dahin ausgelegt, daß in solchen Fällen jeder der in Betracht kommenden Staaten zur Besteuerung des in seinem Gebiete sich vollziehenden Teiles des Gewerbebetriebs berechtigt sei.

Daß diese Auslegung aber doch nicht allgemein durchgedrungen ist, zeigen Beschwerdefälle neuerer Zeit, in welchen von einem Bundesstaate die Besteuerung des gesamten Ergebnisses eines zu einem erheblichen Teile nicht in seinem Gebiete stattfindenden Betriebs um deswillen beansprucht wird, weil die Geschäftsleitung und der Hauptsitz des Gewerbes allerdings in dem Gebiete jenes Bundesstaats konzentriert sind.

Es empfiehlt sich daher, durch eine ausdrückliche gesetzliche Vorschrift solche Deutungen, die der Absicht des Gesetzes nicht entsprechen, auszuschließen.

Es scheint naheliegend, die neue Vorschrift über die anteilige Heranziehung zur Besteuerung durch Bestimmungen über die Grundsätze zu ergänzen, nach denen bei Ausdehnung eines Betriebs über die Gebiete mehrerer Staaten die Teilung des Besteuerungsrechts zu erfolgen habe. Die Verwaltungspraxis hat einige Grundsätze dieser Art, z. B. den, daß dem Staate, in dessen Gebiete sich die Leitung eines Unternehmens befindet, hierfür ein Voraus — meist von 10 % — zugestanden wird, schon zu einer ziemlich verbreiteten Anerkennung gebracht.

Solche Grundsätze gesetzlich vorzuschreiben, läßt jedoch die Vielgestaltigkeit und individuelle Verschiedenheit der im gewerblichen Leben vorkommenden Fälle nicht ratsam erscheinen. Es ist vorzuziehen, die Regelung, wie bisher, besonderen, den Umständen des Einzelfalls in billiger Weise angepaßten Vereinbarungen der beteiligten Staaten vorzubehalten."

Vgl. Anm. 7a zu Art. 2 d. EinfA.

Voraussetzung für die Annahme einer Betriebsstätte bei beschränkter Steuerpflicht ist ein Betrieb, der auf einer mehr oder minder dem Betriebe gewidmeten und tatsächlich dienenden Stelle ausgeübt wird. Eine Betriebsstätte, der die Eigenschaft eines bleibenden örtlichen Mittelpunkts des auf sie angewiesenen Betriebes mangelt, gibt es nicht. OVG. IV, 383; X, 122.

Der regelmäßige Besuch von Wochenmärkten in verschiedenen in Preußen belegenen Orten seitens eines Ausländers rechtfertigt nicht die Annahme einer preußischen Betriebsstätte. OVG. XII, 14.

Über die Voraussetzungen für die Annahme preußischer Gewerbe- oder Handelsanlagen oder sonstiger gewerblicher Betriebsstätten beim Grundstückshandel vgl. OVG. IX, 11 und 22; beim Holzhandel auf einem gepachteten Holzlagerplatz; OVG. XI, 24, bei einem Baugeschäft nicht an dem Orte, wo ein einzelner Bau ausgeführt wird, wohl aber da, wo Bau- oder Erdarbeiten längere Zeit hindurch ausgeführt werden, OVG. IV, 383; X, 124; XI, 27; XII, 16; XIV, 13.

Der Begriff der Betriebsstätte im vorstehenden Sinne trifft nicht zu auf den Betrieb des Gewerbes im Umherziehen und auch nicht auf den Wanderlagerbetrieb.

Die Anm. 7 zu Art. 2 d. EinkA. gibt folgende Zusammenstellung der wichtigsten Grundsätze über die Voraussetzungen einer die Steuerpflicht in Preußen begründenden Betriebsstätte, wie solche das OVG. namentlich in den Entsch. vom 18. April 95 (IV, 342 ff.), v. 18. Juni 96 (V, 163 ff.), v. 29. Febr. 96 (V, 404 ff.), v. 8. u. 14. Okt. 97 (VI, 240 ff. u. 241 Anm.), v. 25. Nov. 97 (VI, 427 ff.) übereinstimmend für die Einkommensteuer und die Gewerbesteuer angenommen hat.

1. Ein selbständiger Gewerbetreibender, dessen Tätigkeit sich lediglich als Ausübung des eigenen Vermittlungsgewerbes darstellt, betreibt damit nicht das Gewerbe der von ihm vermöge eines Auftrags- oder Vollmachtsverhältnisses vertretenen auswärtigen Firma, auch wenn er die Interessen derselben ständig wahrnimmt.

   Dies gilt insbesondere in der Regel von denjenigen Agenten, welche als Spezialagenten für eine Versicherungsgesellschaft oder Hypothekenbank tätig sind, das heißt: für die Gesellschaft im Publikum werben, ihr die zum Abschluß von Versicherungen oder Darlehnsverträgen bereiten Personen zuführen, oder die an sie aus dem Publikum ergehenden Anträge entgegennehmen, um den Abschluß der Geschäfte zu vermitteln. (Dasselbe gilt für Auswanderungsagenten, welche, ohne mit dem Abschlusse von Verträgen betraut zu sein, auf Grund eines reinen Agenturvertrags lediglich zur Vorbereitung oder Vermittlung des Beförderungsvertrags bestellt sind. OVG. XIV, 241.)

2. Dagegen ist die Begründung einer Betriebsstätte des auswärtigen Unternehmers und somit seine Steuerpflicht in Preußen anzunehmen, wenn der hiesige ständige Vertreter in einem persönlichen Dienst- und Abhängigkeitsverhältnisse oder in beamtenähnlicher Stellung zu dem Unternehmer sich befindet, dessen Willen und beständiger Leitung unterworfen und eben dadurch dessen Organ und Gehilfe ist. (Die in Preußen eingerichteten Bureaus einer auswärtigen Hypothekenbank-Aktiengesellschaft, welche nur nach den von der Direktion der Bank gegebenen Weisungen zu arbeiten haben und deren Leiter und Personal im Dienst- und Abhängigkeitsverhältnis stehen, bilden einen stehenden Gewerbebetrieb dieser Bank in Preußen, gleichviel ob die Angestellten auch zur rechtsgeschäftlichen Vertretung der Bank befugt sind oder nicht. OVG. XII, 260 ff.; XV, 229 ff.)

3. Der das eigene Vermittlungsgewerbe betreibende Agent (siehe Nr. 1) kann zwar durch dieselbe Tätigkeit, die sich als Ausübung des Vermittlungsgewerbes darstellt, nicht zugleich als Vertreter eines anderen das Gewerbe betreiben und umgekehrt.

Wohl aber kann eine solche Doppelstellung durch verschiedene von derselben Person nebeneinander ausgeübte Tätigkeiten begründet werden. Beispielsweise ist es nicht ausgeschlossen, daß ein Generalagent mit beamtenähnlicher Stellung für eine Versicherungsgesellschaft oder Hypothekenbank tätig ist und bezüglich desselben Unternehmens gleichzeitig sein eigenes Vermittlungsgewerbe ausübt.

4. Für die Entscheidung der Frage, ob ein „beamtenähnliches" Verhältnis im Sinne der Nr. 2 und 3 vorliegt oder nicht, kommt es weder auf die äußere Bezeichnung des Vertreters an, noch auf die rechtliche Form, in die das Verhältnis gekleidet ist. Vielmehr bedarf es in jedem Einzelfalle der Ermittlung, ob nach den konkreten Verhältnissen (Inhalt des Anstellungsvertrags und gesamte Geschäftsführung) der Vertreter als Beamter angesehen werden muß. Dies ist zu bejahen, wenn die Mittelsperson auf Grund des durch den eingegangenen Vertrag zu dem auswärtigen Unternehmer begründeten Abhängigkeitsverhältnisses, Handlungen, die ihm von demselben aufgetragen werden, vorzunehmen verpflichtet ist.

Dafür, daß ein Generalagent im eigentlichen Sinne die Stellung eines Beamten habe, spricht im allgemeinen die Vermutung. Vgl. auch OVG. VII, 144; VIII, 439.

Die persönliche Steuerpflicht der in Preußen sich aufhaltenden Vertreter eines auswärtigen Unternehmens richtet sich nach § 2 I d. ErgstGes.; vgl. Art. 2 Nr. 3 Abs. 2 d. EA.

Handlungsreisende, welche für die Firma, in deren Diensten sie stehen, Waren aufkaufen und Bestellungen aufsuchen, begründen nicht an einem bestimmten Orte, insbesondere auch nicht am Orte ihres Wohnsitzes eine Betriebsstätte der Firma. OVG. VI, 430; XI, 23; XV, 225.

Auf der Anlegestelle eines den Verkehr zwischen mehreren Orten vermittelnden, den Fährbetrieb zwischen denselben ausübenden Dampfers, an welcher Personen und Güter aufgenommen werden, findet ein in Preußen steuerpflichtiger stehender Gewerbebetrieb statt, ist also eine Betriebsstätte im Sinne des § 2 EStG. vorhanden. OVG. III, 389.

Die bloß gelegentliche Annahme von Gütern oder Personen zur Beförderung nach anderen Orten, ohne daß derselben irgendeine gewerbliche Anlage- oder Betriebsstätte dient, in der sich der Betrieb dauernd äußert, erfüllt nicht den Tatbestand einer preußischen Betriebsstätte. Ist in solchem Falle z. B. das zu dem Transportgewerbe verwendete Fahrzeug in Hamburg registriert, hat es dort seinen Heimatsort und wird das Gewerbe auch von dort aus betrieben, so ist lediglich Hamburg als Betriebsstätte anzusehen. OVG. X, 60. (Für die Frage des Heimathafens und der Registerführung kommen in Betracht § 480 Abs. 1 HGB.; § 6 Abs. 1 des RG. betreffend das Flaggenrecht der Kauffahrteischiffe vom 22. Juni 1899, RGBl. S. 319, und §§ 122, 128 des RG. betreffend die privatrechtlichen Verhältnisse der Binnenschiffahrt v. $\frac{\text{15. Juni 1895}}{\text{20. Mai 1898}}$, RGBl. S. 868.)

Die Unterhaltung eines Lagers seitens eines außerhalb Preußens wohnhaften Kaufmanns bei einem Spediteur in Preußen in den Räumen des letzteren, der für die Lagerung und die An- und Abfuhr bestimmte Sätze erhält, und dessen Tätigkeit über den Rahmen seines eigenen selbständigen Gewerbebetriebes als Spediteur nicht hinausgeht, begründet keine gewerbliche Betriebsstätte des Kaufmanns in Preußen. OVG. XIV, 7.

Die alleinige Unterhaltung eines Musterlagers bei einem selbständigen Agenten in Preußen stellt einen Gewerbebetrieb des von diesem vertretenen auswärtigen Gewerbetreibenden in Preußen nicht dar. OVG. XIV, 9 Anm.

Auf die *gewöhnliche ärztliche Berufstätigkeit* ist der Begriff des Gewerbebetriebs im allgemeinen nicht anwendbar. OVG. II, 448. Sie gilt zwar nach besonderen Bestimmungen im Verhältnis zu anderen Bundesstaaten und zu Österreich als Gewerbebetrieb. Vgl. Anm. 17 zu Art. 17 d. EinfA. Gleichwohl unterliegt der Wert der der ärztlichen Berufstätigkeit gewidmeten beweglichen Sachen (Instrumente, Bücher, Möbel usw.) nicht der Ergänzungssteuer, auch nicht nach § 2 IIb. So auch FME. v. 26. Februar 1914 II, 2665.

Der Betrieb einer Privat-Kranken-, Irren- oder Heilanstalt oder einer Kuranstalt für Nervenkranke seitens eines

Nichtarztes, erscheint regelmäßig als Gewerbebetrieb. OVG. VII, 419 u. 422.

Ob sich der Betrieb einer privaten Heilanstalt seitens eines Arztes im einzelnen Falle als Gewerbebetrieb darstellt oder nicht, kann nur unter Prüfung der konkreten Verhältnisse beurteilt werden. OVG. VII, 419. Der Betrieb einer Badeanstalt durch einen Arzt stellt nicht notwendig eine Ausübung des ärztlichen Berufs dar. Das gleiche gilt in betreff der Unterhaltung einer zur Aufnahme von Badegästen bestimmten Pension. OVG. XII, 426.

12) Nicht unter § 2 IIb ErgstGes. fallen, vorausgesetzt, daß sie nicht etwa Bestandteil eines gewerblichen Betriebs- und Anlagekapitals sind, Aktien oder Anteilscheine einer Aktiengesellschaft, da diese, abgesehen von dem angedeuteten Falle, nach § 7 litt. a d. Ges. als Kapitalvermögen zu gelten haben. Desgleichen nicht aus demselben Grunde Geschäftsanteile und Geschäftsguthaben von eingetragenen Genossenschaften, ebenfalls bis auf den Ausnahmefall der Zugehörigkeit zu dem Anlage- und Betriebskapital des Steuerpflichtigen selbst. OVG. VII, 353. Ebenso nicht Kuxe bei Berggewerkschaften und auch nicht die Geschäftsanteile bei Gesellschaften mit beschränkter Haftung und die Geschäftseinlage eines stillen Gesellschafters. Art. 13 d. EA. u. Anm. 9 dazu. Nach § 7 litt. a d. Ges. u. Art. 13 d. EA. gehören auch „Kommanditanteile" schlechthin zum Kapitalvermögen. Das trifft aber jedenfalls nicht zu hinsichtlich der Einlagen der persönlich haftenden Gesellschafter und der Kommanditisten bei einfachen Kommanditgesellschaften, da bei der einfachen Kommanditgesellschaft die Teilhaber selbst als Inhaber des Betriebes gelten, die zum Anlage- und Betriebskapital der Gesellschaft gehörigen Werte daher ihnen gemäß § 5 Ziffer 3 ErgstGes. nach Maßgabe ihres Anteils anzurechnen sind. Bei der Kommanditgesellschaft auf Aktien sind die Einlagen der Kommanditisten Kapitalvermögen, ebenso die Einlagen der persönlich haftenden Gesellschafter auf das Grund-

kapital. Dagegen gelten nach § 13 d. EinkstGes. die Gewinnanteile der persönlich haftenden Gesellschafter für ihre nicht auf das Grundkapital gemachten Einlagen als Einkommen aus Handel und Gewerbe und daher müssen auch diese Einlagen selbst als Anlage- und Betriebskapital gelten und nach § 5 Ziffer 3 d. ErgstGes. den Gesellschaftern zugerechnet werden. Bei der offenen Handelsgesellschaft sind die Gesellschafter selbst die Geschäftsinhaber, das Anlage- und Betriebskapital der Gesellschafter ist daher ihnen nach § 5 Ziffer 3 ErgstGes. anzurechnen.

13) Bei beschränkter Steuerpflicht genügt es nicht, daß das preußische gewerbliche Anlage- und Betriebskapital und die darauf haftenden Schulden ermittelt werden, die Ermittlung muß sich vielmehr auf das dem Gesamtbetriebe dienende Anlage- und Betriebskapital und die den Gesamtbetrieb belastenden Schulden erstrecken, da ein verhältnismäßiger Teil von beiden auf den preußischen Betrieb und somit das in Preußen befindliche Vermögen entfällt. OVG. V, 310.

§ 3. Befreit von der Ergänzungssteuer sind die gemäß § 3 des Einkommensteuergesetzes zu Nr. 1 bis 4 von der Einkommensteuer befreiten Personen.

Die Befreiungen zu Nr. 3 und 4 daselbst erstrecken sich nicht auf das im § 2 zu II bezeichnete Vermögen und bleiben in denjenigen Fällen ausgeschlossen, in welchen in den betreffenden Staaten Gegenseitigkeit nicht gewährt wird.

1) Nach § 3 Nr. 1—4 des EinkstGes. sind von der Einkommensteuer befreit:

1. die Mitglieder des Königlichen Hauses und des Hohenzollernschen Fürstenhauses;
2. die Mitglieder des vormaligen Hannoverschen Königshauses, des vormaligen Kurhessischen und des vormaligen Herzoglich Nassauischen Fürstenhauses;

3. die bei dem Kaiser und Könige beglaubigten Vertreter fremder Mächte und die Bevollmächtigten anderer Bundesstaaten zum Bundesrate, die ihnen zugewiesenen Beamten, sowie die in ihren und ihrer Beamten Diensten stehenden Personen, soweit sie Ausländer sind;
4. diejenigen Personen, denen sonst nach völkerrechtlichen Grundsätzen oder nach besonderen, mit anderen Staaten getroffenen Vereinbarungen ein Anspruch auf Befreiung von der Einkommensteuer zukommt.

2) Zu den nach § 3 Nr. 4 des EinkStGes. befreiten Personen gehören insbesondere auch die Berufskonsuln derjenigen fremden Mächte, mit denen durch Konsularkonvention die Befreiung der beiderseitigen Konsuln von persönlichen Abgaben verabredet ist, dagegen weder die als Konsuln fremder Mächte fungierenden preußischen Staatsangehörigen, noch das Dienstpersonal der Berufskonsuln. Art. 38 Nr. 5 d. EinkA. OVG. X, 12.

Den Konsuln der meistbegünstigsten Nationen, ohne Unterschied von Berufs- oder Wahlkonsuln, steht die Freiheit von allen direkten oder persönlichen oder Luxusabgaben, dieselben seien Staats- oder Gemeindeabgaben, dann zu, falls sie nicht Angehörige des Landes sind, wo sie beglaubigt sind, dort keinen Grundbesitz haben und keine Handelsgeschäfte betreiben. Haben Konsuln dieser Nationen dagegen Grundbesitz in Preußen oder betreiben sie daselbst Handelsgeschäfte und haben sie ihren Wohnsitz ebenfalls in Preußen, so unterliegen sie, auch wenn sie Ausländer sind, der unbeschränkten Steuerpflicht bezüglich der Einkommen- und Ergänzungssteuer. Diese Grundsätze finden bezüglich der argentinischen Konsuln Anwendung. OVG. X, 12.

Die Königlich Belgischen Konsuln, die belgische Staatsangehörige sind, unterliegen der unbeschränkten Steuerpflicht bezüglich der Einkommen- und Ergänzungssteuer in Preußen, wenn sie daselbst neben ihrer konsularischen Tätigkeit eine besondere Erwerbstätigkeit ausüben. OVG. XIII, 13.

Der deutsch-serbische Konsularvertrag v. 6. Januar 1883 räumt den vertragschließenden Staaten weitergehende Rechte auf Steuerbefreiung ihrer Konsularbeamten ein als der deutsch-amerikanische Vertrag v. 11. Dez. 1871. OVG. XIII, 17.

Zu den nach § 3 Nr. 4 des EinkstGes. befreiten Personen gehören auch:

1. die zu preußischen Truppenteilen kommandierten argentinischen, chilenischen, chinesischen, mexikanischen, rumänischen, russischen, schwedischen, serbischen, türkischen Offiziere;
2. die mit der Beaufsichtigung des Baues und der Abnahme auf deutschen Werften erbauter Kriegsschiffe, oder mit der Abnahme in Deutschland gefertigter Waffen, oder mit der Beaufsichtigung des Baues von Lokomotiven beauftragten amerikanischen, argentinischen, brasilianischen, mexikanischen, portugiesischen, russischen, serbischen, türkischen Staatsangehörigen;
3. die in Preußen wohnhaften Beamten der Spanischen Finanzdelegation;
4. die mit der Beaufsichtigung der Ausbildung junger Chinesen in Deutschland beauftragten chinesischen Staatsangehörigen;
5. die in Preußen stationierten niederländischen Konsularbeamten, welche niederländische Untertanen sind und in Preußen weder ein Gewerbe noch eine andere Erwerbstätigkeit ausüben, sowie die in Preußen stationierten niederländischen Berufsbeamten des Konsular-Subalterndienstes, *letztere jedoch nur bezüglich der Einkommensteuer*;
6. die in Preußen stationierten landwirtschaftlichen oder gewerblichen Fachberichterstatter des Ungarischen Ministerii, welche ungarische Staatsangehörige sind, *jedoch nur in bezug auf die in dieser Eigenschaft von ihnen zu beziehenden Gebühren und sonstigen Einkünfte.* Anm. 41 zu Art. 38 d. EinkA.

II. Maßstab der Besteuerung.

1. Steuerbares Vermögen.

§ 4. Der Besteuerung unterliegt das gesamte bewegliche und unbewegliche Vermögen nach Abzug der Schulden (§ 8).

I. Als steuerbares Vermögen im Sinne dieses Gesetzes gelten insbesondere:

1. Grundstücke (Liegenschaften und Gebäude) nebst allem Zubehör, Bergwerkseigentum, Nießbrauchs- und andere selbständige Rechte und Gerechtigkeiten, welche einen in Geld schätzbaren Wert haben;
2. das dem Betriebe der Land- oder Forstwirtschaft, einschließlich der Viehzucht, des Wein-, Obst- und Gartenbaues, dem Betriebe des Bergbaues oder eines Gewerbes dienende Anlage- und Betriebskapital (§ 6);
3. das sonstige Kapitalvermögen (§ 7).

II. Von der Besteuerung sind jedoch ausgeschlossen:

1. die außerhalb Preußens belegenen Grundstücke;
2. das dem Betriebe der Land- oder Forstwirtschaft, des Bergbaues oder eines stehenden Gewerbes außerhalb Preußens dienende Anlage- und Betriebskapital.

III. Als steuerbares Vermögen im Sinne dieses Gesetzes gelten nicht:

Möbel, Hausrat und andere bewegliche körperliche Sachen, insofern dieselben nicht als Zubehör eines Grundstücks (I Nr. 1) oder als Bestandteil eines Anlage- und Betriebskapitals (I Nr. 2) anzusehen sind.

1) Es wird nur das Reinvermögen (nach Abzug der Schulden) besteuert. Hierin liegt ein wesentlicher Unterschied der Ergänzungssteuer von den Ertragssteuern (Grund-, Gebäude-, Gewerbesteuern), an deren Stelle die Ergänzungssteuer gewissermaßen getreten ist. Die Ergänzungssteuer charakterisiert sich auch hierin als eine Personalsteuer.

2) Ob die einzelnen Vermögensgegenstände dem Steuerpflichtigen einen Ertrag gewähren oder nicht, macht keinen Unterschied und kommt nur insofern in Betracht, als die Höhe des Ertrages auf die Bemessung des Wertes von Einfluß sein kann. Art. 4 II d. EA.

Die Motive des Gesetzentwurfs bemerken mit Bezug hierauf: „Bezweckt die Ergänzungssteuer vornehmlich die schärfere Heranziehung des fundierten Einkommens, so ist es folgerichtig, den Maßstab der Besteuerung ausschließlich in denjenigen Vermögensgegenständen zu suchen, welche nach ihrer Natur zur Erzielung eines Einkommens, zur Produktion bestimmt sind . . . Aus volkswirtschaftlichen und steuerpolitischen Rücksichten würde es aber in hohem Grade bedenklich sein, wertvolle Vermögensteile (Landhäuser, Parkanlagen, Baustellen u. dgl.) nur aus dem Grunde gänzlich unbesteuert zu lassen, weil sie nach dem Willen des Besitzers, sei es zu seiner Annehmlichkeit, sei es zu spekulativen Zwecken, zurzeit ertraglos liegen." Begründ. d. RegEntw. S. 27 f. Weiter wird an derselben Stelle dargelegt, aus welchen Gründen auch sachlich die Freilassung solcher zeitweise ertraglosen Objekte nicht gerechtfertigt sein würde.

3) Zum steuerbaren Vermögen gehören diejenigen Sachen und Rechte, welche der Steuerpflichtige tatsächlich und unangefochten als sein eigen besitzt. Die Zugehörigkeit eines Grundstücks zum steuerbaren Vermögen ist daher nicht davon abhängig, daß derjenige, der es tatsächlich als sein Eigentum besitzt und benutzt, als Eigentümer im Grundbuch eingetragen ist. Vielmehr ist für die Anrechnung von Grundstückswerten der unangefochtene Eigentumsbesitz (vgl. BGB. § 872) ent-

scheidend und nicht das Eigentum nach den Vorschriften des Zivilrechts. OVG. V, 221. Ob im einzelnen Fall eine Vermögensübertragung, z. B. von verzinslichen Forderungen seitens des Vaters auf die Kinder, ernstlich gewollt oder etwa nur simuliert ist, wird im Zweifelsfall festzustellen sein. Vgl. OVG. XII, 392.

Der Erblasser kann einen Erben in der Weise einsetzen, daß dieser erst Erbe wird (Nacherbe), nachdem zunächst ein anderer Erbe geworden ist (Vorerbe). BGB. § 2100.

Der Vorerbe ist nach dem BGB. und auch nach dem bisherigen nassauischen Privatrechte bis zu dem Eintritt der Nacherbfolge als Eigentümer des Nachlasses anzusehen und zu behandeln. OVG. XI, 361 u. v. 26. Okt. 1912, Steuerarchiv Jahrg. 16 S. 149. Hat der Erblasser ein Vermächtnis von einem nach dem Anfall des Vermächtnisses eintretenden bestimmten Zeitpunkt oder Ereignis an einem Dritten zugewendet (§ 2191 BGB.), so ist der erste Vermächtnisnehmer, solange der Zeitpunkt oder das Ereignis noch nicht eingetreten ist, als Eigentümer zu behandeln.

Bei fortgesetzter Gütergemeinschaft hat jeder der Beteiligten auch schon während der Dauer der Gemeinschaft das Vermögen in dem Verhältnisse zu versteuern, in welchem es nach Beendigung der Gemeinschaft auf ihn entfällt. OVG. v. 19. April 1913 IVa, 417.

4) Die persönliche Behinderung des Eigentümers, das Objekt zu verkaufen, einerlei ob sie auf tatsächlichen oder auf Rechtsgründen beruht, ändert nichts an der Zugehörigkeit des Objekts zum steuerbaren Vermögen. OVG. VII, 243.

5) Lehnsgüter sind dem Besitzer als steuerbares Vermögen anzurechnen, ebenso Thronlehen. OVG. VII, 123; XI, 366.

6) Grundstücke, die mit einer fideikommissarischen Substitution belastet sind, gehören zum steuerbaren Vermögen des Fiduziars und sind ohne Berücksichtigung

der Last nach den allgemeinen Vorschriften zu bewerten. OVG. V, 221.

7) Zu den steuerbaren Liegenschaften gehören auch Seen, Teiche und sonstige Wasserstücke. Art. 7 Nr. 1 d. EA.

8) Zum Grundvermögen gehören alle Bestandteile der einzelnen Grundstücke. Was zu den Bestandteilen gehört, wird in den §§ 93—96 BGB. näher umschrieben. Diese lauten:

„§ 93. Bestandteile einer Sache, die voneinander nicht getrennt werden können, ohne daß der eine oder der andere zerstört oder in seinem Wesen verändert wird (wesentliche Bestandteile), können nicht Gegenstand besonderer Rechte sein.

§ 94. Zu den wesentlichen Bestandteilen eines Grundstücks gehören die mit dem Grund und Boden fest verbundenen Sachen, insbesondere Gebäude, sowie die Erzeugnisse des Grundstücks, solange sie mit dem Boden zusammenhängen. Samen wird mit dem Aussäen, eine Pflanze wird mit dem Einpflanzen wesentlicher Bestandteil des Grundstücks.

Zu den wesentlichen Bestandteilen eines Gebäudes gehören die zur Herstellung des Gebäudes eingefügten Sachen.

§ 95. Zu den Bestandteilen eines Grundstücks gehören solche Sachen nicht, die nur zu einem vorübergehenden Zwecke mit dem Grund und Boden verbunden sind. Das gleiche gilt von einem Gebäude oder anderen Werke, das in Ausübung eines Rechtes an einem fremden Grundstücke von dem Berechtigten mit dem Grundstücke verbunden worden ist.

Sachen, die nur zu einem vorübergehenden Zwecke in ein Gebäude eingefügt sind, gehören nicht zu den Bestandteilen des Gebäudes.

§ 96. Rechte, die mit dem Eigentum an einem Grundstücke verbunden sind, gelten als Bestandteile des Grundstücks."

Als Rechte, die mit dem Eigentum an einem Grundstücke verbunden sein können und nach § 96 BGB. als Bestandteil des Grundstücks gelten, kommen z. B. in Betracht: Nutzungen am Gemeinde- oder sonstigen gemeinschaftlichen Vermögen, wie Weide- und Holzgerechtigkeiten, Idealanteile an Haubergsgenossenschaften und Jahnschaften, Fischerei-, Fähr-, Schiffsmühlengerechtigkeiten, das Jagdrecht usw., ferner Prädialservituten, Realrechte, wie Rechte auf bäuerliche Dienste, Abgaben, Laudemien usw., Freikuxe, Anteile der Güter an landschaftlichen Amortisationsfonds, Nutzungen von Ablösungskapitalien, Renten für Entschädigung wegen Beschränkung des Grundeigentums in der Umgebung von Festungen. Vgl. Techn. Anl. Art. 6 Nr. 1 und Art. 9 Nr. 1 d. EA.

Zum Grundvermögen gehört auch das Zubehör der einzelnen Grundstücke. Was Zubehör ist, wird näher in den §§ 97, 98 BGB. bestimmt. Diese lauten:

„§ 97. Zubehör sind bewegliche Sachen, die, ohne Bestandteile der Hauptsache zu sein, dem wirtschaftlichen Zwecke der Hauptsache zu dienen bestimmt sind und zu ihr in einem dieser Bestimmung entsprechenden räumlichen Verhältnisse stehen. Eine Sache ist nicht Zubehör, wenn sie im Verkehre nicht als Zubehör angesehen wird.

Die vorübergehende Benutzung einer Sache für den wirtschaftlichen Zweck einer anderen begründet nicht die Zubehöreigenschaft. Die vorübergehende Trennung eines Zubehörstücks von der Hauptsache hebt die Zubehöreigenschaft nicht auf.

§ 98. Dem wirtschaftlichen Zwecke der Hauptsache sind zu dienen bestimmt:

1. bei einem Gebäude, das für einen gewerblichen Betrieb dauernd eingerichtet ist, insbesondere bei einer Mühle, einer Schmiede, einem Brauhaus, einer Fabrik, die zu dem Betriebe bestimmten Maschinen und sonstigen Gerätschaften;
2. bei einem Landgute das zum Wirtschaftsbetriebe bestimmte Gerät und Vieh, die landwirtschaftlichen Erzeugnisse, soweit sie zur Fortführung der Wirtschaft bis zu der Zeit erforderlich sind, zu welcher gleiche oder ähnliche Erzeugnisse voraussichtlich gewonnen werden, sowie der vorhandene auf dem Gute gewonnene Dünger."

9) Als steuerbares Vermögen kommen von Rechten und Gerechtigkeiten nach Art. 8 d. EA. nur selbständige ausschließliche Vermögensrechte, welche einen in Geld schätzbaren Wert haben, in Betracht, ohne Unterschied, ob sie dinglicher Natur sind oder nicht.

Rechte dieser Art sind insbesondere:

1. Das Bergwerkseigentum (§§ 50 ff. des Allg. Bergges. v. 24. Juni 65, GesS. S. 705) in der Fassung des Art. 37 des Ausführungsges. z. BGB. vom 20. September 1899, GesS. S. 177. Es verleiht dem damit Beliehenen die ausschließliche Befugnis, nach den Bestimmungen des Berggesetzes das in der Verleihungsurkunde benannte Mineral in seinem Felde aufzusuchen und zu gewinnen, sowie alle hierzu erforderlichen Vorrichtungen unter und über Tage zu treffen. Die der Verleihung des Bergwerkseigentums voraufgehende Mutung kann hierher gehören, wenn sie einen in Geld schätzbaren Wert hat. Vgl. Hoffmann, Kommentar z. Wehrbeitragsges. S. 8,
2. die im Privatbesitze befindlichen Regalrechte, z. B. Privatbergregalitätsrechte (OVG. VI, 9),
3. die Urheberrechte (OVG. XV, 405) und das Patentrecht, (Redaktion und Verlag einer Zeitung bilden dagegen weder ein selbständiges Recht im Sinne des § 4 I 1 noch einen dem Gewerbebetriebe, welcher sich in jener Tätigkeit vollzieht, gewidmeten Gegenstand oder ein demselben gewidmetes Vermögensrecht und unterliegen daher nicht der Ergänzungssteuer. (OVG. VIII, 328 ff.),
4. die noch bestehenden ausschließlichen Gewerbegerechtigkeiten (Fährgerechtigkeit, Schiffsmühlengerechtigkeit, Apothekenprivilegien) [nur Apotheken-Realprivilegien, nicht auch Apotheken-Konzessionen, siehe OVG. VI, 100, andrer Meinung Strutz, ErgstGes. IV. Aufl. S. 15] sowie die Fischereigerechtigkeit (OVG. VI, 7 ff.),
5. dingliche (vgl. dazu OVG. VI, 110) Nießbrauchs-, Gebrauchs- oder sonstige Nutzungsrechte an fremdem Ver-

mögen oder fremden Vermögensteilen, vorausgesetzt, daß der dem Nießbrauch usw. unterliegende Gegenstand zum steuerbaren Vermögen gehört (nicht ergänzungssteuerpflichtig ist der zur Besoldung eines Geistlichen gehörige Nießbrauch am Pfarrdotationsvermögen, OVG. V, 309),

6. das Erbbaurecht (§§ 1012 ff. d. BGB., siehe auch MittH. **40**, 17 [das Erbbaurecht ist das veräußerliche und vererbliche Recht, auf oder unter der Oberfläche des Grundstücks eines Dritten ein Bauwerk zu haben. Ein solches dem Eigentum an Grundstücken nahe kommendes Recht stellt einen Vermögenswert im Sinne der §§ 7 c, 8 Abs. 1 Nr. 2 d. ErgstGes. dar. Bei seiner Bewertung ist die Verpflichtung zur Zahlung des Bodenzinses als wertmindernd zu berücksichtigen. OVG. XIV, 388.]

Nicht hierher gehören dagegen:

1. polizeiliche oder obrigkeitliche Konzessionen, Approbationen, Genehmigungen, welche die Befugnis oder Erlaubnis zur Ausübung eines Gewerbebetriebs, nicht aber ein ausschließliches Recht begründen (OVG. V, 369 Konzession zur Ausübung der Schankwirtschaft; VI, 100 Konzession zur Anlage oder zum Betriebe einer Apotheke). [Nach OVG. XII, 396 kann aber bei der Festsetzung des gemeinen Werts eines Grundstücks, in dem Gast- oder Schankwirtschaft betrieben wird, in Frage kommen, ob und inwieweit der Umstand, daß das Grundstück für diesen Gewerbebetrieb nach seiner Lage und Einrichtung besonders geeignet ist und daß der Inhaber eines derartigen Grundstücks nach der Anschauung im Verkehr eine erhebliche Aussicht auf Erteilung der Konzession hat, erhöhend auf die Preisbildung wirkt.]
2. Familien-, Standes-, Ehren- und andere Rechte, die nicht zu den Vermögensrechten gehören,
3. Rechte, denen der Charakter der Selbständigkeit abgeht, z. B. das Recht zur Führung einer Handelsfirma (§ 23 des Handelsgesetzbuchs v. 10. Mai 97) OVG. VIII, 333),

4. Rechte, welche nicht ausschließlicher Natur, sondern lediglich auf ein Leisten, Dulden oder Unterlassen gegenüber einem bestimmten Verpflichteten gerichtet sind. Inwiefern derartige Rechte zum Kapitalvermögen gehören, ist nach den über diese Art des Vermögens bestehenden Vorschriften zu beurteilen.

Art. 8 d. EA.

10) Die elterliche Nutznießung an dem Vermögen der haushaltsangehörigen Kinder und ebenso die ehemännliche Nutznießung an dem Vermögen der Ehefrau gehören nicht zu den nach § 4 I 1 ErgstGes. zum steuerbaren Vermögen zu rechnenden Nießbrauchsrechten; das Vermögen der Ehefrau wird in jedem Falle dem Ehemann und das Vermögen der haushaltsangehörigen Kinder dem Vater bzw. der Mutter, soweit diesen die Nutznießung zusteht, nach § 5 Ziffer 4, 5 d. ErgstGes. zugerechnet.

11) Das dem Betriebe der Land- und Forstwirtschaft dienende Anlage- und Betriebskapital gehört zum steuerbaren Vermögen ohne Unterschied, ob der Betrieb auf eigenen oder fremden (gepachteten) Grundstücken stattfindet. Art. 10, I, 1 d. EA.

12) Das dem Betriebe eines Gewerbes dienende Anlage- und Betriebskapital gehört zum steuerbaren Vermögen ohne Unterschied, ob das Gewerbe als stehendes oder im Umherziehen betrieben wird. Art. 10, I 3 d. EA.

13) Eine Bestimmung des Begriffs „Gewerbe" enthält das Ergänzungssteuergesetz nicht; es bewendet in dieser Hinsicht bei den durch bisherige Entscheidungen für die Gewerbesteuer festgestellten Grundsätzen. Im übrigen kommt es für die Heranziehung eines gewerblichen Anlage- und Betriebskapitals zur Ergänzungssteuer nicht darauf an, ob der betreffende Betrieb gewerbesteuerpflichtig ist. Art. 10 II d. EA.

14) Von der Besteuerung ausgeschlossen sind die außerhalb des preußischen Staatsgebiets, sei es in einem deutschen Bundesstaat oder in einem deutschen Schutzgebiete, sei es im

Reichsauslande, belegenen Grundstücke nebst Zubehör, und zwar ohne Unterschied, ob der Steuerpflichtige Inländer oder Ausländer ist (abweichend von den für die Einkommensteuer geltenden Vorschriften!). Ebenso ist von der Besteuerung ausgeschlossen das Anlage= und Betriebskapital, welches dem außerhalb Preußens stattfindenden Betriebe der Land= und Forstwirtschaft, des Bergbaues oder eines stehenden Gewerbes dient, ohne Unterschied, ob der Steuerpflichtige Inländer oder Ausländer ist (gleichfalls abweichend von den für die Einkommensteuer geltenden Vorschriften!).

Die Land= und Forstwirtschaft sowie der Bergbau gelten als außerhalb Preußens betrieben, sofern das betreffende — eigene oder fremde — Grundstück oder Bergwerk außerhalb des preußischen Staatsgebiets, sei es in einem deutschen Bundesstaat oder einem deutschen Schutzgebiete, sei es im Reichsauslande, belegen ist. Vgl. aber Anm. 10 Abs. 3 zu § 2 d. Ges.

Die Frage, ob außerhalb Preußens ein stehender Gewerbebetrieb stattfindet, ist nach den in Art. 2b d. EinkA. und Anm. 7 u. 7a dazu angegebenen Gesichtspunkten zu beurteilen. Art. 7 Nr. 2, Art. 10 IV d. EA. Vgl. Anm. 11 zu § 2 des Ges.

15) Die Erstreckung der Befreiung in § 4 II auch auf das gesamte außerdeutsche Ausland gründet sich auf die gleichen Erwägungen, welche zum Erlaß des Doppelsteuergesetzes vom 13. Mai 70 (jetzt v. 22. März 1909) geführt haben. Es darf im allgemeinen davon ausgegangen werden, daß auch der ausländische Grundbesitz und Gewerbebetrieb überall bereits im Heimatsstaate, wenn auch in verschiedenen Formen, so doch in ausgiebiger Weise, zu den Staatslasten beiträgt, und daher die gleichzeitige Heranziehung dieser Vermögensteile in Preußen für die preußischen Staatsangehörigen eine unbillige Doppelbesteuerung zur Folge haben würde. Eine solche durch die Ergänzungssteuer herbeizuführen, lag um so weniger Anlaß vor, als auch die bis=

herigen Realsteuern ausschließlich den preußischen Grundbesitz und Gewerbebetrieb umfassen. Vgl. Begründ. der RegVorl. S. 29.

Die Komm. des AbgH. beschränkte die Befreiung auf den Grundbesitz bzw. Gewerbebetrieb in anderen deutschen Bundesstaaten und in deutschen Schutzgebieten, und das Plenum trat dieser Fassung in II. Lesung bei.

In der III. Lesung aber wurde die RegVorl. wieder hergestellt, für welche schon das Moment der praktischen Ausführung sprach, da die Schätzung des auswärtigen Vermögens mit großen Schwierigkeiten verknüpft, vielfach überhaupt unmöglich gewesen wäre.

16) Nicht als steuerbares Vermögen gelten nach § 4 III alle beweglichen körperlichen Sachen, welche weder als Zubehör zu einem Grundstücke, noch zu einem Anlage- und Betriebskapitale, noch zum Kapitalvermögen gehören.

Hiernach bleiben bei der Veranlagung namentlich außer Ansatz: Möbel, Hausrat, Kleidungsstücke, Schmucksachen und andere Kostbarkeiten, Bücher, Reit- und Wagenpferde, Equipagen, Sammlungen und Vorräte aller Art, insofern diese Gegenstände nicht Erwerbszwecken dienen, sondern lediglich zum persönlichen Gebrauch oder zum Verbrauch im Haushalt, zur Ausschmückung der Wohnräume, zur Belehrung, Unterhaltung oder Erhöhung des Lebensgenusses bestimmt sind. Ingleichen bleiben außer Ansatz: alle der Ausübung einer künstlerischen, wissenschaftlichen oder einer sonstigen nicht unter den Begriff des Gewerbebetriebes fallenden Berufstätigkeit gewidmeten beweglichen Sachen (Bibliotheken der Gelehrten und Beamten, Instrumente der Ärzte [vgl. wegen der Ärzte auch die Ausführungen in Anm. 11 zu § 2 d. Ges. auf Seite 45 dieses Buchs] und Musiker, Arbeitsmittel der Künstler, Bureaueinrichtungen der Rechtsanwälte u. dgl.) Art. 4 III d. EA.

17) Zur Steuerbefreiung des Mobiliars usw. haben wesentlich praktische Gründe geführt. Ein gewisses Maß

von Mobiliarbesitz gehört zu den unentbehrlichen Bedürfnissen eines jeden Haushalts, ohne die Leistungsfähigkeit zu steigern. Um Unbilligkeiten zum Nachteile der minder Wohlhabenden zu verhüten, hätte daher der Mobiliarbesitz von der Besteuerung mindestens bis zu demjenigen Wertbetrage freigelassen werden müssen, welchen die notwendige oder allgemein übliche Ausstattung des Haushalts mit sich bringt; diese Ausscheidung wäre praktisch auf erhebliche Schwierigkeiten gestoßen. Auch würde die Ausführung einer Besteuerung des Mobiliars, Hausgeräts usw. ohne höchst lästiges Eindringen in die Privatverhältnisse der Steuerpflichtigen nicht ausführbar gewesen sein.

§ 5. Behufs der Steuerveranlagung werden hinzugerechnet:

1. die zu einer Fideikommißstiftung (§ 3 des Erbschaftssteuergesetzes in der Fassung vom 24. Mai 1891, Gesetz-Samml. S. 78) gehörigen Vermögen oder Vermögensteile dem jeweiligen Fideikommißbesitzer;
2. das zu einer ungeteilten Nachlaßmasse gehörige Vermögen den Erben nach Verhältnis ihres Erbteils;
3. die zum Anlage- und Betriebskapital einer nicht gemäß § 1 Nr. 4 bis 6 des Einkommensteuergesetzes der Einkommensteuer unterliegenden Erwerbsgesellschaft gehörigen Werte den einzelnen Teilhabern nach Maßgabe ihres Anteils;
4. dem Ehemanne das Vermögen seiner Ehefrau, insoweit ihm das Einkommen daraus gemäß § 10 des Einkommensteuergesetzes bei der Veranlagung zur Einkommensteuer hinzuzurechnen ist;
5. dem Haushaltungsvorstande dasjenige Vermögen der Haushaltungsangehörigen, an welchem ihm die Nutznießung zusteht.

1) Regelmäßig ist für die Veranlagung des Steuerpflichtigen nur das eigene Vermögen desselben maßgebend. Die Fälle, in welchen diese Regel eine Ausnahme erleidet, sind im § 5 zusammengefaßt. Begründ. der RegVorl. S. 30.

2) Als Fideikommisse gelten nach der in § 5 Ziffer 1 angezogenen Begriffsbestimmung des früheren preußischen Erbschaftssteuergesetzes vom 24. Mai 1891 alle von Todes wegen oder unter Lebenden getroffenen Anordnungen, kraft deren gewisse Vermögensgegenstände der Familie für immer oder für mehr als zwei Generationen erhalten bleiben sollen. Notwendige Voraussetzung jedes Fideikommisses ist, daß das Recht des zeitigen Inhabers nach der getroffenen Anordnung nur zugunsten der berufenen Nachfolger beschränkt ist und in der Hand des letzten Sukzessionsberechtigten dessen freies Eigentum wird. Wo dies nicht zutrifft liegt kein Fideikommiß vor. OVG. VI, 98.

Die Anrechnung beim jeweiligen Fideikommißbesitzer findet auch bezüglich derjenigen zum Fideikommiß gehörigen Vermögensteile statt, welche der Nutzung des Fideikommißbesitzers nicht unterliegen. OVG. V, 78; Art. 6 I d. EA. Voraussetzung für eine Besteuerung eines jeden Fideikommißvermögens ist aber, daß überhaupt ein Nutzungsberechtigter vorhanden ist. Bericht der Komm. des AbgH. S. 38. OVG. V, 227.

Das zur Fideikommißstiftung gehörige Vermögen kann als solches nur dem Fideikommißbesitzer, nicht aber dem angerechnet werden, dem, ohne daß er zur Sukzession berufen ist, nur ein Nießbrauchrecht an dem Fideikommißvermögen zusteht. Diesem ist vielmehr nur der Wert seines Nießbrauchsrechts anzurechnen. OVG. VIII, 299.

3) Das zu einer ungeteilten Nachlaßmasse gehörige Vermögen wird den Erben nach Verhältnis ihres Erbteils zugerechnet. Falls einzelne Erben abgefunden sind, oder die Auseinandersetzung nur hinsichtlich eines Teiles der Nachlaßmasse stattgefunden hat, wird der ungeteilt gebliebene Rest

der Masse den dabei noch beteiligten Erben nach Verhältnis ihres Anteils zugerechnet. Voraussetzung der Anrechnung ist in allen Fällen, daß sowohl das Erbrecht als auch die Erbanteile feststehen; soweit das eine oder das andere nicht der Fall ist, bleibt die Veranlagung bezüglich des zur Nachlaßmasse gehörigen Vermögens ausgesetzt. Art. 6 I 2 d. A. OVG. V, 228. Die Erbquote jedes Mitglieds der als Erbe eingesetzten künftigen Deszendenz einer Person ist solange eine unbestimmte, bis feststeht, daß andere Berechtigte nicht mehr hinzukommen können. OVG. IX, 316. Nach erfolgter Feststellung des Erbrechts und der Erbanteile wird die Veranlagung vom Erbanfall ab nachgeholt, und zwar im Wege der ordentlichen Veranlagung, wenn die Feststellung innerhalb des Steuerjahrs erfolgt, sonst auf Grund der §§ 47 d. ErgstGes. u. 85 d. EinkstGes. (für drei Jahre zurück).

Die Anrechnung des Erbteils erfolgt auch dann, wenn der Nachlaß, weil der Erblasser in einem anderen deutschen Bundesstaate verstorben ist, in dem letzteren auch noch für einen Zeitraum nach dem Tode des Erblassers zur Besteuerung herangezogen wird. OVG. XI, 371.

Der für die Veranlagung der Ergänzungssteuer maßgebende Verkaufswert des Miterbenanteils wird dadurch ermittelt, daß festgestellt wird, was bei Auflösung der Gemeinschaft auf jeden Miterben voraussichtlich entfällt. OVG. V, 333.

4) Den Teilhabern einer offenen Handelsgesellschaft oder einer anderen Erwerbsgesellschaft (einfache Kommanditgesellschaft), bei der die Teilhaber für ihre Person selbst als Inhaber des Betriebs gelten, sind die zum Anlage- und Betriebskapital der Gesellschaft gehörigen Werte nach Maßgabe ihres Anteils an der Gesellschaft hinzuzurechnen.

Auf die gemäß § 1 Nr. 4 bis 6 des Einkommensteuergesetzes einkommensteuerpflichtigen Erwerbsgesellschaften [Aktiengesellschaften, Kommanditgesellschaften auf Aktien, Berggewerkschaften, eingetragene Genossenschaften (OVG. VII, 353), Komsumvereine und Gesellschaften mit beschränkter

Haftung (OVG. VI, 84)] findet die Bestimmung im Absatz 1 dieser Anmerkung keine Anwendung. Art. 6 I 3 d. EA. Vgl. jedoch Anm. 12 zu § 2 wegen der persönlich haftenden Gesellschafter bei einer Kommanditgesellschaft auf Aktien.

5) Dem Ehemanne wird das Vermögen seiner Ehefrau hinzugerechnet, insoweit ihm deren Einkommen gemäß Art. 6 I der EinkA. bei der Veranlagung zur Einkommensteuer anzurechnen ist. Dies ist nach OVG. XIV, 378 wie folgt zu verstehen: Regelmäßig ist, wie nach § 10 des EinkstGes. das Einkommen so auch das Vermögen der Ehefrau dem Ehemanne zuzurechnen. Nur wenn die Ehefrau dauernd vom Ehemanne getrennt lebt, oder nach § 2 des EinkstGes. in Preußen nur beschränkt steuerpflichtig ist, darf wie ihr etwaiges Einkommen so auch ihr Vermögen dem Ehemanne nicht angerechnet werden. Daher ist z. B. dem Ehemann ein Grundstück seiner in Preußen unbeschränkt steuerpflichtigen, nicht dauernd von ihm getrennt lebenden Ehefrau auch dann als steuerbares Vermögen zuzurechnen, wenn es keinen Ertrag abwirft oder das Recht auf den Ertrag einem anderen zusteht. OVG. XIV, 377.

Art. 6 I d. EinkA. lautet wie folgt:

„I. Dem Einkommen eines nach § 1 Nr. 1 bis 3 des EinkstGes. Steuerpflichtigen wird das in Preußen steuerpflichtige Einkommen seiner Ehefrau zugerechnet, und zwar ohne Rücksicht auf das zwischen den Eheleuten geltende Güterrecht, namentlich also auch dann, wenn das Einkommen der Ehefrau vorbehalten, oder sonst dem Nießbrauche des Mannes entzogen ist.

Nur wenn die Ehefrau dauernd von dem Ehemanne getrennt lebt, oder ihre Steuerpflicht nur nach § 2 des EinkstGes. begründet ist, ist sie auch bei bestehender Ehe selbständig zu veranlagen."

Der Umstand, daß aus dem Vermögen der Ehefrau ganz allein der Unterhalt der Familie bestritten wird, kann die selbständige Veranlagung der Ehefrau nicht rechtfertigen, falls nicht im übrigen die Voraussetzungen für ihre selbständige Veranlagnng vorliegen. OVG. I, 322.

Ein der unbeschränkten Steuerpflicht nach § 1 des EinkStGes. nicht unterliegender Ehemann darf wegen des in Preußen belegenen Grundbesitzes seiner Ehefrau zur Ergänzungssteuer nicht herangezogen werden. Vielmehr ist in diesem Falle nur die Frau ergänzungssteuerpflichtig. OVG. XI, 358.

Zum Begriffe der dauernden Trennung gehört die Tatsache völligen Getrenntseins wie im ehelichen Leben, so im Haushalt und in der Wirtschaftsführung, und zwar herbeigeführt in der erkennbaren Absicht, die Trennung für längere Dauer festzuhalten. OVG. I, 252; XIII, 87. Die dauernde Trennung muß zum Zwecke des Ausschlusses der ehelichen Gemeinschaft stattfinden, um hier in Betracht zu kommen. OVG. v. 6. Febr. 1906, PrVBl. Jahrg. XIX, S. 148. Dauernde Trennung im Sinne des Gesetzes liegt nicht ohne weiteres schon dann vor, wenn der eine Teil krankheitshalber außerhalb der ehelichen Wohnung untergebracht werden muß; die Gesamtheit der Verhältnisse ist zu prüfen. OVG. II, 173. Auch dann nicht, wenn der eine Teil sich im Gefängnis befindet, denn hier besteht die Trennung gegen den Willen der Ehegatten. OVG. III, 171. Ebenso nicht, wenn der Ehemann als Seeoffizier ein zweijähriges Bordkommando hat. OVG. XIII, 87. Eine Trennung der Ehegatten, deren Dauer nach dem Trennungsvertrage von der Bestimmung des einen Teils abhängt, ist keine dauernde. FME. v. 24. Jan. 1899. Ist die Wohnung der beiden Eheleute tatsächlich völlig getrennt und liefert die Ehefrau nach Vereinbarung als Entgelt für die ihr gewährte freie Wohnung im Hause des Ehemanns diesem die Beköstigung und Bedienung, so würde auch ein Getrenntsein in der Wirtschaftsführung anzunehmen sein und es käme dann nur noch darauf an, festzustellen, ob die Absicht besteht, die Trennung für längere Dauer festzuhalten. OVG. XIII, 88.

6) Dem Haushaltungsvorstande wird das Vermögen

der Haushaltungsangehörigen hinzugerechnet, an welchem ihm — sei es kraft Gesetzes, insbesondere kraft seiner elterlichen Gewalt, oder kraft eines besonderen Rechtstitels (z. B. Vertrags oder Testaments) die Nutznießung zusteht.

Steht dem Haushaltungsvorstand an Vermögen von Haushaltungsangehörigen die Nutznießung nicht zu, so sind die letzteren (von diesem Vermögen) selbständig zur Ergänzungssteuer nach Maßgabe der Vorschriften d. EA. zu veranlagen.

Die Bestimmung im Abs. 2 findet auch Anwendung, wenn die Veranlagung zur Einkommensteuer nur deshalb unterbleibt, weil das steuerpflichtige Einkommen des betreffenden Haushaltungsangehörigen den Betrag von 900 M. nicht übersteigt. Bezieht beispielsweise der Haushaltungsangehörige ein dem Nießbrauche des Haushaltungsvorstandes nicht unterliegendes Zinseinkommen von 840 M. aus einem Kapitalvermögen von 21000 M., so bleibt der Haushaltungsangehörige zwar von der Einkommensteuer frei, wird aber nach dem Vermögen von 21000 M. mit dem Ergänzungssteuersatze von 3 M. (Artikel 20 Nr. 2 d. EA.) zur Ergänzungssteuer veranlagt. Beträgt unter übrigens gleichen Voraussetzungen der Wert des Kapitalvermögens nur 19000 M., so ist der Haushaltungsangehörige gemäß Art. 19 Nr. 2 d. EA. auch von der Ergänzungssteuer freizustellen.

Art. 6 I 5 d. EA.

Kraft Gesetzes steht dem Vater oder nach dessen Ableben der Mutter die Nutznießung an dem Vermögen ihrer Kinder bis zu deren Großjährigkeit oder deren Verheiratung zu. Ausgenommen hiervon ist das freie Vermögen der Kinder, nämlich:

1. alles, was das Kind durch seine Arbeit (OVG. X, 44; wegen Arbeitstätigkeit der Kinder im Gewerbe oder der Wirtschaft des Vaters vgl. OVG. IV, 159 ff.; X, 39 ff.; XI, 48; XII, 50) oder durch den selbständigen Betrieb eines Erwerbsgeschäfts erwirbt;

2. was das Kind von Todes wegen erwirbt oder was ihm unter Lebenden von einem Dritten unentgeltlich zugewendet wird, wenn der Erblasser, durch letztwillige Verfügung, der Dritte bei der Zuwendung bestimmt hat, daß das Vermögen der Nutznießung entzogen sein soll (§§ 1650 bis 1652 BGB.).

Art. 6 II d. EinfA.

Dem steuerbaren Vermögen des Haushaltungsvorstandes darf Vermögen von Kindern oder Stiefkindern nur dann zugerechnet werden, wenn ihm Verfügungsgewalt, Nießbrauch und Verwaltung hinsichtlich des Einkommens daraus zusteht und gleichzeitig die Kinder Angehörige seines Haushalts sind. Trifft letzteres nicht zu, so ist das Nießbrauchsrecht des Haushaltungsvorstandes nur als solches zu bewerten. OVG. VI, 249, 250.

Dem Vermögen des den gemeinsamen Haushalt mehrerer Geschwister Leitenden darf das Vermögen der Übrigen nur dann zugerechnet werden, wenn er auch kraft eigenen Rechts die freie Verfügung über das Vermögen der von ihm wirtschaftlich abhängigen Geschwister hat. OVG. VI, 12.

In allen Fällen, in denen das Vermögen von Haushaltungsangehörigen kein selbständiges Einkommen der letzteren gewährt, sind diese zur Ergänzungssteuer nicht selbständig heranzuziehen, sondern dies Vermögen wird dem steuerbaren Vermögen des Haushaltungsvorstandes hinzugerechnet. OVG. VII, 200.

7) Vermögensteile oder Gegenstände, welche nicht zum steuerbaren Vermögen im Sinne des § 4 gehören, bleiben auch in den Fällen des § 5 außer Ansatz. Art. 6 II d. EA.

§ 6. Das Anlage- und Betriebskapital (§ 4 I Nr. 2) umfaßt die sämtlichen dem betreffenden Betriebe gewidmeten Gegenstände und Rechte, welche einen in Geld schätzbaren Wert haben.

Bei Steuerpflichtigen, welche außerhalb Preußens einen stehenden Betrieb durch Errichtung von Zweigniederlassungen, Fabrikations-, Ein- oder Verkaufsstätten oder in sonstiger Weise unterhalten, bleibt derjenige Teil des Anlage- und Betriebskapitals, welcher auf den außerhalb Preußens unterhaltenen Betrieb entfällt, außer Ansatz.

1) Zum steuerbaren Vermögen gehört das Anlage- und Betriebskapital, welches dient:

1. dem Betriebe der Land- oder Forstwirtschaft, einschließlich der Viehzucht, Fischerei, Jagd, des Wein-, Obst- und Gartenbaues, sowie der land- und forstwirtschaftlichen Nebenbetriebe, auf eigenen oder fremden Grundstücken,
2. dem Betriebe des Bergbaues,
3. dem Betriebe anderer Gewerbe, ohne Unterschied, ob das Gewerbe als stehendes oder im Umherziehen betrieben wird. Art. 10 I d. EA.

2) Die Begriffsbestimmung des Betriebs- und Anlagekapitals, wie sie im § 6 Abs. 1 gegeben wird, weicht von der entsprechenden Bestimmung im § 23 des Gewerbesteuergesetzes insofern ab, als dort die Worte fehlen: „welche einen in Geld schätzbaren Wert haben," dagegen aber nur die dem betreffenden Gewerbebetriebe „dauernd" gewidmeten Werte als Betriebs- und Anlagekapital bezeichnet werden. In der ersten Abweichung liegt keine prinzipielle Verschiedenheit, da naturgemäß auch bei der Gewerbesteuer nur diejenigen dem Gewerbebetriebe gewidmeten Gegenstände und Rechte als Betriebs- und Anlagekapital in Betracht kommen können, welche einen in Geld schätzbaren Wert haben. Vgl. auch die Ausführungsanweisung zum Gewerbesteuergesetz vom 4. Nov. 95, Artikel 17. Dagegen ist das Wort „dauernd" hier in der Erwägung weggelassen worden, daß zum Zwecke der Veranlagung der Ergänzungssteuer die Anrechnung vorübergehender Betriebsmittel, wie z. B. der Geldmittel aus dem Kontokurrent oder der Depositen, durchaus geboten er-

scheint, weil — entgegen dem für die Gewerbesteuer geltenden Grundsatze — die diesen Aktiven gegenüberstehenden Passiven bei der Berechnung des Gesamtvermögens in Abzug gelangen. § 8 des Ges., vgl. die Begründ. der RegVorl. S. 31. Nach Art. 10 III d. EA. umfaßt das ergänzungssteuerpflichtige Anlage- und Betriebskapital die sämtlichen dem betreffenden Betriebe dauernd oder vorübergehend gewidmeten Gegenstände und Rechte, welche dem Steuerpflichtigen gehören bzw. zustehen und einen in Geld schätzbaren Wert haben.

Zum steuerbaren Anlage- und Betriebskapital gehören insbesondere:

1. die dem Betriebe dienenden Grundstücke, Gebäude, baulichen Anlagen, Wasserkräfte, Maschinen, Gerätschaften, Werkzeuge, Tiere und Futtervorräte, Vorräte an Erzeugnissen des Betriebs, fertigen Waren, Roh- und Hilfsstoffen, einschließlich der in der Bearbeitung, auf dem Transport, auf Niederlagen oder auswärtigen Lagern befindlichen;
2. die Vorräte an Geld, Gold und Silber, Papiergeld, Banknoten, Wechseln, Schuldscheinen und sonstigen Wertpapieren, die aus dem Betriebe herrührenden Außenstände (OVG. VI, 117 ff.), einschließlich der laufenden Guthaben;
3. Gewerbeberechtigungen, Rechte auf Gebrauch oder Nutzung fremder Grundstücke, Wege, Kanäle, Privatflüsse, Seen und dergleichen und sonstige selbständige Rechte (nur selbständige Rechte und Gerechtigkeiten, welche einen in Geld schätzbaren Wert haben, daher nicht obrigkeitliche oder polizeiliche Konzessionen, Approbationen und Genehmigungen. OVG. V, 369; VI, 100).

Art. 10 III d. EA.

Es kommt aber nur der Wert der materiellen Betriebsmittel in Betracht. Umstände, welche nicht unter diesen Gesichtspunkt fallen, z. B. der von alters her begründete Ruf der Firma, ihre gute Kundschaft oder die besonderen persönlichen Eigenschaften des Steuerpflichtigen bleiben unberücksichtigt, wenn dadurch auch die Rentabilität des Geschäfts und der Verkaufswert desselben wesentlich beeinflußt wird. Art. 12 Nr. 1 Abs. 4 d. EA.; OVG. VI, 33. Solche immateriellen Werte sind aber nur in der Hand dessen, der sie geschaffen hat, steuerlich nicht zu berücksichtigen. Bei entgeltlicher Erwerbung erhalten sie greifbaren Wert und sind durch Einstellung eines dem Erwerbspreise entsprechenden Werts unter den Aktiven in Ansatz zu bringen. OVG. XI, 419; XII, 311, 318. Demgemäß sind sie alsdann auch dem steuerbaren Vermögen zuzurechnen.

3) Zu § 6 Abs. 2 vgl. § 4 II² u. Anm. 14 dazu.

4) Bei Steuerpflichtigen, welche innerhalb und außerhalb Preußens stehende Betriebe unterhalten (Art. 2, Art. 10 IV d. EA.), bleiben diejenigen Teile des gesamten Anlage- und Betriebskapitals außer Ansatz, welche auf den außerhalb Preußens unterhaltenen Betrieb entfallen.

Als solche gelten:

a) die dem Betrieb außerhalb Preußens speziell gewidmeten Werte;

b) ein entsprechender Anteil an dem in keiner besonderen Beziehung zu den einzelnen Betriebsstätten stehenden, dem gesamten Betriebe dienenden Anlage- und Betriebskapitale. Hierher gehören insbesondere die zur Verfügung der Geschäftsleitung als solcher stehenden Betriebs- und Reservefonds, Gebäude und Utensilien. Für die Berechnung dieses Anteils ist das Verhältnis maßgebend, welches zwischen den speziell dem preußischen und speziell dem außerpreußischen Betriebe gewidmeten Werten besteht (vgl. oben zu a). Art. 12 Nr. 4 d. EA. Vgl. auch Anm. 13 zu § 2 d. Ges.

5) Über die Bewertung des gewerblichen Anlage- und Betriebskapitals vgl. § 9 des Ges. und insbesondere Anm. 5 zu demselben.

6) Über die Vorarbeiten zur Feststellung und Schätzung

der als Anlage- und Betriebskapital einem bergbaulichen oder gewerblichen Betrieb dienenden Werte trifft d. EA. in Art. 26 und 27 folgende Bestimmungen:

1. Die Vorsitzenden der sämtlichen Steuerausschüsse für die Gewerbesteuerklassen I bis IV haben über jeden zur Gewerbesteuer veranlagten Betrieb auf Grund der namentlichen Nachweisungen, der Zugangslisten und des sonst in den Akten beruhenden Materials ein Personalblatt nach dem Muster 4 d. EA. aufgestellt und mit den aus dem bezeichneten Material zu entnehmenden Angaben dem Vorsitzenden derjenigen Veranlagungskommission mitgeteilt, in dessen Bezirk das betreffende Unternehmen betrieben wird, beziehungsweise seinen Sitz hat (Art. 30 d. A. zum Gewerbesteuergesetz v. 4. Nov. 95).

   Soweit der Vorsitzende der Veranlagungskommission zugleich den Vorsitz in einem oder mehreren Steuerausschüssen führt, veranlaßt er selbst die Aufstellung der Personalblätter; in jedem Falle sorgt er für die Nachtragung der aus den Einkommensteuerlisten und Akten zu entnehmenden Nachrichten.

   Außer Betracht bleiben die Betriebe der Aktiengesellschaften und aller anderen nichtphysischen Personen, deren Anlage- und Betriebskapital nicht gemäß Artikel 6 Nr. 3 d. EA. den einzelnen Teilhabern anzurechnen ist.

2. Der Vorsitzende der Veranlagungskommission hat, nötigenfalls durch Einholung einer Auskunft der zuständigen Bergbehörde, die in seinem Bezirke von ergänzungssteuerpflichtigen Personen betriebenen bergbaulichen Unternehmungen zu ermitteln, für jeden selbständigen Betrieb dieser Art die zur Schätzung des Anlage- und Betriebskapitals erforderlichen Unterlagen soweit als möglich durch Anhörung sachkundiger Vertrauenspersonen zu beschaffen und die Ergebnisse für jeden Betrieb gleichfalls in einem Personalblatte zusammenzustellen.

   Geeignetenfalls ist auch die Befragung der Steuerpflichtigen selbst nicht ausgeschlossen (vgl. das in den MittH. 40, 24 abgedruckte Muster).

3. Erfordern die besonderen Verhältnisse eines größeren gewerblichen oder bergbaulichen Unternehmens bei Aufstellung des Personalblatts Abweichungen von dem vorgeschriebenen Muster (4), so ist die Anwendung eines den Bedürfnissen entsprechend umzugestaltenden Formulars gestattet.

4. Hinsichtlich der gemäß § 7 des Gewerbesteuergesetzes steuerfreien Betriebe sowie in betreff der Hausiergewerbe bedarf es der Herstellung von Personalblättern nur, wenn dies nach dem Ermessen des Vorsitzenden im einzelnen Falle zur Klarstellung der Betriebsverhältnisse erforderlich scheint. In der Regel dienen als Grundlage der weiteren Verhandlungen in Ansehung dieser Betriebe die von den Gemeinde-(Guts-)vorständen gemäß Art. 22 Nr. 2 d. EA. gelieferten Nachweisungen (Muster 1), welche der Vorsitzende durch Nachtragung der von ihm etwa eingezogenen Nachrichten ergänzt beziehungsweise berichtigt.

Insbesondere veranlaßt der Vorsitzende die Nachtragung solcher Betriebe, welche wegen ihres geringen Umfangs zunächst nicht aufgenommen waren, aber für die Feststellung des steuerbaren Gesamtvermögens des betreffenden Steuerpflichtigen gleichwohl von Bedeutung sind.

5. Die Personalblätter sowie die Nachweisungen der steuerfreien Betriebe (Nr. 1 bis 4) verteilt der Vorsitzende nach Beifügung der dazugehörigen Schätzungsbogen (Artikel 24 Nr. 3 d. EA.) und der sonst vorhandenen Unterlagen an die Mitglieder des Schätzungsausschusses oder andere geeignete sachkundige Personen zur Vornahme der etwa noch erforderlichen Ermittlungen und Erstattung eines vorläufigen Gutachtens über die den einzelnen Betrieben gewidmeten Werte (Artikel 10, 12 d. EA.; vgl. auch FME. v. 13. Sept. 95 MittH. 33, 40 u. v. 11. Juli 98 I Nr. 3, MittH. 38, 42).

6. Nach Eingang der Gutachten unterzieht der Vorsitzende dieselben einer sorgfältigen Prüfung.

Im allgemeinen ist hierbei zu beachten, daß für die Veranlagung zur Gewerbesteuer das Anlage- und Betriebskapital ohne Unterschied zwischen dem eigenen Kapital des Gewerbetreibenden und dem nur angeliehenen in Betracht kommt (vgl. Art. 17 d. A. zum Gewerbesteuergesetz v. 4. Nov. 95), während bei Feststellung des steuerbaren Vermögens die Schulden abzuziehen sind (Art. 10 III d. EA.). Der gleiche Unterschied besteht mit Bezug auf die Zulässigkeit des Zinsenabzugs zwischen dem für die Gewerbebesteuerung maßgebenden „Ertrag" (Art. 16 d. A. zum Gewerbesteuergesetz v. 4. Nov. 95) einerseits und dem steuerpflichtigen Einkommen aus dem Gewerbebetrieb im Sinne des Einkommensteuergesetzes anderseits. Eine hierdurch begründete Differenz zwischen der Höhe des „Ertrags" und des „Einkommens" aus dem nämlichen Betriebe wird daher in der Regel auch einen entsprechenden Ausdruck bei der Schätzung des Anlage- und Betriebskapitals einerseits für die Gewerbesteuer, anderseits für die Ergänzungssteuer finden müssen.

Mit diesem Vorbehalt aber kann das Verhältnis, in welchem bei einer Anzahl von Gewerbetreibenden derselben Art das seiner Höhe nach durch zuverlässige eigene Angaben oder andere Ermittlungen bekannte Betriebskapital zu dem Ertrage bzw. dem Einkommen aus dem Gewerbe steht, einen wertvollen Anhalt für die Schätzung des Betriebskapitals gleichartiger Betriebe bieten, deren Ertrag oder Einkommen bekannt ist.

7. Weicht sein Gutachten von demjenigen des Berichterstatters ab, so vermerkt der Vorsitzende dies auf dem Personalblatte bzw. in der Nachweisung der gewerbesteuerfreien und Hausierbetriebe (Muster 1).

8. Die Personalblätter der den Steuerklassen I—IV angehörigen Gewerbebetriebe, einschließlich der Personalblätter

für die bergbaulichen Unternehmungen (Art. 26 Nr. 1 bis 3 d. EA.), werden vor jeder neuen Veranlagung der Ergänzungssteuer nach dem neuesten Stande der Gewerbesteuerveranlagung berichtigt und ergänzt, und zu diesem Zwecke, soweit der Vorsitzende der Veranlagungskommission nicht selbst den Vorsitz in den Steuerausschüssen führt, dem beteiligten Vorsitzenden rechtzeitig zugefertigt. Über die in der Zwischenzeit neu hinzugetretenen oder hinsichtlich ihrer Besteuerungsmerkmale in wesentlichen Punkten veränderten Betriebe sind nötigenfalls neue Personalblätter nach Vorschrift des Art. 26 Nr. 1 bis 3 d. EA. aufzustellen.

9. Die Nachweisungen der gewerbesteuerfreien und Hausierbetriebe (Muster 1) werden an der Hand der von dem Vorsitzenden des Steuerausschusses der Gewerbesteuerklasse IV zu führenden Kontrolle der steuerfreien Gewerbe (Muster 4 zu Art. 27 Nr. 2 c d. A. zum Gewerbesteuergesetz v. 4. Nov. 95) ebenfalls vor jeder neuen Veranlagung — nötigenfalls unter Zuziehung des Gemeinde- (Guts-)vorstandes — berichtigt und durch Nachtragung derjenigen Gewerbetreibenden vervollständigt, welchen mit Einschluß des Anlage- und Betriebskapitals ein steuerbares Gesamtvermögen (Spalte 27 der Staatssteuerliste) von mehr als 6000 M. beizumessen ist.

10. Auf Grund dieser Vorarbeiten (Nr. 8, 9) und der von ihm sonst gesammelten Nachrichten prüft der Vorsitzende, hinsichtlich welcher Steuerpflichtigen wegen eingetretener Veränderungen oder aus anderen Gründen die Vorbereitung des von dem Schätzungsausschuß abzugebenden Gutachtens in Gemäßheit der Bestimmungen im Art. 26 Nr. 5, 6 und 7 d. EA. angezeigt erscheint, und veranlaßt die hiernach erforderlichen Erhebungen.

§ 7. Das sonstige Kapitalvermögen (§ 4 I Nr. 3) umfaßt:

a) verzinsliche und unverzinsliche, verbriefte und unverbriefte Kapitalforderungen jeder Art einschließlich des Wertes von Aktien oder Anteilscheinen, Kommanditanteilen, Kuxen, Geschäftsguthaben bei Genossenschaften, Geschäftsanteilen und anderen Gesellschaftseinlagen;

b) bares Geld deutscher Währung, fremde Geldsorten, Banknoten und Kassenscheine, mit Ausschluß der aus den laufenden Jahreseinkünften des Steuerpflichtigen (§ 6 des Einkommensteuergesetzes) vorhandenen Bestände, sowie Gold und Silber in Barren,

insoweit die Werte zu a und b nicht als Teile eines Anlage- und Betriebskapitals (§ 6) anzusehen sind;

c) den Kapitalwert der Rechte auf Apanagen, Renten, Leibrenten, Altenteilsbezüge und auf andere periodische geldwerte Hebungen, welche dem Steuerpflichtigen auf seine Lebenszeit oder auf die Lebenszeit eines anderen, auf unbestimmte Zeit oder auf die Dauer von mindestens zehn Jahren entweder vertragsmäßig als Gegenleistung für die Hingabe von Vermögenswerten oder aus letztwilligen Verfügungen oder Familienstiftungen oder vermöge hausgesetzlicher Bestimmungen zustehen.

Die Bestimmung zu c findet keine Anwendung auf Ansprüche an Witwen-, Waisen- und Pensionskassen, auf Ansprüche aus einer Kranken- oder Unfall- oder der gesetzlichen Invaliditäts- und Altersversicherung, auf Pensionen, welche mit Rücksicht auf ein früheres Arbeits- oder Dienstverhältnis gezahlt werden, sowie auf Renten, welche in letztwilligen Verfügungen Personen zugewendet sind, die zum Hausstande des Erblassers gehört und in einem Dienstverhältnisse zu demselben gestanden haben.

1) Als Kapitalvermögen gelten die im § 7 zu a bis c aufgeführten Werte, soweit sie dem Steuerpflichtigen gehören und nicht Bestandteil eines Anlage- und Betriebskapitals (oder Zubehör von Grundstücken) sind. Art. 13 Abs. 1 d. EA.; OVG. VI, 84; VII, 354.

2) Mit dem Vorhandensein von Kapitalvermögen darf nur insoweit gerechnet werden, als es entweder vom Steuerpflichtigen zugestanden wird, oder als die Veranlagungsbehörden ihrerseits die tatsächlichen Unterlagen für die Annahme beschafft haben, daß Kapitalien beim Beginne der Veranlagungsperiode vorhanden waren. OVG. X, 49 ff.

Eine Vereinbarung, wonach die Ehefrau eines Offiziers die Empfängerin der Zinsen der bei der Reichsbank vom Vater deponierten Wertpapiere ist und die Zahlung der Zinsen, sowie die Rückgabe der Wertpapiere an den Vater oder dessen Rechtsnachfolger nur unter schriftlicher Zustimmung der zuständigen Militärbehörde erfolgen darf, begründet nicht den Verlust des Eigentums an den Wertpapieren für den Vater. OVG. V, 365.

3) Auf Staatsangehörigkeit, Wohnsitz oder Aufenthalt des Schuldners kommt es bei Kapitalforderungen ebensowenig an, wie auf die Belegenheit der etwa für die Forderung verpfändeten Vermögensstücke. Anm. 8 zu Art. 13 d. EA.

Das Guthaben der Reichsbankbeamten an dem zu ihren Gunsten angesammelten Tantiemefonds bildet eine steuerbare Kapitalforderung derselben. OVG. VI, 280.

Inwiefern Rückstände an Zinsen, Pächten und anderen periodischen Hebungen infolge ausdrücklicher oder stillschweigender Übereinkunft die Natur von Kapitalforderungen angenommen haben und deshalb als solche anzusetzen sind, ist nach den Verhältnissen des einzelnen Falls zu beurteilen. Wird durch die vorliegenden Umstände nicht eine andere Annahme begründet, so sind zweijährige oder noch ältere Rückstände, sowie Rückstände, zu deren Zahlung der Schuldner rechtskräftig verurteilt ist, den Kapitalforderungen gleichzustellen. Art. 15 II Abs. 3 d. EA.

4) Der Besitz von Aktien (Interimsscheinen), Kommanditanteilen, Geschäftsguthaben bei eingetragenen Genossenschaften (§ 19 Abs. 1 des Ges. betr. die Erwerbs- und Wirtschaftsgenossenschaften in der Fassung v. 20. Mai 1898, RGBl. S. 810, vgl. auch OVG. VI, 84; VIII, 353) gilt in jedem Falle als Kapitalvermögen, soweit diese Werte nicht etwa Bestandteile eines Anlage- und Betriebskapitals sind. Der Wert der Aktien usw. ist daher dem steuerbaren Vermögen hinzuzurechnen, auch wenn das betreffende Aktienunternehmen usw. außerhalb Preußens seinen Sitz hat. Anm. 9 zu Art. 13 des EA.; OVG. VI, 147. Vgl. jedoch wegen der Einlagen der persönlich haftenden Gesellschafter bei Kommanditgesellschaften auf Aktien Anm. 12 zu § 2 d. Ges.

5) Unter Kuxen sind sowohl die Kuxe älteren Rechts, als diejenigen neueren Rechts zu verstehen. Bericht der Komm. des AbgH. S. 39. Für beide Arten von Kuxen gilt das vorstehend in Anm. 4 für Aktien usw. Gesagte. Vgl. Anm. 9 zu Art. 13 d. EA.

6) Unter § 7a fallen auch die Sparkasseneinlagen. Ferner nach OVG. VIII, 340 die für Rechnung der Pfandbriefschuldner aufgesammelten Amortisations- und Reservefonds, die Fuisting, die preußischen direkten Steuern II, S. 40, nicht zum Kapitalvermögen rechnet, sondern als Zubehör des Guts auffaßt. Ebenso gehören hierher die Geschäftsanteile bei Gesellschaften mit beschränkter Haftung (§ 14 des Ges. betr. die Gesellsch. m. b. H., RGBl. 1898 S. 846) und andere Gesellschaftseinlagen, insbesondere die Einlage des stillen Gesellschafters nach § 335 HGB. Auch die Beteiligung an auswärtigen Unternehmen mit einer bloßen Geschäftseinlage fällt unter das in Preußen steuerbare sonstige Kapitalvermögen. OVG. VI, 147. Daher gehören auch Geschäftsanteile eines in Preußen unbeschränkt Steuerpflichtigen

an einer in Österreich domizilierten Gesellschaft mit beschränkter Haftung zu seinem steuerbaren Vermögen. OVG. XIV, 379. Vgl. Art. 13 Nr. 1 d. EA.

7) Zu § 7b kommt nur kurrentes Geld in Betracht. Sammlungen von Münzen verschiedenen Gepräges gehören nicht zum steuerbaren Vermögen, auch wenn sich darunter einzelne kurrente Geldstücke befinden. Anm. 10 zu Art. 13 d. EA.

Nicht zum steuerbaren Kapitalvermögen gehören nach § 7b und sind daher von der Besteuerung nach dem Ergänzungssteuergesetz auszuschließen die Bestände, welche aus den laufenden Jahreseinkünften des Steuerpflichtigen (§ 6 des Einkommensteuergesetzes) vorhanden sind, weil diese nicht zum Vermögen gehören, sondern Teile des der Einkommensteuer unterliegenden Jahreseinkommens darstellen. Unter der Voraussetzung, daß solche Bestände aus den Einkünften des laufenden Jahres aus den in § 6 des Einkommensteuergesetzes aufgeführten 4 Hauptquellen herrühren, ist es für die Frage ihrer Zurechnung zum steuerbaren Vermögen bedeutungslos, ob sie noch bar im Besitze des Steuerpflichtigen beruhen oder zinsbar, z. B. bei einer Depositenbank, angelegt sind. Eine ähnliche Bestimmung treffen § 5 Ziffer 4 des Wehrbeitragsgesetzes und § 6 Ziffer 4 des Besitzsteuergesetzes, aber mit der Beschränkung, daß zum Kapitalvermögen nicht zu rechnen sind nur solche aus den laufenden Jahreseinkünften vorhandenen Bestände, die zur Bestreitung der laufenden Ausgaben für 3 Monate dienen. Wegen des Abzugs der Haushaltungsschulden vgl. § 8 Ziffer 1 des Ges.

8) Unter § 7c fallen nicht solche Hebungen, welche lediglich den Ertrag eines dem Berechtigten anderweit anzurechnenden Vermögensstückes darstellen, wie z. B. die dem Verpächter für seine Grundstücke zu entrichtenden Pachtzinsen. Art. 14 Nr. 2 d. EA.

9) Als Kapitalvermögen gilt der Kapitalwert (d. i. der gemeine Wert, vgl. OVG. VII, 194) der Rechte auf Apanagen,

Renten, Leibrenten, Altenteilsbezüge und auf andere periodische geldwerte Hebungen, welche

a) dem Steuerpflichtigen auf seine Lebenszeit oder auf die Lebenszeit eines anderen, auf unbestimmte Zeit oder auf die Dauer von mindestens zehn Jahren und außerdem

b) entweder vertragsmäßig als Gegenleistung für die Hingabe von Vermögenswerten oder aus letztwilligen Verfügungen oder Familienstiftungen oder vermöge hausgesetzlicher Bestimmung zustehen.

Beide Voraussetzungen (zu a und b) müssen zusammentreffen, um die Anrechnung eines Rechts auf periodische Hebungen zu begründen.

Ist das Bezugsrecht durch mittelbare oder unmittelbare Zeitbestimmung von vornherein auf eine kürzere Dauer als zehn Jahre beschränkt, so kommt dasselbe bei Feststellung des steuerbaren Vermögens nicht in Ansatz, wenngleich die Merkmale zu b vorliegen. Maßgebend ist aber hierbei die Gesamtdauer, nicht die zur Zeit der Veranlagung noch bevorstehende Dauer des Bezugsrechts (während für die Berechnung des Kapitalwerts [§ 13 IV] die Zahl der Jahre maßgebend ist, für welche vom Zeitpunkt der jedesmaligen Veranlagung ab dem Berechtigten das Recht noch zusteht).

Anderseits kommen auch Rentenbezüge von längerer oder unbestimmter Dauer nicht in Betracht, wenn dieselben nicht auf einem der zu b angegebenen Titel beruhen. Aus diesem Grunde sind beispielsweise fortlaufende Renten oder Zuschüsse, welche ohne geldwerte Gegenleistung, also schenkweise, Kindern oder anderen Angehörigen zur Bestreitung des Lebensunterhalts gewährt werden, als steuerbares Vermögen der Empfänger nicht anzusehen, wenn auch der Geber die Verpflichtung zur Zahlung in rechtsverbindlicher Form übernommen hat und daher die Rente dem Einkommen des Empfängers nach den dieserhalb bestehenden Bestimmungen (Art. 23 Nr. 2, 3 der EinkA.) hinzugerechnet werden muß.

Art. 13 Nr. 3 d. EA.

Die Anrechnung der Rechte auf periodische Hebungen ist also allgemein von einer doppelten Voraussetzung abhängig gemacht. Zunächst wird eine *gewisse Dauer* des Rechts erfordert, und sodann wird vorausgesetzt, daß das Recht auf die Hebung *vertragsmäßig als Gegenleistung für die Hingabe von Vermögenswerten* zugesichert ist. Vertragsmäßigen Hebungen dieser Art sind Renten usw. aus letztwilligen Verfügungen, Familienstiftungen und hausgesetzlichen Bestimmungen (Apanagen der Angehörigen fürstlicher Häuser) gleichgestellt, weil vorausgesetzt werden darf, daß diese Hebungen regelmäßig einen Vermögensstock zur Grundlage haben. Vgl. Begr. des Gesetzentwurfs; OVG. VI, 142.

10) *Apanagen* sind Renten, die namentlich den Mitgliedern landesherrlicher Familien oder des hohen Adels alljährlich ausgezahlt werden, um ihnen ein standesgemäßes Leben zu gestatten. Sie fließen entweder aus Staatsmitteln oder aus Mitteln des landesfürstlichen Vermögens. Sie beruhen entweder auf hausgesetzlichen Bestimmungen (s. Anm. 16 zu diesem §) oder auch auf Landesgesetz. In letzterem Falle sind die nach § 7c d. Ergst. nicht steuerpflichtig. Ihrer rechtlichen Natur nach sind von den Apanagen nicht verschieden die vielfach an Witwen der Monarchen oder von Prinzen usw. gezahlten „*Wittümer*", oder an unverheiratete Prinzessinnen usw. gezahlten „*Sustentationen, Nadelgelder, Mitgaben, Aussteuern, Ausstattungsgelder*". Siehe den Artikel von Schwarz über Apanagen in Stengels Wörterbuch des deutschen Staats- und Verwaltungsrechts.

11) *Renten* sind im allgemeinen auf privat- oder öffentlichrechtlicher Bestimmung beruhende, in regelmäßiger Wiederholung (jährlich) wiederkehrende, bestimmte Leistungen in Geld oder Geldeswert, welche sich in sich selbst erschöpfen, also namentlich nicht, wie die Zinsen, als Nebenleistung einer Hauptleistung hinzutreten, mit anderen Worten nicht akzes-

sorischer Natur sind. Das in steuerlicher Hinsicht wesentlichste Merkmal der Rente ist, daß eine Kapitalrückzahlung ausgeschlossen ist. Letzteres gilt auch für den Rentenkauf. Der Rentenkäufer, der sein Kapital hingegeben hat, erhält in dem Rentenbezuge nicht etwa zugleich einen Teil der für die Erwerbung des Rentenrechts an den Rentenverkäufer gezahlten Summe zurück. Vgl. Fuisting, Komm. zum EinkstGes., 5. Aufl., S. 78; OVG. IV, 124 ff.

Unter einer Leibrente ist eine Rente zu verstehen, welche an die Lebensdauer einer Person, des Berechtigten, des Verpflichteten oder einer dritten Person, geknüpft ist. BGB. §§ 759 ff.; OVG. XII, 224.

Zur Gültigkeit eines Vertrags, durch den eine Leibrente versprochen wird, ist, soweit nicht eine andere Form vorgeschrieben ist, schriftliche Erteilung des Versprechens erforderlich. § 761 BGB.

Altenteile sind eine Art Leibrente, die für den einen Vertragschließenden oder zugunsten eines Dritten bei Überlassung eines (bäuerlichen) Grundstücks ausbedungen zu werden pflegt. Andere Namen dafür sind Auszug, Leibgedinge, Leibzucht. Für Verträge dieser Art sind nach Art. 96 d. EinfGes. z. BGB. die Vorschriften der Landesgesetze aufrecht erhalten. Eine Reihe von Vorschriften über den Leibgedingsvertrag (Leibzuchts-, Altenteils-, Auszugs-, Ausgedingevertrag) gibt Art. 15 d. pr. AusfGes. z. BGB., die aber nur soweit gelten, als nicht abweichende Vereinbarungen getroffen sind.

Für die Feststellung des Wertes eines Altenteils ist das gegenwärtig vorhandene Recht aus dem Altenteilsvertrage, nicht das möglicherweise, je nach dem Willen des Berechtigten, künftig eintretende Recht maßgebend. Vgl. OVG. VIII, 92. Ein Altenteil bildet für den Empfangsberechtigten ein mit seinem vollen vertragsmäßigen Werte ohne Rücksicht auf den tatsächlichen Bezug in Anrechnung zu bringendes Hebungsrecht. OVG. V, 158. Aber der vor Beginn des Steuerjahrs erklärte Verzicht auf einzelne Leistungen eines

Altenteils ist bei der Bewertung zu berücksichtigen. Vgl. OVG. XII, 143.

Um ein Ausgedinge richtig bewerten zu können, bedarf es der vorherigen Feststellung, wem es zusteht, welchen Inhalt es hat, welcher Wert den einzelnen Leistungen zukommt. Vgl. OVG. V, 302.

12) Nach § 7c des ErgstGes. umfaßt das Kapitalvermögen den Kapitalwert der Rechte auf ... Renten ... und andere periodische geldwerte Hebungen, welche dem Steuerpflichtigen auf die Dauer von mindestens 10 Jahren ... vertragsmäßig als Gegenleistung für die Hingabe von Vermögenswerten ... zustehen. Ob eine „Hingabe von Vermögenswerten" vorliegt, ist nach den tatsächlichen und rechtlichen Verhältnissen des einzelnen Falles zu entscheiden. Sie liegt z. B. im Fall des Verzichts auf ein Pachtrecht vor. OVG. VIII, 300.

13) Der Kapitalwert von Renten und anderen periodischen Hebungen, welche auf einer Schenkung unter Lebenden beruhen, ist nicht zum steuerbaren Vermögen zu rechnen. Abweichend § 5 Ziffer 5 des Wehrbeitragsgesetzes und § 6 Ziffer 5 des Besitzsteuergesetzes!

14) Der Begriff der letztwilligen Verfügungen ist in der Rechtssprache ein engerer und ein weiterer. Im weiteren Sinne werden dazu alle Verfügungen von Todes wegen gerechnet, d. h. alle diejenigen Willenserklärungen, welche den Zweck haben, die Verhältnisse des Erklärenden, sei es durch einseitige letztwillige Verfügungen, sei es durch Verträge, für den Fall seines Todes zu regeln. Unter letztwilligen Verfügungen im engeren und eigentlichen Sinne versteht man dagegen nur solche Verfügungen von Todes wegen, bei denen der Entschluß des Erblassers bis zum letzten Augenblicke wandelbar ist. Der weitere Begriff der letztwilligen Verfügungen liegt auch der Vorschrift in § 7c des ErgstGes. zugrunde. Zu den letztwilligen Verfügungen im weiteren Sinne rechnet man auch die Erbverträge. Diese gehören

daher zu den letztwilligen Verfügungen im Sinne des § 7c des ErgstGes. OVG. XIII, 357.

15) Eine Familienstiftung ist eine rechtsfähige Stiftung, die nach der Stiftungsurkunde ausschließlich dem Interesse der Mitglieder einer bestimmten Familie oder mehrerer bestimmter Familien dient. Sie bildet stets eine juristische Person.

Zwischen einer Fideikommißstiftung im Sinne des § 5 Nr. 1 d. ErgstGes. und einer Familienstiftung im Sinne des § 7c Abs. 1 a. a. O. besteht ein wesentlicher Unterschied, indem die letztere eine besondere juristische Person bildet, was bei der ersteren nicht der Fall ist. Die Schaffung eines selbständigen Rechtssubjekts neben der Familie und deren Mitgliedern ist bei einem Familienfideikommiß ausgeschlossen. OVG. XV, 385 ff.

16) Die in § 7c in bezug genommenen hausgesetzlichen Bestimmungen beruhen auf der Autonomie der regierenden und der depossedierten Familien sowie der Mediatisierten. Zu vgl. Art. 57, 58 des EinfGes. z. BGB.

17) Ohne Rücksicht auf die Dauer des Bezugsrechts und ohne Unterschied, ob der Berechtigte zum Erwerbe des Rechts Beiträge entrichtet hat oder nicht, bleiben die folgenden Rechte auf periodische Hebungen in allen Fällen außer Ansatz:

a) Ansprüche an Witwen-, Waisen- und Pensionskassen, mögen die zur Zahlung verpflichteten Kassen öffentliche oder private sein;

b) Ansprüche aus einer Kranken- oder Unfallversicherung, ohne Unterschied, ob es sich um gesetzlich vorgeschriebene oder um freiwillige Versicherungen handelt;

c) Ansprüche aus der Invaliditäts- und Altersversicherung, und zwar auch Ansprüche aus der Selbstversicherung, aber nur insoweit sie auf der Reichsversicherungsordnung vom 19. Juli 1911 (RGBl. S. 509) beruhen;

d) Ansprüche auf Pensionen, welche mit Rücksicht auf ein früheres Arbeits- oder Dienstverhältnis gezahlt werden, ohne Unterschied, ob das Arbeits- oder Dienstverhältnis ein öffentliches oder privates war, ob die Pension dem ehemaligen Beamten, Angestellten selbst oder dessen Hinterbliebenen zusteht. (Pensionen sind auch dann steuerfrei, wenn sie ohne einen vertragsmäßigen Anspruch durch eine letztwillige Verfügung zugewandt sind. OVG. V, 353);

e) Renten, welche in letztwilligen Verfügungen Personen zugewendet sind, die zum Hausstande des Erblassers gehört und in einem Dienstverhältnisse zu demselben gestanden haben.

Art. 14 d. EA.

18) Bezüglich der in letztwilligen Verfügungen zugewendeten Renten ist die Steuerfreiheit nach Anm. 17 litt. e an die doppelte Voraussetzung geknüpft, daß der Bedachte zum Hausstande des Erblassers gehört, und daß er zu demselben in einem Dienstverhältnis gestanden hat. Fuisting, die preußischen direkten Steuern II, Anm. 19c zu § 7, bezieht die Worte „zu demselben" nicht auf den „Hausstand", sondern auf den „Erblasser" und leitet daraus sehr weitgehende Befreiungen her, z. B. auch für Zuwendungen an Vorleser, Gesellschafterinnen, Gutsinspektoren, Gewerbegehilfen, vorausgesetzt, daß diese Personen zum Hausstande des Erblassers gehört haben. Nach einer Erklärung des Regierungsvertreters in der Komm. des AbgH. bei Beratung des Gesetzes ist die Fassung des Gesetzes derjenigen des Erbschaftssteuergesetzes nachgebildet, welche nur solche Personen in Betracht zieht, die in dem Hausstande des Erblassers in einem Dienstverhältnis gestanden haben.

§ 8. Von dem Aktivvermögen sind in Abzug zu bringen:

1. die dinglichen und persönlichen Kapitalschulden des Steuerpflichtigen mit Ausschluß derjenigen Verbind-

lichkeiten, welche zur Bestreitung der laufenden Haushaltungskosten eingegangen sind (Haushaltungsschulden),

2. der Kapitalwert der vom Steuerpflichtigen oder aus einer Fideikommißstiftung zu entrichtenden Apanagen, Renten, Altenteile und sonstigen periodischen, geldwerten Leistungen, auf welche die Voraussetzungen im § 7 zu c Abs. 1 zutreffen,

insoweit diese Verbindlichkeiten (Nr. 1 und 2) nicht zu Vermögensteilen wirtschaftlich in Beziehung stehen, welche bei der Veranlagung außer Betracht zu lassen sind (§ 4 II).

Erstreckt sich die Besteuerung lediglich auf die im § 2 II zu a und b bezeichneten Vermögensteile, so sind nur diejenigen Schulden usw. abzugsfähig, welche zu diesen Vermögensteilen wirtschaftlich in Beziehung stehen.

Eine wirtschaftliche Beziehung zwischen Schuld und Grundbesitz ist insbesondere anzunehmen, wenn die Schuld für den Erwerb oder zum Zwecke der Verbesserung oder Bebauung des Grundbesitzes aufgenommen ist. Die Eintragung im Grundbuch ist nicht entscheidend.

1) Von den Aktiven sind die Kapitalschulden in Abzug zu bringen ohne Unterscheidung, ob dieselben persönlicher oder dinglicher Natur sind, ob sie aus dem geschäftlichen Verkehr des Steuerpflichtigen herrühren oder nicht. Begründ. der RegVorl. S. 33. **Dingliche** Schulden sind solche, welche auf einer Sache (Grundstück) dergestalt haften, daß sie ohne weiteres auf jeden Erwerber übergehen, insbesondere Hypotheken und Grundschulden. **Persönliche** Schulden sind dagegen solche, für welche eine Person nur obligatorisch haftbar ist. Der Umstand, daß der Steuerpflichtige kein eigenes Vermögen besitzt, steht, falls ihm fremdes Vermögen (z. B. Vermögen der Ehefrau oder der Kinder) zuzurechnen ist, dem Abzuge der eigenen Schulden nicht entgegen.

OVG. VII, 282. Vgl. auch Anm. 4 zu diesem §. Schulden, welche bereits bei Feststellung des Anlage- und Betriebskapitals berücksichtigt worden sind, dürfen von dem Gesamtvermögen nicht nochmals in Abzug gebracht werden. Art. 17 IV d. EA.

2) Der § 8 betrifft lediglich diejenigen Kapitalschulden und Werte, die, um das reine Vermögen zu finden, von dem anderweit bereits ermittelten Gesamtwerte des Aktivvermögens abgesetzt werden müssen. Dagegen kommen schon bei der Ermittlung des Bestandes und des Wertes der wirtschaftlichen Einheiten, aus denen sich das Aktivvermögen zusammensetzt, insbesondere der Grundbesitzungen, auch solche im § 8 nicht vorgesehene dauernde Lasten in Betracht, welche — weil sie den Grundstücken anhaften und auf jeden Erwerber übergehen — deren Wert mindern. Dies gilt wie für Erbpachtskanon, Ablösungsrenten, Reallasten und Servituten, so auch für sonstige Rechte auf den Gebrauch oder auf die Nutzung, insbesondere für den Nießbrauch, wenn solche Rechte als dingliche gegen jeden dritten Erwerber bestehen, nicht aber wenn sie als persönliche Forderungsrechte einen Anspruch nur gegen den zeitigen Eigentümer gewähren. OVG. V, 138. Dies gilt ferner für Rentenbankrenten, Pfarr- und Schulabgaben, Beiträge zur Unterhaltung von Chausseen usw. OVG. V, 142.

3) Bloße Vormerkungen im Grundbuche zur Erhaltung des Rechts auf Eintragung einer Hypothek oder des Vorrechts für eine einzutragende Hypothek begründen noch keine Schulden, welche vom Aktivvermögen abzuziehen sind. OVG. VI, 137.

4) Den eigenen Schulden des Steuerpflichtigen stehen in den Fällen des § 5 des Gesetzes die Fideikommißschulden, die Nachlaßschulden, die Schulden der Haushaltungsangehörigen, der Kapitalwert der auf den angerechneten Vermögensteilen ruhenden Apanagen, Renten usw. gleich. Art. 17 II d. EA. Siehe auch Anm. 7 zu diesem §.

5) Die schwebenden Verbindlichkeiten, welche zur Bestreitung der laufenden Haushaltungskosten eingegangen sind (Haushaltungsschulden) bleiben bei der Feststellung des Vermögens ebenso außer Betracht, wie bei Berechnung der Aktiven die aus den laufenden Jahreseinkünften herrührenden Barbestände. Art. 17 III d. EA. Der Grund dieser Vorschrift liegt darin, daß die laufenden Haushaltungsschulden im allgemeinen nicht das Vermögen mindern, sondern ihre Deckung in den laufenden Einnahmen finden. Die Bestimmung entspricht der Vorschrift in § 7b d. Ges., nach welcher die aus den laufenden Jahreseinkünften vorhandenen Bestände nicht zum Vermögen gerechnet werden.

6) Inwieweit Rückstände an Haushaltungsschulden aus früheren Wirtschaftsjahren den Kapitalschulden gleich zu achten sind, ist nach den Umständen des einzelnen Falls zu beurteilen. Art. 17 III Abs. 2 d. EA.

7) In Abzug kommt der Kapitalwert (gemeine Wert), der dem Steuerpflichtigen obliegenden Apanagen, Renten, Altenteile und sonstigen periodischen geldwerten Leistungen und Lasten, sofern auf dieselben die Voraussetzungen zutreffen, unter welchen der Kapitalwert der entsprechenden Hebungen gemäß Art. 8 I Nr. 5, Art. 13 Nr. 3, Art. 14 d. EA. als steuerbares Vermögen gilt. Hierher gehört auch ein das Vermögen belastendes Nießbrauchsrecht (Nutznießung). Den eigenen Verbindlichkeiten der bezeichneten Art stehen in den Fällen des § 5 d. Ges. die entsprechenden Fideikommißverbindlichkeiten gleich.

Art. 17 I, 2 und II d. EA.; Anm. 14 dazu u. MittH. **31**, 30.

Zahlungen, welche ein Fideikommißbesitzer in dem ehemaligen Geltungsbereiche des ALR. nach der Stiftungsurkunde und ihren Nachträgen an und für Angehörige der Familie zu leisten hat, sind als seine Verbindlichkeiten zu behandeln und deshalb nicht als Reallasten bei der Bewertung der Fideikommißgüter zu berücksichtigen, sondern von der Summe seines Aktivvermögens abzusetzen. Deshalb ist die Dauer solcher Lasten für den Fideikommißbesitzer zu prüfen und danach ihre Bewertung vorzunehmen. OVG. XIV, 390.

8) Die Abzugsfähigkeit an sich abzugsberechtigter Kapitalwerte ist nicht dadurch bedingt, daß der Bezugsberechtigte seinerseits der Ergänzungssteuer unterliegt. Art. 17 I, 2 d. EA.

9) Wegen Berechnung der Kapitalschulden finden die Vorschriften des Art. 15 I Nr. 4 II, III d. EA. wegen Berechnung des Kapitalwerts periodischer Leistungen die Vorschriften des Art. 18 d. EinkA. Anwendung. Art. 17 VI d. EA. Vgl. §§ 12, 13, 14 d. Ges. Bei der Bewertung von Schulden kommt die Vermögenslosigkeit und Zahlungsunfähigkeit des Schuldners nicht in Betracht. OVG. VII, 282.

Bei der Feststellung des Kapitalwertes eines von dem Steuerpflichtigen zu leistenden Altenteils sind auch solche Verpflichtungen zu berücksichtigen, welche ihm zwar keine unmittelbaren Ausgaben an Geld oder Geldeswert verursachen, ihn aber auf andere Weise in der Nutzung seines Grundstücks beschränken. OVG. IX, 361.

10) Die Fassung des Abs. 1 des § 8 in den Schlußworten „insoweit usw." und des Abs. 2 in den Worten „wirtschaftlich in Beziehung stehen" beruht auf der Novelle von 1906. Die Änderung sollte zum Ausdruck bringen, daß nicht die „Haftung" der Schuld (Eintragung im Grundbuch) entscheidend sein soll, sondern die „wirtschaftliche Beziehung" derselben zu dem betreffenden Vermögensteile. Eine nähere Begriffsbestimmung der „wirtschaftlichen Beziehung" gibt der gleichfalls von der Novelle von 1906 hinzugefügte Schlußabsatz des § 8.

11) Ist bei der Veranlagung eines Steuerpflichtigen außerpreußisches Vermögen nach § 4 II d. Ges. — also außerhalb Preußens belegene Grundstücke oder dem Betriebe der Land- oder Forstwirtschaft, des Bergbaues oder eines stehenden Gewerbes außerhalb Preußens dienendes Anlage- und Betriebskapital — außer Ansatz zu lassen, so darf von

dem steuerbaren Vermögen derjenige Betrag an Schulden und sonstigen Lasten nicht abgerechnet werden, welcher zu jenen nichtpreußischen Vermögensteilen wirtschaftlich in Beziehung steht. Vgl. Anm. 10.

12) Erstreckt sich die Besteuerung einer Person lediglich auf preußischen Grundbesitz oder auf das einem preußischen Betriebe dienende Anlage- und Betriebskapital, so sind nur solche Schulden und solche Lasten abzugsfähig, welche zu den bezeichneten inländischen Vermögensteilen wirtschaftlich in Beziehung stehen. Vgl. Anm. 10.

Diese Bestimmung bezieht sich ihrem Inhalte nach ausschließlich auf die beschränkte Steuerpflicht nach Maßgabe des § 2 II d. Ges. OVG. VII, 284.

13) Ruht eine Schuld oder Last ungeteilt zugleich auf steuerbaren und nichtsteuerbaren Vermögensteilen, so ist der Gesamtbetrag nach Verhältnis des Wertes der steuerbaren zu dem Werte der nichtsteuerbaren Vermögensteile zu teilen und nur der dem ersteren entsprechende Teilbetrag der Schuld oder Last in Abzug zu bringen. Art. 17 V d. EA.

2. Wertbestimmung.

§ 9. Bei Berechnung und Schätzung des steuerbaren Vermögens wird der Bestand und gemeine Wert der einzelnen Teile desselben zur Zeit der Veranlagung (Vermögensanzeige) zugrunde gelegt, soweit nicht im nachstehenden etwas anderes bestimmt ist.

1) Maßgebend für die Feststellung des Vermögensbestandes und Wertes ist die Zeit der Veranlagung. Als solche gilt für die ordentliche Hauptveranlagung der Zeitraum vom Beginne der Frist für die Abgabe der freiwilligen Vermögensanzeigen bis zum Beginne derjenigen Periode, für welche die Veranlagung erfolgt. Innerhalb dieser Grenzen ist für die Veranlagung des einzelnen Steuerpflichtigen der zur Zeit des betreffenden Veranlagungsakts bekannte Vermögensstand bestimmend.

Ist bei Abgabe der Vermögensanzeige oder bei der Beschlußfassung über die Veranlagung bereits bekannt, daß vor oder mit dem Beginne der bezeichneten Veranlagungsperiode (1. April) rechnungsmäßig nachweisbare Änderungen im Bestande des Vermögens eintreten werden, so sind dieselben zu berücksichtigen.

Treten bis zum 1. April des betreffenden Jahres nicht berücksichtigte Änderungen dieser Art ein, so kann eine entsprechende Berichtigung der Veranlagung im Wege der Rechtsmittel (Einspruch, Berufung, Beschwerde) beansprucht werden. (OVG. VIII, 232; IX, 33; X, 373.)

Nach dem Beginne der Veranlagungsperiode (1. April) eintretende Vermehrungen oder Verminderungen des Vermögens finden nur nach Maßgabe der Vorschriften der §§ 39, 40 des Gesetzes Berücksichtigung.

Art. 5 Nr. 2 d. EA.; OVG. VIII, 232.

Der Grundsatz, daß für die Veranlagung zur Ergänzungssteuer — von den im § 10 des Ergänzungssteuergesetzes geregelten Ausnahmefällen abgesehen — der Vermögensbestand und der Wert des steuerbaren Vermögens bei Beginn des Steuerjahrs oder der mehrjährigen Steuerperiode maßgebend ist, findet auch im Falle der Abgabe einer Vermögensanzeige Anwendung. OVG. VI, 151; VII, 75, 84ff.; X, 368.

Über die Wertbestimmung eines Vermögensteiles entscheidet dessen Zustand zur Zeit der Veranlagung. Daraus folgt, daß Tatumstände, wie die Möglichkeit künftiger Bebauung, durch welche der Wert beeinflußt werden kann, nur insoweit zu berücksichtigen sind, als sie schon jetzt, im gegenwärtigen Verkehr den Preis beeinflußt haben. OVG. V, 146ff.

Die Erwartung zukünftiger einträglicherer Benutzung ist bei der Schätzung des gemeinen Wertes eines Grundstücks nur insoweit zu berücksichtigen, als sie im Handel und Wandel schon gegenwärtig eine Preissteigerung bewirkt.

Beispielsweise kommt bei Grundstücken in der Nähe

großer Städte nicht der Wert in Betracht, den sie künftig durch die Bebauung mit Häusern erlangen können, wohl aber der Wert, der gegenwärtig für Grundstücke von gleicher oder ähnlicher Lage und Beschaffenheit im Hinblick auf eine künftige gewinnreichere Benutzung tatsächlich erzielt wird, selbst wenn der gegenwärtige Nutzungsertrag der Grundstücke diesem Werte nicht entspricht. Art. 4 der Techn. Anl.

Die bloße Möglichkeit der zukünftigen gewinnreichen Ausbeutung von Mineralien berechtigt noch nicht zur höheren Bewertung einer Besitzung. Hierzu bedarf es vielmehr einer im Immobiliarverkehr bei Grundstücken mit gleichem Mineralienvorkommen bereits zum Ausdruck gelangten entsprechenden Wertsteigerung. OVG. V, 63 ff.

2) Der gemeine Wert ist derjenige, den ein Vermögensgegenstand für jeden Besitzer haben kann. Der Wert von Annehmlichkeiten und Bequemlichkeiten, die einem jeden Besitzer schätzbar sind, wird dem gemeinen Werte beigerechnet. Der durch besondere Umstände bedingte außerordentliche Wert und der Wert der besonderen Vorliebe, wie er aus zufälligen Eigenschaften oder Verhältnissen entsteht, die dem Gegenstande in der Meinung oder nach den persönlichen Verhältnissen des jeweiligen Besitzers einen Vorzug vor anderen Gegenständen gleicher Art beilegen, bleiben unberücksichtigt. Art. 5 Nr. 1 d. EA.; Art. 3 der Techn. Anl.

Der gemeine Wert einer Sache ist der objektive, d. h. derjenige Wert, den die Sache nach ihrer objektiven Beschaffenheit für jeden Besitzer hat, im Gegensatze zu dem subjektiven Interesse. OVG. V, 69.

Schon das Merkmal der Objektivität des gemeinen Wertes bedingt die regelmäßige Bemessung dieses Wertes nach den im wirtschaftlichen Verkehre unter gemeingewöhnlichen (normalen) Verhältnissen für gleichartige Sachen erzielten neueren oder neuesten Kaufpreisen (nicht auch nach bloßen, durch kein Gegengebot beantworteten Kaufpreis-Forderungen, OVG. VII, 249), da es sonstige objektive Maßstäbe nicht gibt. OVG. V, 70. Die Vermutung spricht dafür, daß der Kaufpreis den gemeinen Wert darstellt. Die Steuerbehörde hat, wenn sie dieser Vermutung nicht folgen will, die dieselbe beseitigenden tatsächlichen Umstände darzulegen. Der Hinweis auf eine vermeintliche Billigkeit des Preises ist in dieser Beziehung nicht genügend. OVG. VIII, 303. Die in neuerer oder neuester Zeit in Tauschverträgen festgesetzten Preise sind in gleicher Weise wie die auf Grund von Kaufverträgen gezahlten Kaufpreise Grundlagen für die Ermittlung des gemeinen Werts. OVG. V, 337. Der gemeine Wert einer Sache entspricht regelmäßig dem Kaufpreise, welcher dafür im gewöhnlichen Geschäftsverkehr nach ihrer objektiven Beschaffenheit, ohne Rücksicht auf ungewöhnliche oder lediglich persönliche Verhältnisse, also eben von jedermann zu erzielen ist. RG. v 19. Nov. 79 in Gruchot Beiträge XXIV, 409. Der gemeine Wert ist derjenige Wert eines Gegenstandes, der dem Betrage entspricht, welchen jeder Eigentümer jederzeit für den betreffenden Gegenstand bekommen kann, ohne daß dabei besondere Konjunkturverhältnisse oder besondere Liebhabereien im einzelnen für den betreffenden Gegenstand in Betracht kommen. Erkl. d. FM. in der Sitzung des AbgH. v. 18. April 93 StenogrBer. S. 1853. Zwei Kaufwerte für ein und denselben Gegenstand kann es zu gleicher Zeit nicht geben. OVG. VIII, 303.

3) Für Grundstücke, welche dauernd land- oder forstwirtschaftlichen Zwecken zu dienen bestimmt sind, einschließlich der dazu gehörigen, denselben Zwecken dienenden Gebäude und des Zubehörs, ist jetzt nach den Bestimmungen der Novelle vom 26. Mai 1909 zu § 11 des ErgstGes. nicht der gemeine Wert, sondern der Ertragswert bestimmend. Vgl. § 11 d. Ges. u. die Anmerkungen dazu. Für alle übrigen Grundstücke aber bewendet es bei der allgemeinen Vorschrift des § 9 des Ges. und den dazu erlassenen Ausführungsbestimmungen (OVG. XV, 398 und IX, 363, wo die vom OVG. aufgestellten Grundsätze zusammengestellt sind). Ins-

besondere gilt dies für solche in der Umgebung von Städten und Industrieorten belegenen Grundstücke, welche zwar noch land- oder forstwirtschaftlich genutzt werden, bei denen aber nach den Umständen des Einzelfalls wie z. B. nach ihrer Lage oder Beschaffenheit, Erwerbspreise, Belastung oder auch nach ihrer voraussichtlichen zukünftigen Verwendung z. B. zu baulichen oder Verkehrszwecken, nicht mehr angenommen werden kann, daß sie dauernd bestimmt sind, land- oder forstwirtschaftlichen Zwecken zu dienen. Indessen ist bei solchen Hofbesitzungen, welche sich in langjährigem Besitze finden, dann, wenn sie tatsächlich land- oder forstwirtschaftlich genutzt werden, auch trotz ihrer Lage in der Umgebung von Städten und Industrieorten nicht ausgeschlossen, daß sie dauernd für land- oder forstwirtschaftliche Zwecke bestimmt sind. MittH. 54, 118.

Bei Hausgrundstücken kann als objektiver Verkaufswert weder der aus dem Materialienwert und dem Werte des Grund und Bodens durch Zusammenrechnung beider Werte gefundene Realwert, noch der aus der Kapitalisierung des derzeitigen Ertrags sich ergebende Nutzungs- oder Ertragswert allein, noch endlich ein durch Halbierung der Summe gewonnener mittlerer Wert erachtet werden. Der gemeine Wert ist vielmehr auch hier der Verkaufswert, d. h. derjenige Wert, den das Hausgrundstück nach den durch den lokalen Immobiliarverkehr in gleichartigen Grundstücken gegebenen Erfahrungen für jeden Besitzer hat. OVG. VI, 4; VII, 248.

Ist ein nach dem gemeinen Werte zu bewertendes Grundstück in neuester oder neuerer Zeit unter gemeingewöhnlichen (normalen) Verhältnissen Gegenstand eines Verkaufs gewesen, so stellt der gezahlte Kaufpreis regelmäßig den gemeinen Wert zur Zeit des Verkaufs dar. Für das Obwalten gemeingewöhnlicher Verhältnisse spricht die Vermutung. Eine höhere Bewertung würde von der Steuerbehörde, eine niedrigere von dem Steuerpflichtigen durch sachliche Gründe gerechtfertigt werden müssen. OVG. V, 64.

Aber auch der Erwerbspreis kann der Bewertung nur zugrunde gelegt werden, wenn das zu bewertende Grundstück nach der Verkehrsanschauung seit der Zeit des Erwerbs wesentlich gleichartig geblieben ist. OVG. VIII, 342.

Ist kein Eigenpreis vorhanden, so bildet den nächsten und zuverlässigsten Maßstab die Vergleichung mit den in tunlichst naher Umgebung des zu bewertenden Grundstücks bei Verkäufen gleichartiger Grundstücke in neuester oder wenigstens neuerer Zeit unter gemeingewöhnlichen (normalen) Verhältnissen wirklich gezahlten Kaufpreisen. OVG. V, 236. Die Berücksichtigung von Kaufpreisen für Vergleichsobjekte setzt aber voraus, daß diese nach der Anschauung des Verkehrs mit dem zu bewertenden Grundstück gleichartig sind. Nach der Ableitung des Werts eines Grundstücks aus dem Verkaufspreise eines gleichartigen Grundstücks sind die Verschiedenheiten der beiden Grundstücke, sowie die seit der Zeit des Verkaufsfalls eingetretene Wertschwankung zu berücksichtigen. OVG. VIII, 341.

Die Beurteilung, ob die zur Vergleichung herangezogenen Besitzungen nach ihrer Beschaffenheit zur Vergleichung geeignet sind, ist tatsächlicher Natur. Der Umstand, daß eine Besitzung als *einziger* Fall des Verkaufs eines gleichartigen Grundstücks ermittelt ist, macht sie nicht ungeeignet als Vergleichungsobjekt. Beim Vorhandensein mehrerer zum Vergleiche geeigneter Besitzungen ist es nicht unzulässig, die Bewertung auf der Grundlage des Durchschnitts der gezahlten Kaufpreise zu bewirken. OVG. VIII, 303.

Im Falle der Wertfestsetzung mittels Benutzung von Vergleichungsobjekten muß aus der Rechtsmittelentscheidung hervorgehen, *in welcher Weise* dieselben für jenen Zweck verwertet worden sind. OVG. VII, 247.

Gerichtliche Taxen sind insofern sie „den *Nutzen*, welche die Sache einem jeden Besitzer gewähren kann" zum Ausdruck bringen, für die Ermittlung des gemeinen Werts nicht ohne weiteres verwendbar, sondern müssen stets darauf geprüft werden, ob und inwieweit der darin gefundene Wert den objektiven Verkaufswert darstellt. OVG. VI, 4.

Feuerversicherungstaxen dürfen ohne Einsicht und Würdigung derselben nicht unmittelbar als maßgebendes Hilfsmittel der Bewertung von Grundstücken verwendet werden. OVG. V, 231.

Die Behauptung des Steuerpflichtigen, er würde sein Grundstück schon zu einem geringeren als den von der Steuerbehörde festgestellten Werte verkaufen, ist steuerlich ohne jeden Wert. OVG. v. 20. Okt. 1913 Steuerarchiv 17. Jahrg. S. 30.

Über die Grundsätze für Bewertung von Bauterrains und Baustellen siehe Anm. 8 zu diesem §.

4) Über die Aufstellung allgemeiner Schätzungsnormen für die Besitzgruppe A (Haus- und Zinsbesitz, das sind solche Besitzungen, die vorzugsweise aus Wohn- oder gewerblichen Gebäuden mit den dazu gehörenden Nebengebäuden, Hofräumen und Gärten bestehen, imgleichen solche mit Gebäuden nicht besetzte Grundstücke, die zur Verwertung als Bauplätze bestimmt sind, nicht minder Holzhöfe, Zimmer- und Lagerungsplätze und ähnliche Grundstücke, Techn. Anl. Art. 7) vgl. Art. 14 u. 15 d. Techn. Anl. und MittH. **31**, 3 ff.

Die Schätzungsmerkmale sind nur anzuwenden, soweit nicht schon aus anderen Anhaltspunkten ein begründetes Urteil über den Wert des Grundstücks gewonnen werden kann, insbesondere nicht aus dem Eigenpreis oder aus der Vergleichung mit Kaufpreisen gleichartiger Grundstücke. Bei Anwendung der nach dem Gebäudesteuernutzungswerte gefundenen Einheitssätze ist auch der Bodenwert schon miterfaßt. OVG. VI, 49.

Bemängelt der Steuerpflichtige die Angemessenheit oder die Art der Anwendung des Einheitssatzes, so muß die zur Entscheidung über das Rechtsmittel berufene Behörde die Unterlagen der Bewertung soweit prüfen, als dies nach Lage des Einzelfalls, besonders gegenüber den Einwendungen des

Steuerpflichtigen durch die Verpflichtung zur selbständigen Nachprüfung der Veranlagung geboten und ausführbar ist. OVG. VI, 50 ff.

5) Der gemeine Wert des gewerblichen Anlage- und Betriebskapitals ist identisch mit dem handelsrechtlichen, für Inventur und Bilanz maßgebenden Werte. Die Bewertung erfolgt also nach dem objektiven Verkaufswerte. Wenn ein gewerbliches Geschäft in jüngster Zeit unter gemeingewöhnlichen Verhältnissen verkauft worden ist, so ist bei der Bewertung des gewerblichen Anlage- und Betriebskapitals, unter Berücksichtigung der von der Bewertung ausgeschlossenen Gegenstände und Rechte, sowie der seit dem Verkaufe eingetretenen Änderungen von dem gezahlten Kaufpreise auszugehen. OVG. V, 112; VI, 30 ff.

Kann die Bewertung nach wirklich gezahlten Kaufpreisen nicht erfolgen, so ist der wirkliche Wert maßgebend, den die zu bewertenden Gegenstände und Rechte zur Zeit der Veranlagung oder am Schlusse des letzten Wirtschafts- oder Rechnungsjahrs bei fortgesetztem Betriebe haben. OVG. VI, 30 ff.

Der gemeine Wert des einem bergbaulichen oder einem Gewerbebetriebe dienenden Anlage- und Betriebskapitals ist durch Schätzung zu ermitteln, welche den wirklichen Substanzwert desselben, nicht etwa einen fiktiven Buchwert erfassen muß.

Mit diesem Vorbehalte können als Anhalt für die Schätzung die vorschriftsmäßig aufgestellten Bilanzen und Inventuren der Kaufleute dienen, insofern darin die sämtlichen Vermögensgegenstände und Schulden nach dem Werte angesetzt worden sind, der ihnen in dem Zeitpunkte beizulegen ist, für welchen die Aufstellung stattfindet.

Wo diese Voraussetzung nicht zutrifft, beispielsweise die von den Aktiven abgeschriebenen Beträge über eine angemessene Berücksichtigung der Wertverminderung und Abnutzung hinausgehen, muß behufs Ermittlung des wirklichen

Wertes dem bei der Schätzung etwa zugrunde gelegten Buchwert ein entsprechender Betrag hinzugerechnet werden.

Anderseits kommt bei der Schätzung nur der Wert der materiellen Betriebsmittel in Betracht. Umstände, welche nicht unter diesen Gesichtspunkt fallen, z. B. der von alters her begründete Ruf der Firma, ihre gute Kundschaft oder die besonderen persönlichen Eigenschaften des Steuerpflichtigen bleiben unberücksichtigt, wenn dadurch auch die Rentabilität des Geschäfts und der Verkaufswert desselben wesentlich beeinflußt wird.

Art. 12 Nr. 1 d. EA. Vgl. § 40 HGB.

Der Kaufmann muß seine eigene buchmäßige Bewertung der Bestandteile des gewerblichen Anlage- und Betriebskapitals wider sich gelten lassen, sofern er nicht nachweist, daß und aus welchen Gründen die Bewertung zu hoch ist. Anderseits muß die Steuerbehörde eine über die buchmäßigen Werte hinausgehende Bewertung (oder die Ansetzung höherer Außenstände OVG. VI, 84) durch ausdrückliche, auf tatsächlichen Unterlagen beruhende Feststellungen rechtfertigen. OVG. VI, 30.

Soweit die Bewertung des in einem Bergwerke angelegten gewerblichen Anlage- und Betriebskapitals durch Vergleichung mit den für gleichartige gewerbliche Unternehmungen wirklich gezahlten Kaufpreisen erfolgen kann, muß dieses Hilfsmittel benutzt werden. Ist dieser Weg nicht gangbar, so ist der Wert des gewerblichen Anlage- und Betriebskapitals durch unmittelbare Schätzung zu ermitteln. Der gemeine Wert des gewerblichen Anlage- und Betriebskapitals ist derselbe wie der handelsrechtliche, für Inventur und Bilanz maßgebende Wert. Die Summe der Einzelwerte — Grubenberechtigungen, Gebäude, Schächte, Einrichtungen unter Tage, Mineral- und Materialienbestände usw. — bildet aber nicht ohne weiteres den für die Ergänzungssteuer maßgebenden Wert des Anlage- und Betriebskapitals, vielmehr ist danach erst der Verkaufswert der Gesamtheit als eines einheitlichen Steuerobjekts zu ermitteln. Bei der Einzelbewertung ist für die Bergbauberechtigung der Wert nach der bekannten Rentenformel festzustellen (OVG. XIV, 268, 274 ff.). Mit Möglichkeiten der Zukunft darf hierbei nicht gerechnet werden, wohl aber müssen sie bei der Bewertung der ganzen wirtschaftlichen Einheit Berücksichtigung finden, sofern hiervon der Verkaufswert bereits beim Beginne des Steuerjahrs — aber immer unter der Voraussetzung des fortgesetzten Betriebs — beeinflußt worden ist. Auch die besondere Lage des Bergwerkes ist hierbei zu berücksichtigen, sofern sie den Wert des Ganzen mitbedingt. Überhaupt bleibt in Betracht zu ziehen, nach welchen Rücksichten sich im Verkehre der Verkaufspreis eines Bergwerkes oder Bergwerksunternehmens bemißt und inwiefern hierbei auf den Ertrag Wert gelegt wird. Daß dabei nicht bloß der Ertrag des letzten Jahres vor dem Verkaufe, sondern der Durchschnittsertrag einer Reihe von Jahren von Bedeutung ist, entspricht den Anschauungen des Verkehrs, so daß dieser Gesichtspunkt nur aus besonderen Gründen unberücksichtigt bleiben darf. OVG. 12. Februar 1913 E. VII c 5/12, Steuerarchiv Jhrg. 16 S. 355.

Wenn ein Kaufmann sich zum Beweise von Tatsachen, welche für die Bewertung seines gewerblichen Anlage- und Betriebskapital von Erheblichkeit gewesen sind, auf Handelsbücher beruft, so muß dieser Beweis erhoben werden. OVG. VI, 47.

Bei Bewertung des gewerblichen Anlage- und Betriebskapitals darf, nachdem der Steuerpflichtige die Richtigkeit seiner Angabe über Inventur und Warenvorräte durch Vorlage einer Feuerversicherungspolize nachgewiesen hat, ohne bestimmt tatsächliche Gründe und ohne anderweite Feststellung und Bewertung der einzelnen Bestandteile unter Verhandlung mit dem Steuerpflichtigen, von den Angaben des letzteren nicht abgewichen werden. OVG. V, 337.

6) Die Wertermittlung muß für jeden einzelnen Teil des Vermögens besonders erfolgen. Unter den einzelnen Teilen sind die wirtschaftlich nicht zusammengehörigen selbst-

ständigen Bestandteile des Vermögens zu verstehen, z. B. die verschiedenen Einzelposten, aus denen sich das Kapitalvermögen zusammensetzt oder mehrere unabhängig voneinander bewirtschaftete Landgüter. Dagegen sind die zu einer wirtschaftlichen Einheit gehörigen Vermögensteile bei der Würdigung des Wertes nicht voneinander zu trennen, sondern mit ihrem Wert im ganzen zutreffend zu erfassen. Art. 5 Ziffer 4 d. EA.; OVG. V, 117, 233; VI, 7, 151. Der Grundsatz, daß jede wirtschaftliche Einheit gesondert zu bewerten ist, ist auch nach der neuen Fassung des § 11 Abs. 1 des Ges. durch die Novelle von 1909 unberührt geblieben. OVG. XV, 398.

7) Als eine Besitzung (wirtschaftliche Einheit) gilt beim Grundvermögen jede Besitzung, die sich in wirtschaftlicher Beziehung als für sich bestehend darstellt. Es gilt demnach beispielsweise jedes Landgut mit allen in wirtschaftlicher Beziehung dazu gehörigen Vorwerken als eine Besitzung, ohne Rücksicht darauf, ob sich zwei oder mehrere in wirtschaftlicher Beziehung nicht zusammengehörige Landgüter zurzeit in der Hand desselben Besitzers vereinigt finden. Ebenso sind bei größeren Güterkomplexen, die als Fideikommisse oder in ähnlicher Art zwar rechtlich ein Ganzes bilden, aber wirtschaftlich in besondere, für sich bestehende Bestandteile zerfallen, diese Teile in dem vorgedachten Sinne als besondere Besitzungen zu betrachten. Anderseits bilden z. B. Bauerngüter, die mit Rittergütern vereinigt sind und damit dauernd zusammen bewirtschaftet werden, mit diesen nur eine Besitzung. Dasselbe gilt für den Fall, daß z. B. zwei oder mehrere Bauerngüter in wirtschaftlicher Beziehung dauernd zu einem Ganzen vereinigt sind. Techn. Anl. Art. 28; OVG. VI, 151.

Holzungen gehören in der Regel zu der wirtschaftlichen Einheit des Landguts. Treten sie nach dem Verhältnisse ihrer Fläche zu dem sonstigen Areal aus dem Rahmen der üblichen Zusammensetzung der Landgüter hinaus, so darf zwar keine getrennte Bewertung derselben stattfinden, aber jede sachgemäße Schätzung der Gesamtbesitzung als der wirtschaftlichen Einheit, zu welcher der Wald mitgehört, wird mit der ungewöhnlichen Ausdehnung desselben im Verhältnis zum Gesamtareal rechnen müssen. OVG. V, 112, 119.

Forsten sind als einheitliches Ganze zu schätzen und nicht etwa der Wert des Grund und Bodens und derjenige des aufstehenden Holzes unter der Voraussetzung sofortigen Abtriebes besonders zu ermitteln. Bericht der Komm. des AbgH. S. 46.

Bei den auf einem Landgute befindlichen gewerblichen Unternehmungen (Ziegeleien, Brennereien usw.) ist deren Anlage- und Betriebskapital entweder bei der Bewertung der wirtschaftlichen Einheit der Gesamtbesitzung mitzuveranschlagen oder als eine besondere wirtschaftliche Einheit zu bewerten, je nachdem das Unternehmen als ein Nebenbetrieb der Landwirtschaft oder als ein selbständiger Gewerbebetrieb sich darstellt. OVG. V, 133.

Für die Bewertung von Baustellen hat OVG. V, 146ff. folgende Grundsätze aufgestellt: In der Regel ist jede einzelne Baustelle für sich und ebenso jede innerhalb des Bauterrains belegene, wenn auch viele künftige Baustellen umfassende, zusammenhängende Besitzung als eine selbständige Einheit zu bewerten. Dabei sind zur Vergleichung unmittelbar anwendbar bei Baustellen die Kaufpreise, die für andere, nach Lage, Größe und Beschaffenheit (Straßenfront und Tiefe) möglichst gleichartige Baustellen gezahlt sind, bei Bauterrains dagegen nur die für möglichst gleichartige Komplexe gezahlten Preise, nicht jedoch die für Baustellen in ähnlicher Lage gezahlten, die nur mittelbar und aushilfsweise in Betracht kommen; denn die Summe der künftighin möglicherweise zu erzielenden Baustellen-(Detail-)Preise stellt keineswegs den gegenwärtigen (Engros-)Preis des ganzen Komplexes dar, welcher erst durch Unternehmertätigkeit und mannigfachen

Kapitalaufwand aus einem Bauterrain in anbaureife Baustellen umgewandelt werden soll.

Unter einer Baustelle ist das zum sofortigen Anbau reife, d. i. an einer fertiggestellten Straße belegene Grundstück, das sich in der vom Besitzer bestimmten oder doch durch die örtlichen Verhältnisse bedingten Größe als ein besonderes Verkehrsobjekt darstellt, zu verstehen. Bauterrain ist ein größerer zusammenhängender Komplex von Grundstücken, der in absehbarer Zeit Gegenstand der Bebauung werden kann, vorausgesetzt, daß ein diese Grundstücke umfassender und noch gegenwärtig zur Ausführung geeigneter Bebauungsplan festgestellt ist.

Für Grundstücke, die Teile einer größeren Besitzung sind und außerhalb eines Bebauungsplans liegen, kann nur die allgemeine Wertsteigerung wegen Nähe der Ortschaft und wegen der etwa erwarteten Einbeziehung in den Bebauungsplan den Anlaß und einen Rechnungsfaktor für die höhere Bewertung der Gesamtbesitzung bilden.

Wenn ein Hausbesitzer mehrere, bis dahin selbständige Baustellen gekauft und auf den nunmehr zusammengehörigen Grundstücken ein einziges Haus errichtet hat, so muß das Hausgrundstück als selbständige wirtschaftliche Einheit bewertet und es darf nicht etwa eine Teilung nach den ursprünglichen Baustellen vorgenommen werden. OVG. VI, 151.

8) Der gemeine Wert des gewerblichen Anlage- und Betriebskapitals ist für die Gesamtheit desselben zu ermitteln, so daß die einzelnen Bestandteile nur als Rechnungsfaktoren in Betracht kommen. Ohne eine zuverlässige Feststellung der einzelnen Bestandteile ist jedoch eine Ermittlung des Gesamtwerts untunlich. OVG. V, 113. Behufs Bewertung des gewerblichen Anlage- und Betriebskapitals muß über jede einzelne in Art. 10 III d. EA. (siehe Anm. 2 zu § 6 d. Ges.) aufgeführte Kategorie von zum gewerblichen Anlage- und Betriebskapital gehörigen Gegenständen die Erklärung

des Steuerpflichtigen eingefordert werden, bevor die Schätzung stattfinden darf. OVG. VIII, 303.

Für jeden selbständigen Betrieb wird unter Berücksichtigung aller dazu gehörigen Zweiganstalten, Fabrikations-, Verkaufs- und sonstigen Betriebsstätten das gesamte Anlage- und Betriebskapital im ganzen geschätzt. Dies muß auch geschehen, wenn das Anlage- und Betriebskapital einer offenen Handelsgesellschaft oder einem anderen Personenverein oder zu einem Nachlasse gehört und demnächst auf die einzelnen Gesellschafter bzw. Erben zu verteilen ist (Art. 6 I Nr. 2, 3 d. EA.).

Vereinigt ein Steuerpflichtiger in seiner Hand mehrere dergestalt voneinander unabhängige Betriebe, daß Buchführung und Abschlüsse getrennt gehalten werden, oder ist ein Steuerpflichtiger bei mehreren derartigen Betrieben als Gesellschafter usw. beteiligt, so ist die Wertsermittlung und die Feststellung seines Anteils für jeden Betrieb besonders vorzunehmen; die auf ihn aus den verschiedenen Betrieben entfallenden Anteile werden zusammengerechnet.

Der Wert der dem Betriebe gewidmeten bebauten und unbebauten Grundstücke des Steuerpflichtigen (Kontore, Verkaufsstätten, Fabrik- oder Arbeitsräume, Speicher, Stallungen, Lagerplätze u. dgl.) ist bei der Schätzung des Anlage- und Betriebskapitals zu berücksichtigen.

Dient ein Gebäude nur zum Teil dem Gewerbebetriebe, zu einem anderen Teile aber anderen Zwecken, z. B. als Wohngebäude, so muß der Wert des letzteren dem Grundvermögen hinzugerechnet werden. Stehen beide Teile dergestalt in baulichem Zusammenhange, daß eine getrennte Schätzung nicht ausführbar ist, so ist der Wert im ganzen zu ermitteln und nach Verhältnis des Umfanges der betr. Räumlichkeiten dem Grundvermögen bzw. dem gewerblichen Betriebskapitale zuzuteilen.

Art. 12 Nr. 2, 3 d. EA.

9) Nur selbständige Rechte und Gerechtigkeiten, welche weder mit dem Besitze eines Grundstücks verbunden oder Zubehör desselben sind, noch Bestandteile eines gewerblichen Anlage- und Betriebskapitals bilden, sind als besondere Teile des steuerbaren Vermögens anzusehen und als solche zu bewerten.

Können Zweifel darüber obwalten, ob Rechte und Gerechtigkeiten besonders bewertet werden dürfen, so bildet die Unterlassung erschöpfender Feststellungen hierüber einen wesentlichen Mangel des Verfahrens. Dies trifft regelmäßig zu, wenn es sich um die Bewertung von Wasserkräften, Staugerechtigkeiten, Fähr- und Fischereigerechtigkeiten und Privatbergregalitätsrechten handelt. OVG. VI, 7.

10) Bei Feststellung des Vermögensstandes bleiben — unbeschadet der Vorschriften des § 15 des Ges. — diejenigen Rechte und Lasten außer Betracht, die von einer noch nicht eingetretenen aufschiebenden Bedingung (Suspensivbedingung) oder von einem noch nicht eingetretenen, nur hinsichtlich des Zeitpunkts seines Eintritts ungewissen Ereignisse abhängen.

Rechte und Lasten, deren Fortdauer von einer noch nicht eingetretenen auflösenden Bedingung (Resolutivbedingung) oder von einem nur hinsichtlich des Zeitpunkts ungewissen Ereignisse abhängt, kommen wie unbedingte in Anrechnung.

Vgl. § 16 des Ges. und Art. 5 Nr. 5 d. EA.

§ 10. Bei Landwirtschafts- und Gewerbebetrieben, bei denen regelmäßige jährliche Abschlüsse stattfinden, kann bei der Berechnung und Schätzung des steuerbaren Vermögens der Vermögensstand am Schlusse des letzten Wirtschafts- oder Rechnungsjahrs zugrunde gelegt werden.

1) Dieser Paragraph enthält eine Ausnahme von der Regel des § 9, daß der Wert des Vermögens zur Zeit der Veranlagung maßgebend sein soll. Die Bestimmung beruht auf der Erwägung, daß sowohl beim Landwirt als

beim Gewerbetreibenden der Zeitpunkt der Veranlagung (der Monat Januar) für die Vermögensberechnung ungeeignet sein kann. Siehe AbgH. KommBer. S. 41.

2) Bei Landwirtschaftsbetrieben, deren Einschätzung nach § 11 des Ges. zu erfolgen hat, sind die Bestimmungen des § 10 nicht mehr anwendbar. Vgl. die Rundverf. des FM. vom 15. Mai 1910 I, 4 letzter Absatz, abgedruckt in Anm. 2 zu § 11 des Ges.

3) Die Anwendung des § 10 des Ergänzungssteuergesetzes setzt voraus, daß regelmäßige jährliche Abschlüsse stattfinden und daß der Steuerpflichtige mit der Zugrundelegung des Vermögensbestands am Schlusse des letzten Wirtschafts- oder Rechnungsjahrs einverstanden ist. Trifft eine dieser beiden Voraussetzungen nicht zu, so verbleibt es bei der Regel des § 9 d. Ges. OVG. VII, 267.

4) Im § 10 des Ergänzungssteuergesetzes wird nur allgemein das Vorhandensein eines Gewerbebetriebes, nicht aber ein kaufmännischer Betrieb vorausgesetzt. OVG. VII, 257.

5) Vorausgesetzt ist bei Anwendung des § 10, daß seit dem letzten Abschlusse nicht Änderungen am Vermögensstand eingetreten sind, welche gemäß § 39 des Gesetzes sogar im Laufe des Steuerjahrs eine anderweite Veranlagung begründen.

Art. 5 Nr. 3 Abs. 2 d. EA.; OVG. VII, 78.

6) Ist in den Fällen des § 10 des Ergänzungssteuergesetzes eine Vermögensanzeige abgegeben, so gilt als das letzte Wirtschafts- oder Rechnungsjahr dasjenige, dessen Ergebnis bei Abgabe der Vermögensanzeige feststand. OVG. IX, 356.

7) Ein Gewerbetreibender, der regelmäßige jährliche Abschlüsse macht, kann verlangen, daß bei der Berechnung bzw. Schätzung des steuerpflichtigen Vermögens nicht nur beim gewerblichen Anlage- und Betriebskapital, sondern auch bei den sonstigen Bestandteilen des Vermögens von dem

am Schlusse des letzten Wirtschaftsjahrs vorhandenen Vermögensbestande ausgegangen wird. OVG. IX, 358.

8) Der Abschluß ist nur für den der Vermögensberechnung zugrunde zu legenden Zeitpunkt maßgebend. Die Berechnung selbst und die dabei anzuwendenden Grundsätze unterliegen der Prüfung und nötigenfalls der Berichtigung. Art. 5 Nr. 3 Abs. 5 d. EA.

§ 11. Bei der Einschätzung von Grundstücken, die dauernd land- oder forstwirtschaftlichen Zwecken zu dienen bestimmt sind, einschließlich der dazu gehörenden, denselben Zwecken dienenden Gebäude und des Zubehörs, wird der Ertragswert zugrunde gelegt. Als Ertragswert gilt das Fünfundzwanzigfache des Reinertrags, den die Grundstücke als solche nach ihrer wirtschaftlichen Bestimmung bei gemeinüblicher Bewirtschaftung im Durchschnitte nachhaltig gewähren können.

Bei der Veranschlagung des Wertes von Grundstücken, welche dem Betriebe der Land- oder Forstwirtschaft, der Viehzucht, dem Wein-, Obst- oder Gartenbau dienen, sind auch das lebende und tote Wirtschaftsinventar sowie die sonst zum Anlage- und Betriebskapitale (§ 6) gehörigen Werte — einschließlich der den gewerblichen Nebenbetrieben dienenden Gegenstände — mit der Maßgabe zu berücksichtigen, daß Mehr- oder Minderwerte des Inventars gegenüber einem wirtschaftlich normalen Bestand in Zu- oder Abrechnung zu bringen sind. Aus den wirtschaftlichen Vorjahren noch vorhandene, zum Verkaufe bestimmte Vorräte kommen als selbständige Vermögensstücke in Anrechnung.

Der Wert derjenigen Grundstücke, welche einem bergbaulichen, einem Handels- oder Gewerbebetriebe gewidmet sind, ist bei der Ermittelung des dem betreffenden Betriebe dienenden Anlage- und Betriebskapitals zu berücksichtigen.

1) Die Fassung des Abs. 1 des § 11 beruht auf Art. II der Novelle vom 26. Mai 1909 (GS. S. 349). Die frühere, auf der Novelle von 1906 beruhende Fassung lautete wie folgt:

„Bei der Einschätzung von Grundstücken, deren nachhaltiger Wert bedingt wird durch eine ordnungsmäßige land- oder forstwirtschaftliche Bewirtschaftung, ist der Wert nach den Verkaufswerten und den Pachtpreisen zu bemessen, welche sich für Grundstücke gleicher Art nach dem Durchschnitt der letzten zehn Jahre ermitteln lassen."

2) An die Stelle des gemeinen Werts ist nach der Novelle von 1909 für Grundstücke, die dauernd land- oder forstwirtschaftlichen Zwecken zu dienen bestimmt sind, der Ertragswert getreten. Zur erstmaligen Schätzung der Ertragswerte der dauernd land- oder forstwirtschaftlichen Zwecken dienenden Grundstücke trifft die Rundverfügung des FM. vom 15. Mai 1910 II 6774 (siehe MittH. **54**, 118 ff.) folgende Bestimmungen:

1. Die Bestimmung (des § 11 Abs. 1 des ErgStGes.) erstreckt sich nur auf solche Grundstücke, die dauernd land- oder forstwirtschaftlichen Zwecken, mit Einschluß der Viehzucht, des Wein-, Obst-, Gemüse- und Gartenbaus zu dienen bestimmt sind. (Für die Frage, ob eine wirtschaftliche Grundstückseinheit dauernd land- oder forstwirtschaftlichen Zwecken zu dienen bestimmt ist, ist die augenblickliche Benutzung nicht entscheidend; es müssen vielmehr alle in Betracht kommenden Verhältnisse gewürdigt werden, insbesondere die örtliche Lage des Grundstücks, seine voraussichtliche künftige Verwendung und die Anschauungen des wirtschaftlichen Verkehrs. Bei einem im Mittelpunkte einer aufstrebenden, sich stetig ausdehnenden, städtisch organisierten Gemeinde gelegenen Grundstücke ist eine dauernde Bestimmung für land- oder forstwirtschaftliche Zwecke, denen der Obst- und Gartenbau nicht ohne weiteres gleichzustellen ist, nicht mehr anzunehmen. OVG. vom 5. März 1913 IVa 33. 12. Da-

gegen kann der bloße Umstand, daß ein Grundstück im Gebiete eines erst projektierten Bebauungsplans liegt, für sich allein nicht als ausschlaggebend angesehen werden. OVG. vom 15. März 1913 IVa 35. 12. Deutsche Juristenzeitung XVIII Sp. 1502. Steuerarchiv 17. Jahrg. S. 30.)

Für alle übrigen Grundstücke bewendet es bei der allgemeinen Vorschrift des § 9 des Ergänzungssteuergesetzes und den dazu erlassenen Ausführungsbestimmungen. Insbesondere gilt dies für solche in der Umgebung von Städten und Industrieorten belegenen Grundstücke, welche zwar noch land- oder forstwirtschaftlich genutzt werden, bei denen aber nach den Umständen des Einzelfalls wie z. B. nach ihrer Lage oder Beschaffenheit, Erwerbspreise, Belastung oder auch nach ihrer voraussichtlichen zukünftigen Verwendung z. B. zu baulichen oder Verkehrszwecken, nicht mehr angenommen werden kann, daß sie dauernd bestimmt sind, land- oder forstwirtschaftlichen Zwecken zu dienen.

Indessen ist bei solchen Hofbesitzungen, welche sich in langjährigem Besitze befinden, dann, wenn sie tatsächlich land- oder forstwirtschaftlich genutzt werden, auch trotz ihrer Lage in der Umgebung von Städten und Industrieorten nicht ausgeschlossen, daß sie dauernd für land- oder forstwirtschaftliche Zwecke bestimmt sind. (Hat die Bewertung land- oder forstwirtschaftlich benutzter Grundstücke nach der Vorschrift im § 11 Abs. 1 des ErgstGes. in der Fassung der Novelle vom 26. Mai 1909 zu erfolgen, so ist ausschließlich der Ertragswert des Gutes maßgebend. Hierbei kann also der Umstand, daß die zu bewertende wirtschaftliche Einheit Baustellen oder Bauland mit umfaßt, keinerlei Berücksichtigung finden. OVG. vom 26. Oktober 1912 VIIa 10/12, Deutsche Juristenzeitung XVIII Nr. 8. Steuerarchiv, 16. Jahrg. S. 150)

2. Die Grundlage für die Bewertung der unter die Bestimmung des § 11 Abs. 1 fallenden Grundstücke bildet der Reinertrag, den die Grundstücke als solche nach ihrer wirtschaftlichen Bestimmung bei gemeinüblicher Bewirt-

schaftung im Durchschnitte nachhaltig gewähren können. Gemeint ist der Reinertrag, der sich nach Abzug der Bewirtschaftungskosten vom Rohertrage in einem Wirtschaftsjahr ergibt, aber nicht der Reinertrag eines bestimmten Jahres, sondern der, den die Grundstücke als solche, d. h. ohne Rücksicht auf die Tüchtigkeit oder Untüchtigkeit des zeitigen Wirtschafters, im Durchschnitte nachhaltig, d. h. im Durchschnitt einer Reihe von Jahren jedem Besitzer gewähren können. Hierbei ist vorausgesetzt: eine gemeinübliche Bewirtschaftung, so daß der Reinertrag, der nur unter ausnahmsweisen, besonderen Verhältnissen herausgewirtschaftet werden kann, bei der Bewertung der Grundstücke außer Betracht bleibt. Der „Normalreinertrag", wie ihn § 11 Abs. 1 begrifflich bestimmt, setzt endlich nach Abs. 2 daselbst auch einen wirtschaftlich normalen Bestand an lebendem und totem Wirtschaftsinventar sowie an den sonst zum Anlage- und Betriebskapitale gehörigen Werten voraus.

3. Der Reinertrag des § 11 findet im allgemeinen in den Pachtpreisen seinen Ausdruck. Die Pachtpreise setzen sich zusammen neben dem bar zu entrichtenden Pachtzins aus dem Geldwerte der dem Pächter etwa obliegenden Natural- und sonstigen Nebenleistungen und aus den dem Verpächter vorbehaltenen Nutzungen. Um den Normalreinertrag eines land- oder forstwirtschaftlich genutzten Grundstückes zu erhalten, sind dem Pachtpreis außerdem noch hinzuzurechnen die Zinsen für das vom Pächter zu stellende Betriebskapital (bewegliches Inventar).

Für die Feststellung des Reinertrags können aber nur solche Pachtpreise Verwendung finden, welche im gewöhnlichen Verkehre gezahlt zu werden pflegen und in deren Summe die Pacht für ein normales Wirtschafts-, bei Hofbesitz auch für ein normales Gebäudeinventar mitenthalten ist.

Pachtpreise, bei denen diese Voraussetzungen nicht zutreffen, müssen außer Betracht bleiben. Insbesondere gilt dies für Pachtverträge, bei denen die Beteiligten aus Verwandtschafts- oder aus anderen, nur in den Umständen des Einzelfalls beruhenden Rücksichten, einen den allgemeinen Ertragsverhältnissen nicht entsprechenden — sei es höheren, sei es niedrigeren — Pachtpreis vereinbart haben.

4. Als der bei der Einschätzung dauernd land- oder forstwirtschaftlich genutzter Grundstücke zugrunde zu legende Ertragswert gilt nach dem Gesetze das Fünfundzwanzigfache des Reinertrags oder nach den Ausführungen zu 3 das Fünfundzwanzigfache des normalen Pachtpreises einschließlich der Zinsen für das Betriebskapital (bewegliches Inventar).

In dem Ertragswert ist inbegriffen der Wert der zu dem land- oder forstwirtschaftlich genutzten Grundstücke gehörenden, denselben Zwecken dienenden Gebäude und des Zubehörs, sowie der den gewerblichen Nebenbetrieben dienenden Gegenstände, jedoch mit der im § 11 Abs. 2 gegebenen Maßgabe, daß Mehr- oder Minderwerte des unbeweglichen oder des beweglichen Inventars gegenüber einem wirtschaftlich normalen Bestand in Zu- oder Abrechnung zu bringen sind.

Die Zu- oder Abrechnung der Mehr- oder Minderwerte erfolgt nach den bisherigen Vorschriften.

Stehen gewerbliche Unternehmungen nicht in unmittelbarer Verbindung mit einem Landwirtschaftsbetriebe, stellen sie sich vielmehr als selbständige Betriebe dar, so ist der Wert der ihnen dienenden Grundstücke, der Gebäude und des Zubehörs nach den für die Schätzung von gewerblichem Anlage- und Betriebskapitale gegebenen Vorschriften zu ermitteln und in Ansatz zu bringen.

Bei Landwirtschaftsbetrieben, deren Einschätzung nach § 11 zu erfolgen hat, sind die Bestimmungen des § 10 des Gesetzes nicht mehr anwendbar. Insoweit ist auch die Vorschrift des Art. 5 Nr. 1 b der technischen Anleitung vom 26. Dezember 1893 außer Kraft gesetzt, nach welcher der Ertragswert durch Kapitalisierung des Ertrags nach demjenigen Zinsfuße zu berechnen ist, der von dem in gleichartigem Grundbesitz angelegten Kapital in der betreffenden Provinz usw. erzielt zu werden pflegt.

II.

Um der neuen Vorschrift des § 11 gerecht zu werden und bei der bevorstehenden Veranlagung zur Ergänzungssteuer den Schätzungsausschüssen und Veranlagungskommissionen die sachgemäße Bewertung der ländlichen Besitzungen nach dem Ertragswerte zu ermöglichen, sind aus dem ganzen Staatsgebiete die vorhandenen Pachtpreise ermittelt und zusammengestellt worden. Über die Ergebnisse dieser Ermittlungen und über ihre Verwertung behufs Schätzung der Ertragswerte wird folgendes bemerkt:

I. Die Anlagen 1 und 2 (hier nicht abgedruckt) enthalten den Pachtpreis für je 1 ha, welcher sich für Hofbesitzungen (Besitzgruppe B) und für Landbesitzungen (Besitzgruppe C) und innerhalb einer jeden Besitzgruppe für Besitzungen der verschiedenen Größenklassen ergeben hat.

Unberücksichtigt geblieben sind hierbei die Besitzungen mit einem Flächeninhalt unter 2 ha (Größenklasse 1), weil der Wert dieser Besitzungen in der Besitzgruppe B hauptsächlich durch den Wert der zugehörigen Gebäude beeinflußt wird, in der Besitzgruppe C aber brauchbare Pachtpreise nicht zu ermitteln waren.

Nicht berücksichtigt sind ferner in den Anlagen 1 und 2 die Besitzungen größeren Umfangs, welche dauernd forstwirtschaftlichen Zwecken gewidmet sind. Über die Bewertung dieser Besitzungen vgl. die Ausführungen unter II, 5.

Die in den Anlagen 1 und 2 angegebenen Pachtpreise beziehen sich indessen auch auf solche Besitzungen, welche dauernd dem Wein-, Gemüse-, Obst- und Samenbau oder der Blumenzucht zu dienen bestimmt sind, da die für derartige Grundstücke ermittelten Pachtpreise nicht wesentlich von denjenigen abweichen, welche für die den allgemeinen landwirtschaftlichen Zwecken dienenden Besitzungen ermittelt worden sind.

Der in der Anlage 1 für Besitzungen der Besitzgruppe B errechnete Pachtpreis für je 1 ha ist unmittelbar aus den für diese Gruppe ermittelten Pachtpreisen abgeleitet worden. Das gleiche Verfahren war bei der Besitzgruppe C nicht ausführbar. Die Einheitspachtpreise in Anlage 2 sind vielmehr aus den Pachtpreisen der Besitzgruppe B (Anlage 1) abgeleitet worden, wobei die Werte des Gebäudeinventars unter Benutzung der im Jahre 1894 ermittelten „Normalsätze für das Gebäudeinventar" sowohl bei den Pachtpreisen, wie bei dem gemeinen Werte in Abzug gebracht worden sind.

2. Wie bereits oben bemerkt, deckt sich der Pachtpreis nicht mit dem im § 11 begrifflich bestimmten Reinertrage, weil der letztere auch die Verzinsung des Betriebskapitals (des beweglichen Inventars) mit umfaßt. Das Betriebskapital bringt der Pächter in die Wirtschaft ein, der Pachtpreis kann daher die Zinsen für dasselbe nicht mitenthalten; diese Zinsen müssen mithin, um den normalen Reinertrag und damit den Ertragswert der Besitzung zu ermitteln, dem Pachtpreise noch hinzugesetzt werden.

In den Anlagen 1 und 2 sind für die Besitzgruppen B und C diese dem Einheitspachtpreise für je 1 ha zuzurechnenden Zinsen errechnet worden.

3. Bei Ermittlung des Ertragswerts nach Vorschrift des § 11 sind folgende Fälle zu unterscheiden:

a) Ist für eine dauernd land- oder forstwirtschaftlich genutzte Besitzung der Reinertrag im Sinne des § 11 Abs. 1 ziffermäßig bekannt (vgl. dazu die Rundverfügung des FM. v. 21. Febr. 1914, II, 2583 in Anm. 3 zu diesem Paragraphen), dann gilt als Ertragswert unmittelbar das Fünfundzwanzigfache dieses Reinertrags nach Zu- oder Abrechnung des aus dem Schätzungsbogen ersichtlichen Mehr- oder Minderwerts des beweglichen und unbeweglichen, lebenden und toten Wirtschaftsinventars gegenüber dem wirtschaftlich normalen Bestande.

b) Ist eine Besitzung verpachtet und der vereinbarte Pachtpreis ein normaler, so ist der dieser Größenklasse und dem Pachtpreis entsprechende Zinseinheitssatz für das bewegliche Inventar der Anlage 1 oder 2, je nachdem es sich um Hof- oder Landbesitz handelt, zu entnehmen, nach der Größe der Besitzung umzurechnen und dem Pachtpreise zuzusetzen.

Das Fünfundzwanzigfache dieser Summe ergibt den Ertragswert, nach dem die zu a erläuterte Zu- oder Abrechnung des Mehr- oder Minderwerts vorgenommen ist.

c) Liegt weder der Fall zu a, noch zu b vor, so ist zunächst die Wert- und Größenklasse der Besitzung nach den Angaben des Schätzungsbogens zu ermitteln, demnächst aus der Anlage 1 oder 2 der Pachteinheitssatz für je 1 ha zu entnehmen und diesem Pachteinheitssatze der ebenfalls aus Anlage 1 oder 2 ersichtliche Zinseinheitsbetrag zuzurechnen. Die so gefundene Summe ergibt mit fünfundzwanzig multipliziert den Ertragswert für je 1 ha.

Die Zu- oder Abrechnung eines etwaigen Mehr- oder Minderwerts des Inventars ist hierbei nicht zulässig, weil bei Ermittlung des Pachtseinheitssatzes sowohl, wie auch des Zinssatzes die durch den gemeinen Wert bestimmte Wertklasse maßgebend ist und in dem gemeinen Werte die Mehr- oder Minderwerte des Inventars bereits berücksichtigt sind.

In Anlage 3 und 4 wird eine graphische Darstellung beigefügt, aus der die im ersten Absatze bezeichneten Pacht- und Zinseinheitssätze in einer Summe zu entnehmen sind.

4. Die in den Anlagen 1 und 2 aus den gesammelten Pachtpreisen abgeleiteten Schätzungsmerkmale lassen in ihrer Anwendung auf den einzelnen Fall den Wert des Grundstücks zunächst nur in roher Annäherung finden, und es bleibt daher jederzeit noch zu prüfen, ob und inwieweit die be-

sonderen Umstände des einzelnen Falles etwa eine Abänderung bedingen. Vgl. hierzu FME. v. 14. Nov. 1910; MittH. 55, 44. Die letztere muß dem sachverständigen Ermessen der Veranlagungsorgane unter Berücksichtigung der örtlichen Ertrags- und sonstigen Verhältnisse überlassen bleiben. Die durch die Anlagen gebotenen Merkmale erscheinen daher lediglich als Hilfsmittel der Schätzung, die den Zweck haben, die gleichmäßige Schätzung des Ertragswerts der Grundstücke sowohl im ganzen für die verschiedenen Landesteile, als auch im einzelnen von Besitzung zu Besitzung gegen erhebliche Mißgriffe zu sichern.

5. Von Besitzungen größeren Umfanges, die dauernd forstwirtschaftlichen Zwecken zu dienen bestimmt sind, konnten Pachtpreise nicht in ausreichender Zahl ermittelt werden. Für die Veranlagung dieser Besitzungen nach dem Ertragswerte sind daher besondere Reinertragsermittlungen seitens der Königlichen Regierung schleunigst in die Wege zu leiten.

Hierbei ist im wesentlichen nach den im Erlaß vom 1. September 1894, II 12110, gegebenen Gesichtspunkten zu verfahren.

Da mehrfach behauptet worden ist, die Forsten seien zu hoch eingeschätzt, wolle die Königliche Regierung bei Ihrer Prüfung darauf achten, ob und inwieweit dies für Ihren Bezirk zutrifft und ob die bisherigen Sätze etwa zu ermäßigen sind.

Gemäß der neuen Vorschrift im § 11 Abs. 1 ist bei der Kapitalisierung des Reinertrags hinfort von einer 4%igen Verzinsung auszugehen.

III.

Nach den Bestimmungen zu II erfolgt in Zukunft die Ermittlung des Ertragswerts der land- oder forstwirtschaftlich genutzten Grundstücke nach Wertklassen, die sich nach dem gemeinen Werte für je 1 ha abstufen. Auf die Ermittlung des gemeinen Wertes der Grundstücke kann somit auch für die Zukunft nicht verzichtet werden.

Die bisherigen Vorschriften über Sammlung und Verwertung der Kaufpreise bleiben daher in Kraft. Folgendes ist jedoch dabei zu beachten:

Die im August 1894 den Königlichen Regierungen mitgeteilten Schätzungsmerkmale für die Ermittlung des Wertes der Grundstücke in den Besitzgruppen B und C waren im Anhalt an Kauf-, Tax- und Pachtpreise aus den Jahren 1884 bis 1894 ermittelt worden. Inzwischen sind nicht unerhebliche Änderungen in den Wertverhältnissen der ländlichen Grundstücke eingetreten. Die in den einzelnen Bezirken vorhandenen Schätzungsmerkmale werden daher nicht mehr überall den tatsächlichen Verhältnissen entsprechen. Die Königliche Regierung wolle daher eine Nachprüfung der Schätzungsmerkmale vornehmen und darauf hinwirken, daß die Bewertung der Grundstücke dauernd im Anhalt an die Ergebnisse der fortgesetzten Kaufpreissammlungen erfolgt.

Die in Anlage 5 enthaltene Anleitung für die Sammlung, Vereinigung und Zusammenstellung der Kaufpreise ist von den Katasterämtern gewissenhaft zu befolgen.

IV.

Da die Pachtpreise hinfort die Grundlage für die Bewertung der dauernd land- oder forstwirtschaftlich genutzten Grundstücke bilden werden, wolle die Königliche Regierung Ihre besondere Aufmerksamkeit der weiteren Sammlung, Vereinigung und Zusammenstellung der Pachtpreise zuwenden. Vor jeder neuen Ergänzungssteuer-Veranlagung wird das Verhältnis zwischen den Pachtpreisen und den hiernach sich ergebenden Ertragswerten einerseits und dem gemeinen Werte anderseits von neuem festgestellt werden müssen, damit eine den im Laufe der Zeit an den Ertrags- und Verkehrsverhältnissen eintretenden Änderungen entsprechende Einschätzung der Grundstücke gesichert wird.

Hierzu wird noch folgendes angeordnet:

1. Die ermittelten Pachtpreise für Besitzungen der Besitzgruppe B sind in den Katasterämtern getrennt für jeden Veranlagungsbezirk in eine Übersicht nach dem Muster Anlage 6 einzutragen. Hierbei sind die den Gegenstand der Pachtung bildenden Liegenschaften und Gebäude nach dem Grund- und Gebäudesteuerkataster sorgfältig festzustellen; ebenso sind unter sinnentsprechender Beachtung der in Anlage 5 für die Sammlung der Kaufpreise gegebenen Bestimmungen die sonstigen, die Höhe der Pachtpreise beeinflussenden Tatsachen und Verhältnisse durch Benehmen mit den Gemeindevorständen oder sonstigen ortskundigen Personen eingehend zu ermitteln und in den Listen zu vermerken. In die Abteilungen C und D des Formulars haben die Katasterkontrolleure ihr Gutachten darüber einzutragen, welche Beträge wegen der festgestellten besonderen Verhältnisse den vereinbarten Pachtpreisen zu- oder abzurechnen sind, um zu den reinen Pachtpreisen zu gelangen;
2. die ermittelten Pachtpreise für Besitzungen der Besitzgruppe C sind in eine Übersicht nach dem Muster Anlage 7 unter Beachtung der auf dem Muster gegebenen Erläuterungen einzutragen;
3. auf Grund der Übersichten (Anlage 6 und 7) sind die ermittelten Pachtpreise, getrennt für jeden Veranlagungsbezirk und für jede Besitzgruppe, in eine übersichtliche Zusammenstellung nach dem Muster Anlage 8 zu übernehmen;
4. alle Zusammenstellungen der Kauf- und Pachtpreise sind übersichtlich anzulegen und für jede der dreijährigen Veranlagungsperioden abzuschließen. Die Zusammenstellungen sind regelmäßig fortzuführen, so daß sie jederzeit, auch schon vor ihrem Abschlusse, zur Benutzung eingefordert oder nach Bedarf binnen kurzer Frist ab-

geschlossen, auch zu Hauptübersichten für den ganzen Regierungsbezirk zusammengefaßt werden können;

5. die in der allgemeinen Verfügung vom 1. Dez. 1896, II 12082, unter Nr. IX angeordnete Zusammenstellung fällt in Zukunft fort.

Anlage 5.

Anleitung für die Sammlung, Vereinigung und Zusammenstellung der Kaufpreise v. 15. Mai 1910.

1.

Bevor die auf dem Katasteramt eingehenden Eigentumsveränderungslisten in den weiteren Geschäftsgang gegeben werden, hat sie der Katasterkontrolleur persönlich daraufhin durchzusehen, ob der in den Listen angegebene Kaufpreis

α) überhaupt in die Sammlungen zu übernehmen ist, und wenn dies der Fall

β) welcher Besitzgruppe er zu überweisen ist,

und sofort das Nötige hierüber in Spalte 18 der Listen in Blei zu vermerken.

Abgesehen von solchen Fällen, in denen für geringfügige, nur zur Abrundung des Besitzstandes erworbene Flächen unverhältnismäßig hohe Preise gezahlt werden oder Grundstücke mit einer geringeren Größe als 5 a und zugleich einem Werte unter 100 M. zur Veräußerung gekommen sind, werden in der Regel sämtliche Kaufpreise in die Urlisten zu übernehmen sein.

2.

Die Eintragung der Kaufpreise in die Urlisten hat spätestens im Anschluß an die Fortschreibung der Eigentumsveränderungslisten zu geschehen und kann von den Amtsgehilfen ausgeführt werden. Wo es sich empfiehlt, können für jede Gemeinde und innerhalb derselben für jede Besitzgruppe besondere Urlisten angelegt werden, also auch für die Besitzgruppe B und C, wiewohl diese am Schlusse der der

Veranlagungsperiode voraufgegangenen drei Jahre nach Veranlagungsbezirken getrennt zu je einem Hefte zu vereinigen sind (vgl. Art. 9 Nr. 3 der Techn. Anl. v. 26. Dez. 1893).

3.

Die Vereinigung der Kaufpreise ist ausschließlich persönliche Sache des Katasterkontrolleurs. Werden, wie zuvor angegeben, die Urlisten gemeindeweise geführt, so läßt es sich in der einfachsten Weise ermöglichen, daß der Katasterkontrolleur bei gelegentlicher Anwesenheit in einer Gemeinde mit dem Gemeindevorsteher oder sonst ortskundigen Personen die nötigen Nachrichten über die Feststellung des reinen Preises sammelt. Dieses Verfahren sowie überhaupt die Zuziehung von Ortskundigen wird namentlich für diejenigen Katasteramtsbezirke angeordnet, in denen der Katasterkontrolleur erst in letzter Zeit zur Verwaltung seines Amtes berufen worden ist (vgl. Nr. VIII zu 1 der Allgem. Verf. vom 1. Dezember 1896, II 12082).

Sollten bei der Zurückführung auf gemeingewöhnliche Verhältnisse, d. h. bei der Ermittlung des reinen Kaufpreises mehr als 20 v. H. des wirklich gezahlten Preises zu- oder abzurechnen sein, so sind derart gewonnene Werte zur Herleitung allgemeiner Schätzungsmerkmale in der Regel nicht mehr als geeignet zu erachten und in den Urlisten mit dem Vermerk „in die Zusammenstellung nicht zu übernehmen" zu versehen.

4.

Die übersichtlichen Zusammenstellungen für die Besitzgruppe A sind, da sie gemeindeweise angelegt werden, im Anschluß an die Vereinigung der Kaufpreise aufzustellen.

Die Zusammenstellungen für die Besitzgruppen B und C sind dagegen unter Beachtung der Vorschriften in Nr. V und VI der Allgem. Verf. vom 1. Dezember 1896 lediglich nach Veranlagungsbezirken getrennt aufzustellen, wobei die Gemeinde- (Guts-) Bezirke in alphabetischer Ordnung unmittelbar aufeinanderfolgend einzutragen sind, weshalb sie erst am Schlusse der der Veranlagungsperiode voraufgehenden drei Jahre angelegt werden können.

Die Aufstellung dieser Zusammenstellungen kann nach entsprechender Anleitung den Amtsgehilfen übertragen werden, nachdem der Katasterkontrolleur persönlich in den Kaufpreissammlungen der Besitzgruppe A (bebaute Grundstücke) in Blei vermerkt hat, in welche Klasse von Gebäuden (I, II oder III) der Kaufpreis einzufügen ist.

5.

In dem Formular: Kaufpreise von Grundstücken (Anlage 1 der Techn. Anl.) sind die Spalten 10—12 für jede einzelne Kulturart nur bei denjenigen Besitzungen auszufüllen, bei denen es zweifelhaft ist, ob sie in der gemeingewöhnlichen Weise aus Ackerland, Wiesen, Weiden und Holzungen zusammengesetzt sind oder nicht. In den meisten Fällen wird nur die Angabe der Schlußsumme und unter Umständen auch die der Holzungsflächen erforderlich sein.

3) Zur näheren Erläuterung der in Anm. 2 mitgeteilten Rundverfügung hat d. FM durch Erlaß vom 30. April 1914 II 6337 folgendes bestimmt:

„Das Königliche Oberverwaltungsgericht hat in der durch Rundverfügung vom 12. August 1912 II 10016 mitgeteilten Entscheidung vom 13. Juni 1912 (Entsch. i. St. Bd. 15 S. 390) sich dahin ausgesprochen, daß als Unterlage für die Ermittelung des Ertragswerts von verpachteten Grundstücken, die dauernd land- oder forstwirtschaftlichen Zwecken zu dienen bestimmt sind, im Sinne des § 11 Abs. 1 des ErgstGes. in der Fassung vom 26. Mai 1909 der für das zu bewertende Grundstück vom Steuerpflichtigen unter normalen Verhältnissen erzielte Pachtertrag in erster Reihe in Betracht zu kommen hat, und daß, wenn das Pachtverhältnis als ein normalen Verhältnissen entsprechendes anzuerkennen ist, dem Pachtpreise zwar ein Betrag von 4 % des Pächterinventars hinzuzurechnen, anderseits aber, wenn das tote und lebende Inventar ganz oder teilweise dem Pächter gehört, mit Rücksicht hierauf ein entsprechender Betrag von dem ermittelten Ertragswerte nach § 11 Abs. 2 a. a. O. in Abzug zu bringen ist.

Nachdem zu meiner Kenntnis gelangt ist, daß hiernach nicht überall gleichmäßig verfahren wird, sehe ich mich veranlaßt, hierauf zur künftigen Beachtung ausdrücklich hinzuweisen." —.

Gehört im Einzelfalle das bewegliche Inventar dem Verpächter, so wird der Pachtzins ein entsprechend höherer sein, die besondere Verzinsung des Inventars aber selbverständlich bei der Ermittlung des Pachtwerts in Wegfall kommen müssen. OVG. v. 16. Nov. 1912 XIa 79, 12.

4) Der nach § 11 Abs. 1 des ErgstGes. zu ermittelnde Normalreinertrag der wirtschaftlichen Einheit ist ein ideeller, fingierter Reinertrag, den ein Grundstück nach seiner wirtschaftlichen Bestimmung als Ganzes im Falle seiner gemeinüblichen Bewirtschaftung, d. h. bei einer in der Gegend üblichen Bewirtschaftungsweise, und bei einem wirtschaftlich normalen Bestande des lebenden und toten Wirtschaftsinventars und des sonstigen Anlage- und Betriebskapitals im Durchschnitte nachhaltig, also z. B. ohne Raubbau und anderseits ohne Vernachlässigung jedem Besitzer gewähren kann.

Es handelt sich demnach nicht um den Ertrag, den eine bestimmte Person, namentlich der Steuerpflichtige, in einem Wirtschaftsjahr oder im Durchschnitt mehrerer Wirtschaftsjahre wirklich erzielt hat. OVG. XV, 399.

Wenn in der Rundverfügung des FM. v. 15. Mai 1910 IIb 774 (siehe Anm. 2 zu diesem §) zu II 3a bestimmt wird:

„Ist für eine dauernd land- oder forstwirtschaftlich genutzte Besitzung der Reinertrag im Sinne des § 11 Abs. 1 ziffermäßig bekannt, dann gilt als Ertragswert unmittelbar das Fünfundzwanzigfache dieses Reinertrages . . ."

so ist dabei lediglich an solche Fälle gedacht, wo der Steuerpflichtige mit der Behauptung, daß er seinen Grundbesitz in gemeinüblicher Weise bewirtschafte, eine Berechnung vorlegt, in welcher die in einer Reihe aufeinander folgender oder nach der Verschiedenheit der Ernten besonders ausgewählter Wirtschaftsjahre durchschnittlich erwachsenen Roheinnahmen und Bewirtschaftungskosten auf Grund einer geordneten Buchführung derartig in Ansatz gebracht sind, daß nach der Angabe des Steuerpflichtigen der Überschuß der Einnahmen über die Ausgaben den sogenannten Normalreinertrag unmittelbar und rechnungsmäßig ergeben soll. Eine unrichtige Anwendung der erwähnten Vorschrift würde es dagegen bedeuten, wenn die wirklichen buchmäßigen Ergebnisse eines oder mehrerer Wirtschaftsjahre der Ermittlung des Ertragswertes zugrunde gelegt würden, ohne daß der Steuer- bzw. Beitragspflichtige mit der Steuerbehörde darüber einig geworden ist, daß die nachgewiesenen faktischen Ergebnisse nach Lage des Falls auch zugleich die normalerweise von jedem Besitzer nachhaltig zu erzielenden darstellen. FME. vom 21. Februar 1914 II, 2583.

5) Der Normalreinertrag wird dargestellt durch den Überschuß der durchschnittlichen Einnahmen über die durchschnittlichen Ausgaben, die einer normalen Bewirtschaftung entsprechen. Welche Einnahmen und Ausgaben zu berücksichtigen sind, entscheidet sich nach dem Ertragsbegriff im wirtschaftlichen Sinne, nicht nach den Bestimmungen des Einkommensteuergesetzes. So sind beispielsweise Grund- und Gebäudesteuern ihrer wirtschaftlichen Natur nach Werbungskosten und deshalb trotz ihrer nur beschränkten Zulassung als solche im § 8 I 3 des EinkStGes. bei der Ermittlung des sogenannten Normalreinertrages in voller Höhe in Abzug zuzulassen. OVG. XV, 400. Bei der Feststellung des Normalreinertrages darf

mit kostenfreien Arbeitskräften (Kinder oder sonstige Familienangehörige) nicht gerechnet werden. OVG. vom 26. Januar 1914 VIIa 134, 13.

In dem rein wirtschaftlichen Ertragsbegriffe ist kein Raum für die Berücksichtigung des Mietwerts der eigenen Wohnung des Gutsbesitzers als Wirtschaftsleiters. Ein solcher Einnahmeposten läßt sich vom rein wirtschaftlichen Gesichtspunkte aus nicht konstruieren. OVG. v. 12. Juli 1913 Va 39.

Das gleiche gilt für den Geldwert der von dem Wirtschaftsleiter aus der Wirtschaft entnommenen Erzeugnisse; denn es handelt sich um Naturalaufwendungen für den Wirtschaftsbetrieb, die nicht anders beurteilt werden können als der Unterhalt sonstiger Arbeitskräfte. OVG. v. 5. März 1913. DJZ. XVIII Sp. 1391. Steuerarchiv Jahrg. 16 S. 354.

Die Jagdnutzung ist in den Normalreinertrag, abzüglich etwaiger Wildschadenvergütungsverpflichtungen einzurechnen. Ein etwa erzielter Entgelt für die verpachtete Jagd kann für die Schätzung der Jagdnutzung als Anhalt dienen, aber nur wenn er als ein normaler anzusehen ist und seine Höhe nicht etwa durch besondere Umstände nach oben oder unten beeinflußt ist.

6) Die Berufungskommission hat in jedem Falle zu prüfen, auf welchem Wege der Normalreinertrag für die einzelne Wirtschaftseinheit am zuverlässigsten gefunden werden kann.

a) Weist der Steuerpflichtige die unter normalen Verhältnissen entstandenen Einnahmen und Ausgaben durch eine ordnungsmäßige Buchführung nach oder bringt er eine in ähnlicher Weise von ihm selbst oder von Sachverständigen aufgestellte Taxe bei, gegen welche begründete Bedenken nicht erhoben werden können, so ist der rechnungsmäßige Überschuß als der Normalreinertrag anzusehen.

Handelt es sich also z. B. um ein Gut, das der Steuerpflichtige selbst bewirtschaftet, und über dessen Reinertrag eine Buchführung besteht, so muß geprüft werden, ob nicht der dem Ertragswert zugrunde zu legende Reinertrag ziffermäßig feststellbar ist, wodurch dann Schätzung ausgeschlossen wird. Es kommt in solchem Fall der FME. v. 15. Mai 1910 (siehe Anm. 2 zu diesem §) zu II 3a in Anwendung. Zur schätzungsweisen Feststellung des Reinertrags darf bei selbstbewirtschafteten Gütern erst geschritten werden, wenn festgestellt ist, daß und aus welchen Gründen einem vom Steuerpflichtigen angebotenen Ziffernachweise nicht gefolgt werden kann. Der zitierte FME. zu II 3a ist aber nicht etwa so zu verstehen, als ob ein für eine Reihe von Jahren angegebener mit Wirtschaftsbüchern belegter Wirtschaftsertrag ohne weiteres als allein maßgebender Ziffernachweis behandelt werden müßte. Vielmehr ist die Zulänglichkeit eines solchen Nachweises nach Lage des Falls zu prüfen und das Augenmerk darauf zu richten, ob die Zahlen einen Anspruch auf Zuverlässigkeit und Vollständigkeit haben, und ob die Bewirtschaftung während jener Zeit eine gemeinübliche gewesen ist. Eine Vermutung, daß die Wirtschaftsweise keine gemeinübliche gewesen sei, erscheint nicht berechtigt, eher noch könnte in Frage kommen, ob nicht allgemein eine Vermutung der Gemeinüblichkeit der Wirklichkeit näher käme. Jedenfalls darf, sobald der Steuerpflichtige die Gemeinüblichkeit für die bisherige Bewirtschaftung in Anspruch nimmt, die amtliche Ermittlungspflicht nicht außer acht bleiben und soweit der Ansicht des Steuerpflichtigen nicht beigetreten wird, muß die gegenteilige Auffassung durch Angabe von Tatsachen begründet werden. OVG. v. 12. Juli 1913 VIII a 100.

Welche Durchschnittsperiode der Ermittlung des Normalreinertrags zugrunde zu legen ist, muß von Fall zu Fall entschieden werden. Es ist dabei zu erwägen, daß es sich bei dem Normalreinertrag nicht um den Ertrag handelt, den der Steuerpflichtige im Durchschnitt mehrerer Wirtschaftsjahre wirklich erzielt hat, sondern um einen ideellen fingierten Reinertrag. Die Auswahl der Durchschnittsperiode muß unter dem Gesichtspunkte erfolgen, daß sie in ihrer Gesamtheit normale Verhältnisse zum Ausdruck bringt. Die Ausführungsanweisung zum Reichserbschaftssteuergesetz ist dabei nicht maßgebend. OVG. v. 16. November 1912 XIIa 46, 12.

b) Liegt weder Berechnung noch Taxe vor, so ist der Normalreinertrag unmittelbar zu schätzen, und es sind hierzu geeignete Unterlagen zu suchen. Als eine solche kommt in erster Linie der für das zu bewertende Grundstück vom Steuerpflichtigen selbst unter normalen Verhältnissen erzielte Pachtertrag in Betracht. Dabei ist jedoch, um den Normalreinertrag zu ermitteln, das Pachtverhältnis im ganzen in Berechnung zu ziehen. Es sind also nicht nur die dem Pächter neben dem baren Pachtpreis obliegenden Natural- und sonstigen Nebenleistungen mit ihrem Geldwerte dem Pachtpreise hinzuzurechnen, sondern es sind, wie dies der Begriff des Reinertrags erfordert, auch sämtliche dem Verpächter aus dem Eigentume des Grundstücks und dessen Verpachtung erwachsenden wirtschaftlichen Ausgaben, namentlich die darauf haftenden Lasten, vom Pachtpreis in Abzug zu bringen. Anderseits ist hierbei zu erwägen, daß der Pächter regelmäßig nicht bloß eine nach der Rundverfügung des FME. vom 15. Mai 1910 zu I 3, II 3b dem Pachtzinse hinzuzurechnende Verzinsung seines Betriebskapitals (des lebenden und toten Inventars), sondern daneben als Ersatz für seine und seiner Angehörigen Tätigkeit einen Unternehmergewinn erzielen will. Es ist deshalb zu prüfen, ob nicht mit Rücksicht hierauf ein entsprechender Zuschlag zum Pachtzinse zu machen ist, um einen zur Ermittlung des Reinertrags geeigneten Anhalt zu erlangen. Mangels besonderer Einwendungen des Steuerpflichtigen wird dieser daher regelmäßig nicht beschwert sein, wenn ihm nur der volle Pachtpreis und daneben eine angemessene Verzinsung des Pächterinventars angerechnet wird. Denn das ist das Mindeste, was der Pächter aus seiner Pachtung normalerweise erzielen muß und in der Regel erzielen wird. (Vgl. aber Anm. 3 zu diesem § für den verhältnismäßig häufigen Fall, daß dem Pächter das bewegliche Inventar ganz oder teilweise gehört.)

c) In allen anderen Fällen kann der Ermittlungsweg nach Pacht- und Zinseinheitssätzen eingeschlagen werden, insoweit über die Schätzungsunterlagen eine Verständigung mit dem Beitragspflichtigen erzielt wird. Bei der Ermittlung nach Pacht- und Zinseinheitssätzen ist nicht zu übersehen, daß diese Ermittlungsart in ihrer Anwendung auf den einzelnen Fall den Wert des Grundstücks zunächst nur in roher Annäherung finden läßt und daß noch zu prüfen bleibt, ob und inwieweit die besonderen Umstände des Falls etwa eine Abänderung bedingen.

Das Hilfsmittel der Pacht- und Zinseinheitssätze ist für die Feststellung des Reinertrags von größeren Forsten nicht anwendbar, weil für solche Pachtpreise in ausreichender Zahl nach FME. v. 15. Mai 1910 (Anm. 2 zu diesem §) zu II 5 nicht ermittelt werden konnten. Das Hilfsmittel ist aber überhaupt nur anwendbar, wenn die Ermittlungsunterlagen, nachdem sie den Steuerpflichtigen bekanntgegeben worden sind, von ihn nicht angefochten werden. Vgl. auch FME. v. 14 Nov. 1910, MittH. 55, 44 und OVG. v. 12 Juli 1913 VIII a 100. Andernfalls ist unter Zuziehung geeigneter Sachverständiger ein anderer Weg unmittelbarer Schätzung zu suchen. Beim Eintritt der Notwendigkeit einer

Schätzung ist unbedingt zu beachten, daß es sich um die individuelle Bewertung des Grundbesitzes des Steuerpflichtigen zu Beginn der Steuerperiode handelt. OVG. v. 12. Juli 1913 Va 39.

Mehr- oder Minderwerte des Inventars gegenüber einem wirtschaftlichen Normalbestande sind dem zu ermittelnden Ertragswerte hinzuzurechnen oder von ihm abzuziehen. OVG. XV, 391 ff. Zu beachten jedoch FME. v. 15. Mai 1910 II 6774 — siehe Anm. 2 zu diesem § — zu II 3c Abs. 2!

Ist der Reinertrag auf die eine oder andere Weise ermittelt, so ist dieser nach der Bestimmung im § 11 Abs. 1 des ErgstGes. mit 25 zu multiplizieren, um den Ertragswert festzustellen. Ein anderer Multiplikator ist unzulässig. Ebenso unzulässig ist es, dem Ertragswert noch besondere Posten für guten Kulturzustand oder für günstige Lage hinzuzurechnen. Auch dürfen für Gebäude, die zur Wirtschaft gehören, besondere Werte nicht hinzugesetzt werden, es sei denn, daß die Gesamtheit der Gebäude eines Gutes den normalen Bestand übersteigt, so daß sich die Hinzurechnung eines Zuschlags nach dem Abs. 2 des § 11 des ErgstGes. rechtfertigt. OVG. v. 12. Juli 1913 VIIIa 100.

7) Der Anspruch des Steuerpflichtigen, von dem dem Ertragswerte zugrunde zu legenden Reinertrage einen Betrag für den Wert seiner Arbeitsleistung als Wirtschaftsführer in Abzug zu bringen, ist schon deshalb abzulehnen, weil die Gesetzesmaterialien ergeben, daß die Faktoren der Gesetzgebung von der Nichtzulassung dieses Abzugs ausgegangen sind (vgl. Protok. des AbgH., Sitzg. v. 20. 2. 09 S. 2561, 2565, 6362.) OVG. v. 16. Nov. 1912 XIa 79, 12. (Vgl. dagegen § 27 der AusfBest. des Bundesrats zum Wehrbeitragsgesetz!) Wird der Ertragswert aus Pachtpreisen anderer Besitzungen abgeleitet, so kann schon deshalb der Wert der Tätigkeit des Selbstbewirtschafters nicht in Abzug gebracht werden, weil in den Pachtpreisen der Wert der Arbeit des Pächters nicht

enthalten ist. So auch Art. 3 der preuß. AusfBest. zum Wehrbeitragsgesetz.

8) Über die Vorarbeiten zur Feststellung und Schätzung des Grundvermögens, einschließlich der dem Betriebe der Land- und Forstwirtschaft dienenden Werte und über die Wahrung der Veränderungen trifft d. EA. in Art. 24 und 25 folgende Bestimmungen:

1. Wegen Aufstellung der Schätzungsbogen durch die beteiligten Katasterkontrolleure wird auf die Vorschriften der Anl. v. 26. Dez. 98 und die dazu ergehenden Bestimmungen verwiesen.

   Die auf der Rückseite der Schätzungsbogen für die Besitzgruppen B und C ermittelten Werte der den Pächtern (Nießbrauchern) gehörigen Inventarien sind vom Katasterkontrolleur unter Benutzung der von den Gemeinde-(Guts-)vorständen gelieferten Nachrichten (Art. 22 Nr. 1 d. EA.) in Verzeichnisse nach Muster 2 in der Weise zusammenzustellen, daß das Ergebnis der Einzelschätzungen für alle in derselben Hand vereinigten und zusammen bewirtschafteten Pacht-(Nießbrauchs-)stücke zu ersehen ist.

   Ausgeschlossen von der Aufnahme in das Verzeichnis können in der Regel diejenigen Personen bleiben, deren Pachtungen usw. im ganzen den Flächeninhalt von 2 Hektaren nicht übersteigen (vgl. auch Art. 22 Nr. 1 Abs. 2 d. EA.).

   Bewirtschaftet ein Pächter die Pachtstücke zusammen mit eigenen Grundstücken, so ist eine dem Muster 2 entsprechende Zusammenstellung bezüglich der Pachtstücke behufs Berücksichtigung bei der Schätzung der eigenen Besitzung dem betreffenden Schätzungsbogen beizufügen (Art. 11 Nr. 3, 4 d. EA.).

2. Der Vorsitzende unterwirft die auf dem Schätzungsbogen abgegebenen Vorschläge des Katasterkontrolleurs einer sorgfältigen Prüfung auch daraufhin, ob die Angaben über

die Beschaffenheit des Inventars, über das Vorhandensein von Nebenbetrieben und die sonst zur Begründung des Gutachtens in den Schätzungsbogen aufgenommenen Nachrichten dem ihm aus eigener Wissenschaft bekannten oder anderweit ermittelten Tatbestand entsprechen.

Hinsichtlich der Pächter prüft er insbesondere, ob das Ergebnis der Einzelschätzungen (vgl. oben zu 1) den Verhältnissen des Gesamtbetriebs, nach welchen die Schätzung erfolgen muß, entspricht, und sorgt dafür, daß die für die Schätzung des Betriebskapitals im ganzen erheblichen Merkmale in die Bemerkungsspalte des Musters 2 nachgetragen werden.

Der Vorsitzende veranlaßt die zur Behebung etwaiger Anstände erforderlichen Ermittlungen und ersucht nötigenfalls den Katasterkontrolleur um Berichtigung bzw. Ergänzung seiner Vorschläge.

3. Die Schätzungsbogen über die einem bergbaulichen oder gewerblichen Betriebe dienenden Grundstücke sind zur Berücksichtigung bei der Schätzung des gesamten Anlage- und Betriebskapitals den hierauf bezüglichen Unterlagen beizufügen (vgl. Art. 12 Nr. 3, Art. 26 Nr. 5 d. EA.).
4. Bei Grundstücken, welche mehreren selbständig zu veranlagenden Eigentümern, Erben usw. gehören, ist der Anteil eines jeden Eigentümers usw. festzustellen und auf dem Schätzungsbogen neben dem Namen zu vermerken.
5. Nach Eingang der Staatssteuerlisten sind die Nummern der Schätzungsbogen und der Pächterverzeichnisse in Spalte 2 der Steuerliste bzw. der Einkommens- und Vermögensnachweisung unter dem Stande (Gewerbe) der betreffenden Steuerpflichtigen, und umgekehrt die laufenden Nummern, unter welchen die Pflichtigen in der Staatssteuerliste erscheinen, auf den Schätzungsbogen nachzutragen.

Wo ein Bedürfnis dazu vorliegt, kann außerdem über die Schätzungsbogen eine Kontrolle nach dem Muster 3 d. EA. angelegt werden, welche dazu dient, den Nachweis des Grundbesitzes bei den beteiligten Steuerpflichtigen durch die Staatssteuerliste sicherzustellen.

6. Ist der Wert einer Besitzung wegen ihres geringen Umfangs vom Katasterkontrolleur vorläufig nicht begutachtet, die Ermittlung des Wertes aber zur Feststellung des steuerbaren Gesamtvermögens des betreffenden Steuerpflichtigen erforderlich, so hat der zuständige Vorsitzende der Veranlagungskommission die nachträgliche Begutachtung durch den Katasterkontrolleur herbeizuführen.

7. Vor jeder neuen Veranlagung übersendet der Vorsitzende die sämtlichen Schätzungsbogen und Pächterverzeichnisse (Muster 2), und zwar auch diejenigen Schätzungsbogen, von welchen gemäß Art. 32 Nr. 5 d. EA. Abschrift an auswärtige Vorsitzende mitgeteilt wurde, sobald sie ihm selbst entbehrlich sind, geeignetenfalls gemeindeweise, spätestens bis zum 1. August dem Katasterkontrolleur, welcher dieselben nach dem gegenwärtigen Stande berichtigt und vervollständigt.

Soweit stattgehabte Grundstücksteilungen, Veränderungen im Gebäudebestand oder andere Umstände es erfordern, sind neue Schätzungsbogen nach Vorschrift der Art. 30 ff. der Anl. v. 26. Dez. 93, jedoch unter Anwendung der durch die Verfügung v. 9. Mai 98 (MittH. 35, 43) vorgeschriebenen neuen Muster, aufzustellen und im Anschluß an die bisherige Nummerfolge innerhalb eines jeden Gemeinde-(Guts)bezirks fortlaufend zu numerieren.

8. Der Katasterkontrolleur legt die berichtigten sowie die neuen Schätzungsbogen und Pächterverzeichnisse (Muster 2) spätestens bis zum 1. Oktober dem Vorsitzenden wieder vor.

Dieser veranlaßt zur Wahrung der in den Besitz- und Pachtverhältnissen eingetretenen Änderungen bei der nächsten Veranlagung der Ergänzungssteuer die im Art. 24 d. EA. angegebenen Vorarbeiten.

9) Soweit es sich nicht um Vorräte aus wirtschaftlichen Vorjahren handelt — siehe Anm. 8 — wird das dem Betriebe der Land- und Forstwirtschaft auf eigenen selbstbewirtschafteten Grundstücken dienende Anlage- und Betriebskapital des Steuerpflichtigen gemäß § 11 Abs. 2 des Ges. nicht als ein besonderer Vermögensteil in Ansatz gebracht, sondern bei Veranschlagung des Grundstückswertes mit berücksichtigt.

(Mehr- oder Minderwerte des Inventars gegenüber einem wirtschaftlichen Normalbestande sind dem zu ermittelnden Ertragswerte hinzuzurechnen oder von ihm abzuziehen. OVG. XV, 390.)

Der Wert des dem Betriebe der Forst- oder Landwirtschaft auf fremden Grundstücken dienenden Betriebskapitals des Pächters (Nießbrauchers) ist zwar auch in Verbindung mit der Schätzung des Wertes der betreffenden Grundstücke zu ermitteln, aber dem Pächter bzw. Nießbraucher als steuerbares Vermögen anzurechnen.

Bewirtschaftet ein Pächter (Nießbraucher) mehrere Besitzungen oder Teile verschiedener Besitzungen im Zusammenhange, so ist der Wert seines Anlage- und Betriebskapitals im ganzen nach Maßgabe seines Gesamtbetriebs zu schätzen. Als Anhalt können hierbei die für die einzelnen Pachtstücke nach den Einheitssätzen der Anl. v. 26. Dez. 93 ermittelten Inventarienwerte dienen.

Bewirtschaftet ein Steuerpflichtiger Pachtstücke im Zusammenhange mit eigenen Grundstücken, so sind auch die dem Betrieb auf den Pachtstücken dienenden Werte nicht als selbständige Vermögensstücke in Ansatz zu bringen, sondern bei der Schätzung des Wertes der eigenen Grundstücke ebenfalls mit zu berücksichtigen. Wegen der Schätzung des Wertes im ganzen findet die Bestimmung im vorigen Absatz entsprechende Anwendung. Art. 11 Nr. 1—4 d. EA.

10) Die aus wirtschaftlichen Vorjahren noch vorhandenen zum Verkauf bestimmten Vorräte an Erzeugnissen

kommen neben den für die Grundstücke und das Wirtschaftsinventar ermittelten Werten als selbständige Vermögensstücke besonders in Ansatz. Als aus wirtschaftlichen Vorjahren herrührend gelten alle Vorräte, welche bei Beginn des Wirtschaftsjahres — nicht des Steuerjahres —, in welches die Veranlagung fällt, also beim letzten Abschluß, aus der abgelaufenen in die neue Wirtschaftsperiode übernommen sind, mögen diese Vorräte aus dem letzten Vorjahre oder aus früheren Vorjahren herrühren.

Behufs Schätzung des Wertes der Vorräte sind die Marktpreise der für die Veranlagung maßgebenden Zeit zugrunde zu legen. Die auf mögliche Änderungen der Konjunktur gestützte Erwartung eines Steigens oder Sinkens der Preise bleibt unberücksichtigt, soweit dieselbe nicht bereits gegenwärtig die Preise beeinflußt. Art. 11 Nr. 5 d. EA.

§ 12. Bares Geld deutscher Währung, Reichskassenscheine und Reichsbanknoten gelangen mit dem Nennwerte, Silber und Gold in Barren sowie fremde Geldsorten mit dem Verkaufswert in Ansatz.

Im übrigen sind Wertpapiere, wenn dieselben in Deutschland einen Börsenkurs haben, nach diesem, anderenfalls nach ihrem Verkaufswerte zu veranschlagen.

Alle sonstigen Kapitalforderungen und Schulden sind mit dem Nennwert in Ansatz zu bringen, insofern nicht die Voraussetzungen des § 16 Abs. 4 oder andere Umstände vorliegen, welche die Annahme eines von dem Nennwert abweichenden Verkaufswerts begründen.

1) Es kommen in Ansatz:

1. Bares Geld deutscher Währung, Reichskassenscheine und Reichsbanknoten mit dem Nennwerte (Nennwert ist die dem Wertpapier vom Aussteller verliehene äußere Wertbezeichnung RG. v. 24. Febr. 03, Zentralblatt der Abgaben-Gesetzgebung und Verwaltung in den Kgl. Preuß.

Staaten S. 133. Als Wertpapier bezeichnet man eine Urkunde, wenn die Ausübung und Übertragung des beurkundeten Rechts an die Innehabung der Urkunde geknüpft ist);

2. Silber und Gold in Barren, sowie fremde Geldsorten mit dem Verkaufswerte;
3. Aktien, Anteilscheine, Staatsschuldverschreibungen, Pfandbriefe und andere nicht unter die Bestimmung zu 1 fallende Wertpapiere, wenn dieselben in Deutschland einen Börsenkurs haben, mit diesem, andernfalls mit dem Verkaufswerte (OVG. XI, 375);
4. alle sonstigen Kapitalforderungen, einschließlich der Stammeinlagen bei Gesellschaften mit beschränkter Haftung (siehe Anm. 10 zu diesem §), der Geschäftsguthaben bei eingetragenen Genossenschaften (Anm. 11 zu diesem §), der Sparkasseneinlagen, der Amortisationsfonds (wegen Feststellung der Amortisationsfonds bei Kreditinstituten ist FME. v. 11. April 98, MittH. **35**, 18, zu beachten), der Geschäftseinlagen von stillen Gesellschaftern (siehe Anm. 12 zu diesem §) mit dem Nennwerte, insofern nicht Umstände vorliegen, welche die Annahme eines von dem Nennwert abweichenden Verkaufswerts begründen (OVG. VI, 85).

Als ein derartiger Umstand ist es anzusehen, wenn eine Forderung unsicher oder mit Bezug auf ihren rechtlichen Bestand oder ihren Betrag zweifelhaft ist.

Unbeitreibliche Forderungen bleiben außer Ansatz. Als unbeitreiblich gilt eine Forderung, wenn die Zwangsvollstreckung gegen den Schuldner fruchtlos ausgefallen ist, oder das Beitreibungsverfahren voraussichtlich ohne Erfolg sein würde.

Art. 15 I d. EA.; OVG. V, 191; VI, 305.

Auch diskontierte Wechsel fallen unter Ziffer 4 der Anm. 1; für die Zeit, die der Wechsel noch zu laufen hat, ist der Einkommen darstellende Zwischenzins (Diskont) vom Nennwert in Abzug zu bringen.

2) Neben einer verzinslichen Kapitalforderung kommen laufende Zinsen nicht in Ansatz.

Vom Kapitalwert unverzinslicher befristeter Forderungen werden für die Zeit bis zur Fälligkeit 4 % Jahreszinsen in Abzug gebracht.

Inwiefern Rückstände an Zinsen, Pächten und anderen periodischen Hebungen infolge ausdrücklicher oder stillschweigender Übereinkunft die Natur von Kapitalforderungen (Art. 13 Nr. 1 d. EA.) angenommen haben und deshalb als solche anzusetzen sind, ist nach den Verhältnissen des einzelnen Falls zu beurteilen. Wird durch die vorliegenden Umstände nicht eine andere Annahme begründet, so sind zweijährige oder noch ältere Rückstände, sowie Rückstände, zu deren Zahlung der Schuldner rechtskräftig verurteilt ist, den Kapitalforderungen gleichzustellen. Art. 15 II d. EA.

3) Wo es nach den Vorschriften in Anm. 1 zu 2—4 auf den Verkaufswert ankommt, ist derselbe durch Schätzung des Erlöses zu ermitteln, welcher im Fall der Realisation der Forderung oder im Fall der Veräußerung wahrscheinlich zu erzielen sein würde. Art. 15 III d. EA.

4) Die Anwendung des Börsenkurses setzt voraus, daß für das betreffende Wertpapier an einer deutschen Börse amtlich ein Kurs notiert wird.

1. Findet die Notierung an mehreren Börsen statt, so richtet sich die Bestimmung der maßgebenden Börse nach dem Geschäftsgebrauche des Veranlagungsorts.
2. Bei Anwendung der Börsenkurse ist zu beachten, daß die Kursnotierung nicht überall nach gleichen Grundsätzen erfolgt, indem bei einzelnen Börsen im Kurse zugleich die seit dem letzten Zinstermine laufenden Zinsen mit berechnet werden, bei anderen dagegen nicht. [Beim Handel mit dividendentragenden inländischen Wertpapieren ist nach den Bestimmungen des Bundesrats die Berechnung von Stückzinsen weggefallen. Daher kommt die künftige Dividende solange im Kurse zum Ausdruck, bis der Gewinn=

anteil abgetrennt ist, was am zweiten Tage nach dem Generalversammlungsbeschluß geschehen soll. Vgl. Bekanntmachung des Reichskanzlers v. 21. Nov. 1912, RGBl. S. 537.]

Werden der Vermögensberechnung die nach der ersteren Methode notierten Kurse zugrunde gelegt, so sind die darin enthaltenen Zinsraten in Abzug zu bringen, falls der Gesamtbetrag derselben für die Feststellung der Vermögensstufe von Bedeutung ist.

3. Der für die Bestimmung des Börsenkurses maßgebende Zeitpunkt ergibt sich aus den Vorschriften im Art. 5 Nr. 2 und 3 d. EA.

Art. 15 IV d. EA.

5) Als „Börsenkurs" gilt nur die amtliche Notiz für wirklich getätigte Geschäfte in dem betreffenden Papier („bez." oder „bez. G.", bzw. „bez. B."), nicht aber die Notiz über nur stattgehabte Nachfrage (Brief), bzw. über nur stattgehabtes Angebot (Geld), wenn auch diese letzteren Notizen als Anhaltpunkte für die Feststellung des gemeinen Wertes dienen können. So auch Fuisting, Ergänzungssteuergesetz S. 88 B; Hoffmann, Kommentar zum Wehrbeitragsgesetz S. 43; anderer Ansicht Strutz, Ergänzungssteuergesetz S. 101.

6) Vor der Bewertung ist stets zu ermitteln, ob ein Börsenkurs für die betreffenden Papiere in Deutschland besteht. Trifft dies zu, so ist der Börsenkurs entscheidend, ohne daß die Wahrscheinlichkeit eines Sinkens des Kurses durch das Angebot und den Verkauf größerer Posten berücksichtigt werden darf. OVG. VI, 27.

7) Die Bezeichnung eines bestimmten Stichtages, dessen Börsenkurs für die Bestimmung des Verkaufswertes maßgebend sein solle, wie solche von der Regierungsvorlage beabsichtigt war, ist nicht in das Ergänzungssteuergesetz übergegangen. Der Zeitpunkt der Bewertung der Wertpapiere nach dem Börsenkurs bestimmt sich nach den allgemeinen Regeln der §§ 9 u. 10 des Ges. Das gleiche gilt für die Bestimmung des Wertes nach dem Verkaufswert gemäß § 12

Abs. 2 d. Ges. Siehe jene Paragraphen und Anm. 4 Nr. 3 zu diesem Paragraphen.

8) Aktien einer Zuckerfabrik, welche in Deutschland keinen Börsenkurs haben, sind nach ihrem Verkaufswerte bei Beginn der Veranlagungsperiode in Ansatz zu bringen. OVG. VII, 269.

Der gemeine Wert von Aktien, die für den Verkauf auf eine bestimmte Zeit gesperrt sind, ist mangels eines Börsenkurses im Wege der Schätzung festzustellen. OVG. XV, 388.

9) Für die Bewertung von Bergwerkskuxen ist der Verkaufswert maßgebend. Behufs Ermittlung desselben ist nach Kaufpreisen zu forschen, welche in neuester oder neuerer Zeit für die Kuxe unter normalen Verhältnissen bezahlt worden sind. Erst wenn dieses Hilfsmittel versagt, ist der bei gemeingewöhnlichem Betriebe der Grube dauernd zu erzielende Ertrag bei der Veranschlagung des Verkaufswerts in Betracht zu ziehen. OVG. VII, 243 ff.

10) Die Geschäftsanteile an einer Gesellschaft m. b. H. sind mit dem Nennwert in Ansatz zu bringen, falls sich nicht auf Grund bestimmter Tatsachen, z. B. durch Verkäufe, bei denen normale Verhältnisse obgewaltet haben, die Feststellung rechtfertigen läßt, daß der Verkaufswert bei Beginn des Steuerjahrs ein vom Nennwert abweichender gewesen ist. OVG. VI, 149.

11) Die Geschäftsanteile und Geschäftsguthaben bei eingetragenen Genossenschaften sind nach Abs. 3 des § 12 d. Ges. zu bewerten, da sie als Wertpapiere nicht anzusehen sind. Sie sind regelmäßig mit dem Werte, welchen sie nach dem letzten Geschäftsabschlusse haben, anzusetzen. OVG. VI, 149; VII, 359.

12) Die Geschäftseinlage eines stillen Gesellschafters ist gemäß § 9 des Ges. nach dem gemeinen Werte anzusetzen. Ihr Betrag beim letzten Geschäftsabschlusse vor Beginn des Steuerjahrs stellt den gemeinen Wert dar. OVG. VI, 147.

13) Über die Vorarbeiten zur Feststellung und Schätzung

des Kapitalvermögens und der selbständigen Rechte trifft d. EA. in Art. 28 folgende Bestimmungen:

I. Behufs Ermittlung des Kapitalvermögens der Steuerpflichtigen hat der Vorsitzende der Veranlagungskommission von den ihm beigelegten Befugnissen (Art. 51 II EinkA. Zweiter Teil) namentlich nach folgenden Richtungen hin umfassenden Gebrauch zu machen:

1. Er muß auf den gesamten Grundbuchverkehr innerhalb seines Bezirks, auf die gerichtlichen Verhandlungen in Testaments- und Nachlaßsachen und alle sonst seiner Einsicht zugänglichen Akte der freiwilligen Gerichtsbarkeit fortgesetzt seine Aufmerksamkeit richten.
2. Er muß in wirksamer Weise kontrollieren, daß die von den Steuerpflichtigen im Veranlagungs- und Rechtsmittelverfahren — sei es bei der Einkommensteuer-, sei es bei der Ergänzungssteuerveranlagung — nachgewiesenen Schulden den Gläubigern gegenüber zur Anrechnung gelangen.
3. Er muß für die entsprechende Verwertung der ihm nach allgemeiner Vorschrift regelmäßig zugehenden Mitteilungen der Erbschaftssteuerämter über steuerpflichtige Erbanfälle Sorge tragen, geeignetenfalls auch vor Eingang dieser Mitteilung mit dem zuständigen Erbschaftssteueramte behufs Feststellung der Nachlaßmasse (§ 39 des ErgstGes.) in Verbindung treten. (Vgl. die im Anhang Nr. 5 und 6 zur EinkA. Zweiter Teil abgedruckten Verfügungen.)

[Ein wesentliches Hilfsmittel für die zutreffende Ermittlung des steuerpflichtigen Vermögens bieten nunmehr auch die zur Veranlagung des einmaligen außerordentlichen Wehrbeitrags abgegebenen Vermögenserklärungen und die künftig auf Grund des Besitzsteuergesetzes abzugebenden Besitzsteuererklärungen. Ihre Benutzung für die Zwecke der Veranlagung der preußischen Ergänzungssteuer ist nach § 46 des Wehrbeitragsgesetzes, bzw. § 64 des Besitzsteuergesetzes zulässig.]

II. In Ermangelung zuverlässiger Unterlagen für die Berechnung des Kapitalvermögens nach seinen einzelnen Bestandteilen kann der zum Zwecke der Einkommensteuerveranlagung angenommene Betrag des Einkommens aus Kapitalvermögen einen Anhalt für die Schätzung des letzteren bieten. Die erforderlichen Merkmale sind aus den Einkommensnachweisungen und Steuererklärungen unter Beachtung der folgenden Gesichtspunkte zu entnehmen:

1. In dem steuerpflichtigen Einkommen erscheinen nicht die zurzeit ertraglosen Teile des Kapitalvermögens, welche deshalb in jedem Falle besonders berücksichtigt werden müssen. Hierher gehören namentlich auch die noch nicht fälligen Ansprüche des Steuerpflichtigen aus Lebens-, Kapital- und Rentenversicherungen.
2. Anderseits ist der Jahreswert der ihrem Betrage nach bekannten Leibrenten oder sonstigen periodischen Hebungen vom Einkommen aus Kapitalvermögen vor der Kapitalisierung abzusetzen und je nach der Natur des betreffenden Anspruchs entweder überhaupt außer Ansatz zu lassen (vgl. Art. 13 Nr. 3, Art. 14 d. EA.) oder mit dem gemäß Art. 18 d. EA. besonders zu berechnenden Kapitalwert in Anrechnung zu bringen.
3. Im übrigen ist bei der Kapitalisierung des Einkommens als Regel davon auszugehen, daß die nach ihren Quellen nicht bekannten Kapitaleinkünfte dem Steuerpflichtigen einen Zinsertrag von 4 % gewähren, und hiernach der Multiplikator zu bestimmen, sofern nicht nach Lage der Verhältnisse ein anderer Zinsertrag anzunehmen ist. (Vgl. auch FME. vom 22. Aug. 1896 zu II Nr. 1, MittH. **34**, 5.)

III. . . . .

IV. Erachtet der Vorsitzende die Einholung eines Gutachtens des Schätzungsausschusses über den Wert einzelner zum Kapitalvermögen der Steuerpflichtigen gehöriger Bestandteile für erforderlich, so ist hierüber eine besondere Vorlage nach dem Muster 5 d. EA. aufzustellen und gemäß Art. 26 Nr. 5 bis 7 d. EA. zu verfahren.

14) Die Kapitalisierung des Einkommens aus Kapitalvermögen (Anm. 13 II_3) zum Zwecke der Feststellung des steuerbaren Kapitalvermögens ist nur aushilfsweise, in Ermangelung zuverlässiger Unterlagen für die Berechnung des Kapitalvermögens nach seinen einzelnen Bestandteilen gestattet. OVG. V, 196.

Bei der Kapitalisierung des Einkommens setzt die Annahme eines anderen Zinsertrages als 4 % eine besondere auf bestimmte Tatsachen begründete Feststellung voraus. OVG. VII, 349.

§ 13. Behufs Ermittelung des Kapitalwerts von Nießbrauchsrechten, Apanagen, Renten, Leibrenten, Altenteilsbezügen und anderen periodischen Nutzungen und Leistungen ist, sofern nicht der im § 5 Nr. 1 vorgesehene Fall vorliegt, der Geldwert der einjährigen Nutzung oder Leistung nach Maßgabe der folgenden Vorschriften zugrunde zu legen:

I. Bei immerwährenden Nutzungen und Leistungen wird das 25fache des einjährigen Betrags, bei Nutzungen und Leistungen von unbestimmter Dauer, falls nicht die Vorschriften unter II und III Anwendung finden, oder anderweite die längste Dauer begrenzende Umstände nachgewiesen werden, das $12^1/_2$fache des einjährigen Betrags als Kapitalwert angenommen.

II. Ist das Recht auf die Lebenszeit des Berechtigten oder einer anderen Person beschränkt, so bestimmt sich der Kapitalwert nach dem zur Zeit der Veranlagung (Vermögensanzeige) erreichten Lebensalter der Person, bei deren Tode das Recht erlischt, und wird bei einem Lebensalter derselben

von	15	Jahren oder weniger			auf	das	18	fache
über	15	Jahre	bis zu	25	Jahren	auf das	17	"
"	25	"	" "	35	"	" "	16	"
"	35	"	" "	45	"	" "	14	"
"	45	"	" "	55	"	" "	12	"
"	55	"	" "	65	"	" "	$8^1/_2$	"
"	65	"	" "	75	"	" "	5	"
"	75	"	" "	80	"	" "	3	"
"	80	"	auf das	. . . .			2	"

der einjährigen Nutzung oder Leistung angenommen.

III. Ist die Dauer des Rechtes von der Lebenszeit mehrerer Personen dergestalt abhängig, daß beim Tode der zuerst versterbenden die Nutzung oder Leistung erlischt, so ist für die nach der Bestimmung zu II vorzunehmende Wertermittelung das Lebensalter der ältesten Person maßgebend. Wenn das Bezugsrecht bis zum Tode der letztversterbenden Person fortdauert, erfolgt die Berechnung nach dem Lebensalter der jüngsten Person.

IV. Der Kapitalwert der auf bestimmte Zeit eingeschränkten Nutzungen oder Leistungen ist für den Zeitpunkt der Veranlagung (Vermögensanzeige) unter Zugrundelegung eines vierprozentigen Zinsfußes nach der beigefügten Hilfstabelle zu ermitteln. Ist jedoch die Dauer des Rechtes noch außerdem durch die Lebenszeit einer oder mehrerer Personen bedingt, so darf der nach den Bestimmungen zu II und III zu berechnende Kapitalwert nicht überschritten werden.

V. Bei Nutzungen oder Leistungen, welche ihrem Betrag oder ihrem Geldwerte nach nicht feststehen, wird der Geldwert des im letzten Leistungsjahr entrichteten

Betrags, und wenn eine volle Jahresleistung noch nicht stattgefunden hat, der Geldwert des mutmaßlich für das laufende Jahr zu entrichtenden Betrags zugrunde gelegt.

1) Über Nießbrauchsrechte vgl. §§ 1030 ff. des BGB. „Eine Sache kann in der Weise belastet werden, daß derjenige, zu dessen Gunsten die Belastung erfolgt, berechtigt ist, die Nutzungen der Sache zu ziehen (Nießbrauch)", § 1030. „Gegenstand des Nießbrauchs kann auch ein Recht sein." § 1068.

2) Über Apanagen, Renten, Leibrenten und Altenteilsbezüge vgl. Anm. 10 u. 11 zu § 7 d. Ges.

3) Der im § 5 Nr. 1 vorgesehene Fall betrifft den Fideikommißbesitzer, dem die zur Fideikommißstiftung gehörigen Vermögensteile, ohne Rücksicht darauf, ob ihm die Nutzung zusteht oder nicht, als Eigentum anzurechnen sind. Vgl. Anm. 2 zu § 5 d. Ges.

4) Der „Geldwert" der einjährigen Nutzung oder Leistung ist gemäß § 9 des Ges. der gemeine Wert (Verkaufswert) derselben. Es kommt darauf an, welchen Wert die Nutzung oder Leistung für jeden Besitzer haben kann. Danach muß also z. B. auch der Wert der Leistungen, welche ein Auszügler auf Grund des Ausgedingevertrages zu fordern berechtigt ist, lediglich nach objektiven Rücksichten bestimmt werden. Es kommt demnach bei der Ermittlung des Werts eines Rechts zur Benutzung eines landwirtschaftlichen Grundstücks nicht auf die Wirtschaftsführung und den davon abhängigen Ertrag des Auszüglers, sondern auf den Ertrag an, der bei gemeingewöhnlicher Bewirtschaftung von jedermann erzielt werden kann. Ebenso unerheblich ist es, wozu der Steuerpflichtige das etwa gewonnene Viehfutter, das Brotgetreide und dergleichen verwendet; denn es ist eben der gemeine Wert, d. i. Verkaufswert dieser Gegenstände, maßgebend. OVG. VII, 194.

Bei der Ermittlung des Kapitalwerts des Nießbrauchsrechts an einem Grundstück ist stets der Geldwert der ein=

jährigen Nutzung des Grundstücks zugrunde zu legen. Die Zinsen, die der Verkaufspreis des Grundstücks im Falle einer Veräußerung des letzteren dem Verkäufer einbringen könnte, kommen dabei nicht in Betracht. OVG. X, 361.

5) Immerwährende Leistungen sind solche, deren Aufhören nach dem gewöhnlichen Verlaufe der Dinge nicht erwartet werden kann, deren Fortbestand insbesondere unabhängig ist von Veränderungen in der Person des Berechtigten oder Verpflichteten. Ein Bergwerksregal ist z. B. ein immerwährendes Recht und verliert diesen Charakter auch dadurch nicht, daß es vielleicht in unbestimmbarer Zukunft aus irgendeinem Grunde nicht mehr ausgeübt werden kann. OVG. VI, 9.

6) Nutzungen von unbestimmter Dauer sind solche, deren Erlöschen zwar in absehbarer Zeit zu erwarten ist, bei denen aber der Zeitpunkt des Wegfalls so unbestimmt ist, daß die Dauer des Rechts auch nicht annähernd geschätzt werden kann. Vgl. Entsch. des Reichsgerichts in Zivilsachen **24**, 373. Der mit dem Worte „falls" beginnende Zwischensatz in Nr. I des § 13 d. ErgstGes. betrifft die Fälle von nicht absolut unbestimmter Dauer der betreffenden Nutzungen und bildet eine Ausnahme von der Regel des zweiten Falles der Nr. 1, nach welcher das Zwölfeinhalbfache des einjährigen Betrages als Kapitalwert angenommen werden soll. In diesen Ausnahmefällen hat die Veranlagungskommission den Wert des Rechtes zu schätzen. Vgl. Bericht der Komm. d. AbgH. über den Gesetzentwurf S. 47.

Der Nachweis „anderweiter die längste Dauer begrenzender Umstände" im Sinne des § 13 Nr. I liegt dem Steuerpflichtigen ob. Art. 18 I d. EA.

7) In Ziffer II des § 13 handelt es sich um Rechte von unbestimmter Dauer, bei denen die Unbestimmtheit von dem Lebensalter einer Person abhängt. Hängt die Dauer der Nutzung von der Lebensdauer mehrerer Personen ab, so greifen die Bestimmungen unter III Platz. Die Person, von

deren Lebensdauer die Nutzung oder Leistung abhängt, kann sowohl der Berechtigte, wie der Verpflichtete oder auch eine dritte Person sein.

Das Recht des Besitzers eines sogenannten Tertialgutes ist ein selbständiges, nicht an den Besitz eines Grundstücks geknüpftes Nutzungsrecht, welches auf die Lebensdauer des Besitzers beschränkt ist. OVG. VI, 97.

8) Ist im Falle des § 13 III die Dauer des Rechtes von der Lebenszeit mehrerer Personen derartig abhängig, daß beim Tode des zuerst Versterbenden die Nutzung oder Leistung sich um einen Teil, z. B. um ein Drittel verringert, und erst beim Tode der letztversterbenden Person ganz aufhört, so ist die dem Überlebenden verbleibende Quote (in dem vorausgesetzten Falle zwei Drittel) des Jahreswerts der Gesamtnutzung nach dem Lebensalter der jüngeren, dagegen der beim Tode des Erstversterbenden fortfallende Teil (im vorausgesetzten Falle ein Drittel) nach dem Lebensalter der älteren der beiden beteiligten Personen zu kapitalisieren. Die Summe der so gefundenen Einzelbeträge bildet den steuerbaren Kapitalwert der gesamten Nutzung. Art. 18 III Abs. 2 d. EA.; MittH. 33, 42.

9) Auf bestimmte Zeit beschränkte Nutzungen oder Leistungen sind solche, deren Ende entweder zeitlich bestimmt ist, oder von Umständen abhängt, die eine hinlänglich sichere Schätzung der Dauer zulassen. (Urt. d. Reichsgerichts v. 18. 1. 07, Jur. Wochenschr. 43, 157.) Um den Kapitalwert solcher Nutzungen oder Leistungen festzustellen, werden die Jahreswerte zunächst um die Zwischenzinsen gekürzt und dann zusammengerechnet. Bei nur einjähriger oder noch kürzerer Dauer des Rechtes werden Zwischenzinsen nicht abgerechnet.

Die in § 13 IV erwähnte Hilfstabelle, welche im Anhang dieser Textausgabe abgedruckt ist, ergibt den gegenwärtigen Kapitalwert (nach Abrechnung der Zwischenzinsen) einer Rente oder Nutzung im Werte von 1 M. auf eine bestimmte Anzahl von Jahren. Ist die Dauer des Rechts noch außerdem durch die Lebenszeit einer oder mehrerer Personen bedingt, so darf der nach Ziffer II und III zu berechnende Kapitalwert nicht überschritten werden. Ist die Zeit bei längerer Dauer der Nutzung oder Leistung als ein Jahr nicht auf volle Jahre bestimmt, so ist zu dem in der Tabelle bei der Zahl des letzten vollen Jahres vermerkten Betrage soviel hinzuzuzählen, wie von dem Unterschied zwischen dieser Zahl und der Zahl für das nächstfolgende Jahr auf den Bruchteil des Jahres entfällt.

10) Als Zeit der Veranlagung im Sinne der Vorschriften in § 13 II und IV gilt der Tag, mit welchem die betreffende Veranlagung in Kraft treten soll, für die ordentliche Veranlagung also der 1. April des betreffenden Steuerjahrs. Art. 18 (Schluß) und 5 Nr. 2 d. EA.

11) Das „laufende Jahr" in Ziffer V des § 13 ist das „laufende Leistungsjahr". Art. 18 V d. EA.

§ 14. Vom Kapitalwert unverzinslicher befristeter Forderungen und Schulden werden für die Zeit bis zur Fälligkeit vier Prozent Jahreszinsen in Abzug gebracht.

Der § 14 enthielt nach der Regierungsvorlage einen ersten Absatz, welcher ausdrücken wollte, daß rückständige Zinsen, welche den Charakter von Kapital angenommen haben, als solches zu behandeln sind. Dieser Passus ist von der Komm. des AbgH. beseitigt worden, weil sein Inhalt selbstverständlich sei. Ob rückständige Zinsen den Charakter von Kapital angenommen haben, wird von Fall zu Fall zu entscheiden sein. Zu verneinen ist die Frage jedenfalls hinsichtlich der seit dem letzten Fälligkeitstermine laufenden Zinsen, da diese Einkommen darstellen. Aber auch hinsichtlich älterer Zinsrückstände kann sehr wohl die Entscheidung dahin lauten, daß sie den Charakter von Kapital noch nicht angenommen haben. In der Komm. des AbgH. wurde ein Antrag eingebracht, welcher die länger als ein — später als zwei — Jahr rückständigen Zinsen als Kapital ansprechen wollte. Der Antrag fiel mit dem ganzen ersten Absatz der Regierungsvorlage. Die EA. bestimmt jetzt hierüber folgendes: Wird durch die vorliegenden Umstände nicht eine andere Annahme begründet, so sind zweijährige oder noch ältere Rückstände an Zinsen, Pächten und anderen periodischen Hebungen, sowie Rückstände dieser Art, zu deren Zahlung der Schuldner rechtskräftig verurteilt ist, den Kapitalforderungen gleichzustellen. Art. 15 II d. EA.

§ 15. Noch nicht fällige Ansprüche aus Lebens-, Kapital- und Rentenversicherungen kommen mit zwei Dritteln der Summe der eingezahlten Prämien oder Kapitalbeiträge, falls aber der Betrag nachgewiesen wird, für welchen die Versicherungsanstalt die Police zurückkaufen würde, mit diesem Rückkaufswert in Anrechnung.

1) Bereits fällige Ansprüche aus Versicherungen aller Art, einschließlich der Versicherungen gegen Unfälle und Sachbeschädigungen kommen in Anrechnung: wenn ein Kapital versichert ist, gemäß § 12 Abs. 3; wenn es sich um eine nicht nach § 7c Abs. 2 steuerfreie Rente handelt, gemäß § 13.

Der § 15 bezieht sich nur auf nichtfällige Ansprüche, setzt also voraus, daß der Termin oder das Ereignis, von dessen Eintritt der Anspruch auf die Zahlung des Kapitals oder der ersten Rente abhängt, noch nicht eingetreten ist. Er findet keine Anwendung auf Ansprüche aus einer Unfall- oder Krankenversicherung, sowie auf Versicherungen gegen Sachbeschädigung (Feuer-, Vieh-, Hagelversicherung usw.). Art. 16 Abs. 1 u. 2 d. EA.

2) Die Anrechnung noch nicht fälliger Ansprüche erstreckt sich auf alle Arten der Lebens-, Kapital- und Rentenversicherung. Auf die Anstalt (ob inländisch oder ausländisch), bei der die Versicherung genommen ist, und auf die Bezeichnung des Geschäfts kommt es dabei nicht an. Zu den Lebensversicherungen gehören insbesondere nicht nur die ein-

fachen Versicherungen auf den Todesfall, sondern auch die Versicherungen „auf den Überlebensfall“, „auf den Erlebensfall“, die sogenannte „abgekürzte“ (die Versicherungssumme wird fällig, wenn der Versicherte ein bestimmtes Alter erreicht oder vorher stirbt), sowie die „kurze“ (die Versicherungssumme wird fällig, wenn der Versicherte innerhalb eines bestimmten Zeitraums stirbt) Versicherung und alle Kombinationen dieser Versicherungsformen. Art. 16 Nr. 1 d. EA.

3) Ob der Anspruch aus dem Einkauf in sogenannte Sterbekassen als Anspruch aus einer Kapitalversicherung im Sinne des Gesetzes anzusehen ist, hängt von den Einkaufsbedingungen und von den Einrichtungen der betreffenden Kasse ab. (Die Frage wird z. B. zu bejahen sein, wenn der Steuerpflichtige nach den Satzungen in der Lage ist, durch Rückverkauf an die Sterbekasse, durch Verpfändung oder Abtretung über die Versicherung zu verfügen, sie zu Gelde zu machen und ihrer Zweckbestimmung zu entziehen. OVG. v. 26. Januar 1914 VII a 159, 13.) In der Regel wird die Frage schon wegen der Geringfügigkeit des Objekts nicht von praktischer Bedeutung und ohne weiteres zu verneinen sein, wenn das versicherte Sterbekassengeld den vermutlichen Betrag der in unmittelbarer Folge des Todesfalls den Hinterbliebenen erwachsenden Kosten der Beerdigung usw. nicht übersteigt. Art. 16 Nr. 2 d. EA. OVG. v. 16. Oktober 1912, vgl. Steuerarchiv 16. Jahrg. S. 118.

4) Keinen Unterschied macht es, ob die Versicherung auf das Leben des Versicherungsnehmers oder einer anderen Person gestellt, ob sie zugunsten eines Dritten abgeschlossen ist oder nicht. Die Anrechnung findet bei demjenigen Steuerpflichtigen statt, dem nach Maßgabe des Versicherungsvertrags das Verfügungsrecht über die Police zusteht, ohne Rücksicht darauf, von wem die Prämien gezahlt sind. Art. 16 Nr. 4 d. EA.; OVG. VII, 200.

5) Als steuerbares Vermögen kommt in Ansatz

entweder

a) zwei Drittel der Summe der seit dem Beginne der Versicherung — gleichviel von wem — eingezahlten Prämien oder Kapitalbeiträge, wobei die dem Versicherten vergüteten oder angerechneten Dividenden in Abzug gebracht werden dürfen,

oder

b) der Rückkaufswert, d. h. der volle Betrag, für welchen die Versicherungsanstalt die Police zurückkaufen würde.

Unter dem „Rückkaufswert" im Sinne der Bestimmung zu b ist nicht jeder zwischen den Beteiligten willkürlich vereinbarte Scheinpreis, sondern nur der wirkliche, nach den Regeln der Versicherungstechnik berechnete Rückkaufswert zu verstehen, welchen die Versicherungsanstalt nach Maßgabe der in ihren Statuten, Versicherungsbedingungen oder Prospekten aufgestellten allgemeinen Grundsätze im einzelnen Falle zu gewähren bereit ist.

Der Ansatz erfolgt nach der Berechnung zu a, falls nicht der Rückkaufswert nachgewiesen wird.

Dieser Nachweis steht sowohl dem Steuerpflichtigen als auch dem Vertreter des Staatsinteresses offen.

Art. 16 Nr. 5—7 d. EA.

6) Soweit die Statuten, Prospekte oder allgemeinen Bedingungen der Versicherungsanstalten überhaupt den Rückkauf der Policen unter gewissen Voraussetzungen in Aussicht stellen, besteht der Rückkaufswert in der Regel in einer Quote (häufig 75 %) des Anteils, der von dem Deckungskapitale (Prämienreserve) der Anstalt zur Zeit des Rückkaufs nach den Regeln der Versicherungstechnik auf die betreffende Versicherung entfällt. Vielfach wird jene Quote je nach Dauer und Art der Versicherung verschieden bemessen. Eine allgemeine Regel für die Berechnung des Rückkaufswerts läßt sich deshalb nicht aufstellen. Die Höhe desselben hängt einerseits von den Statuten und Einrichtungen der betreffenden Anstalt, anderseits von der besonderen Lage des einzelnen Versicherungsfalls ab. Sofern es sich nicht um Versicherungen

„mit Rückgewähr“ oder um bereits sehr lange in Kraft bestehende Versicherungen handelt, kann in der Regel vorausgesetzt werden, daß der Rückkaufswert die Summe der bereits geleisteten Einzahlung nicht erreicht. Anm. 13 zu Art. 16 d. EA.

7) Bei allen Pflichtigen, von deren Einkommen zum Zwecke der Einkommensteuerveranlagung eine Lebensversicherungsprämie in Abzug gebracht worden ist (§ 8 II Nr. 4 des EinkStGes.), bedarf es der Prüfung, mit welchem Betrage der Anspruch aus der Versicherung dem steuerbaren Vermögen hinzuzurechnen ist.

Fehlen die nötigen Unterlagen, um den Rückkaufswert der Police zu bestimmen, so bleibt der durch Beibringung einer entsprechenden Bescheinigung der Versicherungsanstalt zu führende Nachweis des Rückkaufswerts dem Steuerpflichtigen überlassen.

Die amtlichen Ermittlungen sind in der Regel auf die mit zwei Dritteln des Gesamtbetrags anzurechnende Summe der eingezahlten Prämien- bzw. Kapitalbeiträge zu richten. Aus dem Lebensalter der beteiligten Steuerpflichtigen wird in vielen Fällen auf die bereits verflossene ungefähre Dauer des Versicherungsvertrags geschlossen und hiernach die wahrscheinliche Gesamthöhe der Prämienzahlungen wenigstens innerhalb gewisser Grenzen annähernd geschätzt werden können. Art. 28 III d. EA.

§ 16. Außer im Falle des § 15 bleiben die von einer noch nicht eingetretenen aufschiebenden Bedingung abhängigen Rechte und Lasten außer Betracht.

Rechte und Lasten, deren Fortdauer von einer noch nicht eingetretenen auflösenden Bedingung abhängt, werden wie unbedingte behandelt.

Die in den Absätzen 1 und 2 enthaltenen Bestimmungen sind gleichmäßig auch auf die von einem Ereignisse, welches nur hinsichtlich des Zeitpunkts seines Eintritts ungewiß ist, abhängigen Rechte und Lasten anzuwenden.

Unbeitreibliche Forderungen bleiben außer Ansatz.

1) Aufschiebend ist eine Bedingung, wenn die Wirkung des Rechtsgeschäfts, dem sie beigefügt ist, erst mit dem Eintritt des künftigen ungewissen Ereignisses eintreten soll. Vgl. § 158 Abs. 1 BGB. Beispielsweise: A verspricht dem B, ihm ein Kapital von 10 000 M. schenken zu wollen, wenn er sein Haus für 50 000 M. verkaufen sollte. Die Schenkung wird erst mit dem Eintritt der Bedingung wirksam. Die 10 000 M. bleiben bei der Vermögensfeststellung des B nach § 16 d. Ges. unberücksichtigt.

2) Eine Ausnahme von der Regel des § 16 Abs. 1, daß Vermögen, dessen Erwerb von dem Eintritt einer noch nicht eingetretenen aufschiebenden Bedingung abhängt, bei der Feststellung unberücksichtigt zu bleiben hat, bilden die noch nicht fälligen Ansprüche aus Lebens-, Kapital- und Rentenversicherungen, welche nach § 15 d. Ges. zu bewerten sind.

3) Unter dem im § 16 d. ErgstGes. gebrauchten Ausdruck „Rechte und Lasten“ müssen auch Kapitalforderungen und Schulden verstanden werden, wie sich schon aus Abs. 4 ergibt, der sonst seine Stelle in § 14 hätte finden müssen. OVG. V, 335.

4) Der Vorerbe ist bis zum Eintritt des Falls der Nacherbfolge als Eigentümer des Nachlasses anzusehen. Sein Recht ist nur ein auflösend bedingtes, bzw. durch einen Endtermin zeitlich begrenztes. Daher sind auf ihn die Vorschriften des § 16 Abs. 2, 3 des ErgstGes. anzuwenden. OVG. V, 225; IX, 222; XI, 361; XII, 366; XV, 383. Die Rechtsstellung des Vorvermächtnisnehmers ist ähnlich der des Vorerben; er ist nach Übereignung durch den Erben (§ 2174 BGB.) Eigentümer der vermachten Sache. OVG. XIV, 383. Grundstücke, die mit einer fideikommissarischen Substitution belastet sind, gehören zum steuerbaren Vermögen des Fiduziars und sind ohne Berücksichtigung dieser Last

nach den allgemeinen Vorschriften zu bewerten. Das Eigentumsrecht an dem mit der Substitution beschwerten Grundstück ist ein resolutiv bedingtes und fällt daher unter die Vorschrift des § 16 Abs. 2, 3. OVG. V, 224.

5) Auflösend ist eine Bedingung, wenn die durch das Rechtsgeschäft, dem sie beigefügt ist, begründete Wirkung mit dem Eintritt des künftigen ungewissen Ereignisses wieder fortfallen soll. § 158 Abs. 2 BGB. Beispielsweise: A schenkt dem B 10 000 M. unter der Bedingung, daß er (A) sich nicht innerhalb 10 Jahren verheiraten wird. Mit dem Eintritt der Bedingung endigt die Wirkung des Rechtsgeschäfts von selbst, verheiratet sich A binnen 10 Jahren so wird die Schenkung hinfällig. Nach der Vorschrift im § 16 Abs. 2 werden dem B die 10 000 M. bei der Vermögensfeststellung wie unbedingt erworbenes Vermögen angerechnet.

6) Im dritten Absatz des § 16 werden die aufschiebende und die auflösende Befristung behandelt. Bei der aufschiebenden Befristung ist der Eintritt eines Rechts oder einer Last von dem Eintritt eines Zeitpunkts abhängig, der zwar eintreten muß, von dem aber ungewiß ist, wann er eintreten wird. Solche Rechte oder Lasten bleiben solange der Zeitpunkt nicht eingetreten ist, für die Vermögensfeststellung außer Betracht. Bei der auflösenden Befristung fällt ein Recht oder eine Last mit dem Eintritt eines ungewissen Zeitpunkts wieder weg. Solche Rechte oder Lasten werden wie unbefristete behandelt. Vgl. auch § 163 BGB.

7) Unbeitreiblich ist eine Forderung nicht bloß nach fruchtloser Zwangsvollstreckung, sondern schon dann, wenn das Beitreibungsverfahren voraussichtlich ohne Erfolg sein würde. Vgl. OVG. V, 192; VI, 306. Bei der Beurteilung der Beitreiblichkeit einer Forderung sind lediglich die Vermögensverhältnisse des Schuldners zu berücksichtigen, bei hypothekarisch gesicherten Forderungen insbesondere die Werte der Pfandgrundstücke und die Höhe der voreingetragenen Schulden. Der Umstand, daß sich der Beitragspflichtige an-

geblich durch verwandtschaftliche Rücksichten von der gerichtlichen Beitreibung seiner Forderung abhalten läßt, hat außer Betracht zu bleiben. Vgl. OVG. VI, 308 f.

3. Besteuerungsgrenze.

§ 17. Zur Ergänzungssteuer werden nicht herangezogen:

1. diejenigen Personen, deren steuerbares Vermögen den Gesamtwert von 6000 Mark nicht übersteigt;
2. diejenigen Personen, deren nach Maßgabe des Einkommensteuergesetzes zu berechnendes Jahreseinkommen den Betrag von 900 Mark nicht übersteigt, insofern der Gesamtwert ihres steuerbaren Vermögens nicht mehr als 20000 Mark beträgt;
3. weibliche Personen, welche minderjährige Familienangehörige zu unterhalten haben, vaterlose minderjährige Waisen und Erwerbsunfähige, insofern das steuerbare Vermögen der bezeichneten Personen den Betrag von 20000 Mark und das nach Maßgabe des Einkommensteuergesetzes zu berechnende Jahreseinkommen derselben den Betrag von 1200 Mark nicht übersteigt.

1) Auf diejenigen Personen, welche lediglich mit den im § 2 II des Ges. bezeichneten Vermögensteilen zur Ergänzungssteuer herangezogen werden, finden die Befreiungen zu Nr. 1, 2 und 3 des § 17 mit der Maßgabe Anwendung, daß ihre Befreiung von der Ergänzungssteuer eintritt, wenn der Jahresbetrag ihres in Preußen steuerbaren Vermögens bzw. steuerpflichtigen Einkommens die angegebenen Grenzen nicht übersteigt.

Art. 19 II Abs. 5 d. EA., OVG. VII, 176.

2) Unter dem „steuerbaren Vermögen" eines Steuerpflichtigen ist das nach den Vorschriften des Gesetzes bzw.

der EA. der Ergänzungssteuer unterliegende Vermögen desselben — einschließlich der ihm gemäß § 5 des Ges. hinzuzurechnenden fremden Vermögensteile — nach Abrechnung der abzugsfähigen Schulden zu verstehen. Anm. 15 zu Art. 19 d. EA.

3) Unter dem „Jahreseinkommen" im Sinne des § 17 ist das nach Maßgabe der Bestimmungen des Einkommensteuergesetzes zu berechnende — gleichviel aus welcher Quelle fließende — Jahreseinkommen zu verstehen. Auf den veranlagten Steuersatz kommt es mithin nicht an.

Ist also das Einkommen eines Steuerpflichtigen auf mehr als 900 M. oder auf mehr als 1200 M. festgestellt, so finden die Vorschriften zu 2 und 3 des § 17 keine Anwendung, auch wenn der Steuerpflichtige auf Grund des § 19 oder des § 20 des EinkstGes. freigestellt beziehungsweise im Steuersatz ermäßigt worden ist. Wohl aber kann bei dem Vorhandensein der Voraussetzungen des § 19 Abs. 2 d. ErgstGes. die Freistellung auch von der Ergänzungssteuer in Gemäßheit der Vorschriften des § 19 Abs. 2 des Ges. erfolgen. Ebensowenig finden die Vorschriften zu 2 und 3 des § 17 Anwendung, wenn das Einkommen auf mehr als 900 M. bzw. auf mehr als 1200 M. festgestellt ist, ein Teil des veranlagten Steuersatzes aber gemäß § 71 des EinkstGes. unerhoben bleibt. Art. 19 II d. EA.; MittH. 53, 18.

4) Die Freistellung weiblicher Personen in dem Falle des § 17 Nr. 3 wird nicht schon durch die Gewährung von Unterstützungen begründet, sondern setzt voraus, daß der Lebensunterhalt der minderjährigen Familienangehörigen in Ermangelung eines dazu ausreichenden eigenen Einkommens derselben, in der Hauptsache tatsächlich von der Steuerpflichtigen bestritten wird. Unter dieser Voraussetzung aber macht es keinen Unterschied, ob die Leistung auf Grund einer rechtlichen oder zur Erfüllung einer moralischen Verpflichtung übernommen ist. Art. 19 Nr. 3 d. EA.

5) Unter § 17 Nr. 3 fallen nur erwerbsunfähige, nicht auch in ihrer Erwerbsfähigkeit nur beeinträchtigte Personen. Art. 19 Nr. 3 d. EA. Die Erwerbsunfähigkeit im Sinne des § 17 Nr. 3 des ErgstGes. ist auch bei denjenigen, die Invalidenrente nach § 1255 Abs. 1 u. 2 der Reichsversicherungsordnung v. 19 Juli 1911 als dauernd invalide beziehen, besonders zu prüfen. OVG. XI, 369.

6) Witwen, Waisen und Erwerbsunfähige, deren Einkommen mehr als 1200 M. beträgt, genießen natürlich Befreiung von der Ergänzungssteuer in dem durch § 17 Nr. 1 allgemein geordneten Falle, d. h. wenn ihr steuerbares Vermögen den Gesamtwert von 6000 M. nicht übersteigt.

7) Der geltende Ergänzungssteuersatz muß innerhalb der Veranlagungsperiode in allen Fällen berichtigt werden, in denen die anderweite Festsetzung des Einkommens und des Einkommensteuersatzes desselben Steuerpflichtigen eine Änderung der Ergänzungssteuerveranlagung bedingt, um dieselbe mit den Vorschriften im § 17 Nr. 2, 3 oder im § 19 Abs. 1 des ErgstGes. in Einklang zu bringen, oder in denen mit der Änderung der Einkommensteuerveranlagung die Voraussetzung für die auf Grund der angeführten Vorschriften bewilligte Ermäßigung oder Befreiung von der Ergänzungssteuer wegfällt. Ob die geltende Ergänzungssteuerveranlagung durch die Rolle oder im Zugangswege bewirkt worden ist, macht keinen Unterschied.

Zu einer Änderung können hiernach folgende Fälle Anlaß geben:

a) Bei der geltenden Veranlagung war bei einem Steuerpflichtigen zwar das Vorhandensein eines steuerbaren Vermögens von mehr als 6000 M., aber nicht mehr als 20000 M. angenommen, gleichwohl die Freistellung von der Ergänzungssteuer erfolgt, weil sein Einkommen den Betrag von 900 M. nicht überstieg (§ 17 Nr. 2), oder weil er bei einem Einkommen von nicht mehr als 1200 M. zu den im § 17 Nr. 3 a. a. O. bezeichneten

Personen gehörte (Spalte 40, 41 der Staatssteuerliste). Wird nunmehr bei der anderweiten Einkommensteuerveranlagung das Einkommen (Spalte 28 der Staatssteuerliste) zu einem höheren Betrage als 900 M. bzw. 1200 M. festgestellt, so muß auch die Heranziehung zur Ergänzungssteuer erfolgen.

b) Umgekehrt ist ein seither nach einem steuerbaren Vermögen von mehr als 6000 M., aber nicht mehr als 20000 M. zur Ergänzungssteuer veranlagter Steuerpflichtiger freizustellen, wenn bei der anderweiten Einkommensteuerveranlagung sein Einkommen (Spalte 28 der Staatssteuerliste) auf weniger als 900 M. (§ 17 Nr. 2) oder im Falle des § 17 Nr. 3 auf weniger als 1200 M. festgestellt wird.

c) Ein Steuerpflichtiger mit einem steuerbaren Vermögen von mehr als 6000 M. aber nicht mehr als 32000 M. ist zur Ergänzungssteuer nicht mit dem ordentlichen Steuersatze (Spalte 2 des im Anhang abgedruckten Tarifs), sondern mit einem ermäßigten Satze (Spalte 3—7 jenes Tarifs) veranlagt, weil er eine Einkommensteuer von nicht mehr als 16 M. jährlich zu zahlen hat (§ 19 Abs. 1 des ErgstGes.).

Wird bei der neuen Veranlagung der bisherige Einkommensteuersatz erhöht, so zieht dies auch eine entsprechende Erhöhung des Ergänzungssteuersatzes nach Maßgabe des Tarifs nach sich.

d) Wird dagegen ein zur Ergänzungssteuer innerhalb der zu c angegebenen Vermögensgrenzen veranlagter Steuerpflichtiger bei der anderweiten Einkommensteuerveranlagung von einem höheren Einkommensteuersatz auf den Satz von 16 M. oder auf einen niedrigeren Satz ermäßigt oder ganz freigestellt, und hierdurch nach Maßgabe der Spalten 3—7 des Tarifs eine Ermäßigung der Ergänzungssteuer bedingt, so muß dieselbe bewilligt werden.

Die Änderung erfolgt in allen Fällen, wo innerhalb der für die Ergänzungssteuer laufenden Veranlagungsperiode die Einkommensteuer anderweit festgestellt wird, sei es im Wege der ordentlichen Rechtsmittel gegen die Veranlagung, sei es bei der Veranlagung für ein folgendes Steuerjahr oder im Wege der Zugangsveranlagung, sei es infolge eines Ermäßigungsantrags oder eines Berichtigungsverfahrens.

Die anderweite Festsetzung der Ergänzungssteuer erfolgt von Amts wegen von demselben Zeitpunkt ab, mit welchem die berichtigte Einkommensteuerveranlagung in Kraft tritt, durch die für diese zuständige Kommission oder Behörde, bei der Hauptveranlagung also durch die Veranlagungskommission oder im Falle des § 37 Abs. 1 des Einkommensteuergesetzes — durch den Vorsitzenden dieser Kommission.

Muß jedoch — z. B. im Falle zu a — zum Zwecke der Festsetzung des Ergänzungssteuersatzes über die bisher nicht genügend festgestellte Höhe des steuerbaren Vermögens noch Beschluß gefaßt werden, so ist in jedem Falle die Entscheidung der Veranlagungskommission einzuholen.

Von jeder anderweiten Festsetzung des Ergänzungssteuersatzes, auch wenn es sich um die Ermäßigung oder die gänzliche Freistellung handelt, ist dem Steuerpflichtigen unter kurzer Mitteilung der Veranlassung Nachricht zu geben.

Gegen die anderweite Festsetzung steht ihm, wie gegen jeden Veranlagungsbeschluß, das Rechtsmittel des Einspruchs bzw. der Berufung zu, mit welchem aber erfolgreich nur diejenigen Festsetzungen werden angefochten werden können, die nach Lage des Falles nicht bereits als rechtskräftig feststehend anzusehen sind. Inwieweit diese Voraussetzung zutrifft, darüber hat in jedem Einzelfalle die zur Entscheidung über das Rechtsmittel zuständige Kommission zu befinden.

Art. 79 II d. EinkA. Dritter Teil.

Wer nach der maßgebenden (rechtskräftigen) Feststellung ein Vermögen von mehr als 32000 M. hat, ist von dem Vorteile, den eine Änderung der Einkommensteuer bei geringerem

Vermögen im Gefolge haben soll, ausgeschlossen und kann ev. nur eine Steuerermäßigung nach § 40 des ErgstGes. beanspruchen. OVG. X, 377.

III. Steuersätze.

1. Steuertarif.

§ 18. Die Ergänzungssteuer beträgt bei einem steuerbaren Vermögen von

mehr als Mark	bis einschließlich Mark	jährlich [1] Mark
6 000	8 000	3
8 000	10 000	4
10 000	12 000	5
12 000	14 000	6
14 000	16 000	7
16 000	18 000	8
18 000	20 000	9
20 000	22 000	10

---

[1]) Auf Grund der Vorschrift des § 49 Abs. 3 d. ErgstGes. sind die Steuersätze durch § 1 der Allerhöchsten Verordnung vom 25. Juni 1895 (GS. S. 265) erhöht. Dieser lautet:

Die im § 18 d. ErgstGes. bestimmten Steuersätze werden um 5,2 Pfennige für jede Mark mit der Maßgabe erhöht, daß bei der Feststellung der hiernach zu berechnenden Jahressteuersätze jeder überschießende nicht durch 20 teilbare Pfennigbetrag auf den nächsten in dieser Weise teilbaren Betrag abzurunden ist.

Der hiernach berichtigte Tarif ist im Anhang dieser Textausgabe abgedruckt.

Nach § 8 des Ges. betr. die Bereitstellung von Mitteln zu Diensteinkommensverbesserungen vom 26. Mai 1909, GS. S. 85, wird vom 1. April 1909 ab von allen Ergänzungs-

mehr als Mark	bis einschließlich Mark	jährlich[1]) Mark
22 000	24 000	11
24 000	28 000	12
28 000	32 000	14
32 000	36 000	16
36 000	40 000	18
40 000	44 000	20
44 000	48 000	22
48 000	52 000	24
52 000	56 000	26
56 000	60 000	28
60 000	70 000	30

und steigt bei höherem Vermögen bis einschließlich 200 000 Mark für jede angefangenen 10 000 Mark um je 5 Mark.

---

steuerpflichtigen ein Zuschlag von 25% der zu entrichtenden Steuer erhoben.

Die bei den Jahresbeträgen der Steuerzuschläge sich ergebenden, nicht durch 20 teilbaren Pfennigbeträge werden nach unten auf den nächsten durch 20 teilbaren Pfennigbetrag abgerundet. Art. 20 Nr. 1 d. EA.

Die Erhebung der Steuerzuschläge ist als eine vorübergehende Maßregel anzusehen, die nur so lange in Gültigkeit bleibt, bis eine organische Neuordnung der direkten Staatssteuern in Preußen erfolgt sein wird. Eine entsprechende Gesetzesvorlage ist von der Staatsregierung innerhalb drei Jahren im Landtag einzubringen.

Die in Befolgung dieser Auflage von der Staatsregierung eingebrachte Gesetzesvorlage vom Jahre 1912 ist nicht zur Verabschiedung gelangt, weil Regierung und Landtag sich nicht über die Frage der Beseitigung bzw. des Abbaus der Zuschläge einigen konnten.

[1]) Vgl. Anmerkung [1]) auf Seite 153.

Bei Vermögen von mehr als 200 000 Mark bis einschließlich 220 000 Mark beträgt die Steuer 100 Mark und steigt bei höherem Vermögen für jede angefangenen 20 000 Mark um je 10 Mark.

2. Berücksichtigung besonderer Verhältnisse.

§ 19. Personen, deren Vermögen 32 000 Mark nicht übersteigt, werden, wenn sie nicht zur Einkommensteuer veranlagt sind, mit höchstens drei Mark jährlich, wenn sie zu den ersten vier Stufen derselben veranlagt sind, höchstens mit einem um zwei Mark unter der von ihnen zu zahlenden Einkommensteuer verbleibenden Betrage zur Ergänzungssteuer herangezogen.

Steuerpflichtigen, welchen auf Grund des § 20 des Einkommensteuergesetzes eine Ermäßigung der Einkommensteuer gewährt wird, kann bei der Veranlagung auch eine Ermäßigung der Ergänzungssteuer um höchstens zwei Stufen gewährt werden, sofern das steuerpflichtige Vermögen nicht mehr als 52 000 Mark beträgt.

1) Zufolge der Bestimmung im § 19 Abs. 1 treten an Stelle der ordentlichen Steuersätze in Spalte 2 des (im Anhang abgedruckten) Tarifs für Steuerpflichtige, deren Vermögen 32 000 M. nicht übersteigt und welche zu einem Einkommensteuersatze von höchstens 16 M. veranlagt sind, die in den Spalten 3 bis 7 des Tarifs angegebenen ermäßigten Steuersätze. Art. 20 Nr. 2 d. EA.

2) Maßgebend für die Berechnung der ermäßigten Steuersätze ist „die zu zahlende Einkommensteuer“, also der veranlagte Einkommensteuer*satz*, nicht das festgestellte steuerpflichtige Einkommen. — Ob ein Teil dieses Einkommensteuersatzes auf Grund des § 71 des EinkStGes. unerhoben bleibt, ist ohne Bedeutung.

Ist beispielsweise das Einkommen eines Steuerpflichtigen, dessen Vermögen 32000 M. nicht übersteigt, auf 1400 M. angenommen, der Steuersatz aber auf Grund des § 19 oder des § 20 des EinkstGes. auf 9 M. ermäßigt, so ist die Ergänzungssteuer nach den Sätzen in Spalte 5 des im Anhang abgedruckten Steuertarifs zu veranlagen.

Art. 20 Nr. 3 d. EA.

3) Auf Anwendung der ermäßigten Steuersätze des § 19 Abs. 1 haben auch diejenigen Steuerpflichtigen Anspruch, welche nur mit den im § 2 II des Ges. bezeichneten Vermögensteilen der Ergänzungssteuer unterliegen. Art. 20 Nr. 4 d. EA.

Die Vorschrift in § 19 Abs. 1 des ErgstGes. ist auch bei einer anderweiten Veranlagung gemäß § 38 des ErgstGes. in Anwendung zu bringen. OVG. VII, 164.

4) Eine Ermäßigung des normalen Satzes der Ergänzungssteuer nach § 19 Abs. 2 des ErgstGes. ist an die tatsächliche Voraussetzung geknüpft, daß bei der Veranlagung zur Einkommensteuer eine Ermäßigung auf Grund des § 20 des EinkstGes. (aber einerlei in welchem Umfange OVG. VIII, 350) gewährt worden ist. Art. 21 Nr. 1 b d. EA., OVG. VI, 94.

Fernere Voraussetzung ist, daß das steuerbare Vermögen des Pflichtigen nicht mehr als 52000 M. beträgt. Art. 21 Nr. 1 a d. EA.

5) Der § 20 des EinkstGes. lautet:

„Bei der Veranlagung ist es gestattet, besondere, die Leistungsfähigkeit der Steuerpflichtigen wesentlich beeinträchtigende wirtschaftliche Verhältnisse in der Art zu berücksichtigen, daß bei einem steuerpflichtigen Einkommen von nicht mehr als 12500 M. eine Ermäßigung der im § 17 vorgeschriebenen Steuersätze um höchstens drei Stufen gewährt wird.

Als Verhältnisse dieser Art kommen lediglich außergewöhnliche Belastungen durch Unterhalt und Erziehung der

Kinder, Verpflichtung zum Unterhalte mittelloser Angehöriger, andauernde Krankheit, Verschuldung und besondere Unglücksfälle in Betracht."

Zu vgl. auch Art. 30 EinkA.; 49 I Nr. 4 EinkA. Zweiter Teil.

6) Liegen die Voraussetzungen des § 19 Abs. 2 vor, so ist eine Ermäßigung doch nicht geboten, sondern im Einzelfalle ist zu prüfen, ob nach den wirtschaftlichen Verhältnissen des Steuerpflichtigen neben der Ermäßigung der Einkommensteuer eine weitere Erleichterung durch Ermäßigung auch der Ergänzungssteuer gerechtfertigt ist. Art. 21 Nr. 2 d. EA.

7) Eine auf Grund des § 20 d. EinkstGes. wegen beeinträchtigter Leistungsfähigkeit gewährte Ermäßigung des Einkommensteuersatzes zieht eine entsprechende Ermäßigung der Ergänzungssteuer nicht kraft Gesetzes nach sich, eine solche ist vielmehr nach § 19 Abs. 2 des Ergänzungssteuergesetzes in das Ermessen der Veranlagungskommission gestellt. (Art. 21 Nr. 2 d. EA.) Anderseits genügt es zur Anwendung des § 19 Abs. 2, wenn jene Voraussetzung der Ermäßigung bei der ursprünglichen Veranlagung der Ergänzungssteuer vorlag (Art. 21 Nr. 1 b a. a. O.). Art. 79 II Nr. 2 d. EinkA. Dritter Teil.

8) In keinem Falle darf eine Ermäßigung um mehr als zwei Stufen bewilligt werden. Art. 21 Nr. 4 d. EA.

9) Nach dem Wortlaut des Gesetzes ist eine Ermäßigung nach § 19 Abs. 2 auch bei denjenigen Steuerpflichtigen zulässig, welche gemäß § 19 Abs. 1 ohnehin zu ermäßigten Steuersätzen zu veranlagen sind. Bei diesen wird jedoch nur in besonderen Ausnahmefällen das Bedürfnis zu einer weiteren Herabsetzung der Steuersätze anzuerkennen sein. Art. 21 Nr. 3 d. EA. Nach OVG. VI, 95 ist bei einem Steuerpflichtigen, der wegen Nichtvorhandenseins eines Einkommens von mehr als 900 M. von der Einkommensteuer freigestellt ist, eine Herabsetzung der Ergänzungssteuer nach § 19 Abs. 2

unstatthaft, weil bei ihm die Anwendung des § 20 EinkstGes. unmöglich ist und eine Ermäßigung der Ergänzungssteuer allein nach § 19 Abs. 2 des ErgstGes. nicht stattfinden darf.

IV. Veranlagung.

1. Ort und Vorbereitung der Veranlagung.

§ 20. Die Veranlagung erfolgt an demjenigen Orte, an welchem der Steuerpflichtige gemäß § 21 des Einkommensteuergesetzes zur Einkommensteuer zu veranlagen ist oder im Falle seiner Einkommensteuerpflicht zu veranlagen sein würde.

Die bezüglich des Veranlagungsorts weiter erforderlichen Anordnungen erläßt der Finanzminister.

1) Die Veranlagung erfolgt hiernach in der Regel an dem Orte, wo der Steuerpflichtige zur Zeit der Aufnahme des Personenstandes — wenn es sich um eine nachträgliche Veranlagung handelt, zur Zeit der Veranlagung — seinen Wohnsitz oder in Ermangelung eines solchen seinen Aufenthalt hat. Wechselt der Steuerpflichtige nach der Personenstandsaufnahme aber vor der Behändigung des Veranlagungsschreibens für das neue Steuerjahr seinen Wohnsitz oder seinen — in Ermangelung eines solchen — den Ort der Veranlagung bestimmenden Aufenthalt, so sind wegen des Orts seiner Veranlagung die Anordnungen des FME. v. 28. Juli 02, MittH. **46**, 8 maßgebend.

Die gleichen Vorschriften gelten auch für die Veranlagung von Geschäftsunfähigen oder in der Geschäftsfähigkeit beschränkten Personen. Die Fähigkeit dieser Personen, selbständig oder mit Genehmigung ihres Vormundes oder sonstigen gesetzlichen Vertreters einen Wohnsitz neu zu begründen oder zu verlegen, bestimmt sich nach den Vorschriften des maßgebenden bürgerlichen Rechts (vgl. §§ 8 ff. d. BGB.). Unterbringung einer Person in einer Irren- oder anderen

Heilanstalt begründet ebensowenig wie die Verbüßung einer zeitigen Freiheitsstrafe oder zeitweilige Abwesenheit vom Wohnort aus anderen Gründen für sich allein einen Wechsel des Veranlagungsortes. Art. 39 Nr. 1 d. EinfA. Zweiter Teil.

Ein Wohnsitz ist nach § 1 Abs. 2 des Doppelsteuergesetzes vom 22. März 1909 (RGBl. S. 332), sowie nach Art. 1 Abs. 3 des Vertrags mit Österreich vom 21. Juni 1899 (so auch nach Art. 1 Abs. 3 der Vereinbarung mit Luxemburg vom 10. August 1909) an dem Orte anzunehmen, in welchem jemand eine Wohnung unter Umständen inne hat, welche auf die Absicht dauernder Beibehaltung einer solchen schließen lassen. Vgl. im übrigen über Wohnsitz, dienstlichen Wohnsitz und Aufenthalt die Anm. 4C zu § 2 d. Ges.

Im Falle eines mehrfachen Wohnsitzes steht dem Steuerpflichtigen die Wahl des Ortes der Veranlagung zu, mit der Maßgabe, daß die Veranlagung zur Einkommensteuer und zur Ergänzungssteuer stets an demselben Orte erfolgen muß. Das Wahlrecht ist durch mündliche oder schriftliche Erklärung gegenüber dem Vorsitzenden der Veranlagungskommission, und wenn es sich um Wohnorte in verschiedenen Veranlagungsbezirken handelt, gegenüber dem Vorsitzenden derjenigen Veranlagungskommission auszuüben, welche für den von dem Steuerpflichtigen gewählten Veranlagungsort zuständig ist. Hat der Steuerpflichtige von seinem Wahlrecht keinen Gebrauch gemacht und ist die Veranlagung an mehreren an sich zuständigen Orten erfolgt, so gilt nur die Veranlagung an demjenigen Orte, an welchem die Einschätzung zu dem höchsten Steuerbetrage stattgefunden hat.

Das ausgeübte Wahlrecht ist bis zum Beginne der Voreinschätzung zu berücksichtigen. Das Wahlrecht steht auch Beamten und Militärpersonen zu, welche neben dem dienstlichen Wohnsitz in Preußen einen zweiten persönlichen Wohnsitz, z. B. auf dem eigenen Landgute, haben. Als mehr=

facher Wohnsitz gilt es dagegen nicht, wenn ein Beamter oder Gewerbetreibender seine Wohnung überhaupt nicht am Sitze seines Amts oder Geschäfts, sondern an einem angrenzenden oder benachbarten Orte innerhalb des preußischen Staates genommen hat; in Fällen dieser Art findet die Veranlagung nur am Orte des persönlichen Wohnsitzes statt. Art. 39 Nr. 3 d. EinkA. Zweiter Teil.

Preußische Staatsangehörige, welche im Inlande weder Wohnsitz noch Aufenthalt haben, sind an dem Orte ihres letzten Wohnsitzes oder Aufenthalts in Preußen zu veranlagen. Art. 39 Nr. 4 d. EinkA. Zweiter Teil.

2) Wechselt der Steuerpflichtige nach der Personenstandsaufnahme, aber vor der Behändigung des Veranlagungsschreibens für das neue Steuerjahr seinen Wohnsitz oder seinen — in Ermangelung eines solchen — den Ort der Veranlagung bestimmenden Aufenthalt, so sind wegen des Ortes seiner Veranlagung die Anordnungen des FME. vom 28. Juli 1902 maßgebend. Art. 39 Nr. 1 d. EinkA. Zweiter Teil. Die Bestimmungen des FME. v. 28. Juli 1902 lauten wie folgt:

„Zur Herbeiführung eines einheitlichen Verfahrens bei Wohnsitzveränderungen der Steuerpflichtigen während der Veranlagungszeit wird auf Grund des § 21 Abs. 6 EinkStGes. im Anschlusse an die Vorschriften in Art. 39 Nr. 1, Art. 41 I Nr. 1a und Anm. 72 zu Art. 83 der Anw. v. 25. Juli 1906 folgendes bestimmt:

1. Wechselt ein Steuerpflichtiger nach der Personenstandsaufnahme (Art. 40 der Anw. v. 25. Juli 1906), aber vor der Behändigung des Veranlagungsschreibens für das neue Steuerjahr seinen Wohnsitz, so sind sowohl die Veranlagungsbehörden des bisherigen als auch die Behörden des neuen Wohnsitzes an und für sich zuständig für die Veranlagung.
2. Sobald der Vorsitzende der Veranlagungskommission erfährt, daß ein Steuerpflichtiger während des zu 1 be-

zeichneten Zeitraums aus seinem oder in seinen Bezirk verzogen ist, hat er sich mit dem Vorsitzenden der Veranlagungskommission des neuen bzw. des bisherigen Wohnorts zur Verständigung darüber, in welchem Bezirke die Veranlagung vorzunehmen ist, in Verbindung zu setzen. Bei dieser Verständigung sind die nachstehend unter Nr. 3 bis 5 angegebenen Grundsätze zu befolgen:

3. Die Veranlagung findet stets im Bezirke des neuen Wohnsitzes statt:

a) bei Steuerpflichtigen, welche zur Zeit des Umzugs mit Einkommen von mehr als 3000 M. zur Einkommensteuer veranlagt sind, — wenn der Steuerpflichtige bei dem Bekanntwerden des Umzugs eine Steuererklärung noch nicht abgegeben hatte — mögen die Fristen der öffentlichen und der nochmaligen besonderen Aufforderung bereits abgelaufen sein oder nicht —

ferner

wenn eine Steuererklärung zwar bereits abgegeben ist, aber Rückfragen an den Steuerpflichtigen oder persönliche Verhandlungen mit ihm für erforderlich erachtet werden;

b) bei Steuerpflichtigen, welche zur Zeit des Umzugs nicht mit Einkommen von mehr als 3000 M. veranlagt sind, wenn bei dem Bekanntwerden des Umzugs entweder die Voreinschätzung noch nicht stattgefunden hatte oder diese zwar bereits erfolgt war, der Vorsitzende der Veranlagungskommission aber die Aufforderung zur Steuererklärung oder Rückfragen mit Bezug auf die etwa eingegangene freiwillige Steuererklärung für angezeigt erachtet;

c) ohne Unterschied der Höhe des veranlagten Einkommens bei Steuerpflichtigen, welche ihre Veranlagung im Bezirk des neuen Wohnorts selbst beantragen, bevor ihre Veranlagung am alten Wohnorte durch Festsetzung der

Steuerliste oder Beschluß der Veranlagungskommission stattgefunden hat.

4. Auch in anderen als in den zu Nr. 3 bezeichneten Fällen kann die Veranlagung den für den neuen Wohnsitz zuständigen Behörden überwiesen werden, wenn dies nach den besonderen Umständen des Falles zur Herbeiführung einer sachgemäßen Veranlagung angezeigt erscheint.

5. In keinem Falle darf zur Veranlagung im neuen Wohnort geschritten werden, bevor durch Einvernehmen der beteiligten Vorsitzenden festgestellt ist, daß der Steuerpflichtige in dem früheren Wohnort nicht veranlagt werden wird.

6. Soll die Veranlagung am neuen Wohnort stattfinden und ist der Steuerpflichtige zur Abgabe einer Steuererklärung verpflichtet, dieser Verpflichtung aber bisher nicht nachgekommen, so hat der Vorsitzende der für den neuen Wohnort zuständigen Kommission dem Steuerpflichtigen unter Darlegung des Sachverhalts in einer besonderen (ersten) Aufforderung zur Steuererklärung eine neue Frist zur Abgabe derselben zu bestimmen, und zwar ohne Unterschied, ob die für den alten Wohnort maßgebend gewesenen Fristen (der allgemeinen, besonderen oder zweiten Aufforderung) bereits abgelaufen sind oder nicht.

Eine innerhalb der neuen Frist eingehende Steuererklärung gilt als rechtzeitig angebracht. Verstreicht die neue Frist fruchtlos, so ergeht die nochmalige Aufforderung nach Muster XIII d. EinkA.

7. Bestimmt in Ermangelung eines Wohnorts der Aufenthalt des Steuerpflichtigen den Ort der Veranlagung, so finden die Bestimmungen zu 1 bis 6 im Falle eines Wechsels des Aufenthalts entsprechende Anwendung.

3) Über nachträgliche Veranlagung der Ergänzungssteuer beim Wohnsitzwechsel, wenn der Steuerpflichtige am alten Wohnort zur Einkommensteuer, nicht aber zur Ergänzungssteuer veranlagt worden ist, zu vgl. MittH. 33, 42.

4) Die Veranlagung der der beschränkten Steuerpflicht (§ 2 II d. Ges.) unterliegenden Personen geschieht an dem Orte, wo der Grundbesitz bzw. die gewerbliche oder Handelsanlage oder die Betriebsstätte liegt, oder der bei der Steuerverwaltung etwa bestellte Vertreter seinen Wohnsitz hat.

Werden von einem Steuerpflichtigen an mehreren Orten in Preußen Betriebsstätten unterhalten, so erfolgt die Veranlagung, falls in Preußen eine Zentralstelle (Hauptagentur, Zweigniederlassung) besteht, welche die obere Leitung des gesamten Geschäftsbetriebes innerhalb Preußens ausübt, in demjenigen Bezirke, wo diese Zentralstelle ihren Sitz hat. Fehlt es an einer solchen Zentralstelle, ist aber in Gemäßheit der Vorschrift im § 2 des Gewerbesteuergesetzes vom 24. Juni 91 bei der Steuerverwaltung ein Vertreter bestellt, so erfolgt die Veranlagung an dem Orte, an welchem der Vertreter seinen Wohnsitz hat. Kann auch hiernach der Ort der Veranlagung nicht bestimmt werden, so hat der Steuerpflichtige wie im Fall mehrfachen Wohnsitzes das Wahlrecht. Art. 39 Nr. 6 d. EinkA. Zweiter Teil.

5) Der Steuerpflichtige hat einen Rechtsanspruch darauf, nur von der gesetzlich für seine Veranlagung zuständigen Kommission veranlagt zu werden. OVG. VI, 222.

§ 21. Die Personenstandsaufnahme (§ 22 des Einkommensteuergesetzes) bildet zugleich die Grundlage für die Veranlagung der Ergänzungssteuer.

Jeder Gemeinde-(Guts-)Vorstand hat die im § 24 des Einkommensteuergesetzes vorgeschriebenen Ermittelungen auch auf alle diejenigen Merkmale zu erstrecken, welche ein Urteil über den Umfang und Wert des steuerpflichtigen Vermögens begründen können, und das Ergebnis in eine nach näherer Bestimmung des Finanzministers einzurichtende Nachweisung einzutragen.

1) Der § 22 des EinkstGes. lautet:

„Vor Beginn des Veranlagungsgeschäfts hat jeder Gemeinde-(Guts-)Vorstand eine vollständige Nachweisung aller in dem Gemeinde-(Guts-)Bezirke vorhandenen, in diesem Gesetz als steuerpflichtig bezeichneten Personen, Gesellschaften und Genossenschaften sowie der nach § 2 die Steuerpflicht bedingenden Grundbesitzungen und gewerblichen Unternehmungen aufzunehmen."

2) Zu vgl. Art. 40 d. EinkA. Zweiter Teil. Personenstandsaufnahme, Art. 41: Personenverzeichnisse.

3) Die Personenstandsaufnahme muß überall in der Zeit vom 15. Oktober bis 18. November jeden Jahres stattfinden. Innerhalb dieser Zeit haben die Regierungen nach den vom Finanzminister erlassenen Bestimmungen den Termin für die sämtlichen Orte ihres Bezirks möglichst gleichzeitig festzusetzen. Hierbei sind folgende Regeln zu beachten.

1. Als Norm für den Beginn der Personenstandsaufnahme ist der 12. November anzunehmen.

2. Ist nach den örtlichen Verhältnissen die Festsetzung eines früheren Termins angezeigt, so kann die Regierung denselben unter sorgfältiger Erwägung aller in Betracht kommenden Umstände anderweit bestimmen. Keinesfalls darf aber dazu ein Tag vor dem 15. Oktober gewählt werden.

3. Die Personenstandsaufnahme ist, wenn sie nicht an einem Tage zu Ende geführt werden kann, an den nächstfolgenden Werktagen ununterbrochen fortzusetzen, und in möglichst kurzer Frist, auch in großen Städten spätestens mit dem 18. November, zum Abschluß zu bringen.

4. Abweichungen von diesen Regeln sind ohne Genehmigung des Finanzministers unzulässig. Art. 40 d. EinkA. Zweiter Teil und Anm. 44 dazu.

4) Nach § 24 Abs. 1 des EinkstGes. hat der Gemeinde-(Guts-)Vorstand über die Besitz-, Vermögens- und sonstigen Einkommensverhältnisse der Steuerpflichtigen des Gemeinde-(Guts-)Bezirks, sowie über etwaige besondere, die Leistungs-

fähigkeit derselben bedingende wirtschaftliche Verhältnisse möglichst vollständige Nachrichten einzuziehen, überhaupt alle Merkmale, welche ein Urteil über die Besteuerung zu begründen vermögen, zu sammeln. Vgl. auch Art. 42 I d. EinkA. Zweiter Teil und MittH. **33**, 8.

5) Dem Gemeinde-(Guts-)Vorstande liegen außer den im Art. 40 ff. der EinkA., zweiter Teil, bezeichneten Geschäften zum Zwecke der Ergänzungssteuerveranlagung die folgenden Vorarbeiten ob:

1. Er hat hinsichtlich der im Gemeinde-(Guts-)Bezirke belegenen Grundstücke den mit der Vorbereitung für die Schätzung des steuerbaren Grundvermögens betrauten Katasterkontrolleur mit der erforderlichen Auskunft über alle für die Schätzung erheblichen Tatsachen und Verhältnisse zu versehen, welche nicht aus den Grund- und Gebäudesteuerkatastern und aus dem sonst dem Katasterkontrolleur zugänglichen Aktenmaterial entnommen werden können.

Hierher gehört vornehmlich die Auskunft über den gegenwärtigen Kulturzustand der land- oder forstwirtschaftlich benutzten Flächen, über die bauliche Beschaffenheit der Gebäude, den Zustand des beweglichen Wirtschaftsinventars, über alle anderen für die Beurteilung des Wertes der Betriebsmittel wesentlichen Umstände und über die bestehenden Pachtverhältnisse. Ein namentliches Verzeichnis derjenigen Einwohner, welche dem Betriebe der Land- oder Forstwirtschaft dienende Grundstücke mit einem Gesamtflächeninhalt von mehr als 2 Hektaren in Pacht oder Nießbrauch haben, ist unter Benutzung eines Formulars, das die Spalten 1 bis 5 des Musters 2 d. EA. enthalten muß, bis zum 1. August eines jeden Jahres, in dem die Vorbereitungen für eine neue Ergänzungssteuerveranlagung stattfinden, dem Katasterkontrolleur mitzuteilen. Wo bei Pächtern mit einer Pachtung von 2 Hektaren ein steuerbares Vermögen von mehr als 6000 M. regelmäßig nicht anzunehmen ist, kann die Regierung im Einvernehmen mit dem Vorsitzenden der Berufungskommission die Beschränkung des Verzeichnisses auf Pachtungen von größerem, von ihr zu bestimmendem Umfang anordnen.

Im übrigen können zur Beschränkung des Schreibwerks die erforderlichen Mitteilungen nach näherer Anweisung der Regierung dem Katasterkontrolleur durch ein Mitglied des Gemeindevorstandes oder auch durch andere geeignete ortskundige Personen mündlich gemacht werden (vgl. Art. 36 d. Techn. Anl. v. 26. Dez. 93).

In gleicher Weise (Abs. 1 bis 3) hat der Gemeinde-(Guts-)Vorstand bei künftigen Veranlagungen mitzuwirken, so oft — z. B. aus Anlaß der in den Besitz- oder Pachtverhältnissen eintretenden Veränderungen — nach den bezeichneten Richtungen hin Erhebungen erforderlich sind.

2. Der Gemeinde-(Guts-)Vorstand hat eine Nachweisung derjenigen Einwohner des Gemeinde-(Guts-)Bezirks zu führen, welche ein gemäß § 7 Abs. 1 des Gewerbesteuergesetzes steuerfreies — oder nur betriebssteuerpflichtiges — stehendes Gewerbe oder ein Gewerbe im Umherziehen betreiben. In diese Nachweisung sind jedoch nur diejenigen Gewerbetreibenden der bezeichneten Kategorien aufzunehmen, welchen mit Einschluß des Anlage- und Betriebskapitals ein steuerbares Gesamtvermögen (Spalte 27 der Staatssteuerliste) von mehr als 6000 M. beizumessen ist. Art. 22 d. EA.

6) Über die Aufstellung der Staatssteuerliste vgl. Art. 42 II d. EinkA. Zweiter Teil.

2. Veranlagungsverfahren.

§ 22. Die Veranlagung der Steuerpflichtigen erfolgt gleichzeitig mit der Veranlagung der Einkommensteuer durch die gemäß §§ 34, 35, 55 des Einkommensteuergesetzes gebildeten Veranlagungskommissionen.

Eine Voreinschätzung durch die Voreinschätzungskommission findet nicht statt.

1) Die §§ 34, 35, 55 des EinkStGes. lauten wie folgt:

§ 34: Behufs Veranlagung der Steuerpflichtigen bildet jeder Kreis einen Veranlagungsbezirk. Der Regierung steht die Befugnis zu, innerhalb desselben Kreises die Bildung mehrerer Veranlagungsbezirke anzuordnen.

§ 35: Für jeden Veranlagungsbezirk ist unter dem Vorsitze des Landrats oder eines von der Regierung zu ernennenden Kommissars eine Veranlagungskommission zu bilden, deren Mitglieder teils von der Regierung ernannt, teils von der Kreisvertretung und in den Stadtkreisen von der Gemeindevertretung aus den Einwohnern des Veranlagungsbezirks, unter möglichster Berücksichtigung der verschiedenen Arten des Einkommens auf die Dauer von sechs Jahren gewählt werden.

Die Zahl der ernannten und der gewählten Mitglieder wird für die einzelnen Veranlagungsbezirke mit Rücksicht auf deren Größe und auf die Einkommensverhältnisse der Einwohner von der Regierung in der Art bestimmt, daß die Zahl der ernannten Mitglieder einschließlich des Vorsitzenden die Hälfte der gewählten Mitglieder nicht überschreitet.

Alle drei Jahre scheidet je die Hälfte der ernannten und der gewählten Mitglieder, und zwar bei ungerader Zahl das erstemal die größere Hälfte aus und wird durch neue Ernennungen bzw. Wahlen ersetzt. Die das erstemal Ausscheidenden werden durch das Los bestimmt; die Ausscheidenden können wieder ernannt bzw. gewählt werden.

§ 55: Für sämtliche Vorsitzende und Mitglieder der Voreinschätzungs-, Veranlagungs- und Berufungskommissionen sind Stellvertreter in gleicher Weise wie die Vorsitzenden oder Mitglieder zu ernennen bzw. zu wählen. Die Bestimmungen im § 35 Abs. 3 finden auf die Stellvertreter entsprechende Anwendung.

Wegen Annahme und Ablehnung der nach den Vorschriften dieses Gesetzes stattfindenden Ernennungen und Wahlen finden die Bestimmungen der §§ 8, 25 der Kreisordnung v. 13. Dez. 72 (GS. S. 661) sinngemäße Anwendung.

Als Mitglieder der Kommissionen sind, abgesehen von den durch die bezüglichen Bestimmungen vorgeschriebenen besonderen Voraussetzungen, nur solche Personen wählbar, welche das fünfundzwanzigste Lebensjahr vollendet haben und sich im Besitze der bürgerlichen Ehrenrechte befinden.

Vgl. auch Art. 50 d. EinkA. Zweiter Teil.

2) Nach Beendigung der Vorarbeiten beruft der Vorsitzende die Veranlagungskommission, welche so zeitig zusammentreten muß, daß die gesamte Veranlagung in der Regel am 15. März, auch in den größten Veranlagungsbezirken spätestens am 15. April beendet ist. Er unterbreitet der Veranlagungskommission die Einkommens- und Vermögensnachweisungen, sowie die denselben zugrunde liegenden Nachrichten, die sämtlichen eingegangenen Steuererklärungen und die Verhandlungen darüber; in den Jahren, in denen eine Ergänzungssteuerveranlagung stattfindet, auch die hierauf bezüglichen Unterlagen.

Art. 61 d. EinkA. Zweiter Teil.

3) Hinsichtlich der Ergänzungssteuer findet eine Voreinschätzung durch die Voreinschätzungskommission überhaupt nicht statt. Die Voreinschätzungskommission hat Vorschläge über die zu veranlagenden Ergänzungssteuersätze auch hinsichtlich der Steuerpflichtigen mit Einkommen von nicht mehr als 3000 M. nicht zu machen. Ebensowenig liegt es ihr ob, die Richtigkeit und Vollständigkeit derjenigen Eintragungen der Staatssteuerliste zu prüfen, welche nur für die Veranlagung der Ergänzungssteuer von Bedeutung sind. Hierdurch ist aber nicht ausgeschlossen, daß die Voreinschätzungskommissionen ihren von den Ermittelungen des Gemeinde- (Guts-) Vorstandes abweichenden Annahmen über die Vermögensverhältnisse der Steuerpflichtigen im Sitzungsprotokoll oder auf einer Anlage zu demselben Ausdruck gibt; dies muß geschehen, wenn ihre abweichenden Annahmen — z. B.

hinsichtlich der Höhe des Kapitalvermögens oder abzugsfähiger Schulden — zugleich auf die Feststellung des steuerpflichtigen Einkommens von Einfluß sind und den hierauf bezüglichen Vorschlägen der Voreinschätzungskommission zugrunde liegen.

Nach § 25 Abs. 3 des ErgstGes. ist der Vorsitzende der Veranlagungskommission befugt, die Voreinschätzungskommission zu einer gutachtlichen Äußerung über die Vermögensverhältnisse einzelner Steuerpflichtiger oder über den mutmaßlichen Wert einzelner Vermögensteile zu veranlassen.

Art. 49 III, IV d. EinkA. Zweiter Teil.

§ 23. Für jeden Veranlagungsbezirk wird ein Schätzungsausschuß gebildet, zu welchem gehören:

1. der Vorsitzende der Veranlagungskommission oder der von demselben zu bezeichnende Stellvertreter,
2. mindestens vier Mitglieder, von welchen zwei ständige durch die Regierung ernannt, die übrigen aus der Zahl der gewählten Mitglieder (stellvertretenden Mitglieder) der Veranlagungskommission durch dieselbe abgeordnet werden. Die Zahl der Mitglieder bestimmt der Finanzminister.

Für die ernannten und für die gewählten Mitglieder wird in gleicher Weise die erforderliche Zahl von Stellvertretern ernannt und abgeordnet.

Das Ausscheiden aus der Veranlagungskommission hat für die durch die Kommission abgeordneten Mitglieder und Stellvertreter auch das Ausscheiden aus dem Schätzungsausschusse zur Folge.

1) Über die Bildung des Schätzungsausschusses bestimmt Art. 29 d. EA. folgendes:

I. Für jeden Veranlagungsbezirk wird ein Schätzungsausschuß gebildet, zu welchem gehören:

1. der Vorsitzende der Veranlagungskommission oder der von demselben zu bezeichnende Stellvertreter,

2. mindestens vier Mitglieder (in der Regel höchstens fünf, vgl. MittH. **31**, 77), von welchen zwei ständige durch die Regierung ernannt, die übrigen aus der Zahl der gewählten Mitglieder (stellvertretenden Mitglieder) der Veranlagungskommission durch dieselbe abgeordnet werden. Die Zahl der Mitglieder bestimmt der Finanzminister.

Für die ernannten und für die gewählten Mitglieder wird in gleicher Weise die erforderliche Zahl von Stellvertretern ernannt und abgeordnet.

II. Sobald eine teilweise Erneuerung der Veranlagungskommission vollzogen ist (Art. 50 Nr. 3 der EinkA. Zweiter Teil), beruft der Vorsitzende die Gesamtkommission (d. h. die sämtlichen gewählten und ernannten Mitglieder. Die Stellvertreter nehmen an der Wahl nur teil, insofern ein solcher für ein behindertes Mitglied einberufen ist) zur Wahl der in den Ausschuß abzuordnenden Mitglieder und Stellvertreter.

III. Wählbar sind nur gewählte — nicht ernannte — Mitglieder oder stellvertretende Mitglieder der Kommission. Auch Stellvertreter können zu Mitgliedern des Ausschusses, Mitglieder der Kommission zur Stellvertretung in den Ausschuß abgeordnet werden.

Die Abordnung erfolgt für die Dauer der Wahlperiode eines jeden Abgeordneten bzw. Stellvertreters.

Im übrigen finden für die Einladung zum Wahltermin und für die Vollziehung der Wahl die Vorschriften der Art. 77 Nr. 1 Abs. 2, Nr. 2 Abs. 1, 2, Nr. 3, Nr. 6 d. EinkA. Zweiter Teil, Anwendung.

IV. Nach stattgehabter Wahl übersendet der Vorsitzende der Veranlagungskommission der Regierung ein Verzeichnis der in den Ausschuß abgeordneten Mitglieder und Stellvertreter mit seinen Vorschlägen über die von der Regierung zu vollziehenden Ernennungen.

Die Regierung hat bei der Auswahl der zu ernennenden

Personen die vom Finanzminister hierüber erlassenen allgemeinen Vorschriften zu beachten, ist aber sonst in der Auswahl nicht beschränkt; sie kann auch gewählte oder ernannte Mitglieder oder stellvertretende Mitglieder der Veranlagungskommission zu Mitgliedern des Ausschusses ernennen.

Die Ernennungen erfolgen widerruflich, aber ohne Beschränkung auf eine bestimmte Dauer.

Von den vollzogenen Ernennungen setzt die Regierung sowohl die von ihr ernannten Personen als auch den Vorsitzenden der Veranlagungskommission in Kenntnis. Der letztere benachrichtigt die von der Kommission abgeordneten Mitglieder und Stellvertreter von der Wahl, soweit dieselben nicht bereits im Wahltermine Kenntnis davon erlangt haben.

V. Zu den Obliegenheiten, welche das Amt eines Mitglieds der Veranlagungskommission mit sich bringt, gehört nach dem Inkrafttreten des Ergänzungssteuergesetzes auch die Verpflichtung zur Übernahme der Mitgliedschaft des Schätzungsausschusses.

Nur aus denselben Gründen, welche gemäß Art. 50 Nr. 4 Abs. 1 d. EinkA. Zweiter Teil, zur Niederlegung jenes Amtes vor Ablauf der Wahlperiode berechtigen, kann daher ein Mitglied (stellvertretendes Mitglied) der Veranlagungskommission die von der Kommission beschlossene Abordnung zum Mitgliede des Schätzungsausschusses ablehnen.

Für andere Personen besteht eine Verpflichtung zur Übernahme der Mitgliedschaft des Schätzungsausschusses nur, insofern sie mit Rücksicht auf ihre dienstliche Stellung einer auf sie fallenden Ernennung Folge zu geben haben. Wo diese Voraussetzung nicht zutrifft, ist regelmäßig vor der Ernennung festzustellen, daß die in Aussicht genommene Person zur Übernahme des Amtes bereit ist.

VI. Das Ausscheiden aus der Veranlagungskommission hat für die durch die Kommission abgeordneten Mitglieder und Stellvertreter auch das Ausscheiden aus dem Schätzungsausschusse zur Folge.

1. Nach jeder von drei zu drei Jahren stattfindenden teilweisen Erneuerung der Veranlagungskommission sind in der oben (zu II und III) angegebenen Weise für die ausgeschiedenen abgeordneten Mitglieder des Schätzungsausschusses seitens der Kommission Neuwahlen vorzunehmen. Eine Neuwahl muß auch stattfinden, wenn die ausgeschiedenen Mitglieder wieder in die Kommission gewählt sein sollten; dieselben können aber auch in den Schätzungsausschuß von neuem abgeordnet werden.

2. Scheidet ein von der Kommission abgeordnetes Mitglied im Laufe der Wahlperiode aus, so ist für dasselbe vom Vorsitzenden ein abgeordneter Stellvertreter in den Schätzungsausschuß einzuberufen, falls nicht die Veranlagungskommission mit Rücksicht auf die Geschäftslage für den Rest der Wahlperiode eine Ersatzwahl vorzunehmen beschließt.

VII. Scheidet ein ernanntes Mitglied aus dem Schätzungsausschuß aus, so hat die Regierung in der Regel alsbald eine anderweite Ernennung zu vollziehen. Bis die neue Ernennung erfolgt ist, beruft der Vorsitzende einen der ernannten Stellvertreter ein.

§ 24. Der Schätzungsausschuß hat die behufs Veranlagung der Steuerpflichtigen erforderlichen Wertsermittelungen vorzunehmen und den Wert der steuerbaren Vermögen, insbesondere die Werte der im Veranlagungsbezirke belegenen Grundstücke, sowie die Werte der gewerblichen Anlage- und Betriebskapitalien zu begutachten.

Der Ausschuß erhält zu diesem Zwecke Kenntnis von allen durch den Vorsitzenden der Veranlagungskommission gesammelten Nachrichten (§ 25), den behufs Veranlagung zur Einkommensteuer eingereichten Steuererklärungen, den auf letztere bezüglichen Schriftstücken sowie dem Ergebnisse der Einkommensteuerveranlagung, und ist befugt, Auskunftspersonen zu vernehmen oder mit beratender Stimme bei seinen Verhandlungen zuzuziehen.

Die Geschäftsordnung des Schätzungsausschusses wird durch den Finanzminister festgestellt.

1) Über die sachliche und örtliche Zuständigkeit des Schätzungsausschusses trifft Art. 31 d. EA. folgende Bestimmungen:

1. Die Aufgabe des Schätzungsausschusses besteht in der Hauptsache darin, die Beschlußfassung der Veranlagungskommission über den Wert der einzelnen Vermögensteile, soweit erforderlich, durch Ermittelung und Begutachtung der Werte vorzubereiten.

Hiernach ist das Gutachten des Schätzungsausschusses insbesondere in allen Fällen einzuholen, in denen es auf die Schätzung des Wertes von Grundstücken, von gewerblichen Anlage- und Betriebskapitalien oder von selbständigen Rechten (Art. 8, 9 d. EA.) ankommt.

Das gleiche gilt von denjenigen Bestandteilen des Kapitalvermögens, welche, wie z. B. Wertpapiere ohne Börsenkurs oder Bergwerkskuxe nach dem Verkaufswerte zu veranschlagen sind (vgl. Art. 15 I Nr. 3 d. EA.), oder bei denen es sich um die Schätzung des Geldwertes von Naturalien handelt.

Dagegen wird es der Mitwirkung des Schätzungsausschusses in der Regel nicht bedürfen, insoweit der Wert der Kapitalien durch den Nennwert oder den Börsenkurs bestimmt oder der Kapitalwert von Rechten im Wege der gesetzlich vorgeschriebenen Berechnung (Art. 18 d. EA.) zu finden ist.

2. Wo die Umstände es angezeigt erscheinen lassen, kann der Vorsitzende der Veranlagungskommission auch über den Umfang des Kapitalvermögens von einzelnen Steuerpflichtigen das Gutachten des Schätzungsausschusses einholen.

3. In allen Fällen ist die Mitwirkung des Schätzungsausschuses nur eine begutachtende. Die Entscheidung

über die Feststellung des steuerbaren Vermögens und über den Wertansatz gebührt der Veranlagungskommission (OVG. V, 133).

4. In Ansehung des Grundvermögens begutachtet jeder Schätzungsausschuß in der Regel den Wert der in seinem Bezirke belegenen Besitzungen einschließlich der dem Betriebe der Land- und Forstwirtschaft auf diesen Grundstücken dienenden Werte, ohne Unterschied ob die Veranlagung der betreffenden Steuerpflichtigen in diesem oder in einem anderen Bezirk erfolgt. Liegen die zu einer Besitzung gehörigen Grundstücke in verschiedenen Bezirken, so ist derjenige Schätzungsausschuß zuständig, in dessen Bezirke der Hauptteil der Besitzung belegen ist.

In gleicher Weise wird der Wert des Bergwerkseigentums sowie des zum Betriebe des Bergbaus dienenden Anlage- und Betriebskapitals von demjenigen Schätzungsausschuß ermittelt und begutachtet, in dessen Bezirke das Bergwerk bzw. der Hauptteil des Bergwerks belegen ist.

Hinsichtlich der außerhalb des Veranlagungsbezirks belegenen selbständigen Grundstücke und Bergwerke der Steuerpflichtigen bedarf es hiernach der Anhörung des für den Veranlagungsbezirk gebildeten Schätzungsausschusses nicht.

5. Die Wertermittelung und Begutachtung in betreff der nicht unter die Vorschrift zu 4 fallenden gewerblichen Anlage- und Betriebskapitalien erfolgt durch den Schätzungsausschuß desjenigen Bezirks, in welchem das betreffende Unternehmen betrieben wird bzw. seinen Sitz hat (Art. 30 d. A. v. 4. Nov. 95). Erstreckt sich der Betrieb über mehrere Bezirke, so bleibt es der zuständigen Veranlagungskommission bzw. deren Vorsitzenden überlassen, auch von den übrigen beteiligten Ausschüssen ein Gutachten einzuholen.

6. Soweit vorstehend (zu Nr. 4 und 5) nicht etwas anderes bestimmt ist, erstreckt sich die Zuständigkeit eines jeden Schätzungsausschusses auf das Vermögen der in seinem

Bezirke zur Ergänzungssteuer zu veranlagenden Steuerpflichtigen.

Über die Anhörung des Schätzungsausschusses im Rechtsmittelverfahren vgl. MittH. 33, 44.

2) Zusammentritt und Verfahren des Schätzungsausschusses regelt Art. 32 d. EA. durch folgende Bestimmungen:

1. Der Zusammentritt des Schätzungsausschusses ist nicht an eine bestimmte Zeit gebunden, sondern vom Vorsitzenden zu veranlassen, sobald genügendes Material für seine Tätigkeit in Gemäßheit der Vorschriften der Art. 24 bis 28 d. EA. vorbereitet ist.

Jedenfalls müssen die Arbeiten des Schätzungsausschusses so zeitig beendet sein, daß seine Beschlüsse bei Prüfung und Beanstandung der eingehenden Vermögensanzeigen berücksichtigt werden können.

2. Die Grundlage für die Beratungen des Schätzungsausschusses bilden die Schätzungsbogen und Pächterverzeichnisse (Art. 24, 25 d. EA.), die Personalblätter und die Nachweisungen der steuerfreien usw. Gewerbetreibenden (Art. 26, 27 d. EA.), sowie die sonst vom Vorsitzenden aufgestellten besonderen Vorlagen (Art. 28, IV d. EA.).

Mit den Schätzungsbogen werden dem Ausschusse die Sammlungen der Kauf- und Taxpreise, die Beschreibungen der Musterbesitzungen, sowie die Übersichten der allgemeinen Schätzungsnormen (Art. 8 ff. der Techn. Anl. v. 26. Dez. 93) vorgelegt.

3. Der Ausschuß ist berechtigt, Einsicht zu nehmen von allen durch den Vorsitzenden zum Zwecke der Einkommensteuer- und der Ergänzungssteuerveranlagung gesammelten Nachrichten, von den Steuererklärungen und Vermögensanzeigen und den darauf bezüglichen Verhandlungen sowohl aus früheren Jahren, als auch aus dem laufenden Jahre, soweit das bezeichnete Material dem Vorsitzenden bereits vorliegt.

4. Außerdem ist der Schätzungsausschuß befugt, landwirtschaftliche oder gewerbliche Sachverständige oder andere

Auskunftspersonen, namentlich auch die beteiligten Katasterkontrolleure, welche nicht selbst Mitglieder des Ausschusses sind, uneidlich zu vernehmen und mit beratender Stimme bei seinen Verhandlungen zuzuziehen.

Die Vernehmung der Auskunftspersonen kann in der Sitzung des Ausschusses erfolgen, aber auch dem Vorsitzenden oder einem anderen Mitgliede des Ausschusses oder einem geeigneten örtlichen Beamten übertragen werden.

Eine Verpflichtung zur Auskunftserteilung ist im Gesetz nicht vorgesehen.

5. Vorweg ist das Gutachten des Schätzungsausschusses hinsichtlich derjenigen Grundstücke und Gewerbebetriebe usw. einzuholen, deren Eigentümer bzw. Inhaber in einem anderen Bezirke zur Ergänzungssteuer zu veranlagen sind (vgl. Art. 31 Nr. 4, 5 d. EA.).

Nach Abgabe des Gutachtens wird das Ergebnis dem Vorsitzenden der zuständigen Veranlagungskommission durch Übersendung einer Abschrift des betreffenden Schätzungsbogens bzw. Personalblattes usw. zur Benutzung bei der Veranlagung mitgeteilt, und daß dies geschehen, auf der Urschrift des Schätzungsbogens oder Personalblattes usw. bzw. in der etwa angelegten Kontrolle der Schätzungsbogen (Muster 3) vermerkt. Bezüglich derjenigen Grundstücke, bei denen der Katasterkontrolleur wegen Geringfügigkeit des Wertes von der Abgabe eines Bewertungsvorschlages abgesehen hat (Anl. 43 der Techn. Anl.), ist eine Abschrift des Schätzungsbogens nur zu übersenden, wenn der zuständige Vorsitzende eine nachträgliche Begutachtung eingefordert hat (Art. 24 Nr. 6 d. EA.).

6. Unbeschadet der Vorschrift zu Nr. 5 sind die Geschäfte des Ausschusses in der Regel in der Reihenfolge zu erledigen, daß zunächst das Grundvermögen des ganzen Bezirks, sodann das gewerbliche Anlage- und Betriebskapital, endlich die sonstigen Werte begutachtet werden, innerhalb der einzelnen Vermögensarten aber die Beratung gemeinde-(guts-)bezirksweise stattfindet.

Nicht ausgeschlossen ist hierdurch die abgesonderte Behandlung einzelner Fälle, in denen der Schätzungsausschuß die Aussetzung des Gutachtens beschließt, weil zur Beurteilung der in Betracht kommenden Wertverhältnisse die Einsicht einer noch nicht vorliegenden Steuererklärung oder weitere Ermittelungen über tatsächliche Verhältnisse, oder die gemeinsame Begutachtung der verschiedenartigen in der Hand desselben Steuerpflichtigen vereinigten Vermögensteile und dergleichen für notwendig oder zweckmäßig erachtet werden.

7. Das Gutachten des Schätzungsausschusses wird in die Schätzungsbogen, Personalblätter und sonstigen Vorlagen an der durch den Vordruck hierfür bestimmten Stelle in der Sitzung eingetragen und die Eintragung zur Beglaubigung mit der Unterschrift oder dem Stempel des Vorsitzenden oder eines Mitgliedes versehen, insofern nicht die Beglaubigung gemäß Art. 44 Nr. 4 der Techn. Anl. durch den Katasterkontrolleur erfolgt.

8. Vor jeder neuen Veranlagung hat der Schätzungsausschuß auch hinsichtlich der von ihm bereits zum Zwecke einer früheren Veranlagung begutachteten Vermögensteile — wenngleich Änderungen in dem tatsächlichen Besitzstande usw. in der Zwischenzeit nicht eingetreten sind — von neuem zu prüfen, ob die früher abgegebenen Gutachten den gegenwärtigen Wertverhältnissen entsprechen.

Ergeben sich hierbei Berichtigungen als notwendig, so sind solche in der oben (zu Nr. 7) vorgeschriebenen Weise zu beurkunden.

Soweit der Schätzungsausschuß die früheren Vorschläge auch für die neue Veranlagung aufrecht erhält, bedarf es nur eines allgemeinen Vermerks hierüber im Sitzungsprotokoll.

9. Wegen der Beschwerden über das Verfahren des Schätzungsausschusses wird auf Art. 75 d. EinkA. Zweiter Teil verwiesen.

3) Die Geschäftsordnung des Schätzungsausschusses regelt Art. 30 d. EA. wie folgt:

1. Der Vorsitzende der Veranlagungskommission führt kraft Gesetzes auch den Vorsitz im Schätzungsausschuß und hat dessen Geschäfte vorzubereiten und zu leiten.

In Behinderungsfällen vertritt ihn der von der Regierung ernannte Stellvertreter im Vorsitze der Veranlagungskommission.

Der Vorsitzende ist aber auch befugt, eine andere geeignete, der Regierung zu bezeichnende Person aus der Zahl der Mitglieder der Veranlagungskommission oder des Schätzungsausschusses mit seiner Stellvertretung oder mit der Wahrnehmung einzelner Geschäfte oder Geschäftszweige an seiner Statt zu beauftragen. Die ihm beigegebenen subalternen Hilfsbeamten dürfen, auch wenn sie der Kommission angehören, zur Stellvertretung nicht berufen werden.

Mit der Funktion eines Vorsitzenden erlischt in jedem Falle auch der Auftrag des gemäß Abs. 3 von ihm bezeichneten Stellvertreters.

Bei Ausübung der Stellvertretung stehen dem Stellvertreter alle Rechte und Pflichten des Vorsitzenden selbst zu.

2. Sofern der Umfang der Geschäfte es erfordert, können zum Zwecke der Geschäftsverteilung Unterausschüsse gebildet werden, auf welche die Vorschriften im Art. 76 d. EinkA. Zweiter Teil, Anwendung finden.

3. Zur Vorbereitung der Beschlüsse des Ausschusses kann der Vorsitzende ein Mitglied oder stellvertretendes Mitglied oder einen anderen Sachkundigen zum Berichterstatter bestellen, denselben auch mit Vornahme der erforderlichen Ermittelungen und Abgabe eines schriftlichen Gutachtens beauftragen. Im übrigen finden auf die Heranziehung der stellvertretenden Mitglieder die Vorschriften im Art. 75 Abs. 6 u. 7 der EinkA. Zweiter Teil, sinngemäße Anwendung.

4. Die Beschlüsse des Schätzungsausschusses werden in der Regel in gemeinsamen, vom Vorsitzenden anzuberaumenden Sitzungen gefaßt.

Die Einladung der Mitglieder zur Sitzung erfolgt, insoweit nicht die in einer vorhergehenden Sitzung anwesenden Mitglieder mündlich eingeladen sind, gegen Empfangsbescheinigung oder mittels eingeschriebenen Briefes durch die Post unter kurzer Bezeichnung der zu erledigenden Geschäfte (z. B. Begutachtung des Grundbesitzes in den Gemeinden N. N.).

In dringenden Fällen, oder wenn das Gutachten eines Berichterstatters vorliegt (Nr. 3), kann die Abstimmung mittels Umlaufs geschehen.

5. Die Ausschüsse (Unterausschüsse) sind bei Anwesenheit von mindestens drei Mitgliedern einschließlich des Vorsitzenden beschlußfähig.

Die Beschlüsse werden nach absoluter Stimmenmehrheit der an der Beschlußfassung teilnehmenden Mitglieder gefaßt. Dem Vorsitzenden bzw. dem an seiner Statt den Vorsitz führenden Stellvertreter steht volles Stimmrecht zu; bei Stimmengleichheit entscheidet seine Stimme.

Solange über die Vermögensverhältnisse eines Ausschußmitgliedes oder seiner Verwandten oder Verschwägerten in auf- und absteigender Linie oder bis zum dritten Grade der Seitenlinie beraten und abgestimmt wird, hat dasselbe abzutreten.

Ergeben sich diese Voraussetzungen hinsichtlich der Person des Vorsitzenden, so hat derselbe die Führung des Vorsitzes einem der anwesenden Ausschußmitglieder zu übertragen.

6. Diejenigen Mitglieder und stellvertretenden Mitglieder des Schätzungsausschusses, welche nicht bereits als Mitglieder der Veranlagungskommission verpflichtet sind, haben in der ersten Ausschußsitzung, an welcher sie teilnehmen, vor Beginn der Verhandlungen dem Vorsitzenden mittels Handschlags an Eidesstatt zu geloben, daß sie bei den Kommissionsverhandlungen ohne Ansehen der Person nach bestem Wissen und Gewissen verfahren und die Verhandlungen sowie die hierbei zu ihrer Kenntnis gelangenden Verhältnisse der Steuerpflichtigen strengstens geheim halten werden.

Einer Wiederholung des Gelöbnisses im Falle der (Wiederwahl oder der Wiederernennung) eines ausgeschiedenen Mitglieds bedarf es nicht.

Das gleiche Gelöbnis ist den Sachverständigen und Auskunftspersonen abzunehmen, welche, ohne Mitglieder des Ausschusses zu sein, zu den Arbeiten oder Verhandlungen desselben zugezogen werden (Art. 26 Nr. 5, Art. 32 Nr. 4 d. EA.).

7. Über jede Ausschußsitzung ist ein von dem Vorsitzenden und den anwesenden Mitgliedern zu vollziehendes Protokoll aufzunehmen, welches über den Gegenstand der erledigten Geschäfte, insbesondere auch über die stattgehabten Verpflichtungen (Nr. 6) und über die etwa erfolgte mündliche Einladung zu künftigen Sitzungen (Nr. 4) Auskunft geben muß.

8. Die Mitglieder des Schätzungsausschusses erhalten für Geschäfte außerhalb ihres Wohnorts aus der Staatskasse nach der Verordnung vom 28. Dezember 1910 (GesS. 1911 S. 1) 9 M. Tagegelder und an Fahrkosten für das Kilometer:

I. für Wegestrecken, die auf Eisenbahnen oder Schiffen zurückgelegt werden können, wenn der Fahrpreis für die erste Wagenklasse bezahlt ist, 9 Pf., sonst 7 Pf.;

II. für Wegestrecken, welche nicht auf Eisenbahnen, Kleinbahnen oder Schiffen zurückgelegt werden können, 40 Pf.;

ferner in den Fällen zu I für jeden Zu- oder Abgang am Wohnorte oder an einem auswärtigen Übernachtungsorte 1,50 M.

Bei Feststellung der Voraussetzungen, unter welchen die Berechtigung auf Tagegelder und Fahrkosten eintritt, sowie bei Berechnung der Reisekosten finden die Vorschriften des Gesetzes v. 26. Juli 1910 und die hierzu von dem Königlichen Staatsministerium unter dem 24. Sept. 1910 (GesS. S. 269) erlassenen Ausführungsbestimmungen einschließlich derjenigen für die Benutzung von Kleinbahnen, von Straßenbahnen und von Kraftwagen, sinngemäße Anwendung.

Hierzu wird noch auf folgendes hingewiesen:

Den Mitgliedern der steuerlichen Kommissionen und Ausschüsse werden für die Wahrnehmung von Geschäften am Wohnort, wie bisher weder Tagegelder noch Fahrkosten gewährt. Das gleiche gilt von Geschäften außerhalb des Wohnorts in geringerer Entfernung als zwei Kilometer von demselben.

Bei Berechnung der Entfernung wird jedes angefangene Kilometer für ein volles Kilometer gerechnet. Die Fahrkosten sind für die Hin- und Rückreise besonders zu berechnen.

Die bisher geltende Vorschrift, nach welcher bei Reisen von nicht weniger als zwei Kilometern, aber unter acht Kilometer die Fahrkosten für acht Kilometer zu gewähren waren, ist beseitigt.

Für Reisen, welche nicht auf Eisenbahnen, Kleinbahnen oder Schiffen zurückgelegt werden können, kommen bei Benutzung unentgeltlich gestellter Verkehrsmittel oder bei gemeinschaftlicher Benutzung eines Verkehrsmittels nicht die vollen Fahrkostensätze des § 2 der Verordnung v. 28. Dezember 1910, sondern die nach den §§ 19, 27, 28, 29 Abs. 2 der Ausführungsbestimmungen zu berechnenden Sätze in Ansatz.

Die Gewährung der festen Vergütung bei dem Zugang oder Abgang ist fortan beschränkt auf den Zugang und den Abgang am Wohnort und am Übernachtungsort (§§ 18, 29 bis 32 a. a. O.). MittH. **55**, 26. Wegen Festsetzung und Anweisung der Tagegelder und Reisekosten zu vgl. FME. v. 5. April 1911 II 4040 I 3329.

Diejenigen Mitglieder des Schätzungsausschusses, welchen hiernach Reisekosten und Tagegelder nicht zustehen, erhalten auf Antrag Versäumnisentschädigungen bis zu demjenigen Betrage, der den übrigen Ausschußmitgliedern an Tagegeldern zu zahlen ist.

§ 25. Der Vorsitzende der Veranlagungskommission, welcher zugleich die Interessen des Staates vertritt, hat das Veranlagungsgeschäft zu leiten und ist dafür verantwortlich, daß die gesamte Veranlagung in seinem Bezirke nach den bestehenden Vorschriften zur Ausführung gelangt.

Zum Zwecke der richtigen Veranlagung der Steuerpflichtigen hat der Vorsitzende, soweit dies nicht bereits zum Zwecke der Einkommensteuerveranlagung (§ 36 Abs. 3 des Einkommensteuergesetzes) geschehen ist, möglichst vollständige Nachrichten einzuziehen, auch die für die Wertbestimmung der steuerbaren Vermögensteile erforderlichen Unterlagen zu beschaffen.

Hierbei kann er sich nach seinem Ermessen der Mitwirkung der Gemeinde- (Guts-) Vorstände bedienen, welche seinen Aufforderungen Folge zu leisten schuldig sind. Er ist befugt, die Voreinschätzungskommissionen (§ 32 des Einkommensteuergesetzes) zu einer besonderen Äußerung über die Vermögensverhältnisse einzelner Steuerpflichtiger zu veranlassen.

Der Vorsitzende kann den Steuerpflichtigen auf Antrag oder von Amts wegen Gelegenheit zur persönlichen Verhandlung über die für die Veranlagung erheblichen Tatsachen und Verhältnisse gewähren.

Sämtliche Staats- und Kommunalbehörden und Beamte, mit Ausnahme der Notare, haben die Einsicht aller die Vermögensverhältnisse der Steuerpflichtigen betreffenden Bücher, Akten, Urkunden usw. zu gestatten und auf Ersuchen Abschriften aus denselben zu erteilen, sofern nicht besondere gesetzliche Bestimmungen oder dienstliche Rücksichten entgegenstehen. Die Einsicht der Bücher, Akten usw. der Sparkassen ist nicht gestattet.

1) Der Vorsitzende der Veranlagungskommission hat innerhalb seines Bezirks zugleich die Interessen des Staates bei Veranlagung der Einkommensteuer und Ergänzungssteuer

zu vertreten. Das Interesse des Staates erfordert, daß die gesamte Veranlagung nach den bestehenden Vorschriften zur Ausführung gelangt, daß also alle Steuerpflichtigen unter gleichmäßiger Anwendung der geltenden Veranlagungsgrundsätze nach ihren tatsächlichen Einkommens- und Vermögensverhältnissen zur Besteuerung herangezogen werden. Hierauf, unter Wahrung der berechtigten Interessen der Steuerpflichtigen, hinzuwirken, ist die Aufgabe des Vorsitzenden der Veranlagungskommission. Der Vorsitzende der Veranlagungskommission hat das Veranlagungsgeschäft zu leiten und die Beschlüsse der Veranlagungskommission vorzubereiten und auszuführen.

2) Zum Zwecke der Ergänzungssteuerveranlagung liegt den Steuerpflichtigen eine Verpflichtung zur Angabe über ihre Vermögensverhältnisse überhaupt nicht ob. Dieses wichtige Veranlagungsmittel bleibt also versagt, insoweit die Pflichtigen sich nicht freiwillig, sei es aus eigenem Antriebe, sei es auf Anregung des Vorsitzenden, zu dergleichen Angaben bereit finden, oder der Inhalt ihrer Steuererklärungen zugleich Schlüsse auf den Umfang und Wert des Vermögens gestattet.

Im ganzen Laufe des Jahres muß der Vorsitzende der Veranlagungskommission die Erforschung der Besitz-, Vermögens-, Erwerbs- und sonstigen Einkommensverhältnisse seines Bezirks von Amts wegen betreiben, damit einerseits eine wirksame Kontrolle über den Inhalt der Steuererklärungen und etwaigen Vermögensanzeigen geübt, anderseits eine den wirklichen Verhältnissen entsprechende richtige Veranlagung derjenigen Steuerpflichtigen bewirkt werden kann, welche brauchbare Angaben überhaupt nicht gemacht haben.

Dem Vorsitzenden stehen für diese Aufgabe insbesondere die folgenden Mittel zu Gebote:

1. Das Ersuchen an alle Staats- und Gemeindebehörden und Beamten um Erteilung amtlicher Auskunft über die Gehälter, Gebühren und sonstigen dienstlichen Einkünfte der

Staats- und Gemeindebeamten, über die Kollegiengelder usw. der Universitätslehrer, über den Umfang, die Bodenbeschaffenheit, den Grundsteuerreinertrag von Grundstücken, über den Nutzungswert von Gebäuden, die vorgekommenen Fortschreibungen, den Anfall von Erbschaften, über die Höhe der in Ausübung eines Gewerbe- oder Landwirtschaftsbetriebs vom Steuerpflichtigen gezahlten indirekten Abgaben u. dgl.

2. Die Erkundigung über die Vermögens- und gewerblichen Verhältnisse der Steuerpflichtigen bei Vertrauenspersonen und Sachverständigen, wobei jedoch nicht übersehen werden darf, daß eine Verpflichtung zur Auskunftserteilung über die Einkommensverhältnisse anderer Personen bei der Veranlagung nur in den Fällen der §§ 23 Abs. 3 und 40 Abs. 3 des EinkStGes. besteht.

3. Die mündliche oder schriftliche Befragung der Steuerpflichtigen über einzelne für die Steuerveranlagung erhebliche Tatsachen, welche der Feststellung bedürfen. Insofern es sich dabei um Rückfragen außerhalb des Verfahrens bei Prüfung der Steuererklärungen oder des Rechtsmittelverfahrens handelt, darf die Fassung der Frage keinen Zweifel darüber lassen, daß der Steuerpflichtige zur Auskunfterteilung nicht verpflichtet ist.

4. Die persönliche Verhandlung mit den Steuerpflichtigen, welche vom Vorsitzenden nur aus dringenden Gründen abgelehnt werden darf, wenn der Steuerpflichtige selbst behufs Aufklärung seiner Einkommensverhältnisse darum nachsucht. (Über die Zulässigkeit von Verwarnungen in Terminsvorladungen vgl. MittH. 38, 15.)

In geeigneten Fällen kann auch zum Zwecke einer persönlichen Verhandlung die Mitwirkung des Gemeinde- (Guts-) Vorstandes in Anspruch genommen werden, insbesondere, wenn dem Steuerpflichtigen die Reise nach dem Amtssitze der Vorsitzenden wegen weiter Entfernung oder aus anderen Gründen nicht zuzumuten ist (vgl. MittH. 35, 15). Siehe auch weiter unten Anm. 3.

5. Die von Gemeinde- (Guts-) Vorständen eingezogenen Angaben über die Lohn- und Besoldungsverhältnisse der Arbeiter, Gewerbegehilfen und Privatangestellten, die Sammlung von Nachrichten über die Ertragsverhältnisse der landwirtschaftlichen Betriebe und die ortsüblich zuzulassenden Abnutzungsquoten, sowie über die Pacht- und Mietpreise, welche in dem Veranlagungsbezirk oder, wenn hier Verpachtungs- bzw. Vermietungsfälle in genügender Zahl nicht vorkommen, in benachbarten Bezirken wirklich gezahlt werden.

6. Die Einsicht der die Einkommens- oder Vermögensverhältnisse der Steuerpflichtigen betreffenden, bei Staats- oder Kommunalbehörden beruhenden Bücher, Akten, Urkunden, Register usw., insbesondere der Grundbücher- und Akten, der Testaments-, Nachlaß-, Vormundschaftsakten, der Grund-, Gewerbe-, Gemeindesteuerrollen, der Grund- und Gebäudesteuerkataster, der Erbschaftssteuerakten usw. Art. 51 d. EinkA. Zweiter Teil.

3) Der Vorsitzende der Veranlagungskommission kann sich bei Erledigung der ihm nach § 25 Abs. 2 obliegenden Aufgaben nach seinem Ermessen der Mitwirkung der Gemeinde- (Guts-) Vorstände bedienen, welche seinen Aufforderungen Folge zu leisten schuldig sind. Ihre Begrenzung findet die Beteiligung der Gemeindevorstände in den Bestimmungen des FME. v. 6. Juni 1911, MittH. 55, 20 ff.

Vermöge seines Aufsichtsrechts ist der Vorsitzende der Veranlagungskommission als solcher (also auch der besondere Kommissar im Hauptamt) befugt die Gemeindevorsteher (Bürgermeister, Amtmänner) und Gutsvorsteher seines Bezirks mit Anweisungen zu versehen, sie zur Erfüllung ihrer Pflichten anzuhalten und nötigenfalls zur Durchführung der innerhalb seiner Zuständigkeit getroffenen Anordnungen die nach Maßgabe der allgemeinen Bestimmungen und der

Verf. v. 5. Juli 66 (MBl. d. i. V. S. 133) zulässigen Zwangsmittel anzuwenden, und zwar nicht nur gegenüber den Gemeinde- (Guts-) Vorstehern in ihrer Eigenschaft als Vorsitzende der Voreinschätzungskommissionen, sondern auch mit Bezug auf die ihnen sonst bei der Veranlagung der Einkommensteuer- und Ergänzungssteuer übertragenen Geschäfte. (E. d. M. d. J. und des FM. v. 17. Dez. 1894, MittH. **30**, 31).

Über die Form der Inanspruchnahme der Hilfeleistung der Gemeindevorstände in kreisangehörigen Städten vgl. FME. v. 14. Januar 1914 II 80.

4) Sämtliche Staats- und Kommunalbehörden und Beamte mit Ausnahme der Notare sind verpflichtet, die Einsicht aller die Vermögensverhältnisse der Steuerpflichtigen betreffenden Bücher, Akten, Urkunden usw. dem Vorsitzenden der Veranlagungskommission oder dem von diesem beauftragten Beamten oder Kommissionsmitgliede zu gestatten, auf Ersuchen auch kostenfreie Abschriften aus den Büchern usw. zu erteilen, soweit nicht besondere gesetzliche Bestimmungen oder dienstliche Rücksichten entgegenstehen.

Eine Verpflichtung zur Auskunfterteilung besteht z. B. nicht hinsichtlich des Staatsschuldbuchs, § 2 Abs. 4 des Ges. v. 20. Juli 83 (GS. S. 120), hinsichtlich des Reichsschuldbuchs, § 2 Abs. 5 des Ges. v. 31. Mai 91 (RGBl. S. 321), hinsichtlich der Sparkassen § 25 Abs. 5 d. ErgstGes.

Die Verwaltungen der öffentlichen Sparkassen sind gemäß § 25 Abs. 5 auch nicht verpflichtet, über die Höhe einzelner Sparkasseneinlagen Auskunft zu erteilen. MittH. **26**, 15. Die Versagung der Auskunft aus den Büchern einer Sparkasse oder die Verweigerung des Zeugnisses der Sparkassenbeamten im gerichtlichen Strafverfahren (und im Rechtsmittelverfahren) kann dagegen auf § 25 Abs. 5 nicht gegründet werden. Vgl. Anm. 55 zu Art. 51 d. EinkA. Zweiter Teil. Siehe auch MittH. **35**, 36 u. **42**, 10.

Wegen der Mitteilungen seitens der Amtsgerichte zu vgl. FME. v. 15. Nov. 1894, Anh. 5 zu Teil II d. EinkA.

und die ebenda abgedruckte allgem. Verf. des Justizministers von demselben Tage, auch FME. v. 22. Juni 1900; MittH. **42**, 11.

Wegen Benutzung der Erbschaftssteuerakten für die Veranlagung der Einkommensteuer und Ergänzungssteuer vgl. MittH. **31**, 60 ff.

§ 26. Die Steuerpflichtigen sind berechtigt, behufs der Veranlagung dem Vorsitzenden der Veranlagungskommission ihr steuerbares Vermögen anzugeben oder diejenigen tatsächlichen Mitteilungen zu machen, deren die Veranlagungskommission zur Schätzung des Vermögens bedarf (Vermögensanzeige).

Zu Vermögensanzeigen für Personen, welche unter väterlicher Gewalt, Pflegschaft oder Vormundschaft stehen, sind deren gesetzliche Vertreter befugt.

Für Personen, welche abwesend oder sonst verhindert sind, die Vermögensanzeigen selbst abzugeben, können solche durch Bevollmächtigte erfolgen.

Die Vermögensanzeigen sind unter der Versicherung zu erstatten, daß die Angaben nach bestem Wissen und Gewissen gemacht sind.

Die Fristen und Formen, welche bei den Vermögensanzeigen zu beobachten sind, werden von dem Finanzminister bestimmt. Die erforderlichen Formulare werden kostenlos verabfolgt.

1) Die Vermögensanzeige ist fakultativ. Die vom Regierungsentwurf beabsichtigte Einführung einer obligatorischen Vermögensanzeige gelangte nicht zur Annahme. Der Bericht der Kommission des AbgH. spricht sich dahin aus, daß nach Überzeugung der genannten Kommission die obligatorische Vermögensanzeige einmal den Steuerpflichtigen eine unverhältnismäßige Mehrarbeit verursachen

würde, der in vielen Fällen das Ergebnis bei dem geringen Steuersatze von einhalb vom Tausend in keiner Weise entsprechen würde, sowie insbesondere, daß die Handel- und Gewerbetreibenden unter Umständen zu Angaben gezwungen würden, welche bei der Unmöglichkeit völliger Geheimhaltung deren Kredit zu schädigen geeignet seien. Der nicht zur Verabschiedung gelangte Entwurf einer Novelle zum Ergänzungssteuergesetz von 1912 sah wiederum die Einführung der obligatorischen Vermögensanzeige vor.

2) Durch Abgabe der Vermögensanzeige erwirbt der Pflichtige das Recht, schon vor der Veranlagung dergestalt befragt und gehört zu werden, daß er seine tatsächlichen, wie auch seine Wertangaben gegenüber den obwaltenden Bedenken als richtig dartun kann. OVG. St. V, 96 ff. Für die Prüfung und Erörterung der Vermögensanzeigen durch den Vorsitzenden der Veranlagungskommission sind die Vorschriften im Art. 59 d. EinkA. Zweiter Teil maßgebend. Art. 33 IV d. EA. Vgl. die Anm. zu § 30 des Ges.

3) Zu Vermögensanzeigen für Personen, welche unter Pflegschaft oder Vormundschaft stehen, sind deren gesetzliche Vertreter befugt. Zu Vermögensanzeigen für minderjährige unter elterlicher Gewalt stehende Kinder ist der Vater, wenn aber der Mutter die elterliche Gewalt zusteht, diese, und im Falle des § 1693 des BGB. auch der der Mutter bestellte Beistand zuzulassen. Art. 33 I d. EA.

4) Für Personen, welche abwesend oder sonst verhindert sind, die Vermögensanzeigen selbst abzugeben, können solche durch Bevollmächtigte abgegeben werden. Art. 33 I Abs. 4 d. EA. Vollmachten zur Abgabe von Vermögensanzeigen sowie zur Einlegung von Rechtsmitteln gegen die Veranlagung zur Ergänzungssteuer haben, wenn der Wert des Gegenstandes 150 M. übersteigt, auf Stempelfreiheit keinen Anspruch. Den Wert des Gegenstandes bildet bei Vollmachten zur Abgabe von Vermögensanzeigen der sich nach dem deklarierten Vermögen ergebende Steuersatz. MittH. 40, 38.

5) Die Vermögensanzeige ist innerhalb des in der öffentlichen Aufforderung zur Steuererklärung bestimmten Zeitraums abzugeben, ohne Unterschied, ob eine Verpflichtung zur Abgabe einer Steuererklärung besteht oder nicht. Steuerpflichtige, an welche eine besondere Aufforderung zur Abgabe einer Steuererklärung ergeht, können ihre etwaige Vermögensanzeige auch innerhalb der ihnen für die Steuererklärung gestellten besonderen Frist abgeben. Ist die Frist zur Abgabe der Steuererklärung, sei es nach gesetzlicher Vorschrift (§ 84 des EinkstGes.), sei es auf Antrag verlängert, so gilt die Verlängerung auch für die Abgabe der Vermögensanzeige, ohne daß es eines besonderen Antrags bedarf. Die Berücksichtigung von Vermögensanzeigen, welche nach Ablauf der oben bezeichneten Frist eingehen, kann seitens der Steuerpflichtigen nicht beansprucht werden, wenn auch eine nochmalige Aufforderung zur Abgabe der Steuererklärung (Art. 58 d. EinkA. Zweiter Teil) ergangen ist.

Die Vermögensanzeigen sind bei dem Vorsitzenden der Veranlagungskommission schriftlich oder zu Protokoll nach dem vorgeschriebenen Formular anzubringen.

Die Formulare müssen an den zur Abgabe der Steuererklärungsformulare bestimmten Stellen (Art. 56 d. EinkA. Zweiter Teil) gleichfalls zur kostenlosen Verabfolgung bereit liegen.

Auf Ansuchen kann der Vorsitzende der Veranlagungskommission die Beschränkung der Vermögensanzeige auf einzelne Teile des Vermögens gestatten. Art. 33 d. EinkA. Zweiter Teil.

§ 27. Die dem Vorsitzenden zur Bearbeitung der Einkommensteuersachen zugeordneten Hilfsbeamten (§ 38 des Einkommensteuergesetzes) können nach den hierüber vom Finanzminister zu erlassenden allgemeinen Anweisungen auch bei der Bearbeitung der auf die Ergänzungssteuer bezüglichen Angelegenheiten beteiligt werden.

1) § 38 des EinkstGes. lautet: „Dem Vorsitzenden der Veranlagungskommission können zur Bearbeitung der Einkommensteuersachen von der Regierung Hilfsbeamte zugeordnet werden. Dieselben können an den Kommissionssitzungen als Stellvertreter des Vorsitzenden oder mit beratender Stimme teilnehmen; ihre sonstigen Rechte und Pflichten werden nach den hierüber von dem Finanzminister zu erlassenden allgemeinen Anweisungen von der Regierung festgesetzt."

2) Die Hilfsbeamten sind entweder zum höheren Verwaltungs- oder Justizdienst befähigte Beamte oder mittlere Beamte, Kanzlei- oder Unterbeamte.

Wegen der Verwendung sowie der Rechte und Pflichten der den Vorsitzenden der Veranlagungskommissionen zugeordneten Hilfsbeamten sind die dieserhalb ergangenen besonderen Bestimmungen zu beachten. Art. 51 V Nr. 1 d. EinkA. Zweiter Teil. Zu vgl. auch MittH. **49**, 79.

Ist dem Vorsitzenden einer Veranlagungskommission ein zum höheren Verwaltungs- oder Justizdienst befähigter Hilfsbeamter beigegeben, so ist dieser, sofern nicht besondere Bedenken entgegenstehen, in der Regel zum Stellvertreter zu ernennen. Die dem Vorsitzenden beigegebenen mittleren Beamten dürfen mit der Vertretung des Vorsitzenden nur vorübergehend und nur im Rahmen des FME. v. 27. Febr. 07 MittH. **49**, 79 zu 3 betraut werden.

3) Alle auf die Einkommensteuer- und Ergänzungssteuerveranlagung eines Pflichtigen bezüglichen Mitteilungen, Anträge, Erklärungen und sonstigen Schriftstücke sind zu besonderen, mit tunlicher Kostenersparnis anzulegenden Aktenheften (Personalakten) zu vereinigen. Art. 51 V Nr. 2 d. EinkA. Zweiter Teil.

4) Wegen der Aufbewahrung der Personalakten, der Staatssteuerlisten usw. wird MittH. **49**, 14 bestimmt, daß die Regierungen ermächtigt sind,

1. die Personalakten solcher Steuerpflichtigen, welche in das Ausland oder nach anderen Bundesstaaten verzogen sind,
2. die Staatssteuerlisten (Einkommens- und Vermögensnachweisungen),
3. die Zu- und Abgangsnotizregister,
4. die Geschäftsbücher (Journale)

nach Ablauf von zehn Jahren, und

5. die summarischen (tabellarischen) Zustellungsbescheinigungen nach Ablauf von fünf Jahren vernichten zu lassen.

Die Frist beginnt mit dem Ablaufe desjenigen Jahres, in welchem der Wegzug des Steuerpflichtigen erfolgt ist, oder für welches die Listen, Bücher usw. aufgestellt oder angelegt sind.

Abgesehen von dem unter Nr. 1 gedachten Falle sind die Personalakten, Steuererklärungen und Vermögensanzeigen bis zum Ablauf eines fünfjährigen Zeitraums nach dem Schlusse desjenigen Steuerjahrs aufzubewahren, in welchem der betreffende Pflichtige verstorben ist. Wird zur Vernichtung der Akten usw. geschritten, so muß dies durch Einstampfen geschehen, wobei durch geeignete Maßregeln dafür zu sorgen ist, daß jede Kenntnisnahme des Inhalts von seiten Unbefugter ausgeschlossen bleibt. Art. 51 V Nr. 4 d. EinkA. Zweiter Teil. Siehe auch MittH. 46, 26.

§ 28. Der Vorsitzende der Veranlagungskommission hat nach Einholung des Gutachtens des Schätzungsausschusses das nach seinem Ermessen für jeden Steuerpflichtigen zutreffende Vermögen, getrennt nach den verschiedenen Bestandteilen (§ 4), in die Nachweisung oder Steuerliste einzutragen, den nach Vorschrift dieses Gesetzes zu entrichtenden Steuersatz vorzuschlagen und die Verhandlungen der Veranlagungskommission zur Beschlußfassung vorzulegen.

1) Abgesehen von den Zugangsveranlagungen (§ 42 Abs. 2 d. ErgstGes.) steht dem Vorsitzenden in keinem Falle die Festsetzung des E r g ä n z u n g s steuersatzes zu.

Bei Festsetzung des Einkommensteuersatzes und bei Abgabe des Gutachtens für die Einkommensteuerveranlagung trägt der Vorsitzende bei jedem Steuerpflichtigen zugleich seine auf das Gesamtergebnis der stattgehabten Ermittelungen zu gründenden Vorschläge zur Veranlagung der Ergänzungssteuer in die dafür bestimmte Spalte der Staatssteuerliste oder Einkommens- und Vermögensnachweisung ein.

Liegt eine von ihm nicht beanstandete, rechtzeitige und den Formvorschriften genügende Vermögensanzeige vor, oder sind die etwaigen Bedenken durch die vom Steuerpflichtigen gegebenen Aufklärungen oder die mit ihm gepflogenen Verhandlungen gehoben, so legt der Vorsitzende die Angaben der Vermögensanzeige seinem Vorschlage zugrunde.

Erachtet der Vorsitzende eine in die Staatssteuerliste eingetragene Person deshalb nicht für ergänzungssteuerpflichtig, weil das steuerbare Vermögen (Spalte 27) den Betrag von 6000 M. nicht übersteigt (vgl. Art. 19 I Nr. 1 EA.), so trägt er in die Vorschlagsspalte eine „0" ein.

Treffen bei einer Person, deren steuerbares Vermögen zwar den Betrag von 6000 M. nicht aber den Betrag von 20000 M., übersteigt, die Voraussetzungen zu, unter welchen die Freilassung gemäß Art. 19 I Nr. 2 oder 3 EA. erfolgen muß, so ist die Vorschlagsspalte durch den Vermerk „fr. § 17 Nr. 2" oder „fr. § 17 Nr. 3" auszufüllen.

Im übrigen müssen die vom Vorsitzenden vorgeschlagenen Steuersätze genau denjenigen Sätzen entsprechen, welche nach dem dem Art. 20 EA. beigefügten Tarife von dem in Spalte 27 der Liste oder der Einkommens- und Vermögensnachweisung nachgewiesenen steuerbaren Vermögen zu entrichten sind.

Wegen Anwendung der ermäßigten Steuersätze aus den Spalten 3 bis 6 jenes Tarifs, sowie wegen der mit Rücksicht auf die wirtschaftlichen Verhältnisse des Steuerpflichtigen zulässigen Ermäßigung der Steuersätze wird auf die Vorschriften Art. 20 und 21 EA. verwiesen.

Bei der Veranlagung für diejenigen Steuerjahre, in denen eine allgemeine Veranlagung der Ergänzungssteuer nicht stattfindet, ist zu prüfen, hinsichtlich welcher Steuerpflichtigen mit Rücksicht auf die Vorschriften §§ 17, 19 Abs. 1 d. ErgStGes. infolge der veränderten Einkommensteuerveranlagung auch eine Berichtigung der Ergänzungssteuerveranlagung erforderlich wird, und diese in den betreffenden Fällen gemäß Art. 79 II d. EinkA. Zweiter Teil herbeizuführen.

Bei allen Steuerpflichtigen, bei denen eine solche Berichtigung in Frage kommt, sind die sämtlichen auf die Ergänzungssteuerveranlagung bezüglichen Spalten der Staatssteuerliste gehörig auszufüllen. Bei den übrigen genügt die unveränderte Übernahme des veranlagten Ergänzungssteuersatzes, sowie des Inhalts der Spalte 27 (steuerbares Vermögen) in die Liste oder Nachweisung. Art. 60 VI d. EinkA. Zweiter Teil.

§ 29. Die Veranlagungskommission unterwirft die Gutachten des Schätzungsausschusses, die eingegangenen Vermögensanzeigen und die Nachweisungen einer genauen Prüfung. Hierbei hat sie das Recht, von den nach § 24 dem Schätzungsausschusse und nach § 25 Abs. 3 bis 5 dem Vorsitzenden zustehenden Hilfsmitteln auch ihrerseits Gebrauch zu machen und sonstige zur Feststellung erheblicher Tatsachen erforderliche Ermittelungen vorzunehmen.

1) Nach Beendigung der Vorarbeiten beruft der Vorsitzende die Veranlagungskommission, welche so zeitig zusammentreten muß, daß die gesamte Veranlagung in der Regel am 15. März, auch in den größten Veranlagungsbezirken spätestens am 15. April beendet ist. Er unterbreitet der Veranlagungskommission die Einkommens- und Vermögensnachweisungen, sowie die denselben zugrunde liegenden Nachrichten, die sämtlichen eingegangenen Steuerer-

klärungen und die Verhandlungen darüber, in den Jahren, in denen eine Ergänzungssteuerveranlagung stattfindet, auch die hierauf bezüglichen Unterlagen.

Die Kommission unterwirft das gesamte Material unter Verwertung der eigenen Kenntnisse ihrer Mitglieder einer eingehenden Prüfung.

Hierbei ist sie an die zur Vorbereitung ihrer Beschlußfassung ergangenen Verfügungen des Vorsitzenden nicht gebunden und auch ihrerseits befugt:

1. die im Art. 51 II Nr. 1 bis 6 d. EinkA. Zweiter Teil (siehe Anm. 2 zu § 25 d. Ges.) erwähnten Hilfsmittel anzuwenden;
2. den Erlaß der Aufforderung zur Steuererklärung an solche Steuerpflichtige zu beschließen, welche mit einem Einkommen von mehr als 3000 M. bisher nicht veranlagt waren;
3. über die auf Grund des § 28 EinkstGes. gestellten Anträge zu beschließen und die vom Steuerpflichtigen vorzulegenden Nachweisungen zu bezeichnen;
4. gegen Steuererklärungen und Vermögensanzeigen Bedenken geltend zu machen;
5. vom Schätzungsausschuß Erläuterungen oder Ergänzungen der abgegebenen oder die Erstattung weiterer Gutachten zu erfordern. Art. 61 I d. EinkA. Zweiter Teil.

Zu Ziffer 1 ist zu beachten, daß für die Ergänzungssteuer eine Verpflichtung für Zeugen und Sachverständige zur Auskunfterteilung gegenüber der Veranlagungskommission (abweichend von der Einkommensteuer) nicht besteht. Siehe Art. 61 d. EinkA. Zweiter Teil, II Abs. 3.

§ 30. Werden die Angaben einer Vermögensanzeige über Größe und Wert steuerbaren Vermögens durch die Veranlagungskommission oder deren Vorsitzenden beanstandet, so ist dem Steuerpflichtigen mitzuteilen, auf welche Vermögensteile oder Werte die Beanstandung sich bezieht. Soweit es sich um tatsächliche Angaben handelt, sind zugleich die Gründe der Beanstandung mitzuteilen.

Mit der Mitteilung ist die Aufforderung zu verbinden, sich binnen einer bestimmten Frist über die beanstandeten Angaben zu erklären.

Erst wenn der Steuerpflichtige dies unterläßt, oder wenn die Bedenken gegen die Richtigkeit der Vermögensanzeige nicht gehoben werden, ist die Kommission bei Schätzung des Vermögens auch an die tatsächlichen Angaben des Steuerpflichtigen nicht gebunden.

1) Die eingegangenen Vermögensanzeigen hat der Vorsitzende der Veranlagungskommission nach Form und Inhalt zu prüfen.

Eingaben, welche in formeller Hinsicht wesentliche Vorschriften nicht beachten, indem z. B. die vorgeschriebene Versicherung oder die Unterschrift fehlt, oder die verschiedenen Vermögensarten nicht auseinandergehalten sind, gelten überhaupt nicht als Vermögensanzeigen im Sinne des Gesetzes.

Der Steuerpflichtige ist auf den Mangel aufmerksam zu machen und ihm unter Rückgabe des formwidrigen Schriftstücks die entsprechende Ergänzung anheimzustellen. Art. 59 I 1 d. EinfA. Zweiter Teil.

2) Die Angaben der formell genügenden Vermögensanzeigen, mögen dieselben rechtzeitig oder verspätet eingereicht sein, hat der Vorsitzende durch Vergleichung mit allen sonst über die Verhältnisse der Steuerpflichtigen gesammelten Nachrichten sorgfältig zu prüfen, namentlich auch daraufhin, ob das bekannte oder vermutete Vermögen von Haushaltungsangehörigen berücksichtigt, und wenn dies nicht der Fall ist, ob die betreffenden Angehörigen besonders veranlagt sind. Sind die Vermögensverhältnisse eines Steuerpflichtigen dem Vorsitzenden der Veranlagungskommission nicht genügend bekannt, so empfiehlt es sich, die Vermögensanzeige zunächst

einem oder mehreren Mitgliedern der Veranlagungskommission zur Vorprüfung darüber, ob gegen die Richtigkeit der Angaben Bedenken bestehen, vorzulegen. Art. 59 I 2 EinkA. Zweiter Teil.

3) Vermögensanzeigen, über welche mit den betreffenden Steuerpflichtigen nicht verhandelt worden ist, sind der Veranlagung nach dem Gesetz zugrunde zu legen. Hieraus ergibt sich die Aufgabe des Vorsitzenden der Veranlagungskommission, für eine genaue und ernste Prüfung der Vermögensanzeigen Sorge zu tragen, damit nicht infolge einer zu nachsichtigen Beurteilung die Veranlagung auf unrichtige Angaben gegründet wird. Anderseits liegt aber ein Anlaß zur Einleitung von Erörterungen im Einzelfalle nur vor, wenn begründete Bedenken gegen die Richtigkeit einer Angabe bestehen.

Durchaus zu vermeiden sind kleinliche Erörterungen über geringfügige Punkte, sowie jede durch den Zweck der Prüfung nicht gebotene oder entbehrliche Rückfrage (vgl. die FME. vom 25. Febr. 97, MittH. **34**, 7 und vom 13. und 14. März 00, MittH. **40**, 25, 28, 29). Bedenken, die bereits in einem Vorjahr im Veranlagungs- oder Rechtsmittelverfahren als erledigt angenommen waren, dürfen in der Regel nicht wiederholt geltend gemacht werden, es müßten denn inzwischen neue Umstände bekannt geworden sein, die eine nochmalige Erörterung desselben Punktes geboten erscheinen lassen. Art. 59 I 3 d. EinkA. Zweiter Teil.

4) In allen Fällen sind die Verhandlungen mit den Steuerpflichtigen in rücksichtsvoller Form und unter Vermeidung jeder nicht zur Erreichung des Zwecks gebotenen Belästigung zu führen.

Verhandlungen über die Steuererklärung und Vermögensanzeige desselben Steuerpflichtigen sind tunlichst miteinander zu verbinden. Art. 59 I 4 d. EinkA. Zweiter Teil.

5) Liegen gegen den Inhalt einer Vermögensanzeige Bedenken vor, sei es mit Bezug auf die Zuverlässigkeit

der tatsächlichen Angaben, sei es mit Bezug auf die zugrunde liegenden Berechnungen oder die richtige Anwendung der maßgebenden Veranlagungsgrundsätze, so müssen dieselben unter Zuziehung des Steuerpflichtigen erörtert werden.

Diese Erörterung kann in der Weise versucht werden, daß die Anberaumung einer mündlichen Verhandlung im Sinne des § 36 Abs. 5 des EinkStGes. erfolgt. Ein Muster zu der bezüglichen Einladung des Steuerpflichtigen ist auf Seite 146 d. EinkA. Zweiter Teil (Muster XIV a) mitgeteilt.

An bestimmte Formen ist eine solche Verhandlung nicht gebunden und namentlich am Platze, wenn Zweifel darüber bestehen, ob bei der Berechnung des Vermögens nach den richtigen Grundsätzen verfahren ist, die summarischen Angaben aber nicht erkennen lassen, in welchen Punkten der Berechnung der vermutete Fehler liegt, oder wenn nach Lage der Sache ein Schriftwechsel über die obwaltenden Bedenken weitläufige Auseinandersetzungen, sei es von seiten des Vorsitzenden, sei es von seiten des Steuerpflichtigen erfordern würde. Art. 59 II d. EinkA. Zweiter Teil.

6) Wird die in Anm. 5 erörterte Maßnahme nicht gewählt oder verweigert der Steuerpflichtige sein Erscheinen oder bleibt er in dem Termin ohne Entschuldigung aus, so hat der Vorsitzende die Bedenken dem Steuerpflichtigen schriftlich mit der Aufforderung mitzuteilen, binnen einer auf mindestens zwei Wochen zu bestimmenden Frist sich darüber zu erklären oder bestimmte Fragen über noch aufzuklärende, für die Veranlagung erhebliche Punkte zu beantworten und Beweismittel für seine Angaben beizubringen. Diese Mitteilung hat durch den Vorsitzenden in der Regel noch vor dem Zusammentritt der Veranlagungskommission zu erfolgen.

Dabei ist folgendes zu beachten:

1. Eine Bemängelung der Vermögensanzeige in allgemeinen Ausdrücken genügt nicht. Die vorgeschriebene Mitteilung soll den Steuerpflichtigen kurz aber erschöpfend

und in verständlicher Weise darüber unterrichten, auf welche einzelnen Angaben die Bedenken sich beziehen und in welchen Punkten seine Angaben erläutert, ergänzt oder bescheinigt werden müssen, um die obwaltenden Bedenken zu beseitigen. Die Mitteilung ist zu machen ohne Unterschied, ob die Bedenken gegen tatsächliche Angaben oder gegen Schätzungen oder Berechnungen des Pflichtigen gerichtet sind, oder ob es sich um Verstöße gegen Veranlagungsgrundsätze handelt.

2. Für schriftliche Mitteilungen ist je nach den Umständen eines der von der EinkA. Zweiter Teil, S. 149—154 mitgeteilten Muster XIV b—f zu verwenden. Weitergehende Verwarnungen sind unstatthaft (MittH. 38, 15).

Die erforderliche Eröffnung kann dem Steuerpflichtigen auch mündlich bei Gelegenheit einer persönlichen Verhandlung gemacht und, wenn er sich nicht zur sofortigen Erklärung bereit findet, ihm eine Frist zur weiteren Erklärung gestellt werden. Auf Antrag ist in solchem Falle eine kurze schriftliche Mitteilung über die wesentlichen Punkte nicht zu versagen.

Die Frist kann, abweichend von den Bestimmungen bei Prüfung der Steuererklärungen, bei Vermögensanzeigen auch kürzer als zwei Wochen gestellt werden.

3. . . . . . .

4. Es ist Sache des Steuerpflichtigen, der Veranlagungskommission die Überzeugung von der Richtigkeit der zu Bedenken Anlaß gebenden Angaben zu verschaffen und die zu diesem Zwecke dienlichen Bescheinigungen und Beweise (Bücher, Quittungen, Beläge, Auskunftspersonen usw.) anzuführen. Die Befugnis, die Vorlegung von Büchern und dergleichen zu verlangen, steht dem Vorsitzenden nicht zu; wohl aber ist es statthaft, dem Steuerpflichtigen in der Aufforderung die zur Behebung der vorliegenden Bedenken geeigneten Beweismittel an die Hand zu geben.

5. Die vom Steuerpflichtigen angebotenen, gesetzlich zulässigen, an sich geeigneten Beweismittel müssen erhoben werden, soweit die unter Beweis gestellten Tatsachen nicht ohnehin als richtig angenommen werden oder für die Beurteilung der Sache unerheblich sind.

6. Der Verlauf und die Ergebnisse der stattgehabten mündlichen Verhandlung und einer etwaigen Beweisaufnahme sind aktenkundig zu machen.

Der Text und die Angaben der abgegebenen Vermögensanzeigen dürfen nicht abgeändert oder mit Bemerkungen oder Zusätzen mit Tinte oder schwarzem oder farbigem Stifte versehen werden. Alle Zusätze und Bemerkungen, zu welchen die Nachprüfung Veranlassung gibt, sind ausnahmslos auf besondere Bogen, welche um die Vermögensanzeigen umgeschlagen werden, zu verweisen.

Art. 59 III Nr. 1—6 d. EinkA. Zweiter Teil.

§ 31. Die Kommission setzt den nach ihrem Ermessen zutreffenden Steuersatz auf Grund der stattgehabten Ermittelungen fest.

1) Hat die Veranlagungskommission gegen den Inhalt einer Vermögensanzeige Bedenken, so ist in Gemäßheit des Art. 59 III Nr. 1—6 d. EinkA. Zweiter Teil (siehe Anm. 6 zu § 30 d. Ges.) zu verfahren, sofern die dort vorgesehene Mitteilung und Aufforderung nicht bereits von seiten des Vorsitzenden ergangen war. Unterläßt der Steuerpflichtige die von dem Vorsitzenden oder der Kommission erforderte Erklärung, oder werden durch die abgegebenen Erklärungen und beigebrachten Beweismittel die Bedenken der Veranlagungskommission gegen die Richtigkeit der beanstandeten Angabe nicht gehoben, so ist die Kommission ferner befugt, aber nicht verpflichtet, von amtswegen die nicht eidliche Vernehmung von Zeugen und Sachverständigen und sonstige zur Feststellung der Tatsachen erforderliche Erhebungen zu veranlassen, insbesondere auch vom Steuerpflichtigen die Vor-

legung seiner Bücher, Kontrakte, Schuldverschreibungen, Zinsquittungen usw. zu verlangen. Eine Verpflichtung für Zeugen und Sachverständige zur Auskunfterteilung besteht für die Ergänzungssteuer gegenüber der Veranlagungskommission ebensowenig wie gegenüber dem Vorsitzenden.

Die Befragung des Steuerpflichtigen, die Vernehmung von Zeugen und Sachverständigen sowie die Vorlegung der Bücher usw. kann in der Sitzung vor der versammelten Kommission stattfinden; jedoch dürfen die vernommenen Personen in keinem Falle bei der Beratung und Beschlußfassung zugegen sein.

Die Einsicht und Prüfung der Geschäftsbücher erfolgt in der Regel durch ein von der Kommission zu entsendendes Mitglied (wenn aber das Plenum Wert darauf legt, selbst von den Büchern Kenntnis zu nehmen, ist Ladung vor dieses nicht ausgeschlossen. KomBer. d. AbgH. 1905/06 Drucks. 259 S. 52) und auf Antrag des Steuerpflichtigen unter Zuziehung eines von ihm vorzuschlagenden Beistandes. Die Beteiligung eines von dem Vorsitzenden auszuwählenden Sachverständigen oder Hilfsbeamten ist hierdurch nicht ausgeschlossen. Die Bestimmung über Zeit und Ort für die Vorlegung von Handels- oder Wirtschaftsbüchern ist stets unter Berücksichtigung des Zwecks der Prüfung nach den im einzelnen Falle vorliegenden Umständen zu treffen. Die Einsendung der Bücher, wobei der Steuerpflichtige die Gewahrsam derselben verliert, darf ohne sein ausdrückliches Einverständnis nicht gefordert werden. Zu beachten sind auch hinsichtlich der Prüfung und Vorlegung der Bücher: die FME. v. 27. Febr. und 24. Aug. 1894 (MittH. **30**, 6, 7), v. 7. Mai 1896 (MittH. **33**, 10), insbesondere hinsichtlich der Bücher in polnischer Sprache: die Verf. v. 8. März 1894 (MittH. **30**, 9).

Abwesende Zeugen und Sachverständige sind durch Ersuchen der Ortsbehörde oder des Vorsitzenden der Veranlagungskommission ihres Wohnorts zu vernehmen. Geeignetenfalls können diese Behörden auch bei Aufnahme anderer Beweise, z. B. Vorlegung von Urkunden, Büchern usw., um ihre Mitwirkung ersucht werden. Zu beachten sind hinsichtlich der Vernehmung von Zeugen und Sachverständigen: die FME. v. 27. Juli 1894 (MittH. **30**, 9), v. 6. Oktober 1895 (MittH. **33**, 9) und v. 2. Oktober 1900 (MittH. **42**, 10).

Die der Kommission zustehende Befugnis zur Einsichtnahme von Akten anderer Behörden ist durch ein oder mehrere beauftragte Mitglieder oder den Vorsitzenden oder die demselben beigegebenen Hilfsbeamten auszuüben.

In allen Fällen ist bei der Ausführung der Beweisaufnahme im Interesse der Steuerpflichtigen sowie der Staatskasse auf tunlichste Einschränkung der Kosten Bedacht zu nehmen.

Art. 61 III d. EinkA. Zweiter Teil.

2) Insoweit behufs zutreffender Einschätzung eines Steuerpflichtigen die erforderliche Kenntnis seiner Vermögensverhältnisse noch fehlt, darf die Kommission nicht davon abstehen, nach Maßgabe der ihr zu diesem Zwecke beigelegten Befugnisse diejenigen Mittel zur Aufklärung der Verhältnisse anzuwenden, von denen sie einen Erfolg erwarten kann. Art. 61 V d. EinkA. Zweiter Teil.

3) Die Veranlagungskommission beschließt über die Ergänzungssteuerveranlagung sämtlicher Pflichtigen. Sie darf dabei von den tatsächlichen Angaben einer Vermögensanzeige nur insoweit abweichen, als die dagegen obwaltenden Bedenken dem Steuerpflichtigen vorher mitgeteilt sind und entweder der Steuerpflichtige der dieserhalb an ihn ergangenen Aufforderung nicht nachgekommen ist, oder nach dem pflichtmäßigen Ermessen der Kommission die Bedenken weder durch die von ihm darauf abgegebenen Erklärungen noch durch die sonstigen Erhebungen beseitigt sind.

Art. 62 d. EinkA. Zweiter Teil.

§ 32. Das Ergebnis der Veranlagung hat der Vorsitzende der Veranlagungskommission dem Steuerpflichtigen mittels einer zugleich eine Belehrung über das zulässige Rechtsmittel enthaltenden Zuschrift bekannt zu machen, welche, sofern auch die Veranlagung zur Einkommensteuer stattgefunden hat, mit der Benachrichtigung über dieselbe (§ 42 des Einkommensteuergesetzes) verbunden werden kann.

1) Nach beendeter Veranlagung wird die Einkommens- und Vermögensnachweisung oder, wo dieselbe in Kartenblattform geführt wird, die Kontrolliste (B) von dem Vorsitzenden und von den Mitgliedern, welche an der Veranlagung teilgenommen haben, vollzogen.

Aus der Staatssteuerliste werden diejenigen Personen gestrichen, welche nicht veranlagt worden sind, weil weder ihr Jahreseinkommen (Spalte 28 der Liste) den Betrag von 900 M., noch das steuerbare Vermögen (Spalte 27) den Betrag von 6000 M. übersteigt, oder weil sie der Einkommensteuer und der Ergänzungssteuer überhaupt nicht unterliegen. Die Eintragungen im Personenverzeichnis (Muster VI d. EinkA. Zweiter Teil) werden entsprechend berichtigt und die Spalten 8—12a desselben aufgerechnet.

Sodann trägt der Vorsitzende über den veranlagten Steuersätzen (Spalten 36, 42 der Staatssteuerliste, Spalten 32, 36 der Einkommens- und Vermögensnachweisung) mit blauer Tinte die zu erhebenden Steuerzuschläge ein (vgl. hierüber Art. 30 u. 31 d. EinkA. sowie EA. Art. 20).

Demnächst werden die Spalten 3, 32 bis 37, 39 bis 42 der Staatssteuerliste, sowie die Spalten 3, 32 und 36 der Einkommens- und Vermögensnachweisung, nötigenfalls unter Benutzung von Aufrechnungsbogen (FME. v. 16. Nov. 96, MittH. 34, 9), und zwar die Steuersätze und die Steuerzuschläge je besonders aufgerechnet und die Liste sowie die Nachweisung von dem Vorsitzenden mit dem Festsetzungsvermerk versehen. Die

Staatssteuerrollen (Muster VIII d. EinkA. Zweiter Teil) werden in den Spalten 2, 4 bis 7 ausgefüllt — wobei in den Spalten 5 und 6 die Steuerzuschläge über den Steuersätzen mit blauer Tinte einzutragen sind —, sodann abgeschlossen, in der auf dem Muster vorgeschriebenen Weise bescheinigt und der zuständigen Kasse zugefertigt, welche, soweit ihr nicht ausnahmsweise selbst die Hebung obliegt, die Rollen behufs Anfertigung der Heberegister (Kontobücher, Hebelisten) binnen einer angemessenen Frist an die Gemeinden (Gutsbezirke) befördert.

Nach Abschluß der Heberollen stellt der Vorsitzende der Veranlagungskommission die Nachweisung von der im ganzen Kreise (Oberamtsbezirk) aufkommenden Einkommensteuer und Ergänzungssteuer (Muster XVIII d. EinkA. Zweiter Teil) auf, bescheinigt die Übereinstimmung mit den Abschlüssen der Nachweisungen und überreicht die Kreisnachweisung in zweifacher Ausfertigung, falls aber mehrere Kassen beteiligt sind, in einfacher Ausfertigung und einem Auszuge für jede Kasse der Regierung, welche die Kreisnachweisungen sowie die Auszüge rechnerisch prüft, nach Hebung etwaiger Anstände bescheinigt und mit dem Festsetzungsvermerke versieht. Eine Ausfertigung der festgesetzten Kreisnachweisung oder der Auszug aus derselben wird der zuständigen Kasse zugefertigt.

Eine nach Kassenbezirken geordnete Zusammenstellung über das Sollaufkommen an Einkommensteuer und Ergänzungssteuer vom ganzen Bezirke teilt die Regierung der Oberrechnungskammer sowie der Regierungshauptkasse mit.

Bis zum 10. Mai hat die Regierung dem Finanzminister den Jahresbetrag der veranlagten Ergänzungssteuer anzuzeigen.

Der Vorsitzende der Veranlagungskommission erstattet über das Ergebnis der Veranlagung im ganzen Kreise (Oberamtsbezirke) dem Vorsitzenden der Berufungskommission nach näherer Bestimmung desselben eingehenden Bericht. Art. 64 d. EinkA. Zweiter Teil.

2) Eine Offenlegung der Staatssteuerlisten oder Rollen findet nicht statt. Sofort nach beendetem Veranlagungsgeschäft ist jedem mit einem Staatssteuersatze veranlagten Steuerpflichtigen ein gehörig verschlossenes Benachrichtigungsschreiben kostenfrei zuzustellen, welches enthalten muß:

1. den veranlagten Jahressatz der Einkommen- und Ergänzungssteuer sowie die Grenzen der Stufen, innerhalb deren das bei der Veranlagung angenommene Jahreseinkommen und Vermögen liegt;

2. die Belehrung, daß dem Steuerpflichtigen gegen das Ergebnis der Veranlagung der Einspruch oder die Berufung zusteht, und daß das Rechtsmittel binnen einer Ausschlußfrist von 4 Wochen, von dem auf die Zustellung der Benachrichtigung folgenden Tage ab gerechnet, bei dem Vorsitzenden der Veranlagungskommission einzulegen ist;

3. die Eröffnung, daß durch die Einlegung des Rechtsmittels die Zahlung der veranlagten Steuer nicht aufgehalten wird, vielmehr mit Vorbehalt der späteren Erstattung des etwa zuviel Gezahlten in den vorgeschriebenen Fristen erfolgen muß.

Bei Fassung der Belehrung zu 2 ist zu beachten, daß die Frist für die in außereuropäischen Ländern und Gewässern Abwesenden sechs Monate, für andere außerhalb des Deutschen Reiches Abwesende sechs Wochen beträgt (§ 84 des EinkstGes., § 47 des ErgstGes.).

Steuerpflichtige, über deren vorjährige Veranlagung ein Rechtsmittelverfahren noch schwebt, sind außerdem darauf hinzuweisen, daß die noch ausstehende Entscheidung über das Rechtsmittel für das Vorjahr keine Wirkung auf die neue Veranlagung habe, und dem Steuerpflichtigen daher, falls er sich durch diese wiederum für beschwert erachte, überlassen bleiben müsse, von neuem Einspruch oder Berufung einzulegen.

Art. 65 I d. EinkA. Zweiter Teil.

Die Ausfertigung der Benachrichtigungszuschriften erfolgt seitens des Vorsitzenden der Veranlagungskommission. Das Benachrichtigungsschreiben ist von dem Vorsitzenden handschriftlich oder durch Stempelung (Art. 77 Nr. 6 d. EinkA. Zweiter Teil) zu vollziehen.

Die Ausfertigung der Zuschriften für die mit Einkommen von nicht mehr als 3000 M. veranlagten Steuerpflichtigen kann mit den Steuerzetteln verbunden und nebst der Zustellung, welche gemäß § 58 des EinkstGes., § 47 des ErgstGes. zu bewirken ist, dem Gemeinde- (Guts-) Vorstand übertragen werden. Auch in diesem Falle muß die Zuschrift, die oben bezeichneten Nachrichten und Belehrungen enthalten. Die Regierungen sind ermächtigt, auf Antrag des Vorsitzenden der Veranlagungskommission entsprechende Anordnungen für diejenigen Gemeinden (Gutsbezirke) zu treffen, in denen zum Zwecke der Steuererhebung Steuerzettel ausgegeben werden. Die erforderlichen Formulare sind den Gemeinden (Gutsbezirken) kostenfrei zu liefern.

Der Vorsitzende der Veranlagungskommission hat durch geeignete Maßnahmen darauf hinzuwirken, daß die Zustellung durch die Gemeinden (Gutsbezirke) mit tunlichster Beschleunigung ausgeführt wird.

Art. 65 II d. EinkA. Zweiter Teil.

In denjenigen Jahren, in denen eine allgemeine Ergänzungssteuerveranlagung nicht stattfindet, erhalten die Steuerpflichtigen, deren Ergänzungssteuerveranlagung in fortdauernder Geltung bleibt, eine Benachrichtigung hierüber nicht.

Die Zuschriften über das Ergebnis der Einkommen- und Ergänzungssteuerveranlagung für denselben Pflichtigen können miteinander in der Weise verbunden werden, daß für beide Veranlagungen ein gemeinsames Benachrichtigungsschreiben ausgefertigt, oder doch die getrennten Zuschriften unter einem Umschlage zugestellt werden. Auf diese Verbindung ist zur Ersparung von Arbeitskraft und Kosten regelmäßig

Bedacht zu nehmen, sofern nicht die besonderen Umstände des Einzelfalls Ausnahmen bedingen.

In allen Fällen, in denen eine besondere Benachrichtigung über die Ergänzungssteuerveranlagung ausgefertigt wird, erhält die Zuschrift über die Einkommensteuerveranlagung an denselben Pflichtigen folgenden Zusatz:

„Über Ihre Veranlagung zu der außer der Einkommensteuer zu entrichtenden Ergänzungssteuer liegt besondere Nachricht bei
(wird Ihnen besondere Nachricht zugehen)."

Art. 65 II d. EinkA. Zweiter Teil. Muster zu Benachrichtigungsschreiben (XVII, XVII a—d) teilt die EinkA. auf Seite 159—167 mit.

Personen, welche zum Zwecke der Veranlagung eine Steuererklärung oder Vermögensanzeige abgegeben haben, erhalten auf Verlangen eine Benachrichtigung über den Beschluß der Veranlagungskommission, auch wenn ein Steuersatz auf sie nicht veranlagt ist. Die Zuschrift muß in diesen Fällen außer dem Betrage des angenommenen Jahreseinkommens die vorgeschriebene Belehrung wegen der Rechtsmittel enthalten. Art. 65 IV d. EinkA. Zweiter Teil.

3) Ist der Steuerpflichtige vor der erfolgten Behändigung des Veranlagungsschreibens verstorben, so ist das Veranlagungsergebnis den Erben bekannt zu machen und von diesen die auf den Erblasser veranlagte und bis zu dem Ablaufe seines Sterbemonats rückständige Steuer zu erfordern. MittH. 25, 70.

4) Für bevormundete Personen ist das Ergebnis der Veranlagung dem Vormunde bekannt zu machen. OVG. II, 311. Dagegen für im Konkurse befindliche Steuerpflichtige nicht dem Konkursverwalter, sondern dem Pflichtigen selbst. OVG. X, 439.

3. Rechtsmittel.

§ 33. I. Gegen das Ergebnis der Veranlagung stehen sowohl dem Steuerpflichtigen als auch dem Vorsitzenden der Veranlagungskommission als Rechtsmittel zu:

1. wenn der Steuerpflichtige zur Einkommensteuer nicht oder nach einem Einkommen von nicht mehr als 3000 Mark veranlagt ist, der Einspruch an die Veranlagungskommission und gegen die auf diesen Einspruch ergehende Entscheidung der Veranlagungskommission die Berufung an die Berufungskommission;
2. wenn der Steuerpflichtige zur Einkommensteuer nach einem Einkommen von mehr als 3000 Mark veranlagt ist, die Berufung an die Berufungskommission.

II. Ist durch die Entscheidung der Berufungskommission in dem Falle I Nr. 1 ein steuerbares Vermögen von mehr als 100000 Mark festgesetzt, so steht dagegen dem Steuerpflichtigen das Rechtsmittel der Beschwerde an das Oberverwaltungsgericht zu.

III. Gegen die Entscheidung der Berufungskommission in dem Falle von I Nr. 2 steht sowohl dem Steuerpflichtigen als auch dem Vorsitzenden der Berufungskommission das Rechtsmittel der Beschwerde an das Oberverwaltungsgericht zu.

IV. Die Rechtsmittel können mit den etwaigen Rechtsmitteln gegen die Einkommensteuerveranlagung in demselben Schriftsatze verbunden werden. Sind Rechtsmittel sowohl gegen die Einkommensteuer- wie auch gegen die Ergänzungssteuerveranlagung eingelegt, so können die Erörterung und Entscheidung der Rechtsmittel in einem Verfahren herbeigeführt werden.

Die Vorschriften des § 44 des Einkommensteuergesetzes finden auf das Rechtsmittelverfahren sinngemäß Anwendung.

1) „Über Gegenstände und Angelegenheiten, welche nach den Gesetzen und allgemeinen Grundsätzen Unserer Staats- und Landesverfassung zur richterlichen Erörterung bisher schon nicht geeignet gewesen, kann auch fernerhin kein Prozeß zugelassen werden.

Es findet derselbe daher weder über wirkliche Majestäts- und Hoheitsrechte statt ... noch über die Verbindlichkeit zur Entrichtung allgemeiner Anlagen und Abgaben, denen sämtliche Einwohner des Staates oder alle Mitglieder einer gewissen Klasse derselben nach der bestehenden Landesverfassung unterworfen sind." §§ 35, 36 der VO. wegen verbesserter Einrichtung der Provinzial-, Polizei- und Finanzbehörden v. 26. Dez. 1808, GesS. 1817 S. 282. Vgl. OVG. IX, 264.

2) Sinngemäße Anwendung auf die Ergänzungssteuer finden folgende für die Einkommensteuer ergangenen Entscheidungen:

Der Anspruch auf Verzinsung eines überhobenen Einkommensteuerbetrages kann in dem durch das Einkommensteuergesetz geregelten Rechtsmittelverfahren nicht verfolgt werden. OVG. XI, 334.

Für den Anspruch auf Verzinsung eines überhobenen Einkommensteuerbetrages ist auch der Rechtsweg unzulässig. Erkenntnis des Gerichtshofes zur Entsch. der Kompetenzkonflikte v. 12. Dez. 1896 MittH. 34, 30.

3) Dem Steuerpflichtigen stehen die Rechtsmittel gegen jedes Ergebnis der Veranlagung (d. h. gegen die Festsetzung der Steuer, nicht gegen die Ermittelung des Steuerobjekts, OVG. VIII, 229) zu, auch gegen die Veranlagung als steuerfrei und mit dem Ziele auf eine höhere Veranlagung. Art. 67 Nr. 2 d. EinkA. Zweiter Teil.

4) Ist ein Steuerpflichtiger nach erfolgter Veranlagung in Konkurs geraten, so ist der Konkursverwalter befugt, in

das schwebende Verfahren selbständig einzutreten und das Rechtsmittel einzulegen. OVG. X, 439ff.; XII, 384; XV, 372.

5) Der im Schlußabsatz des § 33 in Bezug genommene § 44 d. EinkstGes. lautet wie folgt:

„Jedes Rechtsmittel ist binnen einer Ausschlußfrist von vier Wochen anzubringen, welche für die Kommissionsvorsitzenden von dem Tage des angefochtenen Beschlusses, für die Steuerpflichtigen von der Zustellung der Benachrichtigung (§ 42) bzw. von der Zustellung der Rechtsmittelentscheidung ab läuft. Der Einspruch und ebenso die Berufung des Steuerpflichtigen sind bei dem Vorsitzenden der Veranlagungskommission, die Berufung des Vorsitzenden der Veranlagungskommission und die Beschwerde des Steuerpflichtigen bei dem Vorsitzenden der Berufungskommission, die Beschwerde des Vorsitzenden der Berufungskommission bei dem Oberverwaltungsgericht einzureichen.

Die unrichtige Bezeichnung eines Rechtsmittels und die Anbringung desselben bei einer nach Abs. 1 hinsichtlich des Rechtsmittels nicht zuständigen Behörde sind für die Frage der Zulässigkeit des Rechtsmittels belanglos. Rechtsmittel, die bei einer nicht zuständigen Behörde angebracht werden, sind der zur Entscheidung zuständigen Stelle zu übermitteln."

6) Die Rechtsmittel des Steuerpflichtigen sind an eine bestimmte Form nicht gebunden. Einspruch und Berufung sind bei dem Vorsitzenden der Veranlagungskommission, die Beschwerde bei dem Vorsitzenden der Berufungskommission innerhalb der gesetzlichen Ausschlußfrist schriftlich oder zu Protokoll anzubringen.

Wo die Verhältnisse es angezeigt erscheinen lassen, ist auf die Befugnis, die Rechtsmittel zu Protokoll zu geben, alljährlich bei Beginn der Rechtsmittelfrist durch öffentliche Bekanntmachung hinzuweisen.

Das Rechtsmittel gegen die Veranlagung zur Ergänzungssteuer kann mit dem etwaigen Rechtsmittel gegen die Einkommensteuerveranlagung in demselben Schriftsatz angebracht werden. Läßt der Inhalt einer Eingabe Zweifel darüber, ob gegen beide Veranlagungen oder gegen welche von beiden die Einlegung des Rechtsmittels beabsichtigt ist, so hat der Vorsitzende der Veranlagungskommission den Steuerpflichtigen alsbald zu einer erläuternden Erklärung binnen einer von ihm zu bestimmenden angemessenen Frist aufzufordern.

Art. 67 Nr. 3, 4 d. EinkA. Zweiter Teil.

7) Im Rechtsmittelverfahren kann die Steuerfestsetzung nur in einer bestimmten Richtung angefochten werden; es muß daher, wenn auch nur aus den begleitenden Umständen, klar ersichtlich sein, ob eine Erhöhung oder eine Verminderung des Steuersatzes erstrebt wird. Ein alternativ gestellter Antrag, die Steuer zu erhöhen oder herabzusetzen, ist unzulässig. OVG. XV, 381.

Die bedingte Einlegung eines Rechtsmittels sowie die nachträgliche Beifügung einer Bedingung bei einem zunächst unbedingt eingelegten Rechtsmittel sind unwirksam. OVG. IX, 343.

8) Vollmacht zur Einlegung von Rechtsmitteln in Steuersachen ist stempelpflichtig (Verf. v. 15. März 1900, MittH. 40, 38). Anm. 61 zu Art. 67 d. EinkA. Zweiter Teil.

9) Für die Berechnung aller Fristen im Rechtsmittelverfahren gelten die Vorschriften der §§ 187—193 des BGB. Vgl. Anm. 40 zu Art. 32 d. EinkA.

10) Verspätet angebrachte Einsprüche oder Berufungen weist der Vorsitzende der Veranlagungskommission unter Angabe der Gründe zurück. Widerspricht der Steuerpflichtige der Zurückweisung, so ist, wenn es sich um einen Einspruch handelt, die Entscheidung der Veranlagungskommission, wenn es sich um eine Berufung handelt, die Entscheidung der Berufungskommission herbeizuführen. Verspätet eingegangene Beschwerden werden in jedem Falle dem Oberverwaltungsgerichte zur Entscheidung überreicht. Art. 67 Nr. 6 d. EinkA. Zweiter Teil.

11) Die Rechtsmittelfrist ist dann gewahrt, wenn

der Steuerpflichtige das Rechtsmittel derart eingelegt, daß er bei geordnetem Geschäftsgange mit Bestimmtheit darauf rechnen konnte, die Rechtsmittelschrift werde fristgerecht in die Hände des zuständigen Beamten gelangen. OVG. I, 356. Ist der Geschäftsgang bei der auf der Adresse der Rechtsmittelschrift bezeichneten Behörde so eingerichtet, daß Postsendungen täglich nur einmal von der Post abgeholt werden und also nach der Abholung noch abholungsfähige Postsendungen auf der Post liegen können, so müssen diese in dem ganzen Zeitpunkte als bestellt gelten, in dem sie abgeholt werden konnten. Zu vgl. MittH. **30**, 12 und die daselbst abgedruckte Entsch. des OVG. v. 16. Nov. 94.

Hat die Behörde, bei welcher das Rechtsmittel anzubringen ist, einen Briefkasten, so ist die Frist gewahrt, wenn die Zuschrift bis 12 Uhr nachts am letzten Tage in den Briefkasten gelegt worden ist. Im Zweifelsfalle hat den Zeitpunkt der Einlegung der Steuerpflichtige zu beweisen. OVG. V, 182.

12) Der Widerruf der Zurücknahme eines Rechtsmittels nach Ablauf der Ausschlußfrist ist wirkungslos. OVG. VIII, 286. Die Einlegung eines Rechtsmittels vor dem Erlaß der Entscheidung, welche dadurch angegriffen werden soll, ist wirkungslos. OVG. VII, 110.

13) Der Steuerpflichtige ist gemäß §§ 34 Abs. 2, 36 Abs. 2 des ErgStGes., §§ 45 Abs. 2, 48 Abs. 3 des EinkStGes. verpflichtet, bei Anbringung des Rechtsmittels die zu seiner Begründung dienlichen Tatsachen und Beweismittel anzuführen. FME. v. 21. Februar 1913 II 2346 in Abänderung des Art. 67 Nr. 8 d. EinkA. Zweiter Teil. (Hieraus folgt aber nicht etwa, daß Rechtsmittel, welche ohne Begründung eingelegt worden sind, in jedem Falle abgewiesen werden müßten. Vielmehr müssen, solange eine Entscheidung über das Rechtsmittel noch nicht erfolgt ist, auch alle später vorgebrachten Tatsachen und Beweismittel bei der Entscheidung gewürdigt werden, und ebenso dürfen

solche Tatsachen oder Beweismittel nicht übergangen werden, die der Steuerpflichtige schon in einem früheren Stadium angeführt hat, und auf welche er bei Einlegung des Rechtsmittels oder später im Laufe des noch schwebenden Rechtsmittelverfahrens Bezug nimmt. FME. v. 2. Dez. 1913 II 16762.)

Damit der Steuerpflichtige die zur Begründung dienlichen Tatsachen und Beweismittel in sachgemäßer Weise anführen kann, muß ihm auf Antrag mitgeteilt werden, welche Annahmen in tatsächlicher und rechtlicher Hinsicht seiner Veranlagung zugrunde gelegt worden sind, und ihm insbesondere auch Auskunft darüber gegeben werden, in welchen Punkten die Veranlagungskommission von den Angaben seiner Vermögensanzeige abgewichen ist (vgl. auch MittH. **40**, 31). Diese Mitteilungen können auch von amtswegen erfolgen, wenn der Inhalt der Rechtsmittelschrift dazu Anlaß bietet. Art. 67 Nr. 8 d. EinkA. Zweiter Teil.

14) Ist die Erledigung eines Rechtsmittels nach Lage des Falls binnen einer mäßigen Frist — 6 Wochen — nicht zu erwarten, so ist dem Steuerpflichtigen in der Regel ein kurzer Vorbescheid zu erteilen, worin er unter Hinweis auf die der alsbaldigen Abgabe einer Entscheidung entgegenstehenden Hinderungsgründe von den zur Vorbereitung derselben getroffenen Maßnahmen benachrichtigt wird.

Von der Vorlegung einer Beschwerde beim Oberverwaltungsgericht ist dem Steuerpflichtigen in jedem Falle eine kurze Nachricht zu erteilen. Art. 67 Nr. 7 d. EinkA. Zweiter Teil.

15) Die Frist für den Steuerpflichtigen läuft von der Zustellung der Benachrichtigung bzw. von der Zustellung der Rechtsmittelentscheidung. Voraussetzung ist ordnungsmäßige Zustellung, sonst beginnt die Ausschlußfrist nicht zu laufen. Über Mängel im Zustellungsverfahren vgl. OVG. X, 337 und die dort angegebenen Entscheidungen des Gerichtshofs sowie OVG. XII, 343 ff.

16) Der Vorsitzende der Veranlagungskommission hat seinen Einspruch durch Einreichung eines Schriftsatzes zu den Veranlagungsakten des Steuerpflichtigen binnen einer vom Tage des angefochtenen Beschlusses der Veranlagungskommission laufenden (der Tag des Beschlusses rechnet mit, OVG. XII, 386; MittH. 48, 22) Ausschlußfrist von vier Wochen einzulegen und zu begründen. Die Einspruchsschrift ist mit dem Eingangsstempel vom Tage des Eingangs zu versehen. Gegen den Eingangsstempel ist Gegenbeweis möglich, OVG. I, 355.

Binnen der gleichen Frist hat der Vorsitzende der Veranlagungskommission die Berufung bei dem Vorsitzenden der Berufungskommission anzubringen und zu begründen. (Die Einlegung eines Rechtsmittels seitens des Vorsitzenden der Veranlagungskommission kann, auch wenn er zu deren Einlegung höheren Orts angewiesen ist, rechtswirksam nur durch eine von ihm innerhalb der vierwöchentlichen Ausschlußfrist abgegebene Erklärung erfolgen. OVG. IX, 348.)

Bei Einreichung des Einspruchs oder der Berufung ist zutreffendenfalls darauf hinzuweisen, daß auch seitens des Steuerpflichtigen Einspruch oder Berufung eingelegt worden ist.

Als Tag des angefochtenen Beschlusses gilt, sofern die Verhandlungen nicht etwas anderes ergeben, der Tag, an welchem die betreffende Staatssteuerliste oder Einkommens- und Vermögensnachweisung festgesetzt ist. (Diese Vorschrift findet aber nach OVG. XII, 388 keine Anwendung, wenn aus den Protokollen über die Sitzungen hervorgeht, daß der Beschluß an einem, wenn auch nicht näher zu ermittelnden, früheren Tage ergangen ist.)

Eine Abschrift der Einspruchs- oder Berufungsschrift stellt der Vorsitzende der Veranlagungskommission dem Steuerpflichtigen unter dem Anheimgeben zu, seine Gegenerklärung binnen zwei Wochen einzureichen. Nach Eingang der Gegenerklärung oder nach fruchtlosem Ablauf der Frist sind die hierüber entstehenden Verhandlungen, soweit es sich um einen Einspruch handelt, der Veranlagungskommission zur Entscheidung zu unterbreiten, soweit dagegen eine Berufung in Frage steht, dem Vorsitzenden der Berufungskommission mit den geeignet scheinenden Gegenbemerkungen vorzulegen.

Art. 68 Nr. 2 d. EinkA. Zweiter Teil.

Hinsichtlich der Anwendung der Rechtsmittel seitens des Vorsitzenden gilt folgendes:

a) Der Vorsitzende hat Einspruch oder Berufung einzulegen, sobald nach seiner pflichtmäßigen Überzeugung das der Veranlagung eines Steuerpflichtigen zugrunde gelegte Gesamteinkommen oder Vermögen dem wirklichen Einkommen oder Vermögen desselben nicht entspricht, oder sobald bei Berechnung des steuerpflichtigen Einkommens oder Vermögens oder bei Festsetzung des Steuersatzes die nach dem Gesetz und den Ausführungsbestimmungen maßgebenden Veranlagungsgrundsätze nicht oder nicht richtig angewendet sind.

b) Die Einlegung des Einspruchs oder der Berufung ist ferner gerechtfertigt, wenn die Veranlagung eines Steuerpflichtigen von der Kommission ohne weiteres vorgenommen ist, obwohl die Verhältnisse nicht genügend aufgeklärt und die zur Feststellung derselben vorhandenen Hilfsmittel noch nicht erschöpft waren, oder wenn der Vorsitzende der Veranlagungskommission nach geschehener Zustellung des Veranlagungsschreibens aber innerhalb der Rechtsmittelfrist solche bei der Veranlagung nicht berücksichtigte Tatsachen in Erfahrung bringt, welche eine abweichende Veranlagung begründet haben würden.

In den Fällen zu a und b ist die Einlegung eines Rechtsmittels seitens des Vorsitzenden nicht auf solche Fälle beschränkt, in denen das fiskalische Interesse beeinträchtigt werden würde, wenn die Veranlagung oder die Einspruchsentscheidung unangefochten bliebe, sondern der Vorsitzende kann nach seinem Ermessen auch zugunsten des Steuerpflichtigen von dem Rechtsmittel Gebrauch machen, wenn diesem nach seiner Überzeugung durch die Veranlagung oder durch die Einspruchsentscheidung offensichtlich Unrecht geschieht.

c) Jedenfalls muß der Vorsitzende Einspruch oder Berufung einlegen, wenn der Vorsitzende der Berufungskommission ihn ausdrücklich dazu angewiesen hat, oder wenn die von demselben oder von der Berufungskommission gegen die Einschätzung eines einzelnen Pflichtigen vor der Veranlagung gezogene Erinnerung seitens der Veranlagungskommission nicht beachtet ist.

In Fällen dieser Art (c) bleibt es dem Vorsitzenden der Veranlagungskommission unbenommen, seine etwa entgegenstehende Auffassung vorzutragen und zu begründen; er hat aber die Rechtsmittelfrist zu wahren und den Einspruch oder die Berufung so lange aufrecht zu erhalten, bis der Vorsitzende der Berufungskommission von der weiteren Verfolgung ausdrücklich Abstand nimmt.

Art. 68 Nr. 3 d. EinkA. Zweiter Teil.

17) Eine Anschließung des Steuerpflichtigen an ein vom Vorsitzenden einer Kommission eingelegtes Rechtsmittel ist nach Ablauf der Rechtsmittelfrist nicht statthaft. OVGSt. II, 49.

18) Die rechtzeitig eingegangenen, sowie die von ihm zwar vorläufig als verspätet zurückgewiesenen, aber wegen des vom Steuerpflichtigen gegen die Zurückweisung erhobenen Widerspruchs der Veranlagungskommission zur Entscheidung vorzulegenden Einsprüche läßt der Vorsitzende der Veranlagungskommission in eine nach dem Muster XX d. EinkA. Zweiter Teil, aufzustellende Kontrolle eintragen.

In gleicher Weise wird von ihm über die eingehenden Berufungen eine Kontrolle nach dem Muster XXI a. a. O. geführt; in diese werden die Berufungen von Steuerpflichtigen, welche mit mehr als 3000 M. Einkommen veranlagt worden sind, getrennt von denjenigen Berufungen eingetragen, welche von Steuerpflichtigen mit nicht mehr als 3000 M. Einkommen gegen Einspruchsentscheidungen der Veranlagungskommission eingelegt werden.

Über die eingehenden Beschwerden führt der Vorsitzende der Berufungskommission eine Kontrolle nach dem Muster XXII a. a. O.

Art. 68 Nr. 10 d. EinkA. Zweiter Teil.

19) Wendet sich der Beschwerdeführer an eine inkompetente Behörde, so hat diese die Beschwerde an die kompetente Behörde abzugeben, ohne daß dem Beschwerdeführer die Zwischenzeit auf die Frist angerechnet wird. OVG. I, 78.

20) Bei Behandlung von Rechtsmitteln derjenigen Steuerpflichtigen, welche nach erfolgter Veranlagung ihren Wohnsitz in einen anderen Veranlagungsbezirk verlegt haben, ist folgendes zu beachten:

a) Rechtsmittel der bezeichneten Art unterliegen der Erörterung und Entscheidung durch die für den Ort der Veranlagung zuständigen Kommissionen und Behörden.

b) Rechtsmittel, welche etwa nach dem Umzuge des Steuerpflichtigen bei dem Vorsitzenden der für den neuen Wohnort zuständigen Veranlagungskommission eingehen, sind von diesem mit einem Vermerk über den Tag des Eingangs dem Vorsitzenden des Veranlagungsortes zu übersenden. Die Rechtsmittelfrist gilt in einem solchen Falle als gewahrt, wenn das Rechtsmittel auch nur bei dem Vorsitzenden des neuen Wohnortes innerhalb der Ausschlußfrist eingegangen war.

c) Wird behufs Erörterung des Rechtsmittels die persönliche Verhandlung mit dem verzogenen Steuerpflichtigen erforderlich, so sind zu diesem Zwecke die Behörden des neuen Wohnortes um ihre Vermittelung zu ersuchen, insofern der Steuerpflichtige sich nicht ausdrücklich zur persönlichen Verhandlung vor den Behörden des früheren Wohnortes bereit erklärt.

d) Die im Rechtsmittelverfahren ergangene Entscheidung ist alsbald nach ihrem Eingange dem Vorsitzenden der für den neuen Wohnort zuständigen Veranlagungskommission mitzuteilen (vgl. MittH. 29, 24).

Art. 67 Nr. 9 d. EinfA. Zweiter Teil.

§ 34. Über die Einsprüche entscheidet die Veranlagungskommission.

§ 45 Abs. 2 bis 4 des Einkommensteuergesetzes finden entsprechende Anwendung.

Behufs Prüfung des Einspruchs können die Veranlagungskommission und deren Vorsitzender eine genaue Feststellung der Vermögensverhältnisse des Steuerpflichtigen unter Anwendung der im § 25 Abs. 3 bis 5, § 29 genannten Hilfsmittel veranlassen.

Sie sind ferner befugt, die Vernehmung von Zeugen und Sachverständigen zu veranlassen.

Die zu vernehmenden Personen dürfen die Auskunftserteilung nur unter den Voraussetzungen ablehnen, welche nach der Zivilprozeßordnung zur Ablehnung eines Zeugnisses beziehungsweise Gutachtens berechtigen.

1) Der Vorsitzende der Veranlagungskommission stellt, nötigenfalls unter Mitwirkung des Gemeinde- (Guts-) Vorstandes oder einzelner Mitglieder der Veranlagungskommission oder des Schätzungsausschusses oder der Voreinschätzungskommission die Erhebungen an, zu welchen die rechtzeitigen und die von ihm zwar vorläufig als verspätet zurückgewiesenen, aber, weil der Steuerpflichtige der Zurückweisung widersprochen hat, der Veranlagungskommission zur Entscheidung vorzulegenden Einsprüche oder die Anträge auf Wiedereinsetzung in den vorigen Stand Anlaß geben.

Um die sachgemäße Aufnahme der Verhandlungen zu sichern, empfiehlt es sich, den beauftragten Amtsstellen oder

Kommissionsmitgliedern zweckmäßig entworfene Formulare zur Verfügung zu stellen. Vgl. MittH. 38, 23.

Die zur Begründung des Einspruchs oder Antrags angebotenen gesetzlich zulässigen Beweise hat der Vorsitzende der Veranlagungskommission zu erheben, wenn nicht die unter Beweis gestellten Tatsachen selbst unbestritten oder für die Beurteilung der Sache unerheblich sind.

Der Vorsitzende der Veranlagungskommission hat die Aufgabe, den Einspruch für die Entscheidung der Veranlagungskommission soweit vorzubereiten, daß dieselbe in der Regel bei dem Zusammentritt der Kommission ohne weiteren Aufenthalt erfolgen kann.

Nach Beendigung der Erhebungen hat der Vorsitzende der Veranlagungskommission sein Gutachten über das Ergebnis derselben dergestalt aktenkundig niederzulegen, daß erkennbar ist, inwiefern er im einzelnen die Anträge des Steuerpflichtigen für begründet erachtet oder nicht. Alsdann unterbreitet er sein Gutachten nebst allen dazu gehörigen Verhandlungen der Veranlagungskommission zur Entscheidung. Art. 69 Nr. 1, 2 b EinkA. Zweiter Teil.

2) Die Veranlagungskommission prüft die ihr vorgelegten Einsprüche, wobei ihr die nämlichen Befugnisse wie dem Vorsitzenden zustehen.

Eidliche oder eidesstattliche Versicherungen erfordern oder auf freiwilliges Erbieten abnehmen darf die Veranlagungskommission ebensowenig wie der Vorsitzende

Die Veranlagungskommission beschließt über die ihrer Entscheidung zugrunde zu legenden tatsächlichen Annahmen auf Grund des Gesamtergebnisses der stattgehabten Verhandlungen unter Würdigung aller Umstände nach freier Überzeugung.

Die Entscheidung muß zugleich Bestimmung darüber treffen, ob die Kosten, welche durch die gelegentlich des Einspruchs veranlaßten Ermittelungen erwachsen sind, vom Steuerpflichtigen erstattet werden sollen. Die Verfügung des FM.

v. 9. Febr. 03, betr. die Kosten im Fall der Zurücknahme der Berufung (MittH. 46, 13) findet sinngemäße Anwendung.

Der Entscheidung der Veranlagungskommission sind Gründe beizugeben, welche in jedem Falle über das von der Veranlagungskommission angenommene steuerpflichtige Gesamtvermögen, über die angewendeten Rechtsnormen sowie darüber Auskunft geben müssen, welche Stellung in tatsächlicher und rechtlicher Hinsicht die Veranlagungskommission zu den Anführungen des Steuerpflichtigen genommen hat (vgl. auch MittH. 34, 20 über zweckmäßige Begründung der Berufungsbescheide).

Die angefochtene Veranlagung darf nicht gegen den Antrag des Steuerpflichtigen zum Nachteil desselben abgeändert werden, wenn nicht auch der andere Teil Einspruch eingelegt hat.

Ist sowohl vom Steuerpflichtigen als auch vom Vorsitzenden der Veranlagungskommission Einspruch eingelegt, so sind beide Rechtsmittel gemeinsam zu erörtern und durch eine Entscheidung zu erledigen.

Art. 69 Nr. 3—5 d. EinkA. Zweiter Teil.

3) Folgende vom OVG. u. FM. für das Berufungsverfahren aufgestellten Grundsätze erlangen in dem durch die Novelle vom 19. Juni 1906 neu geregelten Rechtsmittelverfahren auch für das Einspruchsverfahren sinngemäße Bedeutung, bzw. sind, soweit sie für die Einkommensteuer aufgestellt sind, sinngemäß auch auf die Ergänzungssteuer anwendbar:

Aufgabe der Berufungskommission ist, eine genaue Feststellung der Einkommens- und Vermögensverhältnisse des Steuerpflichtigen herbeizuführen. Daraus, daß es an einer solchen fehlt, folgt nicht, daß die Berufung zurückzuweisen ist, sondern daß die Berufungskommission die ihr zu Gebote stehenden Mittel anzuwenden hat, um die zur Steuerfestsetzung erforderliche Kenntnis der Verhältnisse zu beschaffen.

Die Verhandlungen der Berufungskommission sind nicht

auf die von dem Berufenden angefochtenen Feststellungen beschränkt, sondern die Berufungskommission ist wie berechtigt so verpflichtet, nach jeder Richtung hin die Einkommensverhältnisse einer Nachprüfung zu unterziehen. OVG. VIII, 283; OVG. v. 21. Dez 1910 XIIa 38[1] 10.

Die Berufungskommission muß auf Beschaffung der fehlenden und auf Ergänzung der mangelhaften Schätzungsunterlagen, sowie auf zuverlässige Ermittelung der individuellen Verhältnisse des Betriebs des Steuerpflichtigen Bedacht nehmen, da eine Schätzung ohne Unterlagen unzulässig ist. Zu diesem Behufe sind unter Berücksichtigung der Anführungen des Steuerpflichtigen die der Berufungskommission zu Gebote stehenden Hilfsmittel in Anwendung zu bringen. OVG. VII, 26 ff.

Läßt sich das Einkommen nur durch Schätzung ermitteln, so hat der Steuerpflichtige ein Recht darauf, daß er bei der Feststellung der tatsächlichen Unterlagen für die Schätzung, sofern von seinen Angaben abgewichen werden soll, zugezogen wird. OVG. v. 24. Juni 1911 VIIIa 53.

Der Berufungskommission liegt von amtswegen die Aufklärung der Vermögensverhältnisse, insbesondere die Pflicht ob, alle Tatsachen, welche die Steuerpflicht begründen oder ganz oder teilweise wieder aufheben, zu ermitteln, festzustellen und zu würdigen, soweit sie vom Pflichtigen vorgebracht, aus den Verhandlungen ersichtlich oder anderweit bekannt sind. OVG. V, 98.

Die Prüfung der Einkommensnachweisung durch die Berufungskommission darf namentlich dann nicht unterbleiben, wenn der Steuerpflichtige bestimmte Angaben, z. B. über den Umfang des Grundbesitzes, macht, die von den Angaben der Nachweisung abweichen. OVG. I, 29.

Macht der Steuerpflichtige bestimmte Angaben über die Höhe seines Kapitalvermögens oder des Einkommens aus dieser Quelle mit dem Erbieten zum näheren Nachweise seiner Angaben, so darf die Berufungskommission dieselben nicht unbeachtet lassen, ohne die zur Aufklärung des Tatbestandes ihr zu Gebote stehenden Hilfsmittel anzuwenden. OVG. I, 10.

Mit dem Vorhandensein von Kapitalvermögen und Einkommen daraus darf nur insoweit gerechnet werden, als es entweder vom Steuerpflichtigen zugestanden wird, oder als die Veranlagungsbehörden ihrerseits die tatsächlichen Unterlagen für die Annahme beschafft haben, daß Kapitalien bzw. verzinslich angelegte Kapitalien beim Beginn des Steuerjahrs vorhanden waren. OVG. X, 49.

Ein wesentlicher Mangel des Verfahrens liegt vor, wenn die Berufungskommission ohne Einsicht der in bezug genommenen Bücher über die vom Zensiten aufgestellte Berechnung der Erträge aus Grundbesitz oder Gewerbebetrieb hinweggeht. OVG. I, 119.

Der Umstand, daß ein der deutschen Sprache nicht genügend mächtiger Zensit seine Bücher in polnischer Sprache abfaßt, kann der Berufungskommission nicht die Befugnis geben, den Inhalt der Bücher unberücksichtigt zu lassen. MittH. 30, 9.

Auch mit Bleistift in Geschäfts- oder Wirtschaftsbücher gemachte Eintragungen sind nicht ohne weiteres unglaubwürdig. OVG. IX. 310; XI, 335.

Der Umstand, daß die Bücher nicht den Vorschriften der §§ 38ff. HGB. entsprechen, schließt nicht ohne weiteres ihre Beweiskraft, sondern nur die Durchschnittsrechnung gemäß § 9 Nr. 3 EinkStGes. aus. OVG. XV, 350.

Der Steuerpflichtige ist verpflichtet, der Kommission oder deren Vorsitzenden oder einem hierzu beauftragten Mitgliede der ersteren seine Geschäftsbücher vorzulegen, nicht aber einem Dritten, der etwa, ohne Mitglied der Kommission zu sein oder zu den bei der Steuerveranlagung beteiligten Beamten zu gehören, von der Kommission mit der Einsicht der Bücher betraut werden sollte. OVG. I, 171.

Die Steuerpflichtigen haben aber kein Recht darauf, daß der Vorsitzende der Berufungskommission ihre Handels- oder Wirtschaftsbücher ohne Beisein eines Dritten einsieht. Der

Vorsitzende ist befugt, sich bei Erhebung des Bücherbeweises vertreten oder durch ihm zugewiesene Hilfskräfte unterstützen zu lassen. OVG. IX, 294.

Die Bestimmung über Ort und Zeit der Vorlegung von Handelsbüchern ist stets unter Berücksichtigung des Zwecks der Prüfung nach den im einzelnen Fall vorliegenden Umständen zu treffen. Art. 61 III d. A.

Um begründeten Beschwerden vorzubeugen, empfiehlt es sich, namentlich in schwierigeren Sachen Ort und Zeit der Beweiserhebung möglichst im Einverständnis mit dem Steuerpflichtigen selbst zu bestimmen, sofern aber ein solches nicht zu erzielen sein sollte, einen Beschluß der Berufungskommission herbeizuführen. MittH. **35**, 27.

Hiernach ist der in OVG. I, 191 u. II, 291 aufgestellte Grundsatz, wonach der Steuerpflichtige in keinem Falle befugt sein soll, die Einsichtnahme der Bücher in seinem Hause zu verlangen, als nicht mehr überall zutreffend anzusehen. OVG. v. 5. Juni 1901, Nr. XIIIe, 95.

Die Berufungskommission ist befugt, vom Steuerpflichtigen die Vorlegung der Geschäftsbücher zu verlangen, nicht aber die Einsendung, wobei der Steuerpflichtige zeitweise die Gewahrsam der Bücher verliert. Art. 61 III d. A.

Weigert sich der Steuerpflichtige, dem Verlangen auf Büchervorlage nachzukommen, so muß von der Benutzung dieses Hilfsmittels Abstand genommen und die Entscheidung nach Lage der sonstigen Umstände nach pflichtmäßigem Ermessen getroffen werden. MittH. **25**, 52. Ebenso, wenn der Steuerpflichtige die Vorlegung der Bücher in Gegenwart eines Dritten verweigert, zu dessen Zuziehung der Vorsitzende befugt ist.

Wenn ein Zensit sich darauf beschränkt, der Veranlagungsbehörde die Einsichtnahme seiner Bücher anzubieten, damit diese einen bestimmten Betrag als die Höhe des Einkommens aus denselben feststelle, so ist dies eine unvollkommene, der Ergänzung bedürftige Beweisantretung. Zensit hat auf Verlangen eine die relevanten, aus den Büchern zu erweisenden Einnahme- und Ausgabepositionen enthaltende Aufstellung vorzulegen, worauf demnächst die Vergleichung der Positionen dieser Aufstellung mit den Büchern zu erfolgen hat. OVG. II, 432; MittH. 30, 7.

Die Veranlagungsbehörden sind befugt, von dem Steuerpflichtigen behufs Feststellung des Einkommens aus Handel und Gewerbe die Vorlegung der Bilanzen für die in Betracht kommenden Geschäftsjahre und zwecks ihrer Prüfung auch die Vorlegung der vollständigen Geschäftsbücher zu fordern. Erst nach Einsicht der Bücher läßt sich beurteilen, welche Zusammenstellungen, Auszüge und Erläuterungen noch von dem Steuerpflichtigen zu verlangen sind. OVG. IX, 296 ff.

Die Befugnis der Veranlagungsbehörden, vom Steuerpflichtigen zum Zwecke der Vorbereitung oder der Ergänzung des Bücherbeweises Auszüge, Zusammenstellungen und Erläuterungen zu verlangen, ist aber nicht unbeschränkt, sondern durch Notwendigkeit und Zweckdienlichkeit der Maßregel begrenzt. OVG. V, 239 ff.

Über die Beweiskraft der von dem Steuerpflichtigen geführten Geschäfts- und Wirtschaftsbücher sowie sonstiger Aufzeichnungen über Einnahmen und Ausgaben gewerblicher oder landwirtschaftlicher Betriebe und über die Verpflichtung des Steuerpflichtigen zu einem besonderen Nachweise der Richtigkeit buchmäßiger Eintragungen durch Vorlegung von Belegen vgl. OVG. IX, 299 ff.; XI, 335 ff.

Die Berufungskommission kann zu ihrer Information Sachverständige hören. Eine Verpflichtung, den Steuerpflichtigen die der Entscheidung zugrunde gelegten Gutachten vorgängig zur Erklärung mitzuteilen, besteht nicht. OVG. II, 194, 433.

Die Einwendungen des Steuerpflichtigen gegen die Zuziehung eines bestimmten Sachverständigen zur Bücherprüfung sind von der Berufungskommission zu prüfen und in ihrer Entscheidung zu würdigen. OVG. XV, 355.

Um die Verpflichtung zur Entrichtung von Schuldenzinsen oder zur Leistung eines Altenteils nachzuweisen, kann auch Zeugenbeweis als Beweismittel dienen. OVG. IV, 58, 60.

Erklärungen des Steuerpflichtigen bzw. Ergebnisse von Beweisaufnahmen müssen förmlich festgestellt (zu Protokoll genommen) sein, wenn sie in der Berufungsentscheidung gegen den Steuerpflichtigen verwertet werden sollen. OVG. I, 349, 350.

Der Entscheidung der Berufungskommission sind Gründe beizugeben, welche in jedem Falle über das von der Berufungskommission angenommene steuerpflichtige Gesamteinkommen (zahlenmäßig, nicht nur nach dem Mindest- und Höchstbetrage der Steuerstufe), über die angewendeten Rechtsnormen, sowie darüber Auskunft geben müssen, welche Stellung in tatsächlicher und rechtlicher Hinsicht die Berufungskommission zu den Anführungen des Steuerpflichtigen genommen hat. Die Unterlassung einer ausreichenden Begründung stellt einen wesentlichen Mangel des Verfahrens dar. OVG. I, 3. Zu vgl. wegen Begründung der Berufungsbescheide MittH. 34, 20. Die Begründung muß erkennen lassen, ob die Behauptungen des Steuerpflichtigen für tatsächlich unrichtig oder für rechtlich unerheblich erachtet worden sind. OVG. I, 75; aus der Begründung muß hervorgehen, welche tatsächlichen Unterlagen für die Bewertung von der Berufungskommission für maßgebend erachtet sind, und mittels welcher Erwägungen auf Grund derselben der festgesetzte Wert gefunden ist. OVG. VII, 313. Aus der Begründung muß zu erkennen sein, mit welchen Einnahmequellen die Berufungskommission gerechnet hat; OVG. I, 129; die Begründung muß ersichtlich machen, welche von den verlangten Abzügen überhaupt und ev. in welchem Umfange diese Abzüge für zulässig erachtet worden sind; OVG. I, 157; die Berufungskommission hat Abweichungen von der Steuererklärung, die sie als geboten erachtet, tatsächlich und rechtlich zu begründen; OVG. I, 159; aus der Begründung muß ersichtlich sein, ob summarische Schätzung, oder teils Rechnung, teils Schätzung stattgefunden hat; Befund und Würdigung einer Beweisaufnahme müssen in der Begründung Ausdruck finden; OVG. III, 195; aus der Berufungsentscheidung muß zu entnehmen sein, nach welcher Richtung und aus welchen Gründen von dem Schätzungsvorschlage des Steuerpflichtigen abgewichen ist. OVG. V, 187. Aus der Berufungsentscheidung muß hervorgehen, wie die vom Steuerpflichtigen angeführte Behauptung eines dem § 20 EinkstGes. entsprechenden Tatbestands gewürdigt ist; OVG. I, 3; von der Kommission innerhalb der Grenzen ihrer Zuständigkeit vorgenommene Schätzungen müssen so begründet werden, daß zu erkennen ist, ob die für den betreffenden Einzelfall maßgebenden tatsächlichen Verhältnisse gewürdigt worden sind; OVG. I, 235; die Begründung der Berufungsentscheidung, daß die Schätzung auf Grund von bestimmt angegebenen Unterlagen erfolgt sei, ist, wenn diese Unterlagen nach den Akten der Berufungskommission nicht bekannt waren, eine scheinbare. Nicht das ist entscheidend, was die Berufungskommission in der Begründung sagt, sondern allein dasjenige, was sie getan hat. OVG. VII, 9. Im Falle der Wertfestsetzung mittels Benutzung von Vergleichsobjekten muß aus der Berufungsentscheidung hervorgehen, in welcher Weise dieselben für jenen Zweck verwertet worden sind. OVG. VII, 247.

Ist die Berufung nur von dem Steuerpflichtigen wegen angeblich zu hoher Veranlagung eingelegt, so ist eine Erhöhung des Steuersatzes im Berufungsverfahren unzulässig. OVG. I, 181; MittH. 25, 71. Auch bei Einlegung der Berufung seitens des Steuerpflichtigen wegen zu niedriger Veranlagung darf über dessen Antrag nicht hinausgegangen werden. OVG. II, 70; Art. 69 Nr. 5 Abs. 2 d. EinkA. Zweiter Teil.

Die Aussetzung der Entscheidung der Berufungskommission,

wenn der Steuerpflichtige gegen die Veranlagung eines Vorjahrs Beschwerde erhoben hat, ist im allgemeinen nicht zulässig. FME. v. 21. Dezember 06 II 12797.

4) Ist gegen die Veranlagung desselben Pflichtigen sowohl wegen der Einkommensteuer als auch wegen der Ergänzungssteuer Einspruch eingelegt, so kann der Vorsitzende die Erörterung und Entscheidung der Rechtsmittel in einem Verfahren herbeiführen. Art. 69 Nr. 6 d. EinkA. Zweiter Teil.

5) § 45 Abs. 2 bis 4 des EinkStGes. lautet:

Bei Einlegung des Einspruchs sind die zu seiner Begründung dienlichen Tatsachen und Beweismittel anzuführen.

Auf Antrag sind dem Steuerpflichtigen die der Veranlagung zugrunde liegenden Annahmen mitzuteilen.

Diese Mitteilung kann auch von Amts wegen erfolgen, wenn der Inhalt der Einspruchsschrift dazu Anlaß gibt.

6) Zu Abs. 4 des § 34 vgl. §§ 383—385, 407, 408 der Zivilprozeßordnung.

7) Das Einspruchsverfahren muß Ende Juli des betr. Jahres in der Hauptsache abgeschlossen sein und die Zustellung der Entscheidungen möglichst beschleunigt werden.

Die im Rechtsmittelverfahren beschlossene Veränderung des Vermögens und des Steuersatzes hat eine entsprechende Änderung des Steuerzuschlags (EA. Art. 20) zur Folge.

Ausfertigung der Einspruchsentscheidung läßt der Vorsitzende der Veranlagungskommission dem Steuerpflichtigen in verschlossenem Schreiben zustellen.

Wird durch die Entscheidung eine Änderung des veranlagten Steuersatzes herbeigeführt, so berichtigt der Vorsitzende der Veranlagungskommission die Staatssteuerliste oder die Einkommens- und Vermögensnachweisung, und zwar sowohl wegen des Steuersatzes, wie wegen des zu erhebenden Steuerzuschlags (EA. Art. 20) und versieht auch die Gemeinde-(Guts-)vorstände mit Nachricht (vgl. auch MittH. **33**, 19 und MittH. **42**, 15).

Art. 72 I d. EinkA. Zweiter Teil; FME. v. 22. März 1913 II 1448.

§ 35. Der Vorsitzende der Berufungskommission hat die ihm im § 47 des Einkommensteuergesetzes zugewiesenen Obliegenheiten und Befugnisse auch mit Bezug auf die Ergänzungssteuer wahrzunehmen.

1) § 47 des EinkStGes. bestimmt:

„Der Vorsitzende der Berufungskommission ist in bezug auf die richtige Feststellung der Steuer der Vertreter der Staatsinteressen für seinen Bezirk. Ihm liegt die obere Leitung des gesamten Veranlagungsgeschäfts im Bezirk ob. Er hat die gleichmäßige Anwendung der Veranlagungsgrundsätze zu überwachen, die Geschäftsführung der Vorsitzenden der Veranlagungskommissionen zu beaufsichtigen und für die rechtzeitige Vollendung des Veranlagungsgeschäfts zu sorgen."

2) Über die speziellen Aufgaben des Vorsitzenden der Berufungskommission vgl. Art. 70 II u. III d. EinkA. Zweiter Teil.

§ 36. Die Berufungskommission entscheidet über alle gegen das Verfahren und die Entscheidungen der Veranlagungskommissionen und der Schätzungsausschüsse angebrachten Beschwerden und Berufungen, insoweit nicht im § 33 I Nr. 1 etwas anderes bestimmt ist.

Die Vorschriften des § 34 Abs. 2 bis 4 dieses Gesetzes und des § 48 Abs. 2 und 4 des Einkommensteuergesetzes finden entsprechende Anwendung.

Die Berufungskommission hat die Vermögensnachweisungen sorgfältig zu prüfen; die von ihr gezogenen Erinnerungen sind bei der nächsten Veranlagung (§ 38) zu beachten.

1) Wegen Zusammensetzung der Berufungskommission zu vgl. § 46 des EinkStGes. und Art. 70 d. EinkA. Zweiter Teil.

2) Der Vorsitzende der Veranlagungskommission hat die eingegangenen Berufungen, ganz gleich, ob dieselben von Steuerpflichtigen mit mehr als 3000 M. Einkommen gegen das Ergebnis der Veranlagung, oder von Steuerpflichtigen mit Einkommen von nicht mehr als 3000 M. gegen Einspruchsentscheidungen eingelegt worden sind, in derselben Weise vorzubereiten, wie hinsichtlich der Einsprüche im Art. 69 d. EinkA. Zweiter Teil vorgeschrieben ist (vgl. Anm. 1 zu § 34 d. Ges.).

Sobald die Erörterungen für eine entsprechende Zahl von Berufungen abgeschlossen sind, reicht er die Berufungen mit sämtlichen Vorverhandlungen und seinen gutachtlichen Äußerungen dem Vorsitzenden der Berufungskommission nebst einer namentlichen Nachweisung der Berufungen nach dem Muster XXIII d. EinkA. Zweiter Teil ein. Dem Vorsitzenden der Berufungskommission bleibt es überlassen, für die Begutachtung der einzelnen Berufungen Umschläge in tabellarischer Form vorzuschreiben und die dafür zu verwendenden Formulare zu bestimmen.

Hat der Vorsitzende der Veranlagungskommission auch seinerseits Berufung eingelegt, so ist ausdrücklich darauf hinzuweisen. Art. 71 Nr. 1, 2 d. EinkA. Zweiter Teil.

3) Der Vorsitzende der Berufungskommission unterwirft die ihm überreichten Berufungen und die dazu gehörigen Vorverhandlungen und sonstigen Unterlagen einer genauen Durchsicht und bereitet die von der Berufungskommission abzugebende Entscheidung soweit vor, daß dieselbe in der Regel bei dem Zusammentritt der Kommission ohne weiteren Aufenthalt erfolgen kann. Seine Prüfung muß sich darauf erstrecken, einerseits ob bei der Veranlagung die in d. EA. angegebenen materiellen Grundsätze befolgt, anderseits ob die Vorschriften über das Verfahren beobachtet sind; ergeben sich in letzterer Hinsicht Mängel, so ordnet er sofort die erforderliche Ergänzung der Verhandlungen an. Insbesondere hat er dafür Sorge zu tragen, daß die etwa im Veranlagungs=

verfahren verabsäumte Mitteilung der gegen die abgegebene Vermögensanzeige bestehenden Bedenken oder eine vom Steuerpflichtigen bei Erörterung der Vermögensanzeige etwa beantragte, aber ohne genügenden Grund unterbliebene Beweisaufnahme nachgeholt werden.

Soweit dies nicht bereits vom Vorsitzenden der Veranlagungskommission geschehen ist, hat der Vorsitzende der Berufungskommission die zur Begründung oder zur Widerlegung der Berufung angebotenen, gesetzlich zulässigen Beweise zu erheben, wenn nicht die unter Beweis gestellten Tatsachen selbst unbestritten oder für die Beurteilung der Sache unerheblich sind.

Er ist auch befugt, den Steuerpflichtigen zur Ergänzung seiner Ausführungen und Beweisanträge aufzufordern oder von amtswegen eine genaue Feststellung der Vermögens- und Einkommensverhältnisse des Steuerpflichtigen zu veranlassen.

Hierbei stehen ihm nicht nur die im Art. 69 Nr. 1 d. EinkA. Zweiter Teil bezeichneten Hilfsmittel zu Gebote, sondern er kann auch die Beeidigung der bereits im Vorverfahren oder von ihm vernommenen Zeugen bzw. Sachverständigen vor dem zuständigen Amtsgericht erfordern.

Bei Ausübung seiner Befugnisse hat der Vorsitzende der Berufungskommission die im Art. 59 d. EinkA. Zweiter Teil für die Erörterung der Steuererklärungen angegebenen allgemeinen Gesichtspunkte zu beachten. Hinsichtlich der Beweisaufnahme wird auf Art. 61 III d. EinkA. Zweiter Teil und Anm. 60 dazu, sowie auf die FME. v. 21. April u. 19. Mai 97 (MittH. **35**, 27, 28), verwiesen. Art. 71 Nr. 3—5 d. EinkA. Zweiter Teil.

4) Nach vollständiger Erörterung der Berufungen unterbreitet der Vorsitzende die Verhandlungen mit seinem Gutachten der Berufungskommission. Dieselbe prüft die Verhandlungen nach denselben Gesichtspunkten und mit den

nämlichen Befugnissen, welche in Anm. 3 zu diesem Paragraphen angegeben sind.

Auch die Berufungskommission darf ebensowenig wie der Vorsitzende vom Steuerpflichtigen selbst eine eidliche oder eidesstattliche Versicherung erfordern oder auf freiwilliges Erbieten eine solche abnehmen.

Auf das weitere Verfahren vor der Berufungskommission finden die Vorschriften im Art. 69 Ziff. 4—6 d. EinkA. Zweiter Teil sinngemäße Anwendung. Zu vgl. Anm. 2 zu § 34 des Ges.

5) Das Berufungsverfahren muß Ende Oktober des betr. Jahres in der Hauptsache abgeschlossen sein und die Zustellung der Entscheidungen möglichst beschleunigt werden. Art. 72 I d. EinkA. Zweiter Teil.

6) Ausfertigung der Berufsentscheidung läßt der Vorsitzende der Berufungskommission dem Steuerpflichtigen in verschlossenem Schreiben durch Vermittelung des Vorsitzenden der Veranlagungskommission zustellen. Wird durch die Entscheidung eine Änderung des veranlagten Steuersatzes herbeigeführt, so berichtigt der Vorsitzende der Veranlagungskommission die Staatssteuerliste oder die Einkommens- und Vermögensnachweisung und versieht auch die Gemeinde-(Guts-) Vorstände mit Nachricht (vgl. auch FME. v. 20. Jan. 96 zu 8, MittH. **33**, 19 u. v. 15. Aug. 1900, MittH. **42**, 15). Art. 72 d. EinkA. Zweiter Teil.

7) Die im § 36 zitierten Absätze 2 und 4 des § 48 d. EinkStGes. lauten wie folgt:

„Der Vorsitzende der Veranlagungskommission veranlaßt diejenigen Beweiserhebungen, zu welchen das Berufungsvorbringen Anlaß gibt.

Die Berufungskommission und deren Vorsitzender können ferner die Beeidigung des Zeugnisses oder Gutachtens der vernommenen Zeugen bzw. Sachverständigen vor dem zuständigen Amtsgericht erfordern."

§ 37. Auf die Beschwerden und auf das Verfahren zum Zwecke der Entscheidung derselben finden die §§ 49 bis 54 des Einkommensteuergesetzes Anwendung.

1) Die §§ 49—54 d. EinkstGes. haben folgenden Wortlaut:

§ 49. Die Beschwerde an das Oberverwaltungsgericht (§ 43 II, III) kann nur darauf gestützt werden,

1. daß die angefochtene Entscheidung auf der Nichtanwendung oder auf der unrichtigen Anwendung des bestehenden Rechtes, insbesondere auch der von den Behörden innerhalb ihrer Zuständigkeit erlassenen Verordnungen beruhe;
2. daß das Verfahren an wesentlichen Mängeln leide.

In der Beschwerde ist anzugeben, worin die behauptete Nichtanwendung oder unrichtige Anwendung des bestehenden Rechtes, oder worin die behaupteten Mängel des Verfahrens gefunden werden.

§ 50. Der Vorsitzende der Berufungskommission überreicht die bei ihm eingegangene Beschwerde des Steuerpflichtigen mit seiner Gegenerklärung, soweit er solche für erforderlich erachtet, dem Oberverwaltungsgericht. Die Beschwerde des Vorsitzenden der Berufungskommission wird dem Steuerpflichtigen zur schriftlichen Gegenerklärung innerhalb einer bestimmten, von einer bis zu vier Wochen zu bemessenden Frist zugefertigt.

§ 51. Das Oberverwaltungsgericht erläßt seine Entscheidungen in nicht öffentlicher Sitzung, der Regel nach ohne vorherige mündliche Anhörung des Steuerpflichtigen.

Es kann jedoch dem Steuerpflichtigen von amtswegen oder auf Antrag Gelegenheit zur persönlichen Verhandlung über den Gegenstand der Beschwerde gewähren.

Bei seiner Entscheidung ist es an diejenigen Gründe nicht gebunden, welche zur Rechtfertigung der gestellten Anträge geltend gemacht worden sind.

§ 52. Erachtet das Oberverwaltungsgericht die Beschwerde für begründet, so kann es die Angelegenheit zur anderweiten

Entscheidung an die Berufungskommission zurückgeben oder selbst die Steuerfestsetzung berichtigen. Im ersteren Falle sind die von dem Gerichtshof über die Auslegung und Anwendung der gesetzlichen Vorschriften gegebenen Weisungen zu befolgen.

§ 53. Über Beschwerden, welche das Verfahren des Vorsitzenden der Berufungskommission aus Anlaß der nach § 49 eingereichten Beschwerden betreffen, beschließt das Oberverwaltungsgericht.

§ 54. Im übrigen finden auf das Verfahren zum Zwecke der Entscheidung über die Beschwerden (§ 49) die über das Verwaltungsstreitverfahren auf Klagen vor dem Oberverwaltungsgerichte bestehenden gesetzlichen Bestimmungen, insbesondere diejenigen des Gesetzes über die allgemeine Landesverwaltung vom 30. Juli 1883 (GesS. S. 195), des Gesetzes, betreffend die Verfassung der Verwaltungsgerichte usw., vom $\frac{\text{3. Juli 1875}}{\text{2. August 1880}}$ (GesS. 1880 S. 328) und des Gesetzes zur Abänderung des § 29 des letzteren vom 27. Mai 1888 (GesS. S. 226) mit der Maßgabe sinngemäße Anwendung, daß die Erhebung eines Pauschquantums auch dann stattfindet, wenn die Entscheidung ohne vorgängige mündliche Verhandlung erfolgt ist, und daß ein Anspruch auf Ersatz der Anwaltsgebühren nicht stattfindet.

2) Die Berufungskommission ist nicht befugt, ihre einmal erlassene Berufungsentscheidung aufzuheben und durch eine andere Berufungsentscheidung zu ersetzen. OVG. VI, 246; XI, 345 ff.

Der Verzicht auf das Rechtsmittel der Beschwerde an das Oberverwaltungsgericht ist unwirksam wenn gleichzeitig Abänderung der Berufungsentscheidung beantragt wird. OVG. XI, 351.

Gegenstand der Beschwerde ist das durch die Berufungsentscheidung festgestellte Veranlagungsergebnis, nicht lediglich die Begründung der angegriffenen Entscheidung. OVG. II, 136.

Einlegung der Beschwerde vor dem Erlaß der Entscheidung der Berufungskommission ist wirkungslos. OVG. VII, 110.

Gegen die Entscheidung der Berufungskommission über den Kostenpunkt allein findet Beschwerde an das Oberverwaltungsgericht nicht statt. OVG. III, 204.

3) Der Vorsitzende der Berufungskommission hat vor Einlegung der von ihm beabsichtigten Beschwerde unter Einreichung der Verhandlungen dem Finanzminister zu berichten und dessen Bestimmung darüber einzuholen. Art. 72 II Nr. 2 d. EinkA. Zweiter Teil.

4) Die Prüfung in der Beschwerdeinstanz erstreckt sich nur auf das bei der Fällung der angefochtenen Entscheidung beigebrachte und bekannte tatsächliche Material. Anführung neuer Tatsachen oder Beweismittel in der Beschwerdeschrift ist unwirksam. OVG. I, 188 und 189 Anm.

Die in der Beschwerdeschrift aufgestellte Behauptung, daß das Ergebnis der Schätzung unrichtig sei, ist zur Begründung der Beschwerde nach § 44 des Ges. nicht geeignet. OVG. I, 33. Aber eine auf erkennbar unrichtigen tatsächlichen Unterlagen aufgebaute Schätzung ist mit der Beschwerde angreifbar. OVG. II, 104.

5) Für das Rechtsmittel der Beschwerde ist nur wesentlich, daß aus dem betreffenden Schriftsatz zweifellos die Unzufriedenheit des Steuerpflichtigen mit der getroffenen Entscheidung der Berufungskommission und der Zweck, eine Abänderung derselben herbeizuführen, ersichtlich ist. OVG. V, 304.

6) Der Vorsitzende der Berufungskommission überreicht die Beschwerden sowie etwaige Anträge auf Wiedereinsetzung in den vorigen Stand mit sämtlichen dazu gehörigen Steuererklärungen und sonstigen Vorverhandlungen an das OVG., wobei die Vorschriften des FME. v. 15. Nov. 92 (MittH. 25, 72) zu beachten sind. Art. 72 II Nr. 2 d. EinkA. Zweiter Teil.

Gegen Entscheidungen der Berufungskommission eingelegte Beschwerden sind stets, auch wenn sie verspätet eingegangen sind, dem OVG. vorzulegen. MittH. 29, 13. Art. 67 Nr. 6 b. EinkA. Zweiter Teil. Dem Steuerpflichtigen ist in jedem Falle von der Vorlegung der Beschwerde beim Oberverwaltungsgericht eine kurze Nachricht zu geben.

7) Nach Aufhebung der Berufungsentscheidung ist das Oberverwaltungsgericht an keinerlei tatsächliche Feststellungen der Veranlagungs- und Berufungskommission gebunden, sondern berechtigt und verpflichtet, die Veranlagung in rechtlicher und tatsächlicher Hinsicht ohne jede Einschränkung nachzuprüfen. OVG. XI, 352.

Das Oberverwaltungsgericht ist bei einer nochmaligen Entscheidung in derselben Angelegenheit an die in einem früheren Urteile erteilten rechtlichen Weisungen gebunden. OVG. XI, 354 ff.

Nach Aufhebung der Berufungsentscheidung und Rückgabe der Sache zur anderweiten Entscheidung ist die Berufungskommission verpflichtet, alle in dem wieder aufgenommenen Verfahren von dem Steuerpflichtigen bis zum Erlasse der anderweiten Berufungsentscheidung gemachten Anführungen und gestellten Anträge zu würdigen. OVG. XI, 348.

V. Veranlagungsperiode und Veränderung der veranlagten Steuer innerhalb derselben.

§ 38. Die Veranlagung der Ergänzungssteuer erfolgt für eine Periode von drei Steuerjahren.

§ 39. Tritt im Laufe eines Steuerjahrs eine Vermehrung des steuerbaren Vermögens infolge Erb- oder Fideikommißanfalls, Vermächtnisses, Abteilungs- oder Überlassungsvertrags zwischen Eltern und Kindern,

Schenkung oder Verheiratung ein, so ist der Erwerber entsprechend der Vermehrung seines Vermögens anderweit zur Ergänzungssteuer zu veranlagen und zur Entrichtung derselben von dem Beginne des auf den Vermögenszuwachs folgenden Monats ab verpflichtet.

1) Ein veranlagter Steuerpflichtiger, dessen Vermögen während des laufenden Steuerjahrs infolge Erb- oder Fideikommißanfalls, Vermächtnisses, Überlassungsvertrags zwischen Eltern und Kindern, Verheiratung oder Schenkung einen Zuwachs erfährt, ist entsprechend der Vermehrung seines Vermögens anderweit zu veranlagen, und zwar in der Weise, daß dem bei der früheren Veranlagung festgestellten Vermögen der Wert des neu hinzugetretenen Vermögens hinzugerechnet wird. Art. 79 III Nr. 2 d. EinkA. Dritter Teil. Die Vorschrift des § 39 ErgstGes., wonach bei einer im Laufe des Steuerjahrs infolge Erbanfalls eintretenden Vermehrung des steuerbaren Vermögens der Erbe entsprechend der Vermehrung des Vermögens anderweit zur Ergänzungssteuer zu veranlagen und zur Entrichtung derselben von dem Beginn des auf den Vermögenszuwachs folgenden Monats verpflichtet ist, findet auch in dem Falle Anwendung, wenn der Erblasser in einem andern deutschen Bundesstaate verstorben ist, in welchem der Nachlaß noch für einen Zeitraum nach dem Tode des Erblassers zur Besteuerung herangezogen wird. OVG. XI, 371. Ein für ein Steuerjahr zur Ergänzungssteuer veranlagter, in Preußen nur beschränkt Steuerpflichtiger ist wegen des Anteils an einem in Preußen belegenen Grundstücke, das zu einer im Laufe des Steuerjahrs dem Steuerpflichtigen zu einer bestimmten Quote angefallenen Erbschaft gehört, gleichfalls auf Grund des § 39 ErgstGes. anderweit zu veranlagen. OVG. IX, 370.

2) Der vorstehenden Bestimmung (Anm. 1) zufolge ist also ein Ehemann, der im Laufe des Jahres eine zur Ergänzungssteuer selbständig veranlagte Frau geheiratet hat,

wegen des ihm nunmehr anzurechnenden Vermögens der Ehefrau anderweit zur Ergänzungssteuer zu veranlagen (ohne Rücksicht darauf, ob ihm nach dem ehelichen Güterrechte ein Anteil an dem eingebrachten Vermögen der Frau und der Nutznießung zusteht oder nicht, OVG. VII, 164), während die Steuer der Ehefrau gemäß Art. 82 Nr. 15 d. EinkA. Dritter Teil in Abgang kommt. Art. 79 Nr. 5 d. EinkA. Dritter Teil.

3) Die aus anderen Anlässen (als aus den in Anm. 1 bezeichneten) seit der früheren Veranlagung außerdem etwa stattgehabten Vermögens**mehrungen** bleiben außer Betracht. Art. 79 III Nr. 3 d. EinkA. Dritter Teil. So z. B. darf der im Laufe des Steuerjahrs eintretende Todesfall eines Nießbrauchberechtigten nicht zum Anlaß genommen werden, eine auf § 39 des ErgstGes. gegründete anderweite Veranlagung vorzunehmen. OVG. V, 351. Von dem Steuerpflichtigen behauptete, am veranlagten Vermögen inzwischen etwa eingetretene **Verminderungen** sind indessen zu berücksichtigen. Art. 79 III Nr. 3 EinkA. Dritter Teil.

Eine anderweite Veranlagung eines Steuerpflichtigen gemäß § 39 ErgstGes. wegen Anfalls einer Erbschaft im Laufe des Steuerjahrs ist nur unter der Voraussetzung zulässig, daß das der ersten Veranlagung zugrunde gelegte Vermögen **in seiner zur Zeit des Erbanfalls noch vorhandenen Höhe unter Zurechnung** des Erbteils ein einen höheren als den veranlagten Steuersatz bedingendes steuerbares Vermögen ergibt.

Bei dieser Berechnung ist eine aus einer anderen Ursache als durch den Erbanfall bewirkte Vermehrung des Vermögens gegenüber der Veranlagung nicht zu berücksichtigen, anderseits aber als veranlagtes Vermögen nur der Betrag der unteren Grenze der bei der ersten Veranlagung ermittelten Steuerstufe in Ansatz zu bringen, wenn der Steuerpflichtige nachweist, daß sein der ersten Veranlagung zugrunde zu legendes Gesamtvermögen ein höheres nicht gewesen ist.

OVG. XIII, 341; MittH. 52, 31.

4) Der Ehemann ist der Steuerträger für seine nicht dauernd von ihm getrennt lebende Ehefrau. Demgemäß ist er auch infolge einer durch einen Erbanfall an die Ehefrau im Laufe des Steuerjahrs bedingten Vermehrung seines steuerpflichtigen Vermögens nach § 39 des ErgstGes. anderweit zu veranlagen. OVG. IX, 323.

5) Es kann keinem Zweifel unterliegen, daß die Vorschrift im § 19 Abs. 1 des ErgstGes. auch für die anderweite Veranlagung gemäß § 39 Anwendung zu finden hat. OVG. VII, 172.

6) Gemäß § 39 ist nur für dasjenige Steuerjahr, in welchem der Erbanfall stattgefunden hat, die Nachtragsveranlagung zu bewirken. Für spätere Jahre ist die Berichtigung nur auf Grund des § 85 des EinkstGes. und § 47 des ErgstGes. herbeizuführen. Kommt die zusätzliche Veranlagung erst nach Ablauf des Steuerjahrs, in welchem die Vermehrung des Vermögens eingetreten ist, zur Ausführung, so kann sie, wenn sie auch ebenfalls in diesem Falle in materieller Hinsicht auf der Vorschrift des § 39 ErgstGes. beruht, doch nur mittels der formalen Handhabe des § 85 des EinkstGes., § 47 des ErgstGes. durchgeführt werden. MittH. 40, 42. Zugangsfälle dieser Art sind nicht unter dem Abschnitt „Nachsteuern", sondern durch Zugangsliste, und zwar nach MittH. 42, 13 nicht mehr durch Zugangslisten aus Vorjahren nachzuweisen, sondern in die Zugangslisten des laufenden Steuerjahres aufzunehmen. Siehe auch Art. 88 Nr. 7 d. EinkA. Dritter Teil. Eine Nachveranlagung auf Grund des § 39 ErgstGes. ist auch unzulässig, wenn die Vermögensvermehrung schon vor Beginn der Veranlagungsperiode stattgefunden hat. Auch in solchem Falle ist nur die Nachveranlagung nach § 85 EinkstGes., § 47 ErgstGes. tunlich. OVG. VII, 254.

7) Nach einem Erbanfalle hat eine Neuveranlagung der Erben zu erfolgen, sobald die Vermehrung ihres Vermögens festgestellt ist, auch wenn eine formelle Erbschaftsregulierung

noch nicht stattgefunden hat. Aber die Veranlagung eines Erben wegen des ererbten Vermögens ist unzulässig, solange seine Erbquote nicht feststeht. Beispielsweise steht die Erbquote eines Mitglieds der als Erbe eingesetzten künftigen Deszendenz einer Person so lange nicht fest, bis andere Berechtigte nicht mehr hinzukommen können. OVG. IX, 315.

8) Derjenige, der infolge der Ausschlagung der Erbschaft seitens eines vor ihm Berufenen Erbe wird, erwirbt zwar die Erbschaft nach § 1953 BGB. mit Rückwirkung bis zum Erbfalle, d. i. bis zum Tode des Erblassers. Mit dieser Rückwirkung fällt ihm aber die Erbschaft erst in dem Augenblick der rechtsgültigen Entsagung des vor ihm Berufenen ein. Seine anderweite Veranlagung zur Ergänzungssteuer wegen dieses Erbanfalls ist daher gemäß § 39 ErgstGes. erst von dem Beginn des auf die Entsagung des vor ihm Berufenen folgenden Monats zulässig. OVG. XIII, 338.

9) Abgesehen von dem Falle der Vermehrung des Vermögens infolge von Verheiratung (in dem stets Neuveranlagung erfolgt), ist in allen sonstigen Fällen, wo nach den bestehenden Vorschriften die Voraussetzungen einer anderweiten Veranlagung an und für sich vorliegen, von einer solchen gleichwohl in der Regel abzusehen, sofern die Differenz zwischen dem ursprünglich veranlagten und dem neu zu veranlagenden Jahressteuerbetrage, gleichviel ob Einkommen- oder Ergänzungssteuer, insgesamt den Betrag von 30 M. nicht erreicht. Ergibt sich bei Zusammenrechnung der Differenzen zwischen den ursprünglich veranlagten und den neu zu veranlagenden Jahressteuerbeträgen bei der Einkommensteuer und der Ergänzungssteuer desselben Steuerpflichtigen ein höherer Betrag als 30 M., so ist die anderweite Veranlagung mit Bezug auf beide Steuern, ohne Rücksicht auf die Höhe der Einzeldifferenzen, herbeizuführen. Findet wegen Geringfügigkeit der Beträge eine anderweite Veranlagung und Zugangstellung nicht statt, so unterbleibt auch die Abgangstellung gemäß Art. 82 Nr. 15 d. EinkA. Dritter Teil bei

demjenigen Steuerpflichtigen, aus dessen Vermögen die fraglichen Beträge ausgeschieden sind. Art. 79 III 6 d. EinkA. Dritter Teil.

10) Die auf § 39 gegründete Steuerforderung unterliegt der Verjährungsvorschrift des § 85 d. EinkstGes. FME. v. 3. Jan. 99 II 13150.

§ 40. Wird nachgewiesen, daß im Laufe eines Steuerjahrs infolge Wegfalls eines Vermögensteils der Gesamtwert des steuerbaren Vermögens eines Pflichtigen um mehr als den vierten Teil vermindert worden ist, oder daß der wegfallende Teil des Vermögens anderweit zur Ergänzungssteuer herangezogen wird, so kann vom Beginne des auf den Eintritt der Vermögensverminderung folgenden Monats ab die Ermäßigung der Ergänzungssteuer auf den dem verbliebenen Vermögen entsprechenden Steuersatz beansprucht werden.

1) Zur Begründung des Ermäßigungsanspruchs ist der Nachweis bzw. die Feststellung erforderlich, daß im Laufe der Veranlagungsperiode

1. ein Vermögensteil weggefallen und
2. außerdem
   a) entweder infolge des Wegfalls der Gesamtwert des steuerbaren Vermögens um mehr als den vierten Teil vermindert worden ist,
   b) oder, daß ein Teil des Vermögens anderweit zur Ergänzungssteuer herangezogen wird. Art. 81 I d. EinkA. Dritter Teil.

2) Die Vermögensminderung muß mit dem Beginn oder im Laufe derjenigen Veranlagungsperiode eingetreten sein, für welche die Veranlagung erfolgt ist. Eine bereits vor dem Beginne der Veranlagungsperiode eingetretene Minderung kann nur im Wege der ordentlichen Rechtsmittel gegen die Veranlagung geltend gemacht werden. War in=

dessen die Vermögensminderung zwar schon im Vorjahr eingetreten, zur Zeit ihres Eintritts ausnahmsweise aber die Rechtsmittelfrist für die nächstjährige Veranlagung schon abgelaufen, so ist dem Ermäßigungsantrage stattzugeben. Als Veranlagungsperiode gilt der ganze Zeitraum, für welchen die geltende allgemeine Veranlagung zur Ergänzungssteuer stattgefunden hat, z. B. die Zeit v. 1. April 1914 bis 31. März 1917. Die in einem früheren Jahre der Veranlagungsperiode, z. B. im Juli 1914, eingetretene Verminderung des Vermögens kann auch noch in einem späteren Jahre derselben Periode, z. B. im Steuerjahr 1915, und zwar für den Teil bis zum Ablauf der ganzen Veranlagungsperiode im Wege des Ermäßigungsantrags mit Erfolg geltend gemacht werden, selbst wenn inzwischen infolge der Neuveranlagung der Einkommensteuer der ursprünglich veranlagte Ergänzungssteuersatz gemäß Art. 79 II d. EinkA. Dritter Teil berichtigt worden ist. Art. 81 III d. EinkA. Dritter Teil.

3) Die Verminderung muß als *Folge* des Wegfalls eines Vermögensteils eingetreten sein, also in *ursächlichem Zusammenhange* mit dem Wegfall stehen. Veräußert z. B. ein Steuerpflichtiger die seit der Anschaffung im Kurse gesunkenen Wertpapiere, so tritt die stattgehabte Verminderung seines Vermögens zwar für ihn erst gelegentlich des Verkaufs in die Erscheinung, die Minderung ist aber in Wirklichkeit nicht *infolge des* Wegfalls, d. h. der Veräußerung, sondern infolge des veränderten Preisstandes eingetreten und deshalb nicht geeignet, einen Ermäßigungsantrag zu begründen. Art. 81 III 1 d. EinkA. Dritter Teil. Abweichend Fuisting, Die preußischen direkten Steuern II S. 136 bezüglich des Verkaufs im Werte gesunkener Wertpapiere.

4) Als *Vermögensteil* gilt nicht nur jeder selbständige Bestandteil des Vermögens, der bei der Veranlagung Gegenstand besonderer Wertermittelung gewesen ist, sondern jedes trennbare Stück der Vermögenssubstanz, also auch der Bruch-

teil einer Kapitalforderung oder Liegenschaften, die von einer bis dahin einheitlich bewirtschafteten Besitzung abgezweigt worden sind.

Ein solches Vermögensstück muß weggefallen, d. h. aus dem dem Steuerpflichtigen anzurechnenden Vermögen ausgeschieden oder wertlos (vgl. MittH. 40, 40) geworden sein. Der Eintritt einer bloßen Wertverminderung bei unverändertem Bestande, z. B. das Sinken des Kurses von Wertpapieren, genügt nicht, um den Ermäßigungsantrag zu begründen, ebensowenig die Entziehung oder Einschränkung des Verfügungsrechts, z. B. die Einleitung der Zwangsverwaltung über ein Grundstück (vgl. MittH. 40, 40). Dagegen steht der Annahme des Wegfalls eines Kapitals der Umstand nicht entgegen, daß der Anspruch auf Zurückzahlung desselben wegen Vermögenslosigkeit des Schuldners nicht gerichtlich verfolgt und zum Austrag gebracht ist. (MittH. 40, 40). Art. 81 II d. EinkA. Dritter Teil.

5) Keinen Unterschied macht es, ob der Wegfall unabhängig von dem eigenen Willen des Steuerpflichtigen eingetreten, z. B. ein Gebäude durch Brand zerstört, ein Kapital infolge unglücklicher Spekulation oder Vermögensverfalls des Schuldners verloren gegangen ist, oder ob der Steuerpflichtige sich freiwillig eines Vermögensstücks entäußert hat. Art. 81 II d. EinkA. Dritter Teil.

6) Eine Verminderung des Gesamtwerts des steuerbaren Vermögens muß vorliegen. An dieser Voraussetzung fehlt es, sofern an die Stelle des aus dem Vermögen des Steuerpflichtigen ausgeschiedenen Stückes ein gleichwertiger Ersatz getreten ist, also in allen Fällen, wo es sich lediglich um einen Wechsel in der Vermögensanlage handelt. Art. 81 III d. EinkA. Dritter Teil.

Bei der Beratung des Ergänzungssteuergesetzes im Abgeordnetenhause äußerte sich der Regierungsvertreter (Sten. Ber. S. 1900), wie folgt: „Der Herr Abgeordnete B. stellt den Fall auf, daß jemand ein im Kurse gesunkenes Wertpapier veräußert und an seiner Stelle ein anderes anschafft; es fragt sich: liegt hier der Wegfall eines Vermögensteils vor? Ich würde diese Frage verneinen; denn hier handelt es sich einfach um eine anderweite Anlage, es ist aber kein Vermögensteil weggefallen."

7) Zur Feststellung, ob der Gesamtwert des Vermögens um mehr als den vierten Teil gemindert ist, ist zunächst der Betrag der Wertverminderung zu ermitteln; diese besteht in dem Werte des weggefallenen Vermögensteils, wie er bei der Veranlagung zugrunde gelegt war (vgl. MittH. **53**, 32) jedoch nach Abzug der dafür dem Vermögen des Steuerpflichtigen etwa hinzugetretenen Werte. Die so berechnete Wertverminderung ist mit dem veranlagten Gesamtwerte des steuerbaren Vermögens zu vergleichen. Hat beispielsweise ein nach 40000 M. Grundvermögen und 60000 M. Kapitalvermögen, im ganzen also nach einem Gesamtwerte von 100000 M. veranlagter Steuerpflichtiger im 60. Lebensjahre den Grundbesitz gegen eine Leibrente im Jahreswerte von 2000 M. einem Sohne abgetreten, so ist der Kapitalwert der Rente auf $2000 \times 8^1/_2 = 17000$ M. zu berechnen (Art. 18 II EA.), mithin die Wertverminderung auf $40000 - 17000 = 23000$ M., während der vierte Teil des veranlagten Gesamtwerts 25000 M. beträgt. Eine Ermäßigung kann sonach in diesem Falle nicht bewilligt werden, sofern nicht etwa die Voraussetzung vorliegt, daß der weggefallene Teil des Vermögens bei einer anderen Person zur Ergänzungssteuer herangezogen ist.

Ergibt sich bei Erörterung eines Ermäßigungsantrags, daß bei der früheren Veranlagung steuerbare Vermögensteile übergangen sind, so ist diese gemäß Artikel 93 EinkA. Dritter Teil zu berichtigen und die stattgehabte Wertverminderung mit dem Gesamtwerte des Vermögens nach der berichtigten Veranlagung in Vergleich zu stellen. Art. 81 III d. EinkA. Dritter Teil.

8) Wenn das veranlagte Gesamtvermögen den tat=

sächlichen Verhältnissen bei der Veranlagung entsprach, so steht der Umstand, daß bei Feststellung der verschiedenen Vermögensteile seinerzeit unrichtige Annahmen zugrunde gelegt sind, einer Ermäßigung nach § 40 des Ergänzungssteuergesetzes nicht entgegen. MittH. 40, 41.

9) Ist ein Teil des Vermögens bei einer anderen Person zur Ergänzungssteuer herangezogen, so findet der Ermäßigungsanspruch ohne Rücksicht darauf, ob der Wegfall eines Vermögensteils vorliegt und ohne Rücksicht auf die Höhe der Vermögensminderung, also auch dann statt, wenn dieselbe den vierten Teil des veranlagten Gesamtwerts nicht erreicht. (MittH. 52, 45; 53, 33.)

Dies gilt nicht nur in den Fällen des § 39 des ErgstGes. (Art. 79 III Nr. 2 d. EinkA. Dritter Teil), sondern auch, wenn aus anderen Gründen der wegfallende Vermögensteil bei einem anderen Steuerpflichtigen zur Ergänzungssteuer herangezogen wird.

Verliert beispielsweise ein nach einem Gesamtvermögen von 125000 M. mit dem Steuersatze von 63,20 M. veranlagter Steuerpflichtiger im Laufe der Veranlagungsperiode die Verfügung über das ihm hierbei bisher mit 20000 M. angerechnete Vermögen eines Sohnes, weil derselbe aus dem Haushalt ausscheidet, und wird der Sohn nach diesem besonderen Vermögen nunmehr selbständig zur Ergänzungssteuer herangezogen, so hat der Vater Anspruch auf eine dem verbliebenen Vermögen von 105000 M. entsprechende Ermäßigung seines Ergänzungssteuersatzes auf 52,60 M.

Voraussetzung ist aber in allen Fällen die wirkliche Heranziehung des Vermögensteils zur Ergänzungssteuer. Würde in dem gegebenen Beispiele der Sohn von der Ergänzungssteuer freigelassen werden müssen, weil er seinen Wohnsitz in einen anderen deutschen Bundesstaat verlegt hat, oder weil sein steuerpflichtiges Einkommen den Betrag von 900 M. nicht übersteigt (Art. 19 I Nr. 2 d. EA.), so kann der Vater während der laufenden Veran=

lagungsperiode eine Ermäßigung nicht beanspruchen (vgl. dagegen Art. 6 I Nr. 5 Abs. 2 d. EA.). Ebenso unterbleibt die Ermäßigung, wenn von der anderweiten Veranlagung des Empfängers des weggefallenen Vermögens für das laufende Steuerjahr gemäß Art. 79 III Nr. 6 d. EinkA. Dritter Teil Abstand genommen worden ist. Art. 81 IV d. EinkA. Dritter Teil.

10) Die Ermäßigung der Steuer wegen Verminderung des Vermögens findet, abgesehen von den in Anm. 9 u. 11 zu diesem Paragraphen gedachten Fällen, auch wenn das Vermögen, z. B. infolge Konkurses, ganz weggefallen ist, nur auf Antrag des Steuerpflichtigen statt. Der Antrag ist nur zulässig bis zum Ablaufe des dritten Monats nach dem Schlusse derjenigen Veranlagungsperiode, in welcher die Vermögensminderung eingetreten ist. Er ist bei dem Vorsitzenden der Veranlagungskommission schriftlich oder zu Protokoll anzubringen (vgl. MittH. **25**, 17). Nach dem Tode des Steuerpflichtigen sind auch seine Erben innerhalb der bezeichneten Frist zur Stellung des Antrags berechtigt. Art. 82 Nr. 1 d. EinkA. Dritter Teil.

11) Ist das weggefallene Vermögen bei einer anderen Person zur Ergänzungssteuer herangezogen, so ist die Ermäßigung des Steuerpflichtigen, dessen Vermögen vermindert worden ist, dadurch herbeizuführen, daß die Differenz zwischen dem bei der Veranlagung festgestellten Steuersatz und dem dem verminderten Vermögen entsprechenden Steuersatz, und zwar auch ohne Antrag des Steuerpflichtigen von amtswegen gemäß Art. 86 II Nr. 6 d. EinkA. Dritter Teil in Abgang gestellt wird.

Art. 82 Nr. 15 d. EinkA. Dritter Teil.

§ 41. Außer in den Fällen der §§ 39, 40 begründet die im Laufe der Veranlagungsperiode eintretende Vermehrung oder Verminderung des Vermögens in seinem Bestand oder Werte keine Veränderung in der schon erfolgten Veranlagung; vielmehr tritt eine Veränderung in den Steuerrollen innerhalb der Veranlagungsperiode nur ein entweder infolge von Zugängen, indem Personen durch Zuzug aus anderen Bundesstaaten oder aus anderen Gründen steuerpflichtig werden, oder infolge von Abgängen, indem bei Steuerpflichtigen die Voraussetzungen, an welche die Steuerpflicht geknüpft ist, erlöschen.

Die Zu- und Abgangsstellung erfolgt von dem Beginne des auf den Eintritt oder das Erlöschen der Steuerpflicht folgenden Monats ab.

1) Diejenigen, welche für ihre Person wegen nicht vorhandenen, oder die steuerpflichtige Grenze nicht erreichenden Vermögens seitens der zuständigen Behörden von der Ergänzungssteuer freigelassen worden sind, sind für steuerfrei veranlagt und deshalb überhaupt für veranlagt zu erachten. Diese Personen dürfen daher wegen Vermehrung ihres Vermögens (abgesehen von dem Falle des § 39 des Ges.) im Laufe des Steuerjahrs im Zugangswege nicht veranlagt werden. OVG. VI, 143.

2) Über die Zugangsfälle bei der Ergänzungssteuer bestimmt Art. 84 d. EinfA. Dritter Teil folgendes:

I. Abgesehen von den durch Wohnsitzwechsel innerhalb des preußischen Staatsgebiets entstehenden Veränderungen (vgl. § 47 des Ges., § 66 Abs. 1 u. 2 des EinkStGes. u. Art. 83 Nr. 2 bis 10 EinkA. Dritter Teil) können Zugänge gegen die Veranlagung im Laufe der Veranlagungsperiode infolge des Eintritts in die Steuerpflicht oder infolge anderweiter Festsetzung des Steuersatzes entstehen, und zwar

1. durch nachträgliche Heranziehung der bei der Veranlagung für das laufende oder ein früheres Steuerjahr übergangenen Steuerpflichtigen;
2. durch nachträgliche Erhöhung der veranlagten Steuer:
   a) infolge Berichtigung der Veranlagung (vgl. Art. 93 Nr. 2 d. EinkA. Dritter Teil);

b) infolge eines Strafverfahrens (vgl. Art. 92 Nr. 10 Abs. 3 d. EinkA. Dritter Teil);

3. dadurch, daß ein preußischer Staatsangehöriger seinen Wohnsitz, welchen er bisher außerhalb Preußens hatte, aufgibt, oder den dienstlichen Wohnsitz, welchen er bisher außerhalb Preußens in einem zum Deutschen Reiche gehörigen Staate oder in einem deutschen Schutzgebiete hatte, verliert, oder daß ein in Preußen wohnhafter Angehöriger eines anderen deutschen Staates oder Österreichs seinen bisherigen zweiten Wohnsitz im Heimatsstaat aufgibt;

4. dadurch, daß deutsche Reichsangehörige nach Preußen verziehen, oder als Beamte oder Offiziere in Preußen Wohnung nehmen und einen dienstlichen Wohnsitz erhalten (vgl. z. Nr. 3 u. 4 Art. 1 Nr. 1 u. 2 EinkA.);

5. dadurch, daß Ausländer in Preußen ihren Wohnsitz oder des Erwerbes wegen ihren Aufenthalt nehmen oder ihren Aufenthalt über ein Jahr hinaus ausdehnen (Art. 1 Nr. 3, 4 d. EinkA., Art. 1 d. EA.);

6. durch den Erwerb der preußischen Staatsangehörigkeit seitens einer bis dahin nicht steuerpflichtigen Person, hinsichtlich deren keine der im Art. 1 Nr. 1a—c der EinkA., Art. 1 d. EA. vorgesehenen Ausnahmen zutrifft;

7. durch die Lösung des Verhältnisses, vermöge dessen die Steuerfreiheit einer Person gemäß Art. 38 Nr. 3—5 d. EinkA. Zweiter Teil, Art. 3 d. EA. begründet war;

8. durch Eintritt der im Art. 2 d. EinkA., Art. 2 d. EA. angegebenen Voraussetzungen für die beschränkte Steuerpflicht bei physischen Personen;

9. durch den Erwerb eines steuerpflichtigen Einkommens von mehr als 900 M. seitens eines nicht veranlagten (vgl. Anm. 1 zu diesem §) Steuerpflichtigen; hierher gehört insbesondere auch der Fall, daß nach dem Ausscheiden einer Person aus dem Unteroffizier- oder Gemeinenstand an Stelle des bis dahin nur vorhandenen

steuerfreien Militäreinkommens (Art. 3 II Nr. 3 d. EinkA.) ein steuerpflichtiges Einkommen von mehr als 900 M. tritt;

10. durch Austreten einzelner dadurch steuerpflichtig werden-der Mitglieder aus einer Haushaltung (Art. 6 d. EinkA., Art. 6 Nr. 4 d. EA.), und zwar:
    a) infolge Auflösung der Haushaltung,
    b) infolge gerichtlicher Scheidung oder dauernder Trennung der Ehegatten,
    c) durch Bildung eines eigenen Hausstandes oder Erreichung der Volljährigkeit,
    d) durch Erwerb eines steuerpflichtigen Vermögens, welches dem Haushaltungsvorstande nicht angerechnet werden darf;
11. durch Vermehrung des Vermögens infolge Erb- oder Fideikommißanfalls, Vermächtnisses, Abteilungs- oder Überlassungsvertrags zwischen Eltern und Kindern, Verheiratung oder Schenkung (vgl. Art. 79 III Nr. 2, 5 und 6 d. EinkA. Dritter Teil);
12. durch Erhöhung des Steuersatzes infolge Entscheidung der Veranlagungskommission, der Berufungskommission oder des Oberverwaltungsgerichts (Art. 69, 71, 72 d. EinkA. Zweiter Teil);

13.
14. } betreffen nur die Einkommensteuer;

15. durch den Erwerb eines die Steuerpflicht begründenden Vermögens seitens einer nicht veranlagten (vgl. Anm. 1 zu diesem §) Person.

II. Treten bei einem Steuerpflichtigen, welcher bisher nur der beschränkten Steuerpflicht unterlag (Art. 2 d. EA.), die Voraussetzungen der allgemeinen Steuerpflicht ein (vgl. oben I Nr. 3 bis 7), so sind diese Zugangsfälle in gleicher Weise zu wahren.

III. In besondere Abteilungen der Kontrolle und der Zugangsliste sind außerdem aufzunehmen die nicht laufend in Zugang gestellten gemäß § 45 des Ergänzungssteuergesetzes festgesetzten Nachsteuern, soweit sie wirklich eingezahlt worden sind.

3) Über die Behandlung der Zugangsfälle, in denen eine Festsetzung oder anderweite Bestimmung des Steuersatzes erforderlich ist, trifft Art. 85 d. EinkA. Dritter Teil hinsichtlich der Ergänzungssteuer folgende Bestimmungen:

I. Obliegenheiten des Gemeinde- (Guts-) vorstandes.

1. Auch in den Zugangsfällen des Art. 84 d. EinkA. Dritter Teil Nr. I 1, 2a, bis 11, 15 und II (vgl. Anm. 2 zu diesem Paragraphen) hat der Gemeinde- (Guts-) Vorstand dem Vorsitzenden der Veranlagungskommission sogleich einen Auszug aus der (gemäß Art. 83 d. EinkA. Dritter Teil Ziffer 1 über alle im Laufe des Jahres bei der Einkommensteuer und der Ergänzungssteuer eintretenden Zu- und Abgänge zu führenden) Kontrolle mitzuteilen (vgl. Art. 83 Nr. 1, 6, 7 d. EinkA. Dritter Teil). Nach FME. v. 22. März 1913 II 1448 sind diese Kontrollauszüge als Zugangslisten zu bezeichnen, und zwar, soweit sie physische Personen mit einem Einkommen von nicht mehr als 3000 M. betreffen, als Listen A, die übrigen als Listen B. Sie werden von dem Vorsitzenden der Veranlagungskommission in der auf Muster XXVI d. EinkA. Dritter Teil angegebenen Weise je für sich festgestellt.

In Spalte 15 des Auszuges sind, sofern nicht eine besondere Vorschlagsliste oder ein Listenauszug angeschlossen wird, die Ursachen des Zugangs anzugeben und die von dem Gemeinde- (Guts-) Vorstande gesammelten Nachrichten über die Vermögens-, Erwerbs- und Einkommensverhältnisse der neu in die Steuerpflicht eintretenden Personen zu vermerken. In den Fällen des Art. 84 d. EinkA. Dritter Teil Nr. I 3 bis 11, 15 und II ist außerdem der Zeitpunkt anzugeben, zu welchem das die Steuerpflicht begründende oder erweiternde Ereignis eingetreten ist,

in den Fällen zu I Nr. 2a, 11 und II die Nummer der Staatssteuerrolle oder Zugangsliste, unter welcher der im Steuersatz zu erhöhende Steuerpflichtige bereits erscheint.

II. Obliegenheiten des Vorsitzenden der Veranlagungskommission.

1. Der Vorsitzende hat die Wahrung der Zugangsfälle (Art. 84 d. EinkA. Dritter Teil) zu überwachen und, sobald ein solcher Fall anderweit zu seiner Kenntnis gelangt, die vorgeschriebenen Eintragungen in die Kontrolle und Mitteilungen des Gemeinde- (Guts-) Vorstandes herbeizuführen. Diese Mitteilungen haben nach FME. v. 22. März 1913 II 1448 durch Listen zu erfolgen, welche die für Zugangslisten üblichen Spalten enthalten. Auch diese Listen dienen nach Vervollständigung durch den Gemeinde- (Guts-) Vorstand als Zugangslisten.

2. In Ansehung der Zugangsfälle unter I Nr. 1 bis 11, 15 unterwirft er die Anzeigen des Gemeindevorstandes einer sorgfältigen Prüfung, namentlich mit Bezug auf den Zeitpunkt des Eintritts der Steuerpflicht sowie die Bemessung des steuerbaren Vermögens. Nach Umständen veranlaßt er die Aufstellung von Schätzungsbogen oder Personalblättern (Art. 24 bis 27 d. A.) und die Äußerung des Schätzungsausschusses, der Voreinschätzungskommission oder der Veranlagungskommission und verfährt in Gemäßheit der Vorschriften der Art. 57 bis 59 d. EinkA. Zweiter Teil.

Neuveranlagungen, welche gelegentlich des Wohnsitzwechsels eines Steuerpflichtigen durch den Übertritt aus der beschränkten in die unbeschränkte Steuerpflicht oder im umgekehrten Falle erforderlich werden, hat der Vorsitzende der für den neuen Wohnsitz des Pflichtigen zuständigen Veranlagungskommission herbeizuführen.

3. Soweit es sich nicht um eine Nachbesteuerung (Art. 93 d. EinkA. Dritter Teil) handelt, setzt der Vorsitzende der Veranlagungskommission in allen Zugangsfällen den Steuersatz an Stelle der Veranlagungskommission fest.

4. Der Vorsitzende bestimmt zugleich den Zeitpunkt der Zugangstellung; diese erfolgt in den Fällen des Art. 84 I d. EinkA. Dritter Teil (vgl. Anm. 2 zu diesem §).

zu Nr. 1 von dem Beginne des Steuerjahrs ab,

zu Nr. 2a von demjenigen Zeitpunkt ab, mit welchem die ursprüngliche Veranlagung in Geltung getreten war,

zu Nr. 2b von dem ersten Tage desjenigen Vierteljahrs ab, bis zu welchem die Nachsteuer festgestellt ist (vgl. Art. 92 Nr. 10, 15 Abs. 3 d. EinkA. Dritter Teil),

zu Nr. 3 bis 11, 15 und in den Fällen des Art. 84 II d. EinkA. Dritter Teil von dem ersten Tage des Monats ab, welcher auf das die Steuerpflicht oder die Erhöhung des Steuersatzes begründende Ereignis folgt, ohne Unterschied, ob dieses Ereignis am ersten oder an einem späteren Monatstag eingetreten war (vgl. auch FME. v. 16. Aug. 04, abgedruckt in Anm. 6 zu diesem §).

5. Die Festsetzung des Steuersatzes wird dem Pflichtigen gemäß Art. 65 d. EinkA. Zweiter Teil bekannt gemacht.

6. Der Vorsitzende der Veranlagungskommission trägt das Ergebnis der einzelnen Zugangslisten in eine von ihm gemeinde-(gutsbezirksweise) zu führende Kontrolle ein, versieht die eingetragenen Listen mit den für jede Gemeinde (Gutsbezirk) alljährlich mit „eins" beginnenden Kontrollnummern und gibt sie an den Gemeinde- (Guts-) Vorstand zurück, der wegen Berichtigung seiner Kontrolle und wegen der Steuererhebung das Erforderliche veranlaßt. FME. 22. März 1913 II 1448.

4) Über die Abgangsfälle bestimmt Art. 86 d. EinkA. Dritter Teil hinsichtlich der Ergänzungssteuer folgendes:

I. Im allgemeinen steht die Steuer nach ordnungsmäßig

erfolgter Veranlagung in dem Sinne fest, daß Beschwerden über unrichtige Veranlagung, mögen dieselben auf gänzliche Befreiung oder auf Ermäßigung der Steuer gerichtet sein, im Wege der Rechtsmittel geltend gemacht werden müssen, und außerhalb des Rechtsmittelwegs eine Abgangstellung der veranlagten Steuer deshalb, weil dieselbe den gesetzlichen Vorschriften zuwider veranlagt ist, nicht stattfindet.

Dieser Grundsatz erleidet jedoch Ausnahmen;

1. im Falle mehrfacher Veranlagung des nämlichen Steuerpflichtigen oder bei irriger Veranlagung einer Person, welche als zum Haushalt eines anderen Steuerpflichtigen gehörig anzusehen, bzw. deren gesamtes Einkommen bereits dem Haushaltungsvorstand angerechnet ist (Art. 6 d. EinkA., Art. 6 Nr. 4 d. EA.);
2. bei Veranlagungen,
   a) welche gegen das Doppelsteuergesetz vom 22. März 1909 (siehe Anm. 4 A a zu § 2 des Ges.) oder gegen die Bestimmungen des Vertrags mit Österreich v. 21. Juni 99 (siehe Anhang III) verstoßen;
   b) welche eine gemäß Art. 38 d. EinkA. Zweiter Teil, Art. 3 d. EA. steuerfreie Person betreffen;
   c) durch welche ein unrichtiger, dem veranlagten Einkommen tarifmäßig nicht entsprechender Steuersatz festgesetzt worden ist;
3. . . . (betrifft nur die Einkommensteuer).

In Fällen dieser Art (zu 1 und 2) ist die Abgangstellung der unrichtig oder irrig veranlagten Steuer von amtswegen zu bewirken und von dem Gemeinde- (Guts-) Vorstande bei dem Vorsitzenden der Veranlagungskommission unter Vorlegung eines Kontrollauszugs und gehöriger Begründung zu beantragen.

Eine mehrfache Veranlagung (zu 1) kann eintreten, dadurch, daß dieselbe Person irrtümlich in den Steuerlisten oder Nachweisungen desselben Veranlagungsbezirks an verschiedenen Stellen aufgeführt ist, oder durch Veranlagung in mehreren Bezirken, z. B. bei doppeltem Wohnsitz. Soweit es sich um die Veranlagung zur Einkommensteuer oder zu fingierten Steuersätzen (§ 79 EinkstGes.) handelt, ist in dem ersteren Falle stets die höhere Veranlagung aufrecht zu erhalten, ebenso in dem letzteren, sofern die Veranlagungsbehörden der verschiedenen Bezirke an und für sich für die Veranlagung des Pflichtigen nach den bestehenden Vorschriften zuständig waren; trifft diese Voraussetzung nicht zu, so ist der von der unzuständigen Stelle veranlagte Einkommensteuersatz in Abgang zu stellen.

Nach denselben Grundsätzen (Abs. 4) ist auch im Falle mehrfacher Veranlagung zur Ergänzungssteuer zu verfahren, wenn der betreffende Pflichtige nicht zur Einkommensteuer veranlagt ist. Im Falle seiner Veranlagung zur Einkommensteuer aber gilt auch die Veranlagung zur Ergänzungssteuer an demjenigen Orte, dessen Einkommensteuerveranlagung nach dem vorhergehenden Absatz aufrecht zu erhalten ist.

Kann hiernach die Frage nicht entschieden werden, weil die Einkommensteuer von verschiedenen an sich zuständigen Stellen in gleicher Höhe veranlagt ist, so gilt die höhere Veranlagung zur Ergänzungssteuer.

Bei Begründung des Abgangs in dem Falle zu 1 ist auf die Rollennummer der aufrecht erhaltenen Veranlagung oder der Veranlagung des Haushaltungsvorstandes, in dem Falle zu 2c auf die stattgehabte Berichtigung der Veranlagung hinzuweisen. Anträge auf Befreiung oder Ermäßigung der Steuer, welche sich auf die zu 1, 2a, b angegebenen Gründe stützen, dürfen nicht deshalb zurückgewiesen werden, weil die Rechtsmittelfrist versäumt ist.

II. Außerdem können Abgänge an der veranlagten Steuer im Laufe des Jahres entstehen:

Zur Begründung des Abgangs ist festzustellen und in der Kontrolle (Art. 83 Nr. 1 d. EinkA. Dritter Teil) sowie in der Abgangsliste

	(Art. 88 d. EinkA. Dritter Teil) anzugeben:
4. Durch das Ableben eines Steuerpflichtigen:	zu 4: der Todestag, und entweder der Vermerk, unter welcher Nummer der Zugangsliste, von welchem Zeitpunkt ab und mit welchem Betrage die Erben in Zugang erscheinen oder der Hinweis auf den nach dem FME. v. 14. Okt. 95 zu führenden Anhang zum Notizregister (vgl. Anhang Nr 3 zu d. EinkA. Dritter Teil); oder der Vermerk, daß von der Zugangsveranlagung gemäß Art. 79 Nr. 3 d. EinkA. Dritter Teil Abstand genommen ist;
5. durch den nach Erlöschen des steuerpflichtigen Einkommens oder Vermögens stattgehabten Übertritt eines Steuerpflichtigen in den Haushalt eines anderen;	zu 5: der Tag, an welchem der Übertritt stattgefunden hat und das anzurechnende Einkommen oder Vermögen fortgefallen ist, sowie der Hinweis [1]) auf die Besteuerung des Haushaltungsvorstandes (vgl. FME. v. 16. Aug. 05, MittH. 48, 32);
6. durch anderweite Heranziehung des veranlagten	zu 6: der Tag und die Veranlassung der eingetretenen

[1]) Dieser Hinweis fällt fort, wenn die Person, in deren Haushalt der bisherige Steuerpflichtige übertritt, nicht in Preußen wohnt und daher auch in Preußen nicht besteuert wird.

Einkommens oder Vermögens oder eines Teils desselben zur Einkommensteuer oder Ergänzungssteuer bei einer anderen Person, auf welche es im Laufe des Steuerjahrs übergegangen ist (vgl. Art. 79 III Nr. 2 und 80 VIII d. EinkA. Dritter Teil);

Veränderung sowie der Vermerk, unter welcher Nummer der Zugangsliste, von welchem Zeitpunkt ab und mit welchem Betrage die Person, auf welche das Einkommen oder Vermögen übergegangen ist, in Zugang erscheint;

7. durch Begründung eines dienstlichen Wohnsitzes in einem anderen deutschen Staate oder einem deutschen Schutzgebiet [1]), oder durch den Wegfall des bisherigen dienstlichen Wohnsitzes in Preußen;

zu 7: die Staatsangehörigkeit des Steuerpflichtigen, der Tag, mit welchem das näher zu bezeichnende, den dienstlichen Wohnsitz begründende Amtsverhältnis beginnt oder aufhört (Art. 39 Nr. 2 d. EinkA. Zweiter Teil), FME. v. 16. Aug. 04 [2]) und v. 26. Okt. 04 [3]);

8. durch den Verzug
   a) eines Preußen nach einem anderen deutschen Staate oder einem deutschen Schutzgebiet, nach Helgoland oder nach Österreich;
   b) eines nichtpreußischen Staatsangehörigen aus

zu 8:
   a) der Monat, in welchem, und der Ort, wo der neue Wohnsitz genommen ist (vgl. auch FME. v. 16. Aug. 04) [2]);
   b) der Monat, in welchem das preußische Staats-

---

[1]) Diese Vorschrift ist auch in dem Falle maßgebend, wenn ein Offizier oder Beamter zu einer Kaiserlichen Schutztruppe übertritt.

[2]) Abgedruckt in Anm. 6 zu diesem §.

[3]) Abgedruckt in Anm. 7 zu diesem §.

Preußen (vgl. Anm. 74 zu Art. 83 d. EinkA. Dritter Teil); | gebiet verlassen ist, sowie die Staatsangehörigkeit des bisherigen Steuerpflichtigen (vgl. auch FME. v. 16. Aug. 04) [1]);

9. durch Ablauf eines zweijährigen Zeitraums, während dessen ein Preuße sich ununterbrochen im Auslande aufgehalten hat (Art. 1 Nr. 1 c d. EinkA.); | zu 9: der Monat, seit welchem der Steuerpflichtige dauernd im Auslande verweilt, der Ort des Aufenthalts oder die Angabe, daß derselbe unbekannt sei;

10. durch Wegfall der Voraussetzungen, welche die Steuerpflicht gemäß Art. 2 d. EinkA., Art. 2 d. EA. begründen; | zu 10: der Tag und die Veranlassung der eingetretenen Veränderung, sowie die Bezeichnung des etwaigen Besitznachfolgers;

11. durch Verlust der preußischen Staatsangehörigkeit, insofern nicht die Voraussetzungen vorliegen, unter denen auch Angehörige fremder Staaten der Steuer unterworfen sind; | zu 11: der Tag, an welchem die Entlassungsurkunde ausgehändigt oder aus anderen Gründen der Verlust eingetreten ist, sowie Wohnsitz oder Aufenthalt des bisherigen Steuerpflichtigen;

12. durch Ermäßigung des Steuersatzes oder Freistellung im Wege des Einspruchs, der Berufung oder der Beschwerde. | zu 12: die Entscheidung, durch welche die Ermäßigung oder Befreiung bewilligt ist (Art. 69, 71, 72 d. EinkA. Zweiter Teil).

13 bis 15 betreffen nur die Einkommensteuer.

III. . . . betrifft nur die Einkommensteuer.

---

[1]) Abgedruckt in Anm. 6 zu diesem §.

IV. Die nach Art. 82 d. EinkA. Dritter Teil nur auf Grund eines Antrags des Steuerpflichtigen zu bewilligenden Ermäßigungen werden in die Abgangslisten nicht aufgenommen, weil ihre endgültige Feststellung bereits durch die Ermäßigungsliste erfolgt ist.

Dagegen werden die nach Art. 82 Nr. 15 d. EinkA. Dritter Teil von Amts wegen herbeizuführenden Ermäßigungen lediglich durch die Abgangslisten nachgewiesen.

5) Über das Verfahren bei der Abgangstellung von Ergänzungssteuerbeträgen ordnet Art. 87 d. EinkA. Dritter Teil folgendes an:

1. Die Anträge auf Abgangstellung in den im Art. 86 II d. EinkA. Dritter Teil (vgl. Anm. 4 zu diesem §) unter Nr. 4—11 bezeichneten Fällen sollen zwar in der Regel von den Steuerpflichtigen oder deren Vertretern oder Erben ausgehen und bei dem Gemeinde- (Guts-) Vorstand unter Vorlegung der zur Begründung erforderlichen Beweisstücke angebracht werden. Voraussetzung für die Abgangstellung ist jedoch ein Antrag nicht, dieselbe ist vielmehr herbeizuführen und zu diesem Zwecke dem Vorsitzenden der Veranlagungskommission ein Auszug aus der Kontrolle zu überreichen, sobald die den Abgang und den Zeitpunkt desselben begründenden Tatsachen genügend feststehen (vgl. Art. 83 Nr. 7 d. EinkA. Dritter Teil. [Nach FME. v. 22. März 1913 II 1448 sind die Kontrollauszüge als Abgangslisten zu bezeichnen, und zwar, soweit sie physische Personen mit einem Einkommen von nicht mehr als 3000 M. betreffen, als Listen A, die übrigen als Listen B. Sie werden von dem Vorsitzenden der Veranlagungskommission in der auf Muster XXVII d. EinkA. Dritter Teil angegebenen Weise, je für sich, mit dem Zusatze „vorläufig" festgestellt.

Die Benachrichtigungen des Vorsitzenden der Veranlagungskommission an die Gemeinde- (Guts-) Vorstände über Änderungen der Steuersätze im Rechtsmittelverfahren (Art. 72 I d. EinkA. Zweiter Teil) haben von vornherein durch Listen zu erfolgen, welche die für Abgangslisten üblichen Spalten enthalten. Ein Muster für Abgänge im Rechtsmittelverfahren teilt FME. v. 22. März 1913 II 1448 mit. Auch diese Listen dienen nach Vervollständigung durch den Gemeinde-(Guts-) Vorstand als Abgangslisten.]

2. Nach Eingang des Kontrollauszugs unterwirft der Vorsitzende der Veranlagungskommission die zur Begründung der Abgangsfälle im Art. 86 d. EinkA. Dritter Teil zu I, II. Nr. 1—11, vorgelegten Anträge und Beweisstücke einer sorgfältigen Prüfung in formeller und sachlicher Hinsicht, ordnet die etwa erforderlichen Aufklärungen und Ergänzungen an und trifft die vorläufige Entscheidung über den Zeitpunkt der Abgangstellung (vgl. auch Art. 79 II d. EinkA. Dritter Teil).

3. Die Abgangstellung erfolgt in den Fällen

zu 1 bis 3 von dem Zeitpunkt ab, von welchem die mehrfache oder vorschriftswidrige Veranlagung stattgefunden hatte;

zu 4 bis 11 von dem Ersten des Monats, welcher auf das den Abgang begründende Ereignis folgt (vgl. auch FME. v. 16. Aug. 04 u. v. 26. Okt. 04, abgedruckt in Anm. 6 u. 7 zu diesem §).

4. Wenn auch die Voraussetzungen der persönlichen Steuerpflicht weggefallen sind (vgl. insbesondere Art. 86 d. EinkA. Dritter Teil Nr. 7, 8, 9, 11), können doch Umstände vorliegen, welche trotzdem in Ansehung einzelner Teile des Vermögens die Fortdauer der Steuerpflicht gemäß Art. 2 d. EA. begründen. Auch hierauf ist die Prüfung der Kontrollauszüge, welche die erforderliche Auskunft enthalten müssen, zu richten und in den geeigneten Fällen der dem verbleibenden steuerbaren Vermögen entsprechende Steuersatz aufrecht zu erhalten.

Kann der aus der Steuerpflicht ausscheidende Teil des Vermögens nicht einfach durch Berechnung festgestellt werden, so hat der Vorsitzende der Veranlagungskommission denselben, nötigenfalls durch Einholung einer gutachtlichen Äußerung des Schätzungsausschusses zu schätzen. Die Bestimmung des fortzuentrichtenden Steuersatzes erfolgt nach den Vorschriften des Art. 85 d. EinkA. Dritter Teil Nr. 3—6.

5. Der Vorsitzende der Veranlagungskommission trägt das Endergebnis jeder einzelnen Abgangsliste in eine von ihm gemeinde-(gutsbezirks-)weise zu führende Kontrolle ein, versieht die eingetragenen Listen mit den für jede Gemeinde (Gutsbezirk) alljährlich mit eins beginnenden Kontrollnummern und gibt sie an den Gemeinde- (Guts-) Vorstand zurück, der wegen Berichtigung seiner Kontrolle und wegen der Steuererhebung das Erforderliche veranlaßt. FME. v. 22. März 1913 II 1448.

6) Über Zu- und Abzüge aus und nach anderen deutschen Bundesstaaten bestimmt die Allg. Verf. d. FM. v. 16. August 04 MittH. 48, 27 folgendes:

Zur Sicherung eines gleichmäßigen Verfahrens sehe ich mich veranlaßt, auf die Gesichtspunkte hinzuweisen, die in Fällen des Zu- und Abzugs von Steuerpflichtigen aus und nach anderen deutschen Bundesstaaten bei der Festsetzung des Anfangs- und Endtermins ihrer durch den Wohnsitz begründeten Besteuerung in Preußen zu beachten sind.

Grundlegend ist die Bestimmung § 64 Abs. 2 des EinkstGes. § 41 Abs. 2 des ErgstGes. wonach die Zu- und Abgangstellung der Steuern von dem Beginn des auf den Eintritt bzw. das Erlöschen der Steuerpflicht folgenden Monats ab stattzufinden hat; unter dem „Eintritt" und dem „Erlöschen" der Steuerpflicht ist hierbei das im Einzelfalle die Änderung des bisherigen Rechtszustandes begründende Ereignis zu verstehen.

Bei Anwendung dieser allgemeinen Vorschrift auf die verschiedenen Fälle des Verzugs ist die Verlegung des Wohnsitzes im Sinne des § 1 Abs. 2 des Reichsgesetzes v. 13. Mai 70 von dem Wechsel des dienstlichen Wohnsitzes (§ 2 Abs. 3 a. a. O.) [jetzt § 1 Abs. 2, bzw. § 2 Abs. 3 des

Doppelsteuergesetzes vom 22. März 1909; siehe Anm. 8 zu diesem §] zu unterscheiden.

1. Verlegung des Wohnsitzes (§ 1 Abs. 2 des Reichsgesetzes).

Verzieht ein bisher in Preußen wohnhaft gewesener preußischer Staatsangehöriger in einen anderen Bundesstaat (Art. 86 II Nr. 8a EinkA. Dritter Teil), so erlischt seine Steuerpflicht nicht bereits infolge seines Wegzugs aus dem bisherigen Wohnsitz (vgl. § 1 Nr. 1c des EinkstGes.), sondern erst infolge der Begründung des neuen Wohnsitzes in dem andern Bundesstaate.

Deshalb ist für den Zeitpunkt der Abgangstellung gemäß Art. 86 II Nr. 8a, Art. 87 Nr. 3 a. a. O. derjenige Monat entscheidend, in welchem der neue Wohnsitz im Sinne des Reichsgesetzes v. 13. Mai 70 begründet wurde. Mit welchem Tage dies als geschehen anzusehen ist, ist eine tatsächliche Frage, die nur nach den Umständen des einzelnen Falles beantwortet werden kann.

Eine verschiedene Festsetzung des Zeitpunktes für die Abgangstellung, je nachdem der neue Wohnsitz in dem anderen Bundesstaate am ersten oder an einem späteren Tage desselben Monats begründet wurde, ist aus den angeführten Vorschriften nicht herzuleiten.

Wird also in einem bestimmten Falle festgestellt, daß der neue Wohnsitz am ersten Tage eines Monats, beispielsweise am 1. Februar, begründet ist, so darf die Absetzung der Steuer erst von dem folgenden Monat, in dem gewählten Beispiel also v. 1. März ab, verfügt werden (vgl. die Verf. des FM. v. 12. Aug. 98, MittH. 38, 35).

Verzieht jemand, der die preußische Staatsangehörigkeit nicht besitzt, aber vermöge seines Wohnsitzes (Aufenthalts) bisher in Preußen steuerpflichtig war, in einen anderen Bundesstaat, so erlischt seine persönliche Steuerpflicht schon mit der Aufgabe des Wohnsitzes und Aufenthalts in Preußen.

Hat er also das preußische Staatsgebiet im Monat Februar — gleichviel an welchem Tage — verlassen, so muß seine Freistellung von der Steuer vom 1. März ab erfolgen (Art. 86 II Nr. 8b d. EinkA. Dritter Teil), auch wenn er den neuen Wohnsitz in einen anderen Bundesstaat erst später genommen haben sollte.

In dem umgekehrten Fall — Zuzug eines deutschen Reichsangehörigen — gleichviel welcher Staatsangehörigkeit — aus einem anderen Bundesstaate nach Preußen — ist der Tag des Zuzugs in Preußen für die Begründung der Steuerpflicht entscheidend. Die Steuer darf in Preußen demgemäß erst von dem ersten Tage des Monats ab, der auf den Zuzug folgt in Zugang gestellt werden — ohne Unterschied, ob der Wohnsitz in Preußen schon am ersten oder erst an einem späteren Monatstage begründet wurde (Art. 85 II Nr. 4 d. EinkA. Dritter Teil).

2[1]). Bei der Verlegung des dienstlichen Wohnsitzes von Beamten oder Offizieren aus einem Bundesstaat in einen anderen ist zu beachten, daß die von der vorgesetzten Dienstbehörde getroffene Bestimmung über den neuen dienstlichen Wohnsitz mit dem Zeitpunkt der Versetzung von selbst in Kraft tritt, ohne daß es darauf ankommt, ob der Versetzte etwa erst später tatsächlich eine Wohnung im Sinne des § 1 Abs. 2 des Reichsgesetzes v. 13. Mai 70 an dem neuen Amtssitz oder Garnisonort genommen hat (vgl. Art. 39 Nr. 2 Abs. 2 d. EinkA. Zweiter Teil und Art. 86 II Nr. 7 d. EinkA. Dritter Teil). Mit Rücksicht hierauf ist anzunehmen, daß der beispielsweise zum 1. Sept. versetzte Beamte oder Offizier den dienstlichen Wohnsitz an seinem bisherigen Amts- oder Garnisonorte bereits mit dem Ablaufe des dem Versetzungstage vorhergehenden Tages, also mit Ablauf des

---

[1]) Die Bestimmungen unter Nr. 2 sind abgeändert durch FME. v. 3. Juni 1912 II 6209, abgedruckt in Anm. 8 zu diesem §

31. August verliert und zu demselben Zeitpunkt den dienstlichen Wohnsitz an dem neuen Amts- oder Garnisonorte erwirbt.

Hieraus folgt aber, daß die auf den Beamten oder Offizier an dem früheren dienstlichen Wohnsitz veranlagte Steuer in dem gewählten Beispiel bereits v. 1. Sept. ab in Abgang zu stellen und von demselben Zeitpunkte ab seine Heranziehung zur Steuer an dem neuen dienstlichen Wohnsitz gerechtfertigt ist.

3. In mehreren zu meiner Kenntnis gelangten Beschwerdefällen ist bei Umzügen oder Versetzungen von Steuerpflichtigen aus oder nach Preußen in anderen deutschen Bundesstaaten, auf Grund bestehender abweichender Vorschriften, nach anderen als den unter Nr. 1 u. 2 angegebenen Grundsätzen verfahren, und infolgedessen für den Monat, in dem der Wechsel des Wohnsitzes stattgefunden hatte, der Pflichtige zur Besteuerung in den beiden in Betracht kommenden Staaten herangezogen.

Obwohl hierin ein Verstoß gegen die Vorschriften des Reichsgesetzes v. 13. Mai 70 nicht zu erblicken ist, sind derartige mehrfache Belastungen desselben Steuerpflichtigen doch unbillig und tunlichst zu vermeiden, und ich habe mich dieserhalb mit den zuständigen Zentralbehörden der sämtlichen Bundesstaaten und Elsaß-Lothringens in Verbindung gesetzt.

Dabei hat sich ergeben, daß in der Mehrzahl der Bundesstaaten in den hier in Betracht kommenden Punkten die gesetzlichen Vorschriften im wesentlichen mit den preußischen Vorschriften übereinstimmen. Soweit dies der Fall ist, muß schon die beiderseitige richtige Anwendung der bestehenden gesetzlichen Vorschriften das Vorkommen von Beschwerden ausschließen.

In einigen Bundesstaaten, für deren Gebiete eine abweichende gesetzliche Regelung in Geltung ist, sind zum Teil schon früher auf Beseitigung von Beschwerden der in Rede stehenden Art abzielende allgemeine Anordnungen erlassen; für wiederum andere Gebiete ist dies jetzt auf mein Ansuchen geschehen.

Einzelne Finanzverwaltungen haben sich vorbehalten, solche Anordnungen im einzelnen Falle auf Ansuchen zu erlassen, soweit dies mit den geltenden Gesetzen vereinbar ist.

Es darf hiernach erwartet werden, daß Beschwerden über Doppelbesteuerungen der bezeichneten Art bei richtigem Verhalten der beteiligten Behörden fortan nicht mehr vorkommen werden. Sollten dort gleichwohl solche Fälle zur Kenntnis gelangen, so ist mir darüber zu berichten.

7) FME. v. 26. Oktober 04, MittH. 48, 31, betr. die Versetzung von Geistlichen: „In der Rundverfügung v. 16. Aug. 06 (Anm. 6 zu diesem §) ist ausgesprochen, daß Beamte, die zum ersten Tage eines Monats versetzt sind, den dienstlichen Wohnsitz an dem bisherigen Amtsorte bereits mit dem Ablaufe des dem Versetzungstage vorhergehenden Tages verlieren und zu demselben Zeitpunkte den dienstlichen Wohnsitz an dem neuen Amtsort erwerben, und daß demgemäß die auf sie an dem früheren dienstlichen Wohnsitz veranlagte Steuer bereits vom Ersten des betreffenden Monats — dem Versetzungstage — ab in Abgang zu stellen ist.

Im Hinblick auf die dieser Regelung zugrunde liegenden Gesichtspunkte findet es kein Bedenken, sie auch auf den vorliegenden Fall, in dem ein evangelischer Geistlicher zum 1. Juli von einem in Preußen gelegenen Orte in einen anderen Bundesstaat versetzt ist, anzuwenden.

Die auf den Geistlichen in Preußen für den Monat Juli 1906 veranlagte Steuer ist daher in Abgang zu stellen und, falls bereits gezahlt, zu erstatten."

8) Nach Inkrafttreten des Doppelsteuergesetzes vom 22. März 1909 sind die Vorschriften über Zu- und Abzüge von Offizieren und Beamten vom FM. durch den Erlaß vom 3. Juni 1912 II 6209 wie folgt abgeändert worden:

„Nach § 2 Abs. 3 des früheren Doppelsteuergesetzes vom

13. Mai 1870 durften in Reichs- oder Staatsdiensten stehende Deutsche nur von dem Bundesstaat besteuert werden, in welchem sie ihren dienstlichen Wohnsitz hatten. Unter dienstlichem Wohnsitz war hierbei die dem Beamten oder Offizier zur Ausübung seines Dienstes angewiesene Station zu verstehen, ohne daß es darauf ankam, ob der Pflichtige an dem Stationsort auch tatsächlich Wohnung genommen hatte oder nicht.

Diese besondere Bevorzugung desjenigen Bundesstaats, in dem sich der Ort der dienstlichen Station befindet, ist durch die neue Fassung des § 2 Abs. 3 des Doppelsteuergesetzes vom 22. März 1909, worauf schon in dem Runderlasse vom 16. März 1909 — II 2616 — hingewiesen ist, grundsätzlich beseitigt worden.

Nach dem jetzt gültigen Recht ist auch zur Besteuerung von Beamten und Offizieren in erster Linie derjenige Bundesstaat berechtigt, in dessen Gebiet sie ihren tatsächlichen Wohnsitz (§ 1 Abs. 2 d. Ges.) haben. Der dienstliche Wohnsitz ist nur noch in zwei Beziehungen von Bedeutung: hat ein Beamter oder Offizier einen doppelten tatsächlichen Wohnsitz, nämlich sowohl in demjenigen Bundesstaat, in welchem sich der dienstliche Wohnsitz befindet, als auch in einem anderen Bundesstaat, so ist der erstgenannte Staat zu der Besteuerung ebenso ausschließlich berechtigt, wie es früher der Bundesstaat des dienstlichen Wohnsitzes war. Und ferner: hat ein in Reichs- oder Staatsdiensten stehender Deutscher in keinem Bundesstaat einen tatsächlichen Wohnsitz, sondern nur einen dienstlichen Wohnsitz, so darf er nur in dem Bundesstaat des dienstlichen Wohnsitzes zu den direkten Staatssteuern herangezogen werden.

Dieser veränderte Rechtszustand ist nicht ohne Einfluß auf solche Besteuerungsfälle, bei denen es sich um Zu- und Abzüge von Beamten und Offizieren aus und nach anderen deutschen Bundesstaaten handelt.

In der allgemeinen Verfügung vom 16. August 1904 II

7142 (siehe Anm. 6 zu diesem §) werden unter Nr. 2 die Fälle der Verlegung des dienstlichen Wohnsitzes von Beamten oder Offizieren aus einem Bundesstaat in einen anderen behandelt, und es wird dabei, entsprechend den damals gültigen Bestimmungen, von der Annahme ausgegangen, daß im Fall von Versetzungen der Eintritt und das Erlöschen der Steuerpflicht lediglich von der von der vorgesetzten Dienstbehörde getroffenen Bestimmung über den neuen dienstlichen Wohnsitz abhängig seien.

Diese Vorschrift kann jetzt nicht mehr als maßgebend gelten. Ist ein Beamter oder Offizier aus einem Bundesstaat in einen anderen versetzt, so ist jetzt in erster Linie zu prüfen, zu welchem Zeitpunkt der tatsächliche Wohnsitz in demjenigen Bundesstaat, in welchem der Beamte oder Offizier bisher seinen dienstlichen Wohnsitz hatte, aufgegeben worden ist. Die Aufgabe des tatsächlichen Wohnsitzes ist nach dem jetzt geltenden Rechte als dasjenige Ereignis anzusehen, welches das Erlöschen der Steuerpflicht in dem Bundesstaat des bisherigen dienstlichen Wohnsitzes begründet. Hat nämlich der Pflichtige den bisherigen tatsächlichen Wohnsitz aufgegeben, ohne zunächst einen neuen tatsächlichen Wohnsitz zu begründen, so unterliegt er der Steuerpflicht des Bundesstaates des neuen dienstlichen Wohnsitzes aus dem Grunde, weil er nunmehr in keinem Bundesstaat einen tatsächlichen, sondern nur einen dienstlichen Wohnsitz hat. Hat er aber sogleich in dem Bundesstaat des neuen dienstlichen Wohnsitzes einen tatsächlichen Wohnsitz begründet, so ist dieser Staat deshalb ausschließlich besteuerungsberechtigt, weil sich in seinem Gebiet der tatsächliche und der dienstliche Wohnsitz befinden. Ist beispielsweise ein Beamter oder Offizier zum 1. Juli versetzt worden und hat er seinen tatsächlichen Wohnsitz in Preußen im Monat Juni, gleichviel an welchem Tage, aufgegeben, so muß seine Freistellung von der Steuer vom 1. Juli ab erfolgen.

Eine verschiedene Festsetzung des Zeitpunkts für

die Abgangstellung, je nachdem die Aufgabe des tatsächlichen Wohnsitzes am 1. oder an einem späteren Tage desselben Monats stattgefunden hat, ist aber aus den maßgebenden, in der Rundverfügung vom 16. August 1904 angeführten Vorschriften nicht herzuleiten. Hat daher in dem eben erwähnten Beispiele der Versetzung zum 1. Juli, die Aufgabe des tatsächlichen Wohnsitzes auch erst am 1. Juli selbst stattgefunden, so darf die Freistellung von der Steuer erst vom 1. August ab erfolgen.

Der Termin der Zugangstellung bei Umzügen nach Preußen ergibt sich aus den vorstehenden Darlegungen ohne weiteres.

Eine verschiedene Behandlung der Fälle, je nachdem es sich um preußische Staatsangehörige oder Angehörige anderer Bundesstaaten handelt, ist in den hier in Rede stehenden Fällen nicht begründet.

In allen übrigen Punkten verbleibt es bei den Vorschriften der allgemeinen Verfügung vom 16. August 1904.

§ 42. Wegen des Verfahrens bei den Steuerermäßigungen (§ 40) und bei den Abgangsstellungen finden die Vorschriften des § 65 des Einkommensteuergesetzes sinngemäße Anwendung.

In den Fällen der §§ 39, 41 bestimmt an Stelle der Veranlagungskommission der Vorsitzende derselben den zu entrichtenden Steuersatz sowie den Zeitpunkt der Zugangsstellung. Im übrigen finden wegen des Verfahrens bei der Veranlagung in Zugangsfällen, sowie wegen der Rechtsmittel die Vorschriften §§ 20 bis 37 Anwendung.

Den Gemeinde- (Guts-) Vorständen liegt nach den vom Finanzminister hierüber zu treffenden Anordnungen die Führung der Zu- und Abgangslisten ob.

1) § 65 des Einkommensteuergesetzes lautet:

Über die Steuerermäßigung (§ 63) hat die Regierung auf den bei dem Vorsitzenden der Veranlagungskommission zu stellenden Antrag zu befinden. Gegen ihre Entscheidung steht dem Steuerpflichtigen binnen einer Ausschlußfrist von vier Wochen die bei der Regierung einzulegende Beschwerde an den Finanzminister offen.

Der Antrag ist nur zulässig bis zu dem Ablaufe des dritten Monats nach dem Schlusse desjenigen Steuerjahrs, in welchem die Einkommensminderung eingetreten ist.

In den Fällen der §§ 62 und 64 bestimmt an Stelle der Veranlagungskommission der Vorsitzende den zu entrichtenden Steuersatz und den Zeitpunkt der Zu- oder Abgangsstellung. Im übrigen finden wegen des Verfahrens bei der Veranlagung im Zugangswege sowie wegen der Rechtsmittel die Vorschriften der §§ 21 bis 54 Anwendung.

Die Feststellung der Abgangslisten, welche in den vom Finanzminister zu bestimmenden Fristen einzureichen sind, steht der Regierung zu. Gegen die Entscheidung der Regierung ist die Beschwerde nach Maßgabe der Bestimmungen im Abs. 1 gestattet.

2) Die Ermäßigung der Ergänzungssteuer wegen Verminderung des Vermögens findet, abgesehen von dem Falle, wo das wegfallende Vermögen bei einer anderen Person zur Ergänzungssteuer herangezogen wird, auch wenn das Vermögen z. B. infolge Konkurses, ganz weggefallen ist, nur auf Antrag des Steuerpflichtigen statt. Der Antrag ist nur zulässig bis zum Ablaufe des dritten Monats nach dem Schlusse derjenigen Veranlagungsperiode, in welcher die Vermögensminderung eingetreten ist. Er ist bei dem Vorsitzenden der Veranlagungskommission schriftlich oder zu Protokoll anzubringen. Bei Veränderung des Wohnsitzes ist der Vorsitzende des neuen Wohnsitzes zuständig.

Nach dem Tode des Steuerpflichtigen sind auch seine Erben noch innerhalb der im Absatz 1 bezeichneten Frist zur Stellung des Antrags berechtigt. Art. 82 Nr. 1 d. EinkA. Dritter Teil. MittH. 25, 17 u. 33, 28.

3) Verspätet eingehende Anträge auf Ermäßigung weist der Vorsitzende der Veranlagungskommission unter Angabe der Gründe zurück. Widerspricht der Steuerpflichtige der Zurückweisung, so ist die Entscheidung der Regierung herbeizuführen.

Hinsichtlich der rechtzeitig eingegangenen Anträge veranlaßt der Vorsitzende der Veranlagungskommission die erforderlichen Ermittelungen und holt nötigenfalls, wenn der weggefallene oder der verbliebene Teil des Vermögens nicht einfach durch Berechnung festgestellt werden kann, eine gutachtliche Äußerung der Veranlagungs- oder Voreinschätzungskommission oder des Schätzungsausschusses oder einzelner Mitglieder dieser Körperschaften ein. Auch die Mitwirkung des Gemeinde- (Guts-) Vorstandes kann bei der Erörterung der Ermäßigungsanträge in Anspruch genommen werden.

Zur Abgabe einer Vermögensanzeige ist der Steuerpflichtige bei Anbringung des Antrags auf Ermäßigung der Ergänzungssteuer befugt. Art. 82 Nr. 2, 3 d. EinkA. Dritter Teil.

4) Nach Abschluß der Erhebungen nimmt der Vorsitzende den Antrag in eine Liste nach dem Muster XXIV a d. EinkA. Dritter Teil auf. Mehrere Ermäßigungsanträge können in einer Liste nachgewiesen werden, sofern die Erhebung der verschiedenen Steuerbeträge der nämlichen Hebestelle obliegt und die Anträge entweder gleichzeitig vorliegen oder nach Anordnung der Regierung in angemessenen Zwischenräumen einzureichen sind. Der Vorsitzende füllt die Spalten 1 bis 9 der Liste aus, versieht sie mit der im Muster vorgeschriebenen Bescheinigung und überreicht sie in einer Ausfertigung mit den Belegen der Bezirksregierung. [Nach FME. v. 23. April 1914 II 5408 ist nicht mehr eine Ausfertigung, sondern das Konzept der Liste der Regierung zu überreichen. Die Konzeptliste muß zu diesem Zweck vollständig ausgefüllt und mit der

vollen Unterschrift des Vorsitzenden der Veranlagungskommission versehen werden.] Hinsichtlich der Befugnis des Vorsitzenden zur vorläufigen Stundung von Steuerbeträgen wird auf Art. 90 d. EinkA. Dritter Teil Nr. 5 Abs. 4 bis 6 verwiesen. Art. 82 Nr. 4 d. EinkA. Dritter Teil.

5) Die Regierung prüft, ob die Voraussetzungen einer Ermäßigung vorliegen.

Steht der behauptete Wegfall, z. B. der Ausfall einer Kapitalforderung bei der Zwangsversteigerung des verpfändeten Grundstücks zwar in Aussicht, aber noch nicht endgültig fest (vgl. Anm. 3 zu § 40 des Ges.), so ist die Entscheidung auf den Ermäßigungsantrag bis zum Austrag der Sache auszusetzen, und bis dahin nach Bewandtnis der Umstände die Steuer zu stunden. In gleicher Weise ist zu verfahren, wenn Grund zu der Annahme vorliegt, daß im Laufe des Steuerjahrs weitere Änderungen in den Vermögensverhältnissen des Antragstellers eintreten werden.

Nach Erledigung etwaiger Anstände entscheidet die Regierung über den Antrag. Erachtet sie denselben für begründet, so setzt sie die Steuer vom Beginne des auf den Eintritt der Vermögensminderung folgenden Monats ab auf den dem verbliebenen Vermögen entsprechenden Steuersatz herab, wobei die Anwendung des § 19 Abs. 2 des Ergänzungssteuergesetzes nicht ausgeschlossen ist. Ihre Entscheidung trägt die Regierung in Spalte 10 bis 16b der Liste ein, stellt dieselbe hinsichtlich des in Abgang kommenden Betrages fest und sendet die Ausfertigung (jetzt die ihr eingereichte Konzeptliste) nebst den Belegen dem Vorsitzenden der Veranlagungskommission zurück. Art. 82 Nr. 5, 6, 11 d. EinkA. Dritter Teil.

Im Falle der Wohnsitzverlegung ist die Regierung des neuen Wohnsitzes zur Entscheidung über den Ermäßigungsantrag zuständig. Art. 82 Nr. 13 d. EinkA. Dritter Teil.

6) Die Minderung gilt mit dem Zeitpunkt als eingetreten, in welchem der Vermögensteil weggefallen ist.

Sind nach dem Eintritt der dem Antrag zugrunde liegenden Minderung weitere Änderungen in den Vermögensverhältnissen des Antragstellers eingetreten, so sind die ermäßigten Steuersätze tunlichst dem wirklichen, also dem jeweiligen Vermögen anzupassen. Art. 82 Nr. 7, 8 d. EinkA. Dritter Teil. (In welchem Abschnitt der Veranlagungsperiode der zweite oder fernere Wegfall eines Vermögensteils eingetreten ist, ist unerheblich. Die mit dem zweiten Wegfall eingetretene Wertverringerung ist mit dem veranlagten Gesamtwerte des steuerbaren Vermögens, nicht aber mit demjenigen Vermögenswerte zu vergleichen, der nach dem ersten Wegfall eines Vermögensteils verblieben ist. MittH. 53, 32.)

7) Nachdem die Ermäßigungsliste an den Vorsitzenden der Veranlagungskommission zurückgelangt ist, trägt dieser die ergangene Entscheidung in die Steuerlisten, Kontrollen und Akten ein und befördert sodann im Falle der Bewilligung einer Ermäßigung die Ausfertigung an die zuständige Kasse (Kreiskasse). Diese gibt dem Gemeinde- (Guts-) Vorstande Nachricht, der das Erforderliche wegen der tunlichst zu beschleunigenden Erstattung der etwa überhobenen Steuerbeträge herbeiführt. (FME. v. 23. April 1914 II 5408.)

Der Vorsitzende der Veranlagungskommission benachrichtigt außerdem den Antragsteller von der Entscheidung der Regierung, und zwar, sofern dem Antrage nicht im vollen Umfange stattgegeben ist, mit dem Eröffnen, daß ihm gegen die Entscheidung binnen einer Ausschlußfrist von 4 Wochen die bei der Regierung einzulegende Beschwerde an den Finanzminister offen stehe. Art. 82 Nr. 11, 12 d. EinkA. Dritter Teil. Falls gegen die Entscheidung der Regierung Beschwerde eingelegt wird, ist gegebenenfalls die Ermäßigungsliste behufs Abschriftnahme von der Kreiskasse einzufordern und ihr umgehend wieder zurückzugeben. Beglaubigte Abschrift der Liste ist der Beschwerde beizufügen. FME. v. 23. April 1914 II 5408.

8) In allen Zugangsfällen — außer wenn es sich

um eine Nachbesteuerung (§ 47 des ErgstGes., § 85 des EinkstGes., Art. 93 d. EinkA. Dritter Teil) handelt, setzt der Vorsitzende der Veranlagungskommission den Steuersatz an Stelle der Veranlagungskommission fest. Art. 85 Nr. 3 d. EinkA. Dritter Teil.

9) Über die Führung der Zu- und Abgangslisten trifft Art. 88 d. EinkA. Dritter Teil folgende Bestimmungen, welche aber durch die in Anm. 10 zu diesem § wiedergegebenen Vorschriften des FME. v. 22. März 1913 II 1448 modifiziert worden sind und daher nur noch insoweit Anwendung finden, als die Bestimmungen dieses Erlasses ihnen nicht entgegenstehen:

1. Auf Grund der über die Zu- und Abgänge geführten Kontrollen fertigt der Gemeinde- (Guts-) Vorstand zu Beginn der Monate September und März die Zu- und Abgangslisten nach den Mustern XVII und XVIII d. EinkA. Dritter Teil und überreicht dieselben in einfacher Ausfertigung mit den zur Begründung gehörigen Belegen dem Vorsitzenden der Veranlagungskommission an einem von diesem spätestens auf den 20. September und 20. März festzusetzenden Tage, nachdem er, falls die Hebestelle von einem besonderen Steuererheber verwaltet wird, zuvor diesem die Listen zur vorläufigen Kenntnisnahme vorgelegt hat.

2. Bei Aufstellung der Listen ist folgendes zu beachten:

a) Die Listen sind nach Gemeinde- (Guts-) Bezirken und innerhalb eines jeden Bezirks unter Beachtung des FME. v. 2. Febr. 93 (MittH. 26, 30) getrennt nach den Steuern einerseits von physischen Personen mit Jahreseinkommen von nicht mehr als 3000 M., andererseits von physischen Personen mit höherem Einkommen und von nichtphysischen Personen usw. anzulegen.

b) Bei Erhöhungen und Ermäßigungen des nach der Rolle oder Zugangsliste zu erhebenden Steuersatzes ist stets der Differenzbetrag zwischen dem hiernach und dem nach der anderweiten Feststellung zu erhebenden Steuersatz in Zugang oder in Abgang nachzuweisen.

c) Die nach Abschluß[1]) der Staatssteuerliste für das folgende Steuerjahr sich ergebenden Zu- und Abgänge des laufenden Steuerjahrs müssen zugleich für das folgende Steuerjahr gewahrt werden und sind deshalb in die Veränderungslisten sowohl für die letzte Hälfte des laufenden als auch für die erste Hälfte des folgenden Steuerjahrs einzutragen (vgl. auch FME. v. 12. Sept. 99, MittH. 40, 43).

3. Mit Genehmigung der Regierung ist es gestattet, die vom Vorsitzenden festgesetzten Kontrollauszüge unmittelbar als Zu- und Abgangslisten zu benutzen, indem dieselben mit übersichtlicher Rekapitulation am Schlusse eines jeden Halbjahrs vereinigt und nur die in den Auszügen nicht enthaltenen Zu- und Abgänge an Ergänzungssteuer (Art. 84 I Nr. 2b, 12 und III, Art. 86 II Nr. 6, 12, IV Abs. 2 d. EinkA. Dritter Teil) hinzugefügt werden.

Auch steht es dem Vorsitzenden der Veranlagungskommission frei, für alle oder einzelne Gemeinden seines Bezirks die Zu- und Abgangslisten auf Grund der stattgehabten Festsetzungen in seinem Bureau aufstellen zu lassen.

4. Der Vorsitzende der Veranlagungskommission prüft die Zu- und Abgangslisten in den einzelnen Positionen, stellt die Zugangslisten fest, bescheinigt die Abgangslisten in der auf dem Muster XXVII d. EinkA. Dritter Teil vorgesehenen Weise, fertigt die Kreisnachweisung von den Zu- und Abgängen für das erste Halbjahr nach dem Muster XXVIII d. EinkA. Dritter Teil, für das zweite Halbjahr

---

[1]) Die zwar nach Aufstellung, aber vor dem Abschluß der Staatssteuerliste (Art. 64 d. EinkA. Zweiter Teil) zur Festsetzung gelangenden Zu- und Abgänge können für das künftige Jahr durch Nachtragung oder Streichung der betreffenden Steuerpflichtigen in der Staatssteuerliste, dem Personenverzeichnisse usw. gewahrt werden.

nach dem Muster XXIX d. EinkA. Dritter Teil und überreicht der Regierung am 25. Sept. u. 25. März die Zu- und Abgangslisten nebst den Belegen und zwei Ausfertigungen der Kreisnachweisung; wo ausnahmsweise in einem Veranlagungsbezirke mehrere Kassen beteiligt sind, ist an Stelle der zweiten Ausfertigung der nach Kassenbezirken geordnet aufzustellenden Kreisnachweisung ein Auszug für jede Kasse beizufügen.

5. Über die nach Abschluß der Zu- und Abgangslisten für das zweite Halbjahr bis zum Jahresschlusse (31. März) noch vorkommenden Zu- und Abgänge sind Nachtrags-, Zu- und Abgangslisten aufzustellen und der Regierung bis zum 8. April vorzulegen, damit letztere in der Lage ist, die Ergebnisse dieser Listen noch mit in die Kreisnachweisung von den Zu- und Abgängen für das zweite Halbjahr aufzunehmen. Die in Nr. 4 u. 5 vorgeschriebenen Termine dürfen nicht überschritten werden.

6. Die Regierung unterzieht die Zu- und Abgangslisten sowie die Kreisnachweisungen der rechnerischen Prüfung, kontrolliert, ob die von ihr festgesetzten Nachsteuern (Art. 92 d. EinkA. Dritter Teil) in den Zugangslisten gewahrt sind, prüft die Abgangstellungen und stellt nach Erledigung etwaiger Anstände die Abgangslisten sowie die Kreisnachweisungen fest.

Die Regierung sendet eine Ausfertigung der festgestellten Kreisnachweisung mit den Zu- und Abgangslisten und den Belegen dem Vorsitzenden der Veranlagungskommission zurück. Dieser fertigt die Zu- und Abgangslisten, soweit die Regierung Änderungen in ihnen vorgenommen hat, dem Gemeinde- (Guts-) Vorstande, die übrigen Zu- und Abgangslisten und die Kreisnachweisung nebst den Belegen zur Abgangsliste der zuständigen Kasse (Kreiskasse) zu. Von den vorgenommenen Abänderungen nimmt er Notiz behufs Berichtigung der Konzeptnachweisungen und Listen; auch erledigt er die etwaigen Erinnerungen der Regierung.

Der Gemeindevorstand liefert die ihm zugegangenen Zu- und Abgangslisten, nachdem er danach die Heberollen durch die Hebestelle hat berichtigen lassen, gleichfalls der zuständigen Kasse ab.

Für die zweite Hälfte des Rechnungsjahrs muß die vorgeschriebene Zustellung aller Zu- und Abgangslisten an die Kassen spätestens bis zum 20. April jeden Jahres geschehen.

7. Über die nach dem Schlusse des Rechnungsjahrs noch vorkommenden Zu- und Abgänge aus früheren Steuerjahren werden — für Zugänge indessen nur, soweit sie nicht auf Grund des § 85 des EinkstGes., § 47 des ErgstGes. nachveranlagte Steuern betreffen — ohne Trennung nach der Höhe des Einkommens besondere Zu- und Abgangslisten nach den Mustern XXVI und XXVII d. EinkA. Dritter Teil aufgestellt, welche auf der ersten Seite mit dem Vermerk „aus Vorjahren" zu versehen und der Regierung zur Prüfung sowie zur Festsetzung der Abgänge vorzulegen sind. Die Regierung kann die Vorlegung in vierteljährlichen Terminen vorschreiben (FME. v. 13. Juli 99, MittH. 40, 42).

Handelt es sich bei den Abgängen aus Vorjahren um Beträge, welche nicht als Einnahmereste verblieben, sondern rechnungsmäßig bereits definitiv in Einnahme nachgewiesen sind, so ist die Abgangsliste, in deren Spalte 2 auch der Empfangsberechtigte zu benennen ist, mit dem Vermerk „Erstattung aus Vorjahren" und folgenden Bescheinigungen zu versehen:

a) von dem Vorsitzenden der Veranlagungskommission:

daß die Steuerbeträge in Spalte 9 und 12 zu erheben und nicht anderweit ermäßigt, auch nicht ganz oder zum Teil in Abgang gekommen;

b) von dem Kurator (Revisor) der zuständigen Kasse:

daß die zu erstattenden Beträge nicht in Rest geblieben, also unter der in der Rechnung für das betreffende Jahr nachgewiesenen Isteinnahme wirklich enthalten sind.

Zu den auf Grund der Gesetze und der dazu ergangenen Ausführungsvorschriften verfügten Erstattungen bedarf es der Genehmigung des Finanzministers fortan nicht mehr.

10) Durch FME. v. 22. März 1913 II 1448 ist folgendes bestimmt worden:

„Vom 1. April 1913 ab sollen entsprechend den von verschiedenen Regierungen vorgetragenen Wünschen bei der Kontrolle der Einkommensteuer- und Ergänzungssteuer-Zu- und Abgänge folgende Änderungen eintreten:

A. Die Kontrollauszüge (Artikel 83 Ziffer 6, 7, Artikel 85 I, Artikel 86 I, Artikel 87 Ziffer 1 der EinkA. Dritter Teil) sind als Zu- und Abgangslisten zu bezeichnen, und zwar, soweit sie physische Personen mit einem Einkommen von nicht mehr als 3000 M. betreffen, als Listen A, die übrigen als Listen B. Sie werden von den Vorsitzenden der Veranlagungskommission in der auf den Mustern XXVI und XXVII angegebenen Weise, je für sich, festgesetzt, und zwar hinsichtlich der Abgänge mit dem Zusatze „vorläufig".

B. Die Benachrichtigungen des Vorsitzenden der Veranlagungskommission an die Gemeinde- (Guts-) Vorstände über Änderungen der Steuersätze im Rechtsmittelverfahren (Artikel 72 I), über festgesetzte Zuschläge (Artikel 66 Ziffer 5), über Nachsteuern usw. haben fortan von vornherein durch Listen zu erfolgen, welche die für die Zu- und Abgangslisten bisher üblichen Spalten enthalten. Ein Muster für Abgänge im Rechtsmittelverfahren wird beigefügt.

Diese Listen und Verzeichnisse dienen nach Vervollständigung durch den Gemeinde- (Guts-) Vorstand als Zu- und Abgangslisten.

C. Der Vorsitzende der Veranlagungskommission trägt das Endergebnis jeder der zu A und B gedachten Listen und Verzeichnisse in eine von ihm gemeinde- (gutsbezirks-) weise nach den anliegenden Mustern 2 und 3 zu führende

Kontrolle ein, versieht die eingetragenen Listen mit den, für jede Gemeinde (Gutsbezirk) alljährlich mit „eins" beginnenden Kontrollnummern und gibt sie an den Gemeinde- (Guts-) Vorstand zurück, der wegen Berichtigung seiner Kontrolle und wegen der Steuererhebung das Erforderliche veranlaßt.

D. Im Interesse einer Beschleunigung der endgültigen Festsetzung, Verrechnung und Nachprüfung der Zu- und Abgänge wird vom 1. April 1913 ab von der Einreichung der seitherigen Halbjahrslisten abgesehen, und es ist, wie folgt, zu verfahren:

Vierteljährlich, bis zum 20. der Monate Juni, September, Dezember und März reicht der Gemeinde- (Guts-) Vorstand eine nach den mitgeteilten Mustern 2 und 3 (hier nicht abgedruckt) aufzustellende, die Endergebnisse der einzelnen Listen und Verzeichnisse des betreffenden Vierteljahrs nach der Reihenfolge ihrer Kontrollnummer enthaltende Aufstellung nebst den festgesetzten Zu- und Abgangslisten und den Unterbelegen an den Vorsitzenden der Veranlagungskommission ein. Letzterer fertigt, nachdem er sich überzeugt hat, daß sämtliche im letzten Vierteljahr festgesetzten Zu- und Abgangslisten aufgenommen sind, Kreisnachweisungen nach den sinngemäß abzuändernden Mustern XXVIII und XXIX der EinkA. Dritter Teil an, die er bis zum 1. Juli bzw. 1. Oktober, 1. Januar und 25. März nebst den Zusammenstellungen der Gemeinden (Gutsbezirke), den Zu- und Abgangslisten und den Belegen der Regierung überreicht. Letztere setzt nach erfolgter Prüfung die Abgänge, soweit sie vorläufig festgesetzt sind, endgültig fest.

Im übrigen finden die seitherigen Vorschriften sinngemäße Anwendung.

E. Mit Genehmigung der Regierung kann die Führung des Abgangnotizregisters unterbleiben, sofern die einzelnen Abgänge vor Rückgabe der festgesetzten Zu- und Abgangslisten und Verzeichnisse an den Gemeinde- (Guts-) Vorstand (Artikel 83 Ziffer 8 d. EinkA. Dritter Teil) in den Staatssteuerlisten, Einkommens- und Vermögensnachweisungen,

Kartenblättern, Kontrollen oder Zugangsnotizregistern genau vermerkt werden.

Um doppelte Abgangsstellungen unter allen Umständen zu vermeiden und im Hinblick auf die den Vorsitzenden der Veranlagungskommission dieserhalb obliegende Haftung für etwaige Steuerausfälle müssen diese Vermerke mit der größten Sorgfalt erfolgen.

F. Der Anhang zum Abgangsnotizregister (Allgem. Verfügung vom 14. Dezember 1895) ist als Erbschaftsnotizregister weiterzuführen.

G. Die Führung des Zugangsnotizregisters kann mit Genehmigung der Regierung für solche Gemeindebezirke, in denen eine sorgfältige und zuverlässige Bearbeitung der Steuerangelegenheiten gewährleistet ist, unterbleiben,

a) wenn entweder für alle Steuerpflichtigen Kartenblätter geführt werden, oder

b) die Vorlage der unter A bezeichneten Zu- und Abgangslisten in doppelter Ausfertigung erfolgt.

Voraussetzung hierbei ist im Falle zu a, daß die Kartenblätter unmittelbar bei Festsetzung der Zugänge angelegt und in die betreffenden Kontrollen aufgenommen werden.

Die als Zugangsnotizregister im Falle zu b zu benutzende zweite Ausfertigung darf im Durchschreibeverfahren hergestellt werden; es ist jedoch unbedingt darauf zu halten, daß nur völlig leserliche Durchschriften auf dauerhaftem und festem Papier geliefert werden.

Diese Durchschriften sind für jeden Gemeindebezirk in einem besonderen Hefte fortlaufend numeriert zu vereinigen und sicher aufzubewahren. Die bei Prüfung der Zu- und Abgangslisten erfolgenden Berichtigungen müssen sorgfältig in die Durchschriften übertragen werden.

VI. Steuererhebung.

§ 43. Die Ergänzungssteuer wird gleichzeitig mit der Einkommensteuer erhoben.

Die Vorschriften der §§ 67, 68 Abs. 1 und 69 des Einkommensteuergesetzes finden auf die Ergänzungssteuer gleichmäßig Anwendung.

Außer dem Veranlagten haften diejenigen Personen, deren Vermögen demselben bei der Veranlagung gemäß § 5 zugerechnet ist, für den auf dasselbe nach dem Verhältnisse zum veranlagten Gesamtvermögen entfallenden Teil der veranlagten Ergänzungssteuer solidarisch.

1) Der § 16 Abs. 2 des Gesetzes wegen Aufhebung direkter Staatssteuern vom 14. Juli 93 bestimmt:

> Durch Königliche Verordnung kann den Gemeinden und selbständigen Gutsbezirken die Verpflichtung auferlegt werden, in ihren Bezirken die Elementarerhebung der sämtlichen direkten Staatssteuern, der Domänen-, Rentenbank- und Grundsteuerentschädigungsrenten, sowie die Abführung der erhobenen Beträge an die zuständigen Staatskassen ohne Vergütung zu bewirken.

2) Die örtliche Erhebung der Ergänzungssteuer liegt den Gemeinde- (Guts-) Vorständen nach Maßgabe der Königlichen Verordnung vom 22. Jan. 94 (GesS. S. 5) und der zur Ausführung derselben ergangenen Bestimmungen ohne Vergütung ob (vgl. insbesondere die Verfügungen vom 14. Dez. 94, MittH. 30, 61 u. v. 2. Dez 98, MittH. 38, 63). In den Hohenzollernschen Landen sind die Gemeinden auf Grund des Art. X Abs. 2 des Ges. betr. die Umgestaltung der direkten Staatssteuern verpflichtet, in ihren Bezirken die Einzelerhebung der sämtlichen direkten Staatssteuern . . . sowie die Abführung der erhobenen Beträge an die zuständige Staatskasse ohne Vergütung zu bewirken. Art. 89 d. EinkA. Dritter Teil.

3) Die §§ 67, 68 Abs. 1 und 69 des EinkStGes. lauten:

§ 67. Die veranlagte Steuer ist in vierteljährlichen Beträgen in der ersten Hälfte des zweiten Monats eines jeden Vierteljahrs an die von der Steuerbehörde zu bezeichnende Empfangsstelle abzuführen.

Es steht dem Steuerpflichtigen frei, die ihm auferlegte Steuer auf mehrere Vierteljahre bis zum ganzen Jahresbetrag im voraus zu zahlen.

§ 68 Abs. 1. Die Zahlung der veranlagten Steuer wird durch die Einlegung von Rechtsmitteln nicht aufgehalten, muß vielmehr, mit Vorbehalt späterer Erstattung, in den vorgeschriebenen Fristen erfolgen.

§ 69. Veranlagte Einkommensteuerbeträge können in einzelnen Fällen niedergeschlagen werden, wenn deren zwangsweise Beitreibung die Steuerpflichtigen in ihrer wirtschaftlichen Existenz gefährden, oder wenn das Beitreibungsverfahren voraussichtlich ohne Erfolg sein würde.

4) Die Ergänzungssteuer ist ohne Rücksicht auf die Höhe des Steuersatzes in vierteljährlichen Beträgen im zweiten oder dritten Monat eines jeden Quartals zu erheben. Der Hebemonat wird durch die Regierung mit Rücksicht auf die örtlichen Verhältnisse bestimmt.

Wo dem Zahlungspflichtigen bei Beginn des Jahres ein Steuerzettel über die von ihm zu entrichtende Einkommen- und Ergänzungssteuer zugefertigt wird, muß dies, auch wenn der Steuerzettel zugleich andere Steuern betrifft, in einem gehörig verschlossenen Kuvert geschehen.

Der Vierteljahrsbetrag ist vom Steuerpflichtigen — unbeschadet seiner Befugnis zur früheren Entrichtung und zu Vorausbezahlungen (§ 67 Abs. 2 des EinkStGes.) — in der ersten Hälfte des zweiten Monats eines jeden Quartals, spätestens also am:

16. Mai, 16. August, 15. November, 14. (in Schaltjahren 15.) Februar

an den Ortserheber abzuführen.

In den genannten Terminen wird die Steuer fällig (die Steuer wird aber nur unter der Voraussetzung fällig, daß die Veranlagung bereits erfolgt ist, FME. v. 21. Juni 04, MittH. 47, 12), mit der Wirkung, daß Steuerpflichtige, welche es unterlassen, bis zu dem Fälligkeitstermine oder in dem örtlichen Hebetermine, sofern der letztere später ansteht, ihren Vierteljahrsbetrag zu entrichten, mit dreitägiger Zahlungsfrist zu mahnen sind (§ 7 der Verordnung v. 15. Nov. 99, betreffend das Verwaltungszwangsverfahren).

Die Abhaltung der örtlichen Hebetermine oder die Steuereinsammlung durch ambulante Erheber kann bereits vor der Fälligkeit beginnen.

Die Mahnung dagegen darf unter allen Umständen erst nach dem Eintritt der oben genannten Fälligkeitstermine geschehen. (Über Behändigung der Mahnzettel zu vgl. Art. 22 d. Anw. v. 28. Nov. 1899 und FME. v. 20 April 1911, MittH. 55, 33.)

Nach fruchtlosem Ablauf der Mahnfrist ist zur Zwangsvollstreckung nach den Bestimmungen der angeführten Verordnung v. 15. Nov. 99 und der dazu ergangenen Ausführungsvorschriften (insbesondere der Anweisung v. 28. Nov. 99 und der Verfügung v. 26. Jan. 00, MittH. 40, 37) zu schreiten. (Über den Umfang der Verpflichtung der Gemeinden zur Beitreibung rückständiger Staatssteuern und zur Tragung der Beitreibungskosten zu vgl. MittH. 55, 34.)

Wegen Einbehaltung und Abführung der Steuerbeträge, welche von den auf Seiner Majestät Schiffen und Fahrzeugen im Auslande befindlichen Offizieren und Beamten zu entrichten sind, bewendet es bis auf weiteres bei der Verfügung d. FM. v. 18. Juli 81, II 7771, wegen Erhebung der Steuer von den regimentierten Offizieren bei der Verfügung v. 21. Okt. 92 (MittH. 25, 80).

Wegen der Anmeldung von Ergänzungssteuerbeträgen zur Konkursmasse des Pflichtigen wird auf d. FME. vom 14. Nov. 1894 (MittH. 30, 44) verwiesen, welcher auch für die am 1. Jan. 1900 in Kraft getretene Konkursordnung zutrifft mit der Maßgabe, daß für die Steuerforderung das Vorrecht aus § 61 Nr. 2 der Konkursordnung zu beanspruchen ist.

Die vierteljährlich erhobene Steuer wird vom Ortserheber unter Beachtung der für die Ablieferung bestehenden Vorschriften an die zuständige Kasse (Kreiskasse) abgeführt.

Art. 90 d. EinkA. Dritter Teil Nr. 1—4 u. Anm. 87 bis 89 dazu.

5) Über **Ausfälle** an der veranlagten Steuer bestimmt Art. 91 d. EinkA. Dritter Teil folgendes:

1. Ausfälle an der veranlagten Steuer entstehen,

a) wenn das Zwangsverfahren wegen Beitreibung eines Steuerrückstandes fruchtlos verlaufen ist;

b) wenn von der Zwangsvollstreckung wegen eines rückständigen Steuerbetrages Abstand zu nehmen ist, weil eine der im Art. 90 d. EinkA. Dritter Teil unter Nr. 6 und 7 angegebenen Voraussetzungen (vgl. Anm. 8 zu diesem §) vorliegt.

Das eingeleitete Beitreibungsverfahren kann nach Bestimmung der Vollstreckungsbehörde vorläufig eingestellt werden, wenn sich im Laufe desselben Verhältnisse der unter b erwähnten Art ergeben.

2. Halbjährlich, am Schlusse der Monate September und März übersendet der Gemeinde- (Guts-) Vorstand der zuständigen Kasse (Kreiskasse) in doppelter Ausfertigung eine von den erforderlichen Unterlagen (Auszug aus dem Restverzeichnisse, Pfändungsprotokolle, Versteigerungsprotokolle usw.) begleitete, nach dem Muster XXX d. EinkA. Dritter Teil aufgestellte und mit den darin vorgesehenen Bescheinigungen versehene Liste der Steuerpflichtigen, deren Steuer in dem betreffenden halben Jahre ganz oder zum Teil im Rückstande geblieben und als unbeibringlich niederzuschlagen ist (Ausfalliste). In die Ausfalliste für das erste Halbjahr dürfen keine Beträge aufgenommen werden, deren Einzahlung im zweiten Halbjahr erwartet werden darf.

3. Die Ausfallisten sind seitens des Vorstehers der zuständigen Kasse (Rentmeisters) einer sorgfältigen Prüfung besonders dahin zu unterwerfen:

ob die rückständigen Steuerbeträge jederzeit in den Zahlungsterminen eingefordert, die zu Gebote stehenden Zwangsmittel gehörig angewendet sind oder die Abstandnahme von denselben gerechtfertigt erscheint.

Gewährt diese Prüfung nicht die Überzeugung von einem überall vorschriftsmäßigen Verfahren, so ist dieserhalb unter Absetzung der Posten, gegen welche sich etwas zu erinnern findet, der Ausweis der Hebestelle zu erfordern, nach Umständen eine örtliche Untersuchung zu veranlassen.

Der Rentmeister fertigt nach den einzelnen Ausfallisten eine Hauptnachweisung für den Kassenbezirk nach dem Muster XXXI d. EinkA. Dritter Teil in doppelter Ausfertigung, bescheinigt unter derselben, daß die vorerwähnte Prüfung erfolgt ist, und reicht die geprüften Listen mit den Belegen und den Hauptnachweisungen dem Vorsitzenden der Veranlagungskommission ein.

4. Der Vorsitzende unterwirft die Listen sofort nach dem Eingang einer genauen Revision, namentlich daraufhin:

ob die als Ausfälle liquidierten Beträge zu erheben und nicht bereits anderweit in Abgang oder Ausfall gekommen sind,

bescheinigt die Prüfung auf den Hauptnachweisungen und stellt diese sowie die Listen fest.

5. Der Vorsitzende übersendet eine Ausfertigung der Ausfallisten den Gemeinde- (Guts-) Vorständen, eine Ausfertigung der Hauptnachweisung der zuständigen Kasse (Kreiskasse), und zwar für die zweite Hälfte des Rechnungsjahres spätestens bis zum 20. April.

Die zweite Ausfertigung der Hauptnachweisung wird der Regierung zur Berichtigung ihrer Kontrollen überreicht.

Der Gemeinde- (Guts-) Vorstand hat die Ausfalliste nach Kenntnisnahme und Wahrnehmung des Erforderlichen in den Heberegistern an die zuständige Kasse abzugeben.

6) Außer dem Veranlagten haftet seine Ehefrau, deren Vermögen ihm bei der Veranlagung gemäß § 5 Nr. 4 des ErgstGes. zugerechnet worden ist, für den auf jenes nach dem Verhältnis zum veranlagten Gesamtvermögen entfallenden Teil der veranlagten Ergänzungssteuer. Ebenso haften außer dem Veranlagten diejenigen Personen, deren Vermögen ihm bei der Veranlagung gemäß § 5 Nr. 5 des ErgstGes. zugerechnet ist, für den auf jenes Vermögen nach dem Verhältnis zum veranlagten Gesamtvermögen entfallenden Teil der veranlagten Ergänzungssteuer solidarisch.

Ist beispielsweise einem nach dem Gesamtvermögen von 125000 M. zum Ergänzungssteuersatze von 63 M. 20 Pf. veranlagten Steuerpflichtigen hierbei das Vermögen seiner Ehefrau zum Betrage von 100000 M. angerechnet, so haftet die Ehefrau nach dem Verhältnis von 125 : 100 = 63,20 : 50,56 für den Jahressteuerbetrag von 50,56 M. Ergänzungssteuer. Mit der Einforderung des rückständigen Steuerbetrags von dem Solidarschuldner ist in der Regel erst vorzugehen, wenn das Beitreibungsverfahren gegen den veranlagten Steuerpflichtigen fruchtlos ausgefallen ist oder wegen Unvermögens oder Abwesenheit desselben voraussichtlich ohne Erfolg sein würde. Art. 90 Nr. 8 d. EinkA. Dritter Teil.

7) Durch Einlegung von Rechtsmitteln wird die Zahlung der veranlagten Steuern nicht aufgehalten.

Auf begründete Gesuche sind aber sowohl die Regierungen (Direktion für die Verwaltung der direkten Steuern in Berlin) wie die Vorsitzenden der Veranlagungskommissionen ermächtigt, Stundung von Steuern zu bewilligen.

Die Stundung darf über den Rechnungsabschluß hinaus erfolgen, wenn

a) ein Steuerpflichtiger glaubhaft macht, daß er für denselben Zeitraum, für den er zur preußischen Einkommensteuer oder Ergänzungssteuer veranlagt ist, bereits in einem anderen Bundesstaat zu einer der preußischen Steuer gleichartigen Steuer herangezogen war und diese Steuer entrichtet hat. In solchem Falle hat auf Antrag der Vorsitzende der Veranlagungskommission Stundung zu gewähren, bis endgültig über Recht und Maß der Besteuerung entschieden ist, oder wenn

b) ein Steuerpflichtiger einen Ermäßigungsantrag angebracht oder gegen die Veranlagung rechtzeitig Einspruch oder Berufung eingelegt hat und der Vorsitzende nach vorgängiger Prüfung und nach seinem pflichtmäßigen Ermessen den Ermäßigungsantrag, den Einspruch oder die Berufung für begründet erachtet. Wird demnächst gleichwohl der Ermäßigungsantrag, der Einspruch oder die Berufung zurückgewiesen, so hat der Vorsitzende sogleich nach dem Eingang der Entscheidung den gestundeten Betrag wieder in Hebung zu setzen. Von der bewilligten Stundung hat der Vorsitzende im Falle der Berufung dem Vorsitzenden der Berufungskommission bei Übersendung der betreffenden Berufungen, im Falle des Ermäßigungsantrags bei Übersendung desselben der Regierung Anzeige zu erstatten; die Regierung ist — bei Berufungen im Einvernehmen mit dem Vorsitzenden der Berufungskommission — befugt, die ohne genügende Veranlassung etwa bewilligte Stundung auch vor dem Erlasse der Entscheidung zurückzuziehen und die betreffenden Steuerbeträge wieder in Hebung zu setzen.

In allen anderen Fällen ist zur Stundung über den Rechnungsabschluß hinaus die Genehmigung des Finanzministers erforderlich. So Art. 90 Nr. 5 b EinkA. Dritter Teil.

Später hat jedoch d. FM. in Abänderung des Art. 90 die Regierungen (Direktion für die Verwaltung der direkten Steuern in Berlin) ermächtigt, auf begründete Gesuche die Stundung von Einkommensteuerrückständen über den Rechnungsabschluß hinaus auch dann zu bewilligen, wenn die Voraussetzungen des Art. 90 Nr. 5 Abs. 3 (oben a u. b) nicht vorliegen. MittH. 55, 34.

8) I. Die **Regierungen** sind zur **Niederschlagung** von Ergänzungssteuerbeträgen ermächtigt, wenn das Beitreibungsverfahren voraussichtlich ohne Erfolg sein würde, weil der Steuerpflichtige und die für den Rückstand etwa solidarisch verhaftete Person (vgl. § 43 Abs. 3) gänzlich unvermögend oder der Aufenthalt des Schuldners nicht zu ermitteln ist.

Diese Ermächtigung findet auch auf rückständige Steuerbeträge Anwendung, welche wegen Abwesenheit des Steuerpflichtigen im Auslande bis zum Ablauf des auf das Steuerjahr, für welches die Veranlagung erfolgt ist, folgenden Steuerjahrs nicht haben eingezogen werden können. Die Vermittlung des Auswärtigen Amts zum Behufe der Zwangsvollstreckung gegen die im Auslande sich aufhaltenden Steuerschuldner soll der Regel nach nicht in Anspruch genommen werden, eine Ausnahme hiervon vielmehr nur bei dem Vorliegen ganz besonders dringlicher Gründe zulässig sein. Gestattet ist, daß Personen, die sich im Auslande aufhalten, Aufforderungen zur freiwilligen Zahlung von Steuerrückständen zugestellt werden. Solche Zustellungen haben nach Art. 78 Nr. V d. EinkA. Zweiter Teil mittels eingeschriebenen Briefes durch die Post gegen einen zu den Akten zurückgelangenden Empfangsschein zu erfolgen. Nur dann, wenn die Post nach dem Orte des Aufenthalts des Schuldners derartige Briefe nicht befördert und die Voraussetzung der Zustellung mittels Aushangs nicht vorliegen oder diese Zustellungsart wegen der Bedeutung der Sache nicht angezeigt erscheint, ist das zuzustellende Schriftstück durch Vermittlung des Vorsitzenden der Einkommensteuer-Berufungskommission unter Darlegung des Sachverhalts behufs Übermittlung an das Auswärtige Amt dem Finanzminister einzureichen. Steuerbeträge, welche auf diesen Wegen nicht haben eingezogen werden können, werden mit dem Vorbehalt der Wiederaufnahme niedergeschlagen und in eine besondere Nachweisung übernommen. (In diese Nachweisung sind auch diejenigen Rückstände an Ergänzungssteuer aufzunehmen, welche hypothekarisch sichergestellt und vorläufig niedergeschlagen sind. MittH. 49, 26.)

Diese Nachweisung ist zu benutzen, um den Anspruch der Staatskasse auf die Steuerrückstände zu sichern und bei jeder geeigneten Gelegenheit geltend zu machen. Insbesondere hat die Regierung dafür zu sorgen, daß der Verjährung der Rückstände — § 8 des Abgabenverjährungsgesetzes vom 18. Juni 1840 — durch Aufforderung an die Steuerschuldner usw. tunlichst vorgebeugt, und daß der Kreiskasse, in deren Bezirk die rückständige Steuer veranlagt worden ist, aus der Nachweisung von Zeit zu Zeit ein Auszug mit dem Auftrag zugefertigt werde, die darin bezeichneten Beträge von den Beteiligten für den Fall ihrer Rückkehr einzuziehen. Was in diesen Beziehungen geschehen, ist in der Nachweisung zu bemerken. Ist nach dem pflichtmäßigen Ermessen der Regierung mit hinreichender Sicherheit die Fruchtlosigkeit weiterer Versuche zur Einziehung eines Rückstands anzunehmen, so kann die Löschung desselben in der Nachweisung erfolgen.

Die etwa eingegangenen Steuerrückstände werden in Zugang gestellt und in der Nachweisung gelöscht.

II. Die Regierungen sind ferner ermächtigt, veranlagte Steuerbeträge aus dem Grunde niederzuschlagen, weil die zwangsweise Beitreibung den Steuerpflichtigen in seiner wirtschaftlichen Existenz gefährden würde. Die Ermächtigung ist indessen auf solche Fälle beschränkt, wo der im Einzelfalle niederzuschlagende Steuergesamtbetrag die Höhe von 100 M. nicht übersteigt. Zu der Niederschlagung höherer Steuerbeträge bedarf es der Genehmigung des Finanzministers, die im geeigneten Falle von der Regierung unter Darlegung des Sachverhalts zu beantragen ist. Art. 90 Nr. 6, 7 d. EinfA. Dritter Teil; MittH. 52, 56.

Der Umstand, daß Steuerbeträge von den Steuerpflichtigen bereits gezahlt sind, steht bei besonders gearteten Fällen,

z. B. wenn die Zahlung mit geliehenem Gelde erfolgt ist, der Niederschlagung und Rückerstattung nicht unbedingt entgegen. FME. v. 27. April 97 II 2585.

VII. Strafbestimmung.

§ 44. Wer in der Absicht der Steuerhinterziehung an zuständiger Stelle über das ihm zuzurechnende steuerbare Vermögen oder über das Vermögen der von ihm zu vertretenden Steuerpflichtigen unrichtige oder unvollständige tatsächliche Angaben macht, wird mit dem zehn- bis fünfundzwanzigfachen Betrage der Jahressteuer, um welche der Staat verkürzt worden ist oder verkürzt werden sollte, mindestens aber mit einer Geldstrafe von hundert Mark bestraft.

Ist eine unrichtige Angabe, welche geeignet ist, eine Verkürzung der Steuer herbeizuführen, zwar wissentlich, aber nicht in der Absicht der Steuerhinterziehung erfolgt, so tritt Geldstrafe von zwanzig bis hundert Mark ein.

Straffrei bleibt, wer seine unrichtige oder unvollständige Angabe, bevor Anzeige erfolgt oder eine Untersuchung eingeleitet ist, an zuständiger Stelle berichtigt oder ergänzt und die vorenthaltene Steuer in der ihm gesetzten Frist entrichtet.

1) Die „Wissentlichkeit" ist Voraussetzung sowohl für die Bestrafung nach Abs. 1 wie nach Abs. 2 des § 44. Eine strafbare Handlung liegt überhaupt nur vor, wenn der Steuerpflichtige die Unrichtigkeit oder Unvollständigkeit seiner tatsächlichen Angaben zur Zeit, als er seine Erklärung abgab, gekannt hat. Art. 92 Nr. 6 d. EinkA. Dritter Teil.

2) Zum Tatbestande des Abs. 1 des § 44 gehört außer der Wissentlichkeit „die Absicht der Steuerhinterziehung". Art. 92 Nr. 6 d. EinkA. Dritter Teil.

3) Nur unrichtige oder unvollständige tatsächliche Angaben sind unter Strafe gestellt, nicht etwa auch unrichtige Urteile, insbesondere also auch nicht unrichtige auf Schätzung des Pflichtigen beruhende Wertangaben. Vgl. Begründung des Gesetzentwurfs.

4) „Zuständige Stelle" im Sinne des § 44 sind je nachdem die Gemeindevorstände, der Schätzungsausschuß, die Veranlagungskommission und deren Vorsitzender, die Berufungskommission und deren Vorsitzender, das Oberverwaltungsgericht, die Regierung und der Finanzminister. Vgl. Droste im VerwArch. Bd. 8, S. 358. Abweichend hinsichtlich des Schätzungsausschusses Fuisting, Die preußischen direkten Steuern II S. 141. Gleichgültig ist, bei welcher Gelegenheit die Angaben über das Vermögen gemacht werden, sofern überhaupt nur durch die Angaben ein Einfluß auf die Veranlagung oder die anderweite Festsetzung oder die Abgangstellung der veranlagten Ergänzungssteuer ausgeübt werden soll, Droste a. a. O.

5) Das Erfordernis, daß die Angaben an sich geeignet sein müssen, eine Verkürzung der Steuer herbeizuführen, ist im Gesetz nur für die Fälle aus Abs. 2 des § 44 aufgestellt. Siehe auch Art. 92 Nr. 6 letzter Abs. d. EinkA. Dritter Teil; Fuisting, Die preußischen direkten Steuern II S. 142; Droste, PrVerwArch. Bd. VIII, S. 381. Abweichend Friedberg, PrVBl. Jahrg. 19, S. 53 ff.

6) Bei Verhängung einer Strafe auf Grund des § 44 ist zu beachten, daß in dieser Gesetzesvorschrift ausdrücklich nur unvollständige oder unrichtige Angaben über das Vermögen mit Strafe bedroht sind. Der § 44 ist daher nicht anwendbar auf unrichtige Angaben, die in einer Steuererklärung über das Einkommen gemacht sind, selbst wenn jene unrichtigen Angaben der Berechnung des steuerpflichtigen Vermögens zum Zwecke der Veranlagung der Ergänzungssteuer zugrunde gelegt worden sind.

Auch in Fällen, in denen in der nach ihrer Überschrift

nur zum Zwecke der Einkommensteuerveranlagung abgegebenen Steuererklärung tatsächlich unrichtige Angaben über das Vermögen enthalten sein sollten, kann die Anwendung des § 44 Abs. 1 a. a. O. nur in Frage kommen, wenn nach den besonderen Umständen des Falles die Absicht der Hinterziehung von Ergänzungssteuer klar vorliegt.

Art. 92 Nr. 6 d. EinkA. Dritter Teil.

7) Bei Bemessung der Strafe auf Grund des § 44 des ErgStGes. ist zu unterscheiden, ob die unrichtige oder unvollständige tatsächliche Angabe in der Absicht der Steuerhinterziehung gemacht ist oder nicht.

a) Ersterenfalls soll die Strafe dem 10- bis 25fachen Betrage der Jahressteuer gleichkommen, um welche der Staat verkürzt worden ist oder verkürzt werden sollte, mindestens aber 100 M. betragen.

Maßgebend ist hier also niemals der Betrag der Verkürzung, sondern die Differenz zwischen dem auf Grund der unrichtigen Angabe veranlagten und demjenigen Jahressteuersatze, der bei richtiger Angabe festzusetzen gewesen wäre.

Ist die Absicht der Hinterziehung nicht oder nicht vollständig erreicht, so ist die Differenz zwischen dem dem wirklichen Vermögen entsprechenden und demjenigen Jahressteuersatze maßgebend, welcher auf Grund der unrichtigen Angabe festzusetzen gewesen wäre.

b) Ist eine unrichtige Angabe zwar wissentlich, aber nicht in der Absicht der Steuerhinterziehung gemacht, so beträgt die ordentliche Strafe 20 bis 100 M., ohne Rücksicht darauf, ob eine Verkürzung stattgefunden hat oder nicht.

Die Strafe tritt aber nur ein, wenn die unrichtige Angabe an sich geeignet war, eine Verkürzung der Steuer herbeizuführen, insbesondere also nicht wegen unrichtiger Angaben, die eine höhere Veranlagung begründen würden, als nach den tatsächlichen Verhältnissen gerechtfertigt ist.

Art. 92 Nr. 6 d. EinkA. Dritter Teil.

8) Bei Berechnung der Strafe wegen unrichtiger Vermögensanzeige ist, obwohl die Veranlagungsperiode einen dreijährigen Zeitraum umfaßt, die Absicht der Steuerhinterziehung sich also auf diesen ganzen Zeitraum erstreckt, nur die Jahressteuer, d. h. derjenige Betrag zugrunde zu legen, um den der Staat in dem maßgebenden Rechnungsjahre verkürzt ist oder verkürzt werden sollte. Es folgt dies daraus, daß der § 44 bei Festsetzung der Strafe von dem 10- bis 25fachen Betrag der „Jahressteuer", also in der Einzahl, spricht. (RG. I, Straffenat 23. Oktober 1911.) — Das Recht XVI Nr. 24. — Steuerarchiv Jahrg. 16 S. 30.

9) Das Strafverfahren regelt sich nach § 47 des Ges. u. § 76 des EinkstGes. Die EinkA. Dritter Teil bestimmt in Art. 92 darüber folgendes:

Sobald der begründete Verdacht einer in § 44 des ErgstGes. mit Strafe bedrohten Zuwiderhandlung vorliegt, hat der Vorsitzende der Veranlagungskommission die zur Feststellung des Tatbestands erforderlichen Ermittelungen zu veranlassen und gleichzeitig in einer zu den Akten zu nehmenden Verfügung ausdrücklich festzustellen, daß gegen den Steuerpflichtigen die Untersuchung wegen Zuwiderhandlung gegen die angeführte Vorschrift eingeleitet werde. (Mit diesem Aktenvermerk ist aber zugleich eine weitere auf die Feststellung der strafbaren Handlung abzielende Maßnahme zu verbinden. Vgl. FME. v. 16. Jan. 1914 II 770.)

Für die an den Steuerpflichtigen etwa ergehenden Vorladungen sind Formulare nach Muster XIV f d. EinkA. Dritter Teil zu verwenden.

Falls der Vorsitzende nicht seinerseits zu der Überzeugung gelangt, daß eine strafbare Zuwiderhandlung nicht vorliegt, und er deshalb das weitere Verfahren einstellt (vgl. MittH. 35, 37), hat er die Akten nach Abschluß der Verhandlungen mit seiner gutachtlichen Äußerung der Regierung zur Beschlußfassung über die Einleitung des Strafverfahrens vorzulegen.

Hierbei ist nach folgenden Grundsätzen zu verfahren:

1. Erachtet die Regierung den Tatbestand einer nach § 44 des ErgstGes. strafbaren Zuwiderhandlung für vorliegend, so hat sie gleichwohl von der Verfolgung Abstand zu nehmen, sofern der Steuerpflichtige, bevor eine Anzeige erfolgt oder eine Untersuchung eingeleitet war, seine Angabe bei dem zuständigen Vorsitzenden berichtigt oder ergänzt und die vorenthaltene Steuer in der ihm von der Regierung gesetzten Frist entrichtet hat (§ 44 Abs. 3 des ErgstGes.). Zur Erstattung der entstandenen Portokosten ist der Steuerpflichtige in Fällen dieser Art nicht verbunden. Als Einleitung einer Untersuchung im Sinne dieser Vorschrift gilt die erste, in klar erkennbarer Form zu den Akten festzustellende Maßregel, welche der Vorsitzende der Veranlagungskommission zur Feststellung des Tatbestandes ergreift. (Vgl. auch MittH. 52, 53.)

[Nach RG. v. 14. Okt. 1912 Bd. 46 der Entsch. i. Str. S. 249/250 ist die Untersuchung erst dann als eingeleitet anzusehen, wenn die zuständige Behörde zum Zwecke der Strafverfolgung amtlich eingeschritten ist, gleichviel ob und wann dem beteiligten Steuerpflichtigen hiervon Kenntnis gegeben wird. Ein derartiges amtliches Einschreiten kann nicht schon darin gefunden werden, daß die betreffende Behörde aktenkundig macht, sie hege den Verdacht, daß eine strafbare Handlung vorliege und werde deswegen einschreiten. Erforderlich ist vielmehr, daß sie ihre Entschließung durch eine in die äußere Erscheinung tretende Maßnahme betätigt, die auf die Feststellung der vermuteten strafbaren Handlung abzielt. Vgl. FME. v. 16. Jan. 1914 II 770.] Die zum Zwecke der Veranlagung oder der Erörterung eines Rechtsmittels gegen die Veranlagung angestellten Ermittelungen sind als eine solche Maßregel nicht anzusehen. Insbesondere gilt dies auch von allen Verhandlungen, Erörterungen usw., welche lediglich darauf abzielen, Bedenken gegen die Angaben des Pflichtigen in der Vermögensanzeige, in mündlichen oder schriftlichen Verlautbarungen im Rechtsmittelverfahren zu beheben, oder Schätzungen des Pflichtigen nachzuprüfen, ohne daß bereits bestimmte Tatsachen dafür ermittelt sind, daß der Pflichtige wissentlich falsche Angaben gemacht hat. Für alle diese Fälle ist davon auszugehen, daß die Aufklärung der fraglichen Punkte im Veranlagungs- oder Rechtsmittelverfahren anzustreben ist und daß die den Steuerbehörden gesetzlich zur Verfügung stehenden Hilfsmittel auch genügen, um dieses Ziel zu erreichen. Nur wenn zweifellos feststeht, daß die tatsächlichen Angaben des Pflichtigen wissentlich unrichtig gemacht sind, wird darauf Bedacht zu nehmen sein, ausnahmsweise schon im Beginn oder im Laufe des Veranlagungs- oder Rechtsmittelverfahrens die Untersuchung einzuleiten und zu diesem Zweck eine zur Feststellung des Tatbestands geeignete Maßnahme zu ergreifen, sowie dies aktenkundig zu machen. Aber auch in solchen Fällen darf die Erledigung des schwebenden Rechtsmittelverfahrens nicht durch das Strafverfahren aufgehalten werden.

Um zweifelhafte Rechtsfragen zum Austrage zu bringen, ist das Strafverfahren nicht geeignet.

Liegen, abgesehen von dem Falle des § 44 Abs. 3 des ErgstGes. besondere Umstände vor, welche nach dem Ermessen der Regierung die Einstellung des Verfahrens rechtfertigen, obwohl ein nach § 44 des ErgstGes. strafbarer Tatbestand vorliegt, so ist die Entscheidung des Finanzministers einzuholen.

2. Die vorläufige Festsetzung einer Geldstrafe findet nicht statt:

a) wenn der Beschuldigte in Preußen keinen Wohnsitz hat,
b) wenn derselbe auf die vorläufige Straffestsetzung durch die Regierung verzichten zu wollen erklärt,
c) wenn die Regierung selbst von der vorläufigen Straffestsetzung Abstand nimmt.

3. Ob die Regierung von der zu 2 c gedachten Befugnis Gebrauch machen will, darüber hat sie in jedem einzelnen Falle nach ihrem pflichtmäßigen Ermessen zu beschließen; einer Begründung des Beschlusses gegenüber dem Gerichte bedarf es nicht. Im allgemeinen ist jedoch davon auszugehen, daß eine Häufung der gerichtlichen Untersuchungen an sich nicht erwünscht, daß außerdem die vorläufige Straffestsetzung geeignet ist, das Verfahren abzukürzen, daß endlich das Gesetz der Regierung einen weiteren Spielraum in Ansehung der Strafabmessung für die leichteren Fälle gestattet, da nur die Regierungen, nicht aber die Gerichte ermächtigt sind, unter das vorgesehene geringste Strafmaß hinabzugehen (vgl. auch MittH. 30, 45).

Als Regel wird sich daher in leichteren Fällen die vorläufige Straffestsetzung im Verwaltungswege empfehlen, sofern nicht im einzelnen Falle die Abstandnahme durch besondere Rücksichten ihre Rechtfertigung findet. In dieser Beziehung kann namentlich in Betracht kommen,

a) daß der Tatbestand mit den der Verwaltungsbehörde zu Gebote stehenden Mitteln, insbesondere ohne Anwendung des Zeugenzwanges (vgl. MittH. 35, 36, 19), ohne eidliche Vernehmungen usw. nicht mit genügender Sicherheit festzustellen ist;
b) daß der Beschuldigte sich der Vernehmung entzieht, oder nach den von ihm abgegebenen Erklärungen die freiwillige Zahlung der festzusetzenden Strafe nicht zu erwarten ist;
c) daß die Regierung wegen der Bedeutung des Falles die Herbeiführung einer öffentlichen gerichtlichen Verhandlung für angezeigt erachtet.

4. Die vorläufige Straffestsetzung darf in keinem Falle ohne vorherige Anhörung des Beschuldigten erlassen werden. Sie erfolgt durch eine an denselben gerichtete Verfügung, welche den Tatbestand der strafbaren Zuwiderhandlung angeben und das maßgebende Strafgesetz bezeichnen, insbesondere

auch klar erkennen lassen muß, ob die Bestrafung nach Abs. 1 oder Abs. 2 des § 44 des Ergstges. erfolgt. Die Verfügung muß ferner den Betrag der Geldstrafe sowie der durch das Verfahren entstandenen Kosten bestimmen, und endlich die Eröffnung enthalten, daß die gerichtliche Untersuchung und Entscheidung herbeigeführt werden würde, wenn der Beschuldigte nicht binnen der auf mindestens 14 Tage zu bemessenden, vom Tage der Zustellung ab laufenden Frist die angegebenen Beträge freiwillig an die zu bezeichnende Kasse zahlt. Die Zustellung erfolgt nach Maßgabe des Art. 78 d. EinkA. Zweiter Teil.

Als Kosten des Verfahrens kommen nur bare Auslagen wie Porto, Zeugengebühren in Betracht.

5. Betrifft nur die Einkommensteuer.

6. Vgl. Anm. 6 und 7 zu diesem §.

7. Auf welchen Betrag die Strafe innerhalb der zulässigen Grenzen vorläufig festzusetzen ist, ob insbesondere die Regierung von der Befugnis Gebrauch machen will, mildere, als die im Gesetze vorgesehenen Mindeststrafen festzusetzen, hat die Regierung nach den Verhältnissen des einzelnen Falls und ihrem pflichtmäßigen Ermessen zu entscheiden.

In erster Reihe muß hierbei der aus den begleitenden Umständen erkennbare höhere oder geringere Grad der betrügerischen Absicht, daneben aber auch berücksichtigt werden, daß die Geldstrafe eine den Vermögens- und Einkommensverhältnissen des Schuldigen entsprechende Buße für die Zuwiderhandlung darstellen soll.

Die nachträgliche Milderung oder der gänzliche Erlaß der einmal festgesetzten Strafe steht der Regierung nicht zu, ebensowenig die Bewilligung von Teilzahlungen auf die Strafe.

Glaubt die Regierung einen hierauf gerichteten Antrag befürworten zu müssen, so ist die Entscheidung des Finanzministers einzuholen.

Dagegen steht eine angemessene Verlängerung der für

die freiwillige Zahlung der Strafe bestimmten Frist auf begründeten Antrag in dem Ermessen der Regierung.

8. Wird die vorläufig festgesetzte Strafe nicht innerhalb der bestimmten Frist vom Beschuldigten gezahlt, oder liegt einer der Fälle Nr. 2a bis c vor, so sind die Verhandlungen dem zuständigen Staats- oder Amtsanwalt mit dem Antrag auf Herbeiführung der gerichtlichen Untersuchung und Entscheidung abzugeben.

Die zwangsweise Beitreibung der vorläufig festgesetzten Strafe ist unter allen Umständen unstatthaft.

Für das gerichtliche Verfahren findet bei Zuwiderhandlungen gegen das Ergänzungssteuergesetz eine Festsetzung des der Strafe zugrunde zu legenden Steuersatzes durch die Regierung nicht statt.

10) Vergehen und Übertretungen, welche durch Zuwiderhandlungen gegen die Vorschriften über die Entrichtung der Steuern begangen werden, verjähren in fünf Jahren. Vgl. Art. 5 des Ges., betr. einige Ergänzungen des Einführungsgesetzes zum StrGB. v. 22. Mai 1852 (GesS. S. 250) Art. XI d. V. v. 25. Juni 1867 (GesS. S. 927) und § 2 Abs. 2 des Einführungsgesetzes zum StrGB. für den Norddeutschen Bund v. 31. Mai 1870. Der Lauf der Verjährungsfrist beginnt mit dem Tage, an welchem die strafbare Handlung begangen worden ist, ohne Rücksicht auf den Zeitpunkt des eingetretenen Erfolgs. § 67 des RStrGB.; Art. 92 Nr. 9 d. EinkA. Dritter Teil.

11) Wegen der Kontrolle und Verrechnung der von der Regierung festgesetzten Strafen, Kosten und der nicht laufend in Zugang gestellten Nachsteuern zu vergleichen die Anweisung v. 16. März 1895. Art. 92 d. EinkA. Dritter Teil Nr. 11; vgl. auch Art. 84 IIIb a. a. O.

§ 45. Die Einziehung der hinterzogenen Steuer erfolgt neben und unabhängig von der Strafe.

Die Vorschriften § 73 Abs. 2 und 3 des Einkommensteuergesetzes finden sinngemäße Anwendung.

1) Der § 73 Abs. 2 u. 3 des EinkstGes. lautet wie folgt: „Die Verbindlichkeit zur Nachzahlung der Steuer verjährt in zehn Jahren und geht auf die Erben, jedoch für diese mit einer Verjährungsfrist von fünf Jahren und nur auf Höhe ihres Erbanteils, über. Die Verjährungsfrist beginnt mit Ablauf des Steuerjahrs, in welchem die Hinterziehung begangen wurde.

Die Festsetzung der Nachsteuer steht der Regierung zu, gegen deren Entscheidung nur Beschwerde binnen einer Ausschlußfrist von vier Wochen an den Finanzminister zulässig ist."

2) Die Festsetzung und Einziehung der Nachsteuer findet innerhalb der in Abs. 2 des § 73 d. EinkstGes. (siehe Anm. 1 zu diesem §) bezeichneten Verjährungsfrist auf Grund des von der Regierung festzustellenden Tatbestandes auch statt, obwohl eine Bestrafung nicht mehr herbeigeführt werden kann, weil die Strafe bereits verjährt ist oder der Zuwiderhandelnde gemäß § 44 Abs. 3 des ErgstGes. straffrei bleibt.

Insbesondere ist auch in Fällen, in denen eine Bestrafung nicht mehr herbeigeführt werden kann, weil der Zuwiderhandelnde vor Einleitung eines Strafverfahrens oder vor Verhängung einer Strafe gestorben ist und mithin nur noch die Nachbesteuerung der Erben des Zuwiderhandelnden in Frage kommt, die Nachsteuer nach den Vorschriften des § 45 des ErgstGes. bzw. des § 73 des EinkstGes. festzusetzen und einzuziehen.

Im Falle der Einleitung eines Strafverfahrens ist bei Festsetzung der Nachsteuer der vom Strafrichter festgestellte Tatbestand zugrunde zu legen; es wird sich daher um Abänderungen der Nachsteuerfestsetzung zu vermeiden, in der Regel empfehlen, dieselbe auszusetzen, bis entweder die vorläufig festgesetzte Strafe gezahlt oder das gerichtliche Verfahren durch rechtskräftige Entscheidung erledigt ist.

Im übrigen finden zum Zwecke der Festsetzung der Nachsteuer bei Berechnung des steuerbaren Vermögens die Vorschriften der Art. 4—18 d. EA. gleichmäßig Anwendung.

Erlasse oder Ermäßigungen der Nachsteuer zu bewilligen, ist die Regierung nicht ermächtigt.

Art. 92 Nr. 10 d. EinkA. Dritter Teil.

3) Die Verbindlichkeit zur Entrichtung der Nachsteuer verjährt in zehn Jahren, gerechnet von dem Ablaufe des Steuerjahrs, in welchem die Hinterziehung begangen wurde (d. h. auf dessen Steuer sich die unrichtigen Angaben beziehen, siehe Droste im VerwArch. Bd. VIII S. 431) und geht auf die Erben mit einer Verjährungsfrist von 5 Jahren, jedoch nur auf Höhe ihres Anteils über. Art. 92 Nr. 10 d. EinkA. Dritter Teil.

Die Kommission d. AbgH. (Bericht v. 2. Februar 1891, S. 58) sprach bei Beratung des § 73 des EinkstGes. die Ansicht aus, daß den Erben bei dieser Frist die zu Lebzeiten des Erblassers verlaufene Frist mit angerechnet werden solle.

Die Art der Haftung eines oder mehrerer Erben bestimmt sich nach dem bürgerlichen Recht. §§ 2058 bis 2063 BGB.

Der Lauf der Verjährungsfrist bezüglich der Nachsteuerpflicht wird unterbrochen durch jede Maßnahme, die ergriffen wird, um die Bestrafung der Ergänzungssteuerhinterziehung herbeizuführen. Denn diese zielt gleichzeitig auch darauf ab, die Voraussetzungen zu schaffen, deren es zur Geltendmachung des Anspruchs auf Einziehung der hinterzogenen Steuer regelmäßig bedarf. Es empfiehlt sich, bei Einleitung einer Untersuchung wegen Steuerhinterziehung aktenkundig zu machen, daß das Verfahren auch auf Einziehung der Nachsteuer gerichtet sei und dies bei Gelegenheit der bezüglichen Verhandlungen in geeigneter Weise dem Pflichtigen gegenüber ebenfalls zum Ausdruck zu bringen. MittH. **49**, 24. Nach MittH. **52**, 53 wird der Lauf der Verjährungsfrist, wenn es sich nicht um die Herbeiführung einer Bestrafung, sondern nur um die Festsetzung von Nachsteuer gegen Erben handelt, erst durch die Nachsteuerfestsetzung der Regierung unterbrochen.

4) Die Festsetzung der noch nicht verjährten Nachsteuer

geschieht für den ganzen Zeitraum, auf welchen sich die stattgehabte Verkürzung erstreckt, soweit die Steuer zur Zeit der Festsetzung bereits fällig ist.

Zugleich ordnet die Regierung die laufende Zugangstellung der etwa noch nicht fälligen Steuerbeträge an (vgl. Art. 84 I Nr. 2b d. EinkA. Dritter Teil).

Art. 92 Nr. 10 d. EinkA. Dritter Teil.

Die Nachsteuer ist, auch wenn sie Vorjahre betrifft, in den Zugangslisten des laufenden Steuerjahres und soweit sie bei der Festsetzung bereits fällig, in der hierfür vorgesehenen besonderen Abteilung der Listen nachzuweisen. MittH. **42**, 13. Art. 84 I Nr. 2b u. III d. EinkA. Dritter Teil.

VIII. Schlußbestimmungen.

§ 46. Die Gemeinden (Gutsbezirke) tragen die Kosten für die bei der Veranlagung der Ergänzungssteuer ihnen übertragenen Geschäfte.

Im übrigen fallen die Kosten der Veranlagung und Erhebung der Staatskasse zur Last. Jedoch sind diejenigen Kosten, welche durch die gelegentlich der eingelegten Rechtsmittel erfolgenden Ermittelungen veranlaßt werden, von dem Steuerpflichtigen zu erstatten, wenn sich seine Angaben in wesentlichen Punkten als unrichtig erweisen.

Die Festsetzung der zu erstattenden Kosten erfolgt durch die Regierung, gegen deren Entscheidung dem Steuerpflichtigen binnen einer Ausschlußfrist von vier Wochen die bei der Regierung einzulegende Beschwerde an den Finanzminister offen steht.

Die Mitglieder der Kommissionen und Schätzungsausschüsse erhalten aus der Staatskasse Reisekosten und Tagegelder, deren Sätze im Wege der Königlichen Verordnung gemäß § 12 des Gesetzes, betreffend die Tagegelder und die Reisekosten der Staatsbeamten, vom 24. März 1873 (Gesetz-Samml. S. 122) — Artikel I der Verordnung vom 15. April 1876 (Gesetz-Samml. S. 107) bestimmt werden.

Die Gebühren für Zeugen und Sachverständige (§§ 24, 29) werden nach den in Zivilprozessen zur Anwendung kommenden Vorschriften berechnet.

1) Die Gemeinden (Gutsbezirke) haben ohne Anspruch auf Vergütung die sämtlichen persönlichen und sächlichen Kosten zu tragen, welche durch die bei der Veranlagung der Einkommensteuer und Ergänzungssteuer ihnen übertragenen Geschäfte entstehen.

Hierzu gehören insbesondere:

diejenigen Kosten, welche entstehen durch die Vorbereitung der Veranlagung (Art. 40 – 43 EinkA. Zweiter Teil, Art. 22 d. EA.), durch die dem Vorsitzenden der Voreinschätzungskommission obliegenden Geschäfte (Porto, Schreibwerk, Arbeitshilfe usw.), durch die Beschaffung (Heizung, Beleuchtung usw.) der zu den Sitzungen der Voreinschätzungskommission nötigen Räume, durch die Kontrolle der Zu- und Abgänge, die Aufstellung der Zugangs- und Abgangslisten und die Erledigung der seitens der Vorsitzenden der Berufungs- und Veranlagungskommissionen innerhalb deren Zuständigkeit erteilten Aufträge — einschließlich aller sächlichen Kosten für Schreibmaterialien, Drucksachen, Formulare usw., namentlich auch für die Muster A (ev. B und IV), VI bis IX, XXVa, XXVb, XXVI, XXVII zur EinkA., und Muster 1 d. EA. — Die Gemeinden und Gutsbezirke tragen ohne Vergütung die sämtlichen persönlichen und sächlichen Kosten der örtlichen Erhebung und Beitreibung der ihnen zur Hebung überwiesenen Steuern, sowie der Abführung an die zuständige Staatskasse. Art. 96 EinkA. Dritter Teil. (Zu vgl. MittH. 55, 34.)

2) Diejenigen Kosten an Porto, Zeugengebühren oder anderen baren Auslagen, welche durch die gelegentlich der eingelegten Rechtsmittel (Einspruch, Berufung, Beschwerde an das Oberverwaltungsgericht) erfolgenden Ermittelungen veranlaßt werden, sind von dem Steuerpflichtigen zu erstatten, wenn sich seine Angaben in wesentlichen Punkten als unrichtig erwiesen haben und die Erstattungspflicht durch endgültige Entscheidung der zuständigen Kommission oder des Oberverwaltungsgerichts ausgesprochen ist (vgl. auch Art. 69 Nr. 4, 71, Nr. 7 d. EinkA. Zweiter Teil u. FME. v. 9. Febr. 03, MittH. 46, 13). Art. 95 Nr. 1 d. EinkA. Dritter Teil.

Den Steuerpflichtigen Kosten aufzuerlegen, welche durch die gelegentlich eines Rechtsmittels erfolgenden Ermittelungen veranlaßt werden, ist nur dann gestattet, wenn zugleich der dazu erforderliche Tatbestand — vgl. § 46 des ErgstGes., Art. 95 d. EinkA. Dritter Teil — festgestellt wird. OVG. I, 333 Anm.

Von einer Unrichtigkeit tatsächlicher „Angaben" kann nicht die Rede sein, wenn die Angaben des Steuerpflichtigen nur in einer von derjenigen der Berufungskommission abweichenden rechtlichen Auffassung ihren Grund haben. OVG. VI, 330.

Die Entscheidung der Veranlagungskommission bzw. Berufungskommission muß zugleich Bestimmung darüber treffen, ob die Kosten, welche durch die gelegentlich des Rechtsmittels veranlaßten Ermittelungen erwachsen sind, von dem Steuerpflichtigen erstattet werden sollen. Art. 69 Nr. 4 Abs. 2, Art. 71 Nr. 7 d. EinkA. Zweiter Teil. Nachträgliche Entscheidungen der Veranlagungs- oder Berufungskommission, durch welche den Steuerpflichtigen lediglich die Kosten des Rechtsmittelverfahrens auferlegt werden, sind unzulässig. OVG. V, 215. Dagegen ist es zulässig, daß in Fällen, wo der Steuerpflichtige das Rechtsmittel zurückzieht und hinsichtlich der Kosten die Voraussetzungen im zweiten Absatz des § 46 des ErgstGes. vorliegen, eine Entscheidung der zuständigen Kommission über die Verpflichtung des Steuerpflichtigen zur Erstattung dieser Kosten herbeigeführt wird. MittH. 46, 13.

3) Die Kosten der Veranlagung der Einkommen- und Ergänzungssteuer fallen der Staatskasse zur Last, soweit nicht in den Art. 95, 96 der EinkA. Dritter Teil (vgl. Anm. 1 u. 2 zu diesem §) etwas anderes bestimmt ist, und werden in Gemäßheit der Verfügungen vom 7. Jan. 94 (MittH. 31, 84), 16. April 95 II 7190 und 12. Juli 96 (MittH. 34, 41) verrechnet.

Diejenigen Landräte, welche kraft ihres Hauptamts den Vorsitz in Veranlagungskommissionen führen, haben die hierdurch veranlaßten Kosten aus den ihnen für das Hauptamt gewährten Dienstaufwandsentschädigungen und Zuschüssen zu bestreiten mit Ausnahme

a) der Remunerationen, Diäten, Besoldungen der ihnen zur Bearbeitung der Einkommensteuersachen überwiesenen staatlichen Hilfs- und Subalternbeamten,
b) der Kosten für die ihnen auf Rechnung der Staatskasse zu liefernden Formulare Muster I, II, III, X bis XXI, XXIII, XXIV, XXVIII, XXIX, C (ev. B und V) zur EinkA., Muster 2 bis 7 zur EA., für die Formulare zu Auszügen aus Muster A und C, sowie für alle diejenigen Formulare, welche außerdem vom Finanzminister oder wie z. B. Aufrechnungsbogen zur Staatssteuerliste, Benachrichtigungsschreiben an die Steuerpflichtigen, Behändigungsscheine, Berufungsnachweisungen, behufs Herbeiführung eines gleichmäßigen Verfahrens vom Vorsitzenden der Berufungskommission vorgeschrieben werden,
c) der vom Ablösungsvertrage ausgeschlossenen, ihnen aus dem Bureaukostenfonds der Regierung zu erstattenden Portokosten.

Die Formulare Muster XXXI d. EinkA. sind den Rentmeistern auf Rechnung der Staatskasse zu liefern.

In allen Fällen werden aus der Staatskasse die den Vorsitzenden und Mitgliedern der Berufungs- und Veranlagungskommissionen und den Mitgliedern der Schätzungsausschüsse (siehe Anm. 3 Ziffer 8 zu § 24 d. Ges. S. 180 des Buchs) zustehenden Reisekosten und Tagegelder, die den Mitgliedern vereinigter Voreinschätzungskommissionen bewilligten Entschädigungen sowie die etwaigen Gebühren der Zeugen und Sachverständigen gezahlt. Wegen der Verjährung der Zeugen- usw. Gebühren vgl. FME. v. 8. April 1895, MittH. **31**, 82. Art. 94 d. EinkA. Dritter Teil.

§ 47. Die folgenden Bestimmungen des Einkommenkommensteuergesetzes:

§§ 56 bis 59 (Geschäftsordnung der Kommissionen und Zustellungen),

§ 60 (Oberaufsicht des Finanzministers),

§ 66 Abs. 1 und 2 (Ab- und Anmeldung),

§ 74 Abs. 2 und § 75 (Bestrafung der Zuwiderhandlungen gegen die Melde- und die Geheimhaltungspflicht),

§ 76 (Strafumwandlung und Strafverfahren),

§ 83 (Zuständigkeit der Direktion für die Verwaltung der direkten Steuern in Berlin),

§ 84 (Verlängerung der Ausschlußfristen),

§ 85 (Nachbesteuerung),

§ 87 (Verjährung),

finden sinngemäße Anwendung,

die §§ 57, 75, 85 mit der Maßgabe, daß der Steuererklärung die Vermögensanzeige, dem Einkommen das steuerbare Vermögen im Sinne dieses Gesetzes gleichsteht, daß ferner die Vorschriften § 57 Abs. 1 und § 75 auch auf die Mitglieder des Schätzungsausschusses (§ 23) Anwendung finden.

1) Die im § 47 des Ges. erwähnten Paragraphen des Einkommensteuergesetzes bestimmen folgendes:

1. Geschäftsordnung der Kommissionen und Zustellungen:

§ 56. Die Vorsitzenden der Kommissionen haben die letzteren zusammenzuberufen, deren Geschäfte vorzubereiten und zu leiten sowie die nicht von ihnen durch Einlegung von Rechtsmitteln angefochtenen Kommissionsbeschlüsse auszuführen.

Nach Bedürfnis können zur Erledigung der den Kommissionen obliegenden Geschäfte Unterkommissionen gebildet werden.

Die Kommissionen beziehungsweise Unterkommissionen fassen ihre Beschlüsse nach Stimmenmehrheit. Dem Vorsitzenden steht volles Stimmrecht zu. Bei Stimmengleichheit entscheidet die Stimme des Vorsitzenden.

Solange über die Einschätzung oder Berufung eines Kommissionsmitglieds oder seiner Verwandten oder Verschwägerten in auf- und absteigender Linie oder bis zum dritten Grade der Seitenlinien beraten und abgestimmt wird, hat dasselbe abzutreten.

Ergeben sich diese Voraussetzungen hinsichtlich der Person des Vorsitzenden, so hat derselbe die Führung des Vorsitzes einem der Kommissionsmitglieder zu übertragen.

Die Ausfertigung der Kommissionsbeschlüsse und Entscheidungen sind von dem Vorsitzenden zu vollziehen.

(Vgl. hierzu Art. 75—77 d. EinkA. Zweiter Teil.)

§ 57. Die Mitglieder der Kommissionen haben dem Vorsitzenden mittels Handschlags an Eides Statt zu geloben, daß sie bei den Kommissionsverhandlungen ohne Ansehen der Person nach bestem Wissen und Gewissen verfahren und die Verhandlungen sowie die hierbei zu ihrer Kenntnis gelangenden Verhältnisse der Steuerpflichtigen strengstens geheim halten werden.

Das gleiche Gelöbnis haben vor einem von der Regierung

zu ernennenden Kommissar diejenigen Vorsitzenden abzulegen, welche nicht schon als Beamte vereidigt sind.

Die bei der Steuerveranlagung beteiligten Beamten sind zur Geheimhaltung der Kommissionsverhandlungen sowie der zu ihrer Kenntnis gelangenden Verhältnisse der Steuerpflichtigen kraft des von ihnen geleisteten Amtseides verpflichtet. Die Steuererklärungen sind unter Verschluß aufzubewahren und dürfen, ebenso wie die Kommissionsverhandlungen über dieselben, nur zur Kenntnis durch ihren Amtseid zur Geheimhaltung verpflichteter Beamten gelangen.

(Vgl. hierzu Art. 77 d. EinkA. Zweiter Teil.)

§ 58. Die von den Vorsitzenden der Kommissionen zu bewirkenden Zustellungen an Steuerpflichtige sind durch einen öffentlichen Beamten unter Bescheinigung der Behändigung auszuführen Die Post kann um die Bewirkung der Zustellung ersucht werden. In beiden Fällen gilt die Zustellung für vollzogen, auch wenn die Annahme verweigert wird.

Sind Wohnsitz und Aufenthalt eines Steuerpflichtigen unbekannt, so kann die Zustellung an denselben durch Anheftung des zuzustellenden Schriftstücks an der zu Aushängen der Gemeinde des Veranlagungsorts bestimmten Stelle erfolgen. Die Zustellung gilt für vollzogen, wenn seit der Anheftung zwei Wochen verstrichen sind. Auf die Gültigkeit der Zustellung hat es keinen Einfluß, wenn das Schriftstück von dem Orte der Anheftung zu früh entfernt wird.

Die außerhalb Preußens zu bewirkenden Zustellungen können mittels eingeschriebener Briefe erfolgen. Die Zustellung gilt mit der Aufgabe zur Post für vollzogen.

Die vorstehenden Bestimmungen finden auch Anwendung auf die Zustellung der Steuerzettel in den Fällen des § 42 Abs. 2 durch die Gemeinde- (Guts-) Vorstände.

(Vgl. Art. 78 d. EinkA. Zweiter Teil.)

§ 59. Unterläßt der berechtigte Kommunalverband, ungeachtet gehöriger Aufforderung, die Wahl der Kommissionsmitglieder, oder verweigert eine Kommission die Erledigung der ihr übertragenen Geschäfte, so sind diese für die betreffende Veranlagungsperiode auf Verfügung der Aufsichtsbehörde von dem Vorsitzenden wahrzunehmen. Vor Beginn des nächsten Veranlagungsgeschäfts hat eine Neuwahl der wählbaren Kommissionsmitglieder zu erfolgen.

2. Oberaufsicht des Finanzministers:

§ 60. Die oberste Leitung des Veranlagungsgeschäfts im Staate gebührt dem Finanzminister, welcher zugleich über Beschwerden gegen das Verfahren der Berufungskommissionen und der Vorsitzenden derselben, mit Ausnahme der Rechtsmittel (§ 49), zu entscheiden hat.

3. Ab- und Anmeldung:

§ 66 (Abs. 1 u. 2). Steuerpflichtige, welche im Laufe des Steuerjahrs ihren Wohnsitz verändern, haben sich bei dem Gemeinde- (Guts-) Vorstande des Abzugsorts ab- und bei dem des Anzugsorts, binnen zwei Wochen nach erfolgtem Anzuge, anzumelden und gleichzeitig über ihre erfolgte Veranlagung zur Einkommensteuer auszuweisen.

Insofern die polizeiliche Ab- und Anmeldung nicht bei dem Gemeinde- (Guts-) Vorstande, sondern bei einer anderen Behörde stattzufinden hat, vertritt die Ab- bzw. Anmeldung bei der letzteren die Ab- bzw. Anmeldung bei dem Gemeinde- (Guts-) Vorstande.

(Vgl. Art. 83 d. EinkA. Dritter Teil.)

4. Bestrafung der Zuwiderhandlungen gegen die Melde- und die Geheimhaltungspflicht:

§ 74 (Abs. 2). Wer der im § 66 vorgeschriebenen Verpflichtung zur An- und Abmeldung nicht rechtzeitig nachkommt, wird mit Geldstrafe bis zu zwanzig Mark bestraft.

§ 75. Die bei der Steuerveranlagung beteiligten Beamten sowie die Mitglieder der Kommissionen werden, wenn sie die zu ihrer Kenntnis gelangten Erwerbs-, Vermögens- oder Einkommensverhältnisse eines Steuerpflichtigen, insbesondere auch den Inhalt einer Steuererklärung oder der darüber gepflogenen Verhandlungen unbefugt offenbaren, mit Geldstrafe bis zu eintausendfünfhundert Mark oder mit Gefängnis bis zu drei Monaten bestraft.

Die Verfolgung findet nur auf Antrag der Regierung oder des betroffenen Steuerpflichtigen statt.

5. Strafumwandlung und Strafverfahren:

§ 76. Die auf Grund der §§ 72, 74 und 75 festzusetzenden, aber unbeitreiblichen Geldstrafen sind nach Maßgabe der für Übertretungen geltenden Bestimmungen des Strafgesetzbuchs für das Deutsche Reich (§§ 28 und 29) in Haft umzuwandeln.

Die Untersuchung und Entscheidung in betreff der in den §§ 72 und 74 bezeichneten strafbaren Handlungen steht dem Gerichte zu, wenn nicht der Beschuldigte die von der Regierung vorläufig festgesetzte Geldstrafe nebst den durch das Verfahren gegen ihn entstandenen Kosten binnen einer ihm bekannt gemachten Frist freiwillig zahlt.

Die Regierungen sind ermächtigt, hierbei eine mildere als die im § 72 vorgeschriebene Strafe in Anwendung zu bringen.

Hat der Beschuldigte in Preußen keinen Wohnsitz, so erfolgt das Einschreiten des Gerichts ohne vorläufige Festsetzung der Strafe durch die Regierung. Dasselbe findet statt, wenn die Regierung aus sonstigen Gründen von der vorläufigen Festsetzung der Strafe Abstand zu nehmen erklärt oder der Angeschuldigte hierauf verzichtet.

Die Entscheidung wegen der hinterzogenen Steuer verbleibt in allen Fällen den Verwaltungsbehörden.

In betreff der Zuwiderhandlungen wegen der Verpflichtung zur Geheimhaltung (§ 75) findet nur das gerichtliche Strafverfahren statt[1]).

---

[1]) Über die Umwandlung nicht beizutreibender Geldstrafen in Haft bestimmt das deutsche Strafgesetzbuch in:

„§ 28. Eine nicht beizutreibende Geldstrafe ist in Ge-

6. Zuständigkeit der Direktion für die Verwaltung der direkten Steuern in Berlin:

§ 83. Die in diesem Gesetze den Regierungen zugewiesenen Befugnisse und Obliegenheiten werden für die Haupt- und Residenzstadt Berlin von der Direktion für die Verwaltung der direkten Steuern in Berlin wahrgenommen.

7. Verlängerung der Ausschlußfristen:

§ 84. Die in diesem Gesetze bestimmten Ausschlußfristen, sowie die Frist zur Einreichung der Steuererklärungen

---

fängnis und, wenn sie wegen einer Übertretung erkannt worden ist, in Haft umzuwandeln.

Ist bei einem Vergehen Geldstrafe allein oder an erster Stelle, oder wahlweise neben Haft angedroht, so kann die Geldstrafe in Haft umgewandelt werden, wenn die erkannte Strafe nicht den Betrag von sechshundert Mark und die an ihre Stelle tretende Freiheitsstrafe nicht die Dauer von sechs Wochen übersteigt.

War neben der Geldstrafe auf Zuchthaus erkannt, so ist die an deren Stelle tretende Gefängnisstrafe nach Maßgabe des § 21 in Zuchthausstrafe umzuwandeln.

Der Verurteilte kann sich durch Erlegung des Strafbetrages, soweit dieser durch die erstandene Freiheitsstrafe noch nicht getilgt ist, von der letzteren freimachen.

§ 29. Bei Umwandlung einer wegen eines Verbrechens oder Vergehens erkannten Geldstrafe ist der Betrag von drei bis zu fünfzehn Mark, bei Umwandlung einer wegen einer Übertretung erkannten Geldstrafe der Betrag von einer bis zu fünfzehn Mark einer eintägigen Freiheitsstrafe gleich zu achten.

Der Mindestbetrag der an Stelle einer Geldstrafe tretenden Freiheitsstrafe ist ein Tag, ihr Höchstbetrag bei Haft sechs Wochen, bei Gefängnis ein Jahr. Wenn jedoch eine neben der Geldstrafe wahlweise angedrohte Freiheitsstrafe ihrer Dauer nach den vorgedachten Höchstbetrag nicht erreicht, so darf die an Stelle der Geldstrafe tretende Freiheitsstrafe den angedrohten Höchstbetrag jener Freiheitsstrafe nicht übersteigen."

werden für die in außereuropäischen Ländern und Gewässern Abwesenden auf sechs Monate, für andere, außerhalb des Deutschen Reichs Abwesende auf sechs Wochen, für die übrigen Abwesenden auf drei Wochen verlängert.

8. Nachbesteuerung:

§ 85. Ein Steuerpflichtiger, welcher entgegen den Vorschriften des Gesetzes unveranlagt geblieben ist, ist zur Entrichtung des der Staatskasse entgangenen Steuerbetrags verpflichtet. Die gleiche Verpflichtung tritt ein, wenn mit Bezug auf einen veranlagten Steuerpflichtigen, ohne daß eine strafbare Hinterziehung von Steuer stattgefunden hätte (§§ 72, 73), nachträglich neue Tatsachen oder Beweise ermittelt werden, welche eine höhere Veranlagung des Steuerpflichtigen begründen. Die Verpflichtung erstreckt sich auf die drei Steuerjahre zurück, welche dem Steuerjahr, in dem die Verkürzung festgestellt worden, vorausgegangen sind.

Die Verpflichtung zur Zahlung der Nachsteuer geht auf die Erben, jedoch nur bis zur Höhe ihres Erbteils, über.

Die Veranlagung der Nachsteuer erfolgt einheitlich für den ganzen Zeitraum, auf welchen sich die Verpflichtung erstreckt, nach den Vorschriften dieses Gesetzes."

Zur Erläuterung des § 85 des EinkstGes. in seiner Bedeutung für die Ergänzungssteuer wird auf folgendes verwiesen:

Die Vorschrift im § 6 des Gesetzes über die Verjährungsfristen bei öffentlichen Abgaben v. 18. Juni 40 (GesS. S. 140) findet auf die Ergänzungssteuer keine Anwendung, vielmehr sind Steuerpflichtige, auch wenn eine strafbare Hinterziehung nicht vorliegt, sofern sie entgegen den Vorschriften des Gesetzes unveranlagt geblieben sind, oder sofern nachträglich neue Tatsachen oder Beweise ermittelt werden, welche eine höhere Veranlagung begründen, zur Nachzahlung des der Staatskasse entgangenen Betrags verpflichtet, und zwar erstreckt sich diese Verpflichtung auf die drei Steuerjahre zurück, welche dem Steuerjahr, in dem die Verkürzung festgestellt worden, vorausgegangen sind. Bei Anwendung dieser Vorschrift muß der Fall, wenn der Steuerpflichtige unveranlagt geblieben ist, von dem Falle der zu niedrigen Veranlagung unterschieden werden.

Ist ein Steuerpflichtiger überhaupt nicht zur Veranlagung gelangt, sei es nun, daß die Veranlagung ausgesetzt war, sei es, daß seine Person übersehen, sei es, daß ihm ein Einkommen von mehr als 900 M. oder ein steuerbares Vermögen von mehr als 6000 M. nicht beigemessen, sei es, daß ihm irrtümlich aus anderen Gründen Steuerfreiheit beigelegt worden war, so muß alsbald, nachdem dies festgestellt worden, die nachträgliche Heranziehung des unveranlagt gebliebenen Steuerpflichtigen zur Steuer nach den gegebenen Vorschriften erfolgen, und zwar für die ganze Dauer der Übergehung, soweit dieselbe nicht die dreijährige Verjährungsfrist übersteigt. Dasselbe gilt für Zugangsfälle, wenn die Veranlagung nicht in demselben Steuerjahr, in dem die Steuerpflicht oder die Voraussetzung einer zusätzlichen Besteuerung (Art. 79 III d. EinkA., Dritter Teil) eingetreten war, zur Ausführung gekommen ist. Art. 93 Nr. 1 d. EinkA. Dritter Teil.

Eine Veranlagung, welche innerhalb des laufenden Steuerjahrs für dasselbe erfolgt, stellt sich als eine verspätete ordentliche Veranlagung, nicht aber als Nachbesteuerung aus § 85 dar. OVG. VII, 369.

Die Aussetzung der ordentlichen Veranlagung über das laufende Steuerjahr hinaus berechtigt nicht zur Nachbesteuerung gemäß § 85 des EinkStGes. OVG. X, 351.

Es ist nicht statthaft, daß eine Berufungskommission auf Grund des § 85 bewußterweise eine dem Gesetze nicht entsprechende Steuerbefreiung eintreten läßt in der Meinung, daß eine Berichtigung durch Nachforderung der Steuer während der nächsten drei Steuerjahre erfolgen könne. Diese Meinung ist irrig, da ein ordnungsmäßig zur Einkommensteuer veranlagter, aber durch rechtskräftigen Beschluß der Berufungskommission freigestellter Steuerpflichtiger niemals als ein den Vorschriften des Gesetzes zuwider bei der Veranlagung Übergangener oder steuerfrei Veranlagter im Sinne des § 85 wird angesehen werden können und es daher an der notwendigen Voraussetzung für eine spätere Heranziehung zur Steuer fehlt. MittH. 25, 77.

War ein Steuerpflichtiger formell ordnungsmäßig veranlagt, jedoch den Vorschriften des Gesetzes entgegen steuerfrei — ein Fall, welcher bei Anwendung der §§ 19, 20 des EinkstGes. oder der §§ 17, 19 des ErgstGes. eintreten kann (Spalte 33, 34, 39 bis 41 der Staatssteuerliste) — oder mit einem zu niedrigen Steuersatze, so ist daran festzuhalten, daß — abgesehen vom Falle der strafbaren Hinterziehung — wie für die Steuerpflichtigen so auch für den Vertreter des Staatsinteresses zur Berichtigung einer ordnungsmäßig erfolgten, aber sachlich unrichtigen Veranlagung die ordentlichen Rechtsmittel gegeben sind.

Ein Berichtigungsverfahren darf daher in keinem Falle eingeleitet werden, solange nicht entweder die Veranlagung durch Ablauf der gesetzlichen Rechtsmittelfristen endgültig geworden oder auf das eingelegte Rechtsmittel endgültige Entscheidung ergangen ist. (OVG. VI, 347.) Art. 93 Nr. 2 d. EinkA. Dritter Teil.

Die Nachbesteuerung gemäß § 85 des EinkstGes. ist auch unzulässig solange gegen den Steuerpflichtigen ein Strafverfahren wegen Steuerhinterziehung schwebt. OVG. IX, 332.

Tatsachen und Beweismittel, welche im Wege des Einspruches oder der Berufung, oder Anfechtungsgründe, welche im Wege der Beschwerde (§ 49 Nr. 1 und 2 des EinkstGes., § 37 des ErgstGes.) hätten geltend gemacht werden können, deren Geltendmachung aber versäumt oder erfolglos geblieben ist, sind nicht geeignet, eine nachträgliche Berichtigung der rechtskräftigen Veranlagung zu rechtfertigen.

Eine solche Berichtigung ist vielmehr nur herbeizuführen, wenn mit Bezug auf die Einkommens- oder Vermögensverhältnisse des Steuerpflichtigen neue Tatsachen oder Beweismittel, welche eine höhere Veranlagung begründen, erst nachträglich zu einer Zeit ermittelt werden, zu welcher die Geltendmachung im Wege der ordentlichen Rechtsmittel nicht mehr möglich war (OVG. VIII, 265 ff.; XI, 372 ff.). [Nur solche Tatsachen und Beweise kommen in Betracht, die bereits bei der ordentlichen Veranlagung spätestens bis zum 1. April existent waren, aber der Veranlagungsbehörde verborgen geblieben sind. OVG. v. 24. März 1909.]

Diese Voraussetzung trifft beispielsweise zu, wenn nach bereits geschehener Veranlagung und nach Ablauf der Rechtsmittelfrist durch den Inhalt einer auf nochmalige Aufforderung (§ 31 Abs. 2 des EinkStGes.) eingereichten Steuererklärung, oder durch den Inhalt einer in einem späteren Jahre abgegebenen Steuererklärung (vgl. MittH. 38, 14) oder Vermögensanzeige oder infolge einer anderen nachträglichen Mitteilung des Steuerpflichtigen oder infolge Offenlegung der Einkommens- und Vermögensverhältnisse eines verstorbenen Steuerpflichtigen gelegentlich der Nachlaßregulierung ein höheres als das bei der Veranlagung durch Schätzung ermittelte Einkommen oder Vermögen dargetan wird. Zu vgl. OVG. IX, 333; X, 352; XII 375; XIII, 336. Art. 93 d. EinkA. Dritter Teil.

Unter die „neuen Tatsachen oder Beweise", welche nach § 47 ErgStGes. u. § 85 EinkStGes. eine Nachveranlagung begründen, fällt ein bloßer Rechenfehler der Steuerbehörde bei der Aufrechnung des steuerbaren Vermögens nicht; es müssen vielmehr nachträglich andere oder geänderte Steuermerkmale bekannt oder nachgewiesen werden, die, wenn sie rechtzeitig bekannt gewesen wären, eine höhere Veranlagung zur Folge gehabt haben würden. OVG. v. 5. März 1913, Steuerarchiv, 17. Jahrg. S. 30.

Für die Beurteilung der Frage, welche Tatsachen oder Rechtsverhältnisse bei der ursprünglichen Veranlagung bekannt waren, ist ein späterer Wechsel in der Person des Vorsitzenden oder der Mitglieder der Veranlagungskommission ohne Bedeutung. OVG. XI, 377.

Nur Steuerpflichtige, welche entgegen den Vorschriften des Einkommensteuergesetzes oder des Ergänzungssteuergesetzes unrichtig veranlagt worden sind, dürfen zu einer entsprechenden Nachsteuer veranlagt werden; eine dazu erforderliche objektive Feststellung neuer, früher nicht bekannter tatsächlicher Unterlagen wird durch subjektive Schätzung, die von der früheren abweicht, nicht etwa gewährt, wohl aber infolge einer späteren Ermittelung, welche die Ersetzung der früheren, sich als zu niedrig erweisenden Schätzung durch zahlenmäßige Berechnung ermöglicht. OVG. IV, 52; VI, 243; IX, 332; XI, 372.

Eine von der früheren Rechtsauffassung abweichende rechtliche Beurteilung rechtfertigt eine Berichtigung der Veranlagung nach § 85 EinkStGes. nicht. OVG. VIII, 265. Ebenso ist eine Nachbesteuerung infolge Änderung des bei der Veranlagung maßgebenden Gesetzes unzulässig. OVG. XV, 361.

Auch die nachträgliche Berichtigung der Veranlagung erfolgt durch die Veranlagungskommissionen nach den Vorschriften der A. Vgl. Art 93 d. EinkA. Dritter Teil.

Zur Feststellung, daß eine Verkürzung der Staatskasse vorliegt, sind nur die zuständigen Veranlagungsbehörden befugt, nicht z. B. die Oberrechnungskammer. OVG. VI, 338.

Durch die Verspätung der Veranlagung dürfen dem Steuerpflichtigen weder Vorteile noch Nachteile erwachsen; dieselbe hat keinen Einfluß auf die Grundlagen und den Umfang des Besteuerungsrechts. OVG. II, 280; VI, 1.

Für die Veranlagung der Nachsteuer sind nicht diejenigen Verhältnisse, welche zur Zeit der Veranlagung obwalten, maßgebend, sondern allein diejenigen bei Beginn des Steuerjahrs oder bei Beginn des Teils desselben, wofür die Nachbesteuerung erfolgt. OVG. VI, 305; VIII, 276; IX, 339.

Ob ein Steuerpflichtiger, der mit einem unter Bestimmung eines Anfangstermins angeordneten Vermächtnis bedacht worden ist, gemäß § 85 EinkstGes., § 46 ErgstGes. nachveranlagt werden kann, hängt davon ab, ob der Erblasser mit der Befristung den Anfall des Vermächtnisses oder nur seine Geltendmachung auf einen späteren Termin verschieben wollte. In letzterem Fall erwirbt der Bedachte das Vermächtnis schon mit dem Tode des Erblassers. OVG. XIII, 335.

Auch wenn nach den Vorschriften des Gesetzes die Voraussetzungen einer Nachforderung an und für sich vorliegen, ist von einem Berichtigungsverfahren gleichwohl in der Regel abzusehen, sofern die der Staatskasse entgangene Jahressteuer, gleichviel ob Einkommen- oder Ergänzungssteuer, insgesamt den Betrag von 30 M. nicht erreicht. Ergibt sich bei Zusammenrechnung des Jahresbetrags der hinsichtlich desselben Steuerpflichtigen entgangenen Einkommen- und Ergänzungssteuer ein höherer Ausfall, so ist das Berichtigungsverfahren mit Bezug auf beide Steuern herbeizuführen, ohne Rücksicht auf die Höhe der Einzelbeträge. Art. 93 Nr. 3 d. EinkA. Dritter Teil. Diese Vorschrift ist nur instruktioneller Natur und gibt deshalb dem Steuerpflichtigen kein Beschwerderecht, wenn sie unbeachtet geblieben ist. OVG. XI, 374.

9. Verjährung:

§ 87. Soweit das gegenwärtige Gesetz abweichende Bestimmungen nicht enthält, finden die Vorschriften des Gesetzes über die Verjährungsfristen bei öffentlichen Abgaben vom 18. Juni 1840 (GesS. S. 140) auf die Einkommensteuer Anwendung.

§ 48. Die Wiedereinsetzung in den vorigen Stand kann beantragen, wer durch Naturereignisse oder andere unabwendbare Zufälle verhindert worden ist, die in dem gegenwärtigen Gesetz oder in dem Einkommensteuergesetze zur Einlegung von Rechtsmitteln vorgeschriebenen Ausschlußfristen einzuhalten. Als unabwendbarer Zufall ist es anzusehen, wenn der Antragsteller von einer Zustellung ohne sein Verschulden keine Kenntnis erlangt hat.

Über den Antrag entscheidet die Kommission oder Behörde, welcher die Entscheidung über das versäumte Rechtsmittel zusteht.

Das versäumte Rechtsmittel ist unter Anführung der Tatsachen, durch welche der Antrag auf Wiedereinsetzung begründet werden soll, sowie der Beweismittel innerhalb zwei Wochen nach dem Ablaufe des Tages, mit welchem das Hindernis gehoben ist, nachzuholen.

Nach Ablauf eines Jahres, von dem Ende der versäumten Frist an gerechnet, findet die Nachholung und der Antrag auf Wiedereinsetzung nicht mehr statt.

Die durch Erörterung des Antrags auf Wiedereinsetzung entstehenden baren Auslagen trägt in allen Fällen der Antragsteller.

1) Anträge auf Wiedereinsetzung gegen die Versäumung der Einspruchs- oder Berufungsfrist sind bei dem Vorsitzenden der Veranlagungskommission, gegen Versäumung der Beschwerdefrist bei dem Vorsitzenden der Berufungskommission schriftlich oder zu Protokoll anzubringen. Art. 74 Nr. 3 d. EinkA. Zweiter Teil.

2) Wiedereinsetzung in den vorigen Stand darf nur dann stattfinden, wenn innerhalb zwei Wochen nach dem Ablaufe des Tages, mit welchem das Hindernis gehoben ist, nicht nur das versäumte Rechtsmittel nachgeholt wird, sondern auch die Tatsachen, durch welche der Antrag auf Wiedereinsetzung begründet werden soll, und die Beweismittel dafür angeführt werden. OVG. VII, 173.

3) Die durch Erörterung eines Antrags auf Wiedereinsetzung in den vorigen Stand (Art. 74 d. EinkA. Zweiter Teil) entstehenden baren Auslagen (Porto, Zeugen- und Sachverständigengebühren) trägt in allen Fällen der Antragsteller, auch wenn dem Antrage stattgegeben ist.

Sobald die Entscheidung auf einen solchen Antrag erfolgt ist, überreicht der Vorsitzende der Veranlagungskommission oder der Berufungskommission die Verhandlungen mit den zur Berechnung der Kosten erforderlichen Unterlagen und seinem Gutachten der Regierung, welche die zu erstattenden Kosten festsetzt und wegen Zustellung des Festsetzungsbeschlusses an den Steuerpflichtigen, sowie wegen Einziehung des festgesetzten Betrags das Erforderliche veranlaßt.

Gegen ihren Festsetzungsbeschluß findet die an eine Frist nicht gebundene, bei der Regierung einzulegende Beschwerde an den Finanzminister statt.

Art. 95 d. EinkA. Dritter Teil.

§ 49. Übersteigt das Veranlagungssoll des Jahres 1895/96 den Betrag von 35000000 Mark um mehr als 5 Prozent, so findet in dem Verhältnisse des Mehrbetrags zu der genannten Summe eine Herabsetzung der sämtlichen im § 18 bestimmten Steuersätze statt.

Diese Herabsetzung wird in angemessener Abrundung durch Königliche Verordnung festgestellt. Die in der letzteren bestimmten Sätze sind für das Steuerjahr 1895/96 und die folgenden Jahre maßgebend.

In gleicher Weise findet, wenn das Veranlagungssoll des Jahres 1895/96 hinter dem Betrage von 35000000 Mark um mehr als 5 Prozent zurückbleibt, eine entsprechende Erhöhung der im § 18 dieses Gesetzes bestimmten Steuersätze statt, insoweit der Ausfall nicht durch einen Mehrertrag der Einkommensteuer für das Jahr 1895/96 über die Summe von 135000000 Mark gedeckt wird. Diese

Erhöhung wird durch Königliche Verordnung für die Folgezeit wieder außer Kraft gesetzt, wenn das Veranlagungssoll der Ergänzungssteuer den Betrag von 35000000 Mark zuzüglich einer Steigerung von 4 Prozent für jedes auf 1895/96 folgende Steuerjahr erreicht.

1. Durch Kgl. Verordnung v. 25. Juni 95 betr. die Erhöhung der Sätze der Ergänzungssteuer (GesS. S. 265) ist angeordnet: „Die im § 18 des ErgstGes. bestimmten Steuersätze werden um 5,2 Pf. für jede Mark mit der Maßgabe erhöht, daß bei der Feststellung der hiernach zu berechnenden Jahressteuersätze jeder überschießende, nicht durch 20 teilbare Pfennigbetrag auf den nächsten in dieser Weise teilbaren Betrag abzurunden ist." Siehe auch die Fußnote 1 zu § 18 d. Ges. und den Steuertarif im Anhange. Der erhöhte Steuertarif ist bisher nicht wieder außer Kraft gesetzt.

2. Zu den nach der Kgl. Verordnung vom 25. Juni 1895 zu entrichtenden Steuersätzen wird jetzt nach § 8 d. Ges., betr. die Bereitstellung von Mitteln zu Diensteinkommensverbesserungen vom 26. Mai 1909 (GesS. S. 85) ein Zuschlag von 25 % erhoben. Vgl. die Fußnote zu § 18 d. Ges.

§ 50. Abgesehen von der Bestimmung im § 49 ist eine Veränderung der Ergänzungssteuersätze nur bei gleichzeitiger und verhältnismäßiger Abänderung der Einkommensteuersätze zulässig.

1. Mit diesem § ist selbstverständlich nicht die Absicht verbunden, dem künftigen Gesetzgeber Schranken zu ziehen, wenn er nach besserer Einsicht eine Änderung vornehmen will; es hat nur damit ausgedrückt werden sollen, daß der zeitige Gesetzgeber das Verhältnis zwischen Einkommen- und Vermögenssteuer so auffaßt, daß die Vermögenssteuer eine Ergänzungssteuer, eine Zuschlagsteuer zur Einkommensteuer ist, die mit ihr in gleicher Weise beurteilt werden muß, eine Veränderung der Sätze nach der einen oder anderen

Richtung hin dem zeitigen Gesetzgeber jedenfalls nicht empfehlenswert, sondern ausgeschlossen erscheint. Bemerkung des Berichterstatters der Kommission des AbgH. in der 65. Sitzung, StenBer. S. 47.

§ 51. Bei der Verteilung und Aufbringung öffentlicher Lasten nach dem Maßstabe direkter Staatssteuern kommt die Ergänzungssteuer nicht in Ansatz.

1. Hiermit ist allgemein auch die Erhebung von Zuschlägen zur Ergänzungssteuer seitens kommunaler oder anderer öffentlicher Verbände ausgeschlossen. Begründ. der RegVorl. S. 47.

§ 52. Der Finanzminister wird mit der Ausführung dieses Gesetzes beauftragt.

1. Vgl. hierzu auch § 2 des Gesetzes vom 18. April 00 betr. die Vermeidung von Doppelbesteuerung:

> Der Finanzminister ist ermächtigt, mit Bezug auf Personen und Steuerquellen, welche der Steuerhoheit mehrerer Staaten unterliegen, Vereinbarungen zu treffen und Anordnungen zu erlassen, durch die ihre Heranziehung zu den direkten Staatssteuern unter Wahrung des Grundsatzes der Gegenseitigkeit auch abweichend von den in Preußen geltenden gesetzlichen Vorschriften geregelt wird.

Anhang I.

Tabelle

über

den gegenwärtigen Kapitalwert einer Rente oder Nutzung im Werte von 1 Mark auf eine bestimmte Anzahl von Jahren behufs Berechnung der davon zu entrichtenden Ergänzungssteuer.

(Zu § 13IV des Gesetzes.)

Anzahl der Jahre	Kapitalwert		Anzahl der Jahre	Kapitalwert		Anzahl der Jahre	Kapitalwert		Anzahl der Jahre	Kapitalwert	
	ℳ	₰		ℳ	₰		ℳ	₰		ℳ	₰
1	1	0,0	23	15	45,1	45	21	54,9	67	24	12,2
2	1	96,2	24	15	85,7	46	21	72,0	68	24	19,4
3	2	88,6	25	16	24,7	47	21	88,5	69	24	26,4
4	3	77,5	26	16	62,2	48	22	04,3	70	24	33,0
5	4	63,0	27	16	98,3	49	22	19,5	71	24	39,5
6	5	45,1	28	17	33,0	50	22	34,2	72	24	45,6
7	6	24,2	29	17	66,3	51	22	48,2	73	24	51,6
8	7	00,2	30	17	98,4	52	22	61,8	74	24	57,3
9	7	73,3	31	18	29,0	53	22	74,8	75	24	62,8
10	8	43,5	32	18	58,9	54	22	87,3	76	24	68,0
11	9	11,1	33	18	87,4	55	22	99,3	77	24	73,1
12	9	76,0	34	19	14,8	56	23	10,9	78	24	78,0
13	10	38,5	35	19	41,1	57	23	22,0	79	24	82,7
14	10	98,6	36	19	66,5	58	23	32,7	80	24	87,2
15	11	56,3	37	19	90,8	59	23	43,0	81	24	91,5
16	12	11,8	38	20	14,3	60	23	52,8	82	24	95,7
17	12	65,2	39	20	36,8	61	23	62,4	83	24	99,7
18	13	16,6	40	20	58,5	62	23	71,5	84	25	00,0
19	13	65,9	41	20	79,3	63	23	80,3	und		
20	14	13,4	42	20	99,3	64	23	88,7	mehr.		
21	14	59,0	43	21	18,6	65	23	96,9			
22	15	02,9	44	21	37,1	66	24	04,7			

Anhang II.

Ergänzungssteuertarif.

(§§ 17, 18, 19 d. Ergst.-Ges. v. 19. Juni 1906, Verord. v. 25. Juni 1895 und § 8 des Ges. v. 26. Mai 1909.)

Vermögenstufe von *M* bis *M*	regelmäßiger Steuersatz		25 % Zuschlag abgerundet		Jahresbetrag der zu erhebenden Steuer	
	M	*Pf*	*M*	*Pf*	*M*	*Pf*
6000— 8000	3	20	—	80	4	—
8000— 10000	4	20	1	—	5	20
10000— 12000	5	20	1	20	6	40
12000— 14000	6	40	1	60	8	—
14000— 16000	7	40	1	80	9	20
16000— 18000	8	40	2	—	10	40
18000— 20000	9	40	2	20	11	60
20000— 22000	10	60	2	60	13	20
22000— 24000	11	60	2	80	14	40
24000— 28000	12	60	3	—	15	60
28000— 32000	14	80	3	60	18	40
32000— 36000	16	80	4	20	21	—
36000— 40000	19	—	4	60	23	60
40000— 44000	21	—	5	20	26	20
44000— 48000	23	20	5	80	29	—
48000— 52000	25	20	6	20	31	40
52000— 56000	27	40	6	80	34	20
56000— 60000	29	40	7	20	36	60
60000— 70000	31	60	7	80	39	40
70000— 80000	36	80	9	20	46	—
80000— 90000	42	—	10	40	52	40
90000—100000	47	40	11	80	59	20
100000—110000	52	60	13	—	65	60
110000—120000	57	80	14	40	72	20
120000—130000	63	20	15	80	79	—
130000—140000	68	40	17	—	85	40

Vermögen	Steuersätze gemäß § 19 Abs. 1 d. Ges.	25 % Zuschlag abgerundet		Jahresbetrag d. zu erhebenden Steuer	
		M	*Pf*	*M*	*Pf*
von	3	—	60	3	60
6000 *M*	4	1	—	5	—
bis	7	1	60	8	60
32 000 *M*	10	2	40	12	40
	14	3	40	17	40

Vermögenstufe von ℳ bis ℳ	Steuersatz		25 % Zuschlag abgerundet		Jahresbetrag der zu erhebenden Steuer	
	ℳ	₰	ℳ	₰	ℳ	₰
140000—150000	73	60	18	40	92	—
150000—160000	78	80	19	60	98	40
160000—170000	84	20	21	—	105	20
170000—180000	89	40	22	20	111	60
180000—190000	94	60	23	60	118	20
190000—200000	100	—	25	—	125	—
200000—220000	105	20	26	20	131	40
220000—240000	115	80	28	80	144	60
240000—260000	126	20	31	40	157	60
260000—280000	136	80	34	20	171	—
280000—300000	147	20	36	80	184	—
300000—320000	157	80	39	40	197	20
320000—340000	168	40	42	—	210	40
340000—360000	178	80	44	60	223	40
360000—380000	189	40	47	20	236	60
380000—400000	199	80	49	80	249	60
400000—420000	210	40	52	60	263	—
420000—440000	221	—	55	20	276	20
440000—460000	231	40	57	80	289	20
460000—480000	242	—	60	40	302	40
480000—500000	252	40	63	—	315	40
500000—520000	263	—	65	60	328	60
520000—540000	273	60	68	40	342	—
540000—560000	284	—	71	—	355	—
560000—580000	294	60	73	60	368	20
580000—600000	305	—	76	20	381	20
600000—620000	315	60	78	80	394	40
620000—640000	326	20	81	40	407	60
640000—660000	336	60	84	—	420	60
660000—680000	347	20	86	80	434	—
680000—700000	357	60	89	40	447	—
700000—720000	368	20	92	—	460	20
720000—740000	378	80	94	60	473	40

Vermögenstufe von ℳ bis ℳ	Steuersatz		25 % Zuschlag abgerundet		Jahresbetrag der zu erhebenden Steuer	
	ℳ	₰	ℳ	₰	ℳ	₰
740000—760000	389	20	97	20	486	40
760000—780000	399	80	99	80	499	60
780000—800000	410	20	102	40	512	60
800000—820000	420	80	105	20	526	—
820000—840000	431	40	107	80	539	20
840000—860000	441	80	110	40	552	20
860000—880000	452	40	113	—	565	40
880000—900000	462	80	115	60	578	40
900000—920000	473	40	118	20	591	60
920000—940000	484	—	121	—	605	—
940000—960000	494	40	123	60	618	—
960000—980000	505	—	126	20	631	20
980000—1000000	515	40	128	80	644	20
1000000—1020000	526	—	131	40	657	40
1020000—1040000	536	60	134	—	670	60
1040000—1060000	547	—	136	60	683	60
1060000—1080000	557	60	139	40	697	—
1080000—1100000	568	—	142	—	710	—
1100000—1120000	578	60	144	60	723	20
1120000—1140000	589	20	147	20	736	40
1140000—1160000	599	60	149	80	749	40
1160000—1180000	610	20	152	40	762	60
1180000—1200000	620	60	155	—	775	60
1200000—1220000	631	20	157	80	789	—
1220000—1240000	641	80	160	40	802	20
1240000—1260000	652	20	163	—	815	20
1260000—1280000	662	80	165	60	828	40
1280000—1300000	673	20	168	20	841	40
1300000—1320000	683	80	170	80	854	60
1320000—1340000	694	40	173	60	868	—
1340000—1360000	704	80	176	20	881	—
1360000—1380000	715	40	178	80	894	20
1380000—1400000	725	80	181	40	907	20

Vermögenstufe von ℳ bis ℳ	Steuersatz ℳ	Steuersatz ₰	25 % Zuschlag abgerundet ℳ	25 % Zuschlag abgerundet ₰	Jahresbetrag der zu erhebenden Steuer ℳ	Jahresbetrag der zu erhebenden Steuer ₰
1 400 000—1 420 000	736	40	184	—	920	40
1 420 000—1 440 000	747	—	186	60	933	60
1 440 000—1 460 000	757	40	189	20	946	60
1 460 000—1 480 000	768	—	192	—	960	—
1 480 000—1 500 000	778	40	194	60	973	—
1 500 000—1 520 000	789	—	197	20	986	20
usw. um je 20 000 ℳ steigend	für je 20 000 ℳ um je 10,52 ℳ mit der Maßgabe steigend, daß jeder überschießende, nicht durch 20 teilbare Pfennigbetrag, sofern er mehr als 10 ₰ beträgt, auf den nächst höheren, sofern er 10 ₰ und weniger beträgt, auf den nächst niederen, in dieser Weise teilbaren Betrag abzurunden ist. (Demnach sind z. B. 44 und 48 ₰ auf 40 ₰, 90 ₰ auf 80 ₰, 52 und 56 ₰ auf 60 ₰ abzurunden.)		Der für jeden Steuersatz zu berechnende Zuschlag ist auf den nächsten durch 20 teilbaren Pfennigbetrag nach unten abzurunden.			

Anhang III.

Staatsvertrag mit Österreich vom 21. Juni 1899 wegen Beseitigung von Doppelbesteuerungen.

Seine Majestät der Deutsche Kaiser, König von Preußen
und
Seine Majestät der Kaiser von Österreich, König von Böhmen usw. und Apostolischer König von Ungarn
geleitet von dem Wunsche, Doppelbesteuerungen zu beseitigen, welche sich aus der Anwendung der für das Königreich Preußen, beziehungsweise für die im Reichsrate vertretenen Königreiche und Länder geltenden Steuergesetze ergeben könnten, haben beschlossen, zu diesem Behufe eine Konvention zu schließen und zu ihren Bevollmächtigten ernannt:

usw.

welche, nachdem sie ihre in guter und gehöriger Form befundenen Vollmachten sich mitgeteilt, über folgendes übereingekommen sind:

Artikel 1. Preußische, beziehungsweise österreichische Staatsangehörige sollen vorbehaltlich der Bestimmungen in den Artikeln 2 bis 4 zu den direkten Staatssteuern nur in dem Staate herangezogen werden, in welchem sie ihren Wohnsitz haben, in Ermangelung eines solchen nur in dem Staate, in welchem sie sich aufhalten.

Preußische, beziehungsweise österreichische Staatsangehörige, welche in beiden Staaten einen Wohnsitz haben, sollen nur in ihrem Heimatsstaate zu den direkten Staatssteuern herangezogen werden.

Ein Wohnsitz im Sinne dieser Vereinbarung ist an dem Orte anzunehmen, an welchem jemand eine Wohnung unter Umständen inne hat, welche auf die Absicht der dauernden Beibehaltung einer solchen schließen lassen[1]).

Artikel 2. Der Grund- und Gebäudebesitz und der Betrieb eines stehenden Gewerbes, sowie das aus diesen Quellen herrührende Einkommen sollen nur in demjenigen Staate zu den direkten Staatssteuern herangezogen werden, in welchem der Grund- oder Gebäudebesitz liegt, oder eine Betriebsstätte zur Ausübung des Gewerbes unterhalten wird[2]). Als Betriebsstätten gelten Zweigniederlassungen, Fabrikationsstätten, Niederlagen, Kontore, Ein- oder Verkaufsstellen und sonstige Geschäftseinrichtungen zur Ausübung des stehenden Gewerbes durch den Unternehmer selbst, Geschäftsteilhaber, Prokuristen oder andere ständige Vertreter.

Befinden sich Betriebsstätten desselben gewerblichen Unternehmens in beiden Gebieten, so soll die Heranziehung zu den direkten Staatssteuern in jedem Gebiete nur nach Maßgabe des von den inländischen Betriebsstätten aus stattfindenden Betriebes erfolgen.

Hinsichtlich der steuerlichen Behandlung von Hypothekarforderungen und des Einkommens aus solchen bleibt es bei der uneingeschränkten Anwendung der in Preußen,

---

[1]) Diese Begriffsbestimmung ist dieselbe wie im § 1 Abs. 2 des Doppelsteuergesetzes vom 22. März 1909, welche auch nach § 1 EinkStGes. Geltung hat. Hinsichtlich ihrer Auslegung vgl. die Anm. 4 C zu § 2 d. Ges. OVG. XIV, 4.

[2]) Vgl. Anm. 11 zu § 2 d. Ges.

beziehungsweise in Österreich bestehenden gesetzlichen Bestimmungen.

Artikel 3. Sofern im Sinne des österreichischen Gesetzes vom 25. Oktober 1896, RGBl. Nr. 220, die Besteuerung von Zinsen und Rentenbezügen im Abzugswege zu erfolgen hat, wird dieselbe uneingeschränkt zur Ausübung kommen.

Hierdurch soll jedoch das der preußischen Finanzverwaltung nach den preußischen Gesetzen zustehende Besteuerungsrecht in keiner Weise berührt werden.

Artikel 4. Aus einer Staatskasse (Kronkasse, Hofkasse) zahlbare Besoldungen, Pensionen, Wartegelder sollen nur in dem Staate, der die Zahlung zu leisten hat, zu den direkten Staatssteuern herangezogen werden.

Artikel 5. Zwischen den vertragschließenden Teilen besteht Einverständnis darüber, daß die auf Grund des preußischen Gesetzes vom 14. Juli 1893 zu entrichtende Ergänzungssteuer im Sinne des § 9 Abs. 2 und des § 127 Abs. 1 des österreichischen Gesetzes, betreffend die direkten Personalsteuern vom 25. Oktober 1896 als eine der allgemeinen Erwerbsteuer gleichartige, beziehungsweise als eine spezielle direkte Besteuerung anzusehen ist.

Artikel 6. Die Bestimmungen im Artikel 19 des Handels- und Zollvertrags vom 6. Dezember 1891 bleiben unberührt.

Artikel 7. Über die zur tunlichsten Beseitigung der Doppelbesteuerung solcher Personen, welche sowohl preußische als österreichische Staatsangehörige sind und zugleich in beiden Gebieten ihren Wohnsitz haben, etwa noch erforderlichen besonderen Bestimmungen, werden die vertragschließenden Teile sich vorkommendenfalls ins Einvernehmen setzen und der Vereinbarung entsprechende Anordnungen treffen.

Artikel 8. Falls die Kündigung dieses Vertrages, zu welcher jeder der beiden vertragschließenden Teile berechtigt ist, vor dem 1. Oktober eines Jahres erfolgt, verliert derselbe bereits für das dem Kalenderjahre der Kündigung nächstfolgende Steuerjahr seine bindende Kraft.

Findet die Kündigung nach dem genannten Zeitpunkte statt, so soll der Vertrag erst vom zweitfolgenden Steuerjahre angefangen als aufgelöst gelten.

Artikel 9. Gegenwärtiger Vertrag soll beiderseits zur Allerhöchsten Genehmigung vorgelegt und die Auswechslung der darüber auszufertigenden Ratifikationsurkunden sobald als möglich in Berlin bewirkt werden.

Zur Beglaubigung dessen haben die beiderseitigen Bevollmächtigten die gegenwärtige Übereinkunft in zwei Ausfertigungen unter Beifügung ihrer Siegel eigenhändig unterzeichnet.

Berlin, am 21. Juni 1899.

Schlußprotokoll.

Bei der Unterzeichnung des am heutigen Tage zwischen Preußen und Österreich-Ungarn abgeschlossenen Staatsvertrages zur Vermeidung von Doppelbesteuerungen, welche sich aus der Anwendung der für das Königreich Preußen bzw. für die im Reichsrate vertretenen Königreiche und Länder geltenden Steuergesetze ergeben könnten, haben die unterzeichneten Bevollmächtigten folgende Erklärungen abgegeben, welche einen integrierenden Teil des Vertrages selbst bilden sollen:

I. Die vertragschließenden Teile sind darüber einverstanden, daß die im ersten Satze des Artikels 1 des Vertrages enthaltenen Worte „vorbehaltlich der Bestimmungen in den Artikeln 2—4" auch auf die im zweiten Satze dieses Artikels besprochenen Fälle Anwendung zu finden haben.

II. Es wird der übereinstimmenden Anschauung der beiden vertragschließenden Teile Ausdruck gegeben, daß die Bestimmungen des Artikels 2 des gegenwärtigen Staatsvertrages bezwecken, einem jeden der vertragschließenden Teile die Besteuerung des in dem eigenen Staatsgebiete belegenen Grund- und Gebäudebesitzes, sowie des inländischen Gewerbebetriebes ohne Rücksicht auf die Staatsangehörigkeit oder den Wohnsitz der betreffenden Steuerpflichtigen ausschließlich vorzubehalten.

III. Ferner sind die vertragschließenden Teile darüber einverstanden, daß die Bestimmungen dieses Übereinkommens für Preußen vom 1. April 1898, für Österreich vom 1. Januar 1898 ab in Wirksamkeit gesetzt werden sollen.

IV. Es besteht Einverständnis darüber, daß unbeschadet des Vorbehaltes im Artikel 6 mit dem Inkrafttreten des gegenwärtigen Staatsvertrages die früheren Vereinbarungen über die steuerliche Behandlung von beiderseitigen Beamten außer Geltung treten.

Das gegenwärtige Protokoll, welches durch den Austausch der Ratifikationen des Vertrages, auf welchen es sich bezieht, als von den vertragschließenden Teilen gebilligt und genehmigt anzusehen ist, wurde in doppelter Ausfertigung zu Berlin am 21. Juni 1899 vollzogen.

Allgemeine Vorschriften

zur

Ausführung des Vertrages mit Österreich

vom 21. Juni 1899

wegen Beseitigung von Doppelbesteuerungen.

I. Durch die Bestimmungen des Vertrages vom 21. Juni 1899 zur Beseitigung von Doppelbesteuerungen, welche sich aus der Anwendung der für des Königreich Preußen bzw. für die im Reichsrate vertretenen Königreiche und Länder[1]) geltenden Steuergesetze ergeben könnten, wird das Einkommen-, zum Teil auch das Ergänzungssteuergesetz in folgenden Punkten abgeändert:

1. Preußische Staatsangehörige, welche, ohne einen Wohnsitz in Preußen zu haben, in Österreich wohnen oder sich aufhalten, sind fortan von der Einkommensteuer und von der Ergänzungssteuer in Preußen freizulassen, soweit ihre Heranziehung nicht durch die Vorschriften § 2 des Einkommensteuergesetzes oder § 2 II des Ergänzungssteuergesetzes begründet ist.

   Die für das Erlöschen der Steuerpflicht sonst geltende Voraussetzung eines mindestens zweijährigen dauernden Aufenthaltes im Auslande (§ 1 Nr. 1 c

---

[1]) Nämlich: Nieder-Österreich, Ober-Österreich, Salzburg, Tirol, Vorarlberg, Steiermark, Kärnten, Krain, Triest, Istrien, Görz und Gradisca, Dalmatien, Böhmen, Mähren, Österr.-Schlesien, Galizien, Bukowina. (Der Vertrag findet keine Anwendung auf Ungarn. OVG. XV, 14.)

Unter der Bezeichnung „Österreich" im Sinne dieser Verfügung ist die Gesamtheit der genannten Länder zu verstehen.

des Einkommensteuergesetzes) fällt mit Bezug auf Österreich fort.

2. Österreichische Staatsangehörige, welche in Österreich einen Wohnsitz haben, bleiben — soweit ihre Steuerpflicht in Preußen nicht etwa durch die Vorschriften § 2 des Einkommensteuergesetzes oder § 2 II des Ergänzungssteuergesetzes begründet ist — von der Einkommen- und von der Ergänzungssteuer in Preußen frei, auch wenn sie einen zweiten Wohnsitz in Preußen haben oder sich in Preußen des Erwerbes wegen oder länger als ein Jahr aufhalten.

3. Das Einkommen aus dem in Österreich belegenen Grundbesitz und aus den daselbst betriebenen Gewerben bleibt fortan nicht nur im Falle des § 6 Nr. 2 (jetzt § 5 Nr. 2) des Einkommensteuergesetzes, sondern ohne Rücksicht auf Staatsangehörigkeit, Wohnsitz und Aufenthalt des Steuerpflichtigen von der Einkommensteuer in Preußen allgemein befreit.

Die Heranziehung des österreichischen Grundbesitzes und Gewerbebetriebs zur Ergänzungssteuer ist schon nach den bisher geltenden Vorschriften (§ 4 II des Ergänzungssteuergesetzes) ausgeschlossen gewesen.

Befinden sich Betriebsstätten desselben gewerblichen Unternehmens auf preußischem und österreichischem Gebiete, so erfolgt die Heranziehung zu den Steuern in Preußen nur nach Maßgabe des von der inländischen Betriebsstätte aus stattfindenden Betriebes.

Für die Entscheidung der Frage, ob im Einzelfalle eine die Steuerpflicht begründende Betriebsstätte in Preußen anzunehmen ist, sind die in der Verfügung vom 3. Mai 1899 II 3919 angegebenen Grundsätze maßgebend[1]).

4. Die Bestimmungen zu 3 finden bei der Heranziehung der nichtphysischen Personen zur Einkommensteuer entsprechende Anwendung.

5. Ohne Rücksicht auf Staatsangehörigkeit, Wohnsitz und Aufenthalt des Bezugsberechtigten bleiben von der Besteuerung in Preußen fortan ausgeschlossen: Besoldungen, Pensionen und Wartegelder, welche aus einer Österreichischen Staatskasse (Kronkasse, Hofkasse) gezahlt werden.

II. Auf Grund des Vorbehaltes im Artikel 2 Abs. 3 und Artikel 3 des Vertrages vom 21. Juni 1899 wird auch ferner das Einkommen aus den auf österreichischem Grundbesitz haftenden Hypothekenforderungen ohne Rücksicht auf Staatsangehörigkeit, Wohnsitz und Aufenthalt des Gläubigers zu den österreichischen Staatssteuern herangezogen, und in gleicher Weise die Rentensteuer ohne Einschränkung erhoben, soweit ihre Erhebung von gewissen Zinsen und Renten gemäß § 133 des österreichischen Gesetzes vom 25. Oktober 1896 im Wege des Abzuges zu erfolgen hat.

Das preußische Besteuerungsrecht wird indessen durch diese Vorbehalte nicht berührt.

Preußische oder österreichische Staatsangehörige, die auf Grund der preußischen Gesetze und gemäß Artikel I des Vertrages vom 21. Juni 1899 der persönlichen Steuerpflicht in Preußen unterliegen, aber von Bezügen

---

[1]) Siehe Anm. 7 und 7a zu Art. 2 d. EinkA. und Anm. 11 zu § 2 d. Ges.

der im Abs. I bezeichneten Art Abgaben nach Österreich zu entrichten haben, werden daher insoweit auch künftig eine Doppelbesteuerung nicht von sich abwehren können.

Berlin, den 21. April 1900.

Der Finanzminister

von Miquel.

Allgemeine Verfügung

zur

Ausführung der Vereinbarung mit Luxemburg

vom 10. August 1909.

wegen Beseitigung von Doppelbesteuerungen.

I. Durch die Bestimmungen der Vereinbarung vom 10. August 1909 zur Beseitigung von Doppelbesteuerungen, welche sich aus der Anwendung der für das Königreich Preußen bzw. für das Großherzogtum Luxemburg geltenden Steuergesetze ergeben könnten, wird das Einkommen-, zum Teil auch das Ergänzungssteuergesetz in folgenden Punkten abgeändert:

1. Preußische Staatsangehörige, welche, ohne einen Wohnsitz in Preußen zu haben, in Luxemburg wohnen oder sich aufhalten, sind fortan von der Einkommensteuer und von der Ergänzungssteuer in Preußen freizulassen, soweit ihre Heranziehung nicht durch die Vorschriften in § 2 des Einkommensteuergesetzes oder § 2 II des Ergänzungssteuergesetzes begründet ist.

Die für das Erlöschen der Steuerpflicht sonst geltende Voraussetzung eines mindestens zweijährigen dauernden

Aufenthaltes im Auslande (§ 1 Nr. I c des Einkommensteuergesetzes) fällt mit Bezug auf Luxemburg fort.

2. Luxemburgische Staatsangehörige, welche in Luxemburg einen Wohnsitz haben, bleiben, — soweit ihre Steuerpflicht in Preußen nicht etwa durch die Vorschriften in § 2 des Einkommensteuergesetzes oder § 2 II des Ergänzungssteuergesetzes begründet ist — von der Einkommen- und von der Ergänzungssteuer in Preußen frei, auch wenn sie einen zweiten Wohnsitz in Preußen haben oder sich in Preußen des Erwerbs wegen oder länger als ein Jahr aufhalten.

3. Das Einkommen aus dem in Luxemburg belegenen Grund- und Gebäudebesitz und aus den daselbst betriebenen Gewerben bleibt fortan nicht nur im Falle des § 5 Nr. 2 des Einkommensteuergesetzes, sondern ohne Rücksicht auf Staatsangehörigkeit, Wohnsitz und Aufenthalt des Steuerpflichtigen von der Einkommensteuer in Preußen allgemein befreit.

Ein Gewerbe ist als in Luxemburg betrieben anzusehen, wenn die Betriebsstätte zur Ausübung des Gewerbes in Luxemburg unterhalten wird.

Befinden sich Betriebsstätten desselben gewerblichen Unternehmens auf Preußischem und Luxemburgischem Gebiete, so erfolgt die Heranziehung zu den Steuern in Preußen nur nach Maßgabe des von der preußischen Betriebsstätte aus stattfindenden Betriebes (Artikel 17 I Absatz 4, 5 der Anweisung zur Ausführung des Einkommensteuergesetzes vom 25. Juli 1906, Artikel 12 Nr. 4 der Anweisung zur Ausführung des Ergänzungssteuergesetzes vom 25. Juli 1906).

Für die Entscheidung der Frage, ob im Einzelfalle eine die Steuerpflicht begründende Betriebsstätte in

Preußen anzunehmen ist, wird auf Artikel 2 Absatz 2, letzter Satz der Vereinbarung, auf Anmerkung 7a zu Artikel 2 der Ausführungsanweisung vom 1. Juli 1909 und auf die in der Verfügung vom 3. Mai 1899 II 3919 angegebenen Grundsätze verwiesen. (Siehe Anm. 5c zu § 2 d. Ges.)

4. Die Bestimmungen zu 3 finden bei dei Heranziehung der nichtphysischen Personen zur Einkommensteuer entsprechende Anwendung (Artikel 28 Nr. 7, 8 der Anweisung vom 25. Juli 1906).

5. Die Heranziehung des Luxemburgischen Grundbesitzes und Gewerbebetriebes zur Ergänzungssteuer ist schon nach den bisher geltenden Vorschriften (§ 4 II des Ergänzungssteuergesetzes) ausgeschlossen gewesen.

6. Ohne Rücksicht auf Staatsangehörigkeit, Wohnsitz und Aufenthalt des Bezugsberechtigten bleiben von der Besteuerung in Preußen fortan ausgeschlossen: Besoldungen, Pensionen und Wartegelder, welche aus einer Luxemburgischen Staatskasse (Kronkasse, Hofkasse) gezahlt werden.

7. Tantiemen oder ähnliche Bezüge, welche in Preußen wohnhafte Mitglieder des Aufsichtsrates von Aktiengesellschaften oder Kommanditgesellschaften auf Aktien, die in Luxemburg ihren Sitz haben, in dieser Eigenschaft erhalten, dürfen nur mit der Hälfte des gezahlten Betrages zur Preußischen Einkommensteuer herangezogen werden.

Bei Aktiengesellschaften oder Kommanditgesellschaften auf Aktien, die ihren Sitz in Preußen und eine oder mehrere Zweigniederlassungen in Luxemburg haben, ist der aus dem Betriebe der Luxemburgischen Zweigniederlassungen erzielte besondere Gewinn zu ermitteln und es ist nach dem Verhältnis dieses Gewinnanteils zu dem Reingewinne des gesamten Unternehmens zu bestimmen, welcher Teilbetrag der Tantiemen, die in Preußen wohnhafte Mitglieder des Aufsichtsrats beziehen, auf den Betrieb der Luxemburgischen Zweigniederlassungen entfällt. Von diesem auf die Luxemburgischen Zweigniederlassungen entfallenden Teilbetrag der Tantiemen darf in Preußen nur die Hälfte zur Einkommensteuer herangezogen werden.

II. Auf Grund der Vorbehalte im Artikel 6 der Vereinbarung vom 10. August 1909 und unter III des Schlußprotokolls von demselben Tage wird nicht nur die im Artikel 2 Absatz 5 des Luxemburgischen Gesetzes vom 9. Februar 1891 über die Mobiliar- und Personalsteuer vorgesehene Couponsteuer uneingeschränkt zur Ausübung kommen, sondern es wird überhaupt, soweit im Sinne des genannten Gesetzes oder anderer in Luxemburg zu erlassender Gesetze die staatliche oder kommunale Besteuerung von Zinsen und Renten im Abzugswege zu erfolgen hat, diese Besteuerung ohne Einschränkung stattfinden.

Unberührt durch die Vereinbarung bleibt ferner die nach den Luxemburgischen Gesetzen geschuldete Patentsteuer zur Ausübung des Hausierhandels, des Viehhandels oder der Wandergewerbe.

Das Preußische Besteuerungsrecht wird jedoch durch diese Vorbehalte nicht berührt.

Preußische oder Luxemburgische Staatsangehörige, die auf Grund der Preußischen Gesetze und gemäß Artikel 1 der Vereinbarung vom 10. August 1909 der persönlichen Steuerpflicht in Preußen unterliegen, aber auf Grund der Vorbehalte im Absatz 1 Abgaben nach Luxemburg zu entrichten haben, werden daher insoweit auch künftig eine Doppelbesteuerung nicht von sich abwehren können.

Berlin, den 17. September 1909.

Der Finanzminister.
Frhr. v. Rheinbaben.

Der Königlich Preußische Finanzminister
und
der Großherzoglich Luxemburgische Generaldirektor der Finanzen, letzterer auf Grund der ihm durch Artikel 2 des Luxemburgischen Gesetzes vom 25. Juli 1909, betreffend die Doppelbesteuerungen, erteilten Ermächtigung,

geleitet von dem Wunsche, Doppelbesteuerungen zu beseitigen, die sich aus der Anwendung der für das Königreich Preußen bzw. für das Großherzogtum Luxemburg geltenden Steuergesetze ergeben könnten, haben beschlossen, zu diesem Behufe eine Vereinbarung zu treffen, und sind über folgendes übereingekommen:

Artikel 1. Preußische bzw. Luxemburgische Staatsangehörige sollen, vorbehaltlich der Bestimmungen in den Artikeln 2—5, zu den direkten Staatssteuern nur in dem Staate herangezogen werden, in welchem sie ihren Wohnsitz haben, in Ermangelung eines solchen nur in dem Staate, in welchem sie sich aufhalten.

Preußische bzw. Luxemburgische Staatsangehörige, welche in beiden Staaten einen Wohnsitz haben, sollen, gleichfalls vorbehaltlich der Bestimmungen in den Artikeln 2—5, nur in ihrem Heimatsstaate zu den direkten Staatssteuern herangezogen werden.

Ein Wohnsitz im Sinne dieser Vereinbarung ist an dem Orte anzunehmen, an welchem jemand eine Wohnung unter Umständen inne hat, die auf die Absicht der dauernden Beibehaltung einer solchen schließen lassen.

Artikel 2. Einem jeden der vertragschließenden Teile soll die Besteuerung des in dem eigenen Staatsgebiete belegenen Grund- und Gebäudebesitzes, sowie des inländischen Gewerbebetriebes ohne Rücksicht auf die Staatsangehörigkeit oder den Wohnsitz der betreffenden Steuerpflichtigen ausschließlich vorbehalten bleiben.

Zu diesem Behufe sollen der Grund- und Gebäudebesitz und der Betrieb eines stehenden Gewerbes, sowie das aus diesen Quellen herrührende Einkommen nur in demjenigen Staate zu den direkten Staatssteuern herangezogen werden, in welchem der Grund- oder Gebäudebesitz liegt, oder eine Betriebsstätte zur Ausübung des Gewerbes unterhalten wird. Als Betriebsstätten gelten Zweigniederlassungen, Fabrikationsstätten, Niederlagen, Kontore, Ein- oder Verkaufsstellen und sonstige Geschäftseinrichtungen zur Ausübung des stehenden Gewerbes durch den Unternehmer selbst, Geschäftsteilhaber, Prokuristen oder andere ständige Vertreter.

Befinden sich Betriebsstätten desselben gewerblichen Unternehmens in beiden Gebieten, so soll die Heranziehung zu den direkten Staatssteuern in jedem Gebiete nur nach Maßgabe des von den inländischen Betriebsstätten aus stattfindenden Betriebes erfolgen.

Artikel 3. Aus einer Staatskasse (Kronkasse, Hofkasse) zahlbare Besoldungen, Pensionen, Wartegelder, sollen nur in dem Staate, der die Zahlung zu leisten hat, zu den direkten Staatssteuern herangezogen werden.

Artikel 4. Tantiemen oder ähnliche Bezüge, welche in Preußen wohnhafte Mitglieder des Aufsichtsrats von Aktiengesellschaften oder Kommanditgesellschaften auf Aktien, die in Preußen domiziliert sind, in dieser Eigenschaft erhalten, werden von jedem der beiden Staaten nur je mit der Hälfte des gezahlten Betrages zur Besteuerung herangezogen.

Bei Aktiengesellschaften oder Kommanditgesellschaften auf Aktien, die in Luxemburg domiziliert sind und eine oder mehrere Zweigniederlassungen in Luxemburg haben, ist der aus dem Betriebe der Luxemburgischen Zweigniederlassungen erzielte besondere Gewinn zu ermitteln und es ist nach dem Verhältnis dieses Gewinnanteils zu dem Reingewinn des gesamten Unternehmens zu bestimmen, welcher Teilbetrag der Tantiemen, die in Preußen wohnhafte Mitglieder des Aufsichtsrates beziehen, auf den Betrieb der Luxemburgischen Zweigniederlassungen entfällt.

Die Hälfte des auf diese Weise ermittelten Teilbetrages der Tantiemen bleibt der Besteuerung durch Luxemburg vorbehalten.

Artikel 5. Über die zur tunlichsten Beseitigung der Doppelbesteuerung solcher Personen, die sowohl preußische als luxemburgische Staatsangehörige sind und zugleich in beiden Gebieten ihren Wohnsitz haben, etwa noch erforderlichen besonderen Bestimmungen werden die vertragschließenden Teile sich vorkommendenfalls ins Einvernehmen setzen und der Vereinbarung entsprechende Anordnungen treffen.

Artikel 6. Die im Artikel 2 Absatz 5 des Luxemburgischen Gesetzes vom 9. Februar 1891 über die Mobiliar- und Personalsteuer vorgesehene Couponsteuer wird uneingeschränkt zur Ausübung kommen.

Unberührt durch gegenwärtige Vereinbarung bleibt ferner die nach den Luxemburgischen Gesetzen geschuldete Patentsteuer zur Ausübung des Hausierhandels, des Viehhandels oder der Wandergewerbe.

Durch beide Vorbehalte (Absatz 1 und 2) soll jedoch das der preußischen Finanzverwaltung nach den preußischen Gesetzen zustehende Besteuerungsrecht in keiner Weise berührt werden.

Artikel 7. Falls die Kündigung dieser Vereinbarung, zu welcher jeder der beiden vertragschließenden Teile berechtigt ist, vor dem 1. Oktober eines Jahres erfolgt, verliert dieselbe bereits für das dem Kalenderjahre der Kündigung nächstfolgende Steuerjahr seine bindende Kraft.

Findet die Kündigung nach dem genannten Zeitpunkte statt, so soll die Vereinbarung erst vom zweitfolgenden Steuerjahre ab als aufgelöst gelten.

Artikel 8. Gegenwärtige Vereinbarung ist von den beiden vertragschließenden Teilen in zwei Ausfertigungen unter Beidrückung ihrer Siegel eigenhändig unterzeichnet.

Berlin, den 10. August 1909.

Der Königlich Preußische Finanzminister	Der Großherzoglich Luxemburgische Generaldirektor der Finanzen.
Im Auftrage.	
(L. S.) Wallach.	(L. S.) Mongenast.

Schlußprotokoll.

Bei der Unterzeichnung der am heutigen Tage zwischen dem Königlich Preußischen Finanzminister und dem Großherzoglich Luxemburgischen Generaldirektor der Finanzen abgeschlossenen Vereinbarung zur Vermeidung von Doppelbesteuerungen haben die Unterzeichneten folgende Erklärungen abgegeben, die einen integrierenden Teil der Vereinbarungen selbst bilden sollen:

I. Die die Vereinbarung schließenden Teile sind darüber einverstanden, daß das aus einem stehenden Gewerbe herrührende Einkommen (Artikel 2 der Vereinbarung) das gesamte Einkommen aus dem Gewerbe, mithin auch das Einkommen aus dem in demselben werbenden Geschäftskapital, umfaßt.

II. Es entspricht gleicherweise der übereinstimmenden Anschauung beider Teile, daß Einkommen aus verzinslichen Kapitalanlagen — z. B. Zinsen von Hypothekenforderungen, Dividenden, Zinsen und sonstige Gewinnanteile von Bank- oder anderen Aktiengesellschaften u. dgl. —, welches preußischen Staatsangehörigen oder Gesellschaften in Luxemburg oder luxemburgischen Staatsangehörigen oder Gesellschaften in Preußen zusteht, auf Grund des Artikel I der Vereinbarung in demjenigen Staate steuerpflichtig ist, in dem der Gläubiger wohnt oder sich aufhält.

Mit der Bezeichnung „Gläubiger" ist, soweit es sich um Aktiengesellschaften oder Kommanditgesellschaften auf Aktien handelt, nur die Gesellschaft als solche, als juristische Person, nicht aber der einzelne Aktionär gemeint.

III. Soweit im Sinne des Luxemburgischen Gesetzes vom 9. Febr. 1891 oder anderer im Großherzogtum

Luxemburg zu erlassender Gesetze die staatliche oder kommunale Besteuerung von Zinsen und Renten im Abzugswege, z. B. durch Couponsteuern, zu erfolgen hat, wird dieselbe uneingeschränkt zur Ausübung kommen. Hierdurch wird jedoch das der preußischen Finanzverwaltung nach den preußischen Gesetzen zustehende Besteuerungsrecht in keiner Weise berührt werden.

IV. Die Unterzeichneten sind dahin übereingekommen, daß die Bestimmungen der heute abgeschlossenen Vereinbarung für Preußen vom 1. April 1910, für Luxemburg vom 1. Januar 1910 ab in Wirksamkeit gesetzt werden sollen, mit Ausnahme der im Hinblick auf die schwebenden Vertragsverhandlungen gestundeten Steuerbeträge, in Betracht deren die Vereinbarung rückwirkende Kraft vom 1. April 1907 ab haben soll.

Das gegenwärtige Protokoll ist in doppelter Ausfertigung zu

Berlin am 10. August 1909

vollzogen.

Der Königl. Preußische Finanzminister. Im Auftrage.	Der Großherzogl. Luxemburgische Generaldirektor der Finanzen.
(L. S.) Wallach.	(L. S.) Mongenast.

Nachtrag zum Schlußprotokoll der am 10. August 1909 zur Vermeidung der Doppelbesteuerungen zwischen Preußen und Luxemburg getroffenen Vereinbarung vom 4. März / 26. April 1911.

Der Königlich Preußische Finanzminister und der Großherzoglich Luxemburgische Generaldirektor der Finanzen, letzterer auf Grund der ihm durch Artikel 2 des Luxemburgischen Gesetzes vom 25. Juli 1909, betreffend die Doppelbesteuerungen, erteilten Ermächtigung, geleitet von dem Wunsche die bei der Ausführung der Nr. II des Schlußprotokolls der am 10. August 1909 zur Vermeidung von Doppelbesteuerungen getroffenen Vereinbarung zutage getretenen Schwierigkeiten zu beseitigen, haben folgende Erklärungen abgegeben, die einen integrierenden Teil der Vereinbarung selbst bilden sollen:

„Ziffer II des Schlußprotokolls genannter Vereinbarung wird dahin ausgelegt, daß Gewinnanteile, welche luxemburgischen Staatsangehörigen oder in Luxemburg domizilierten Gesellschaften als Kommanditisten in Preußen domilizierter einfacher Kommanditgesellschaften zustehen, in einem jeden der beiden vertragschließenden Staaten je zur Hälfte steuerpflichtig sind.

Obige Bestimmung soll rückwirkende Kraft haben, und zwar für Preußen vom 1. April 1910 und für Luxemburg vom 1. Januar 1910 ab."

Vereinbarung zwischen dem Königlich Preußischen Finanzminister und dem Regierungsrat des Kantons Basel-Stadt wegen Beseitigung von Doppelbesteuerungen.

Zwischen dem Königlich Preußischen Finanzminister und dem Regierungsrat des Kantons Basel-Stadt wird folgendes vereinbart:

§ 1. Verlegen preußische Steuerpflichtige ihren Wohnsitz nach dem Kanton Basel-Stadt, ohne einen Wohnsitz in Preußen beizubehalten, so erlischt von dem Ersten des auf die Verlegung des Wohnsitzes folgenden Monats an ihre Staatssteuerpflicht in Preußen, soweit sie nicht nach § 2 in Preußen beschränkt steuerpflichtig bleiben.

Verlegen Steuerpflichtige des Kantons Basel-Stadt ihren Wohnsitz von diesem Kanton nach Preußen, so erlischt in gleicher Weise von dem Ersten des auf die Verlegung des Wohnsitzes folgenden Monats an ihre Staatssteuerpflicht im Kanton Basel-Stadt, soweit sie nicht nach § 2 in diesem Kanton beschränkt steuerpflichtig bleiben.

§ 2. Der Grund- und Gebäudebesitz und der Betrieb eines stehenden Gewerbes, sowie das aus diesen Quellen herrührende Einkommen sollen nur in demjenigen Staate zu den direkten Staatssteuern — (Einkommen- und Ergänzungs- bzw. Vermögenssteuern) herangezogen werden, in welchem der Grund- oder Gebäudebesitz liegt oder eine Betriebsstätte zur Ausübung des Gewerbes unterhalten wird.

Befinden sich Betriebsstätten desselben gewerblichen Unternehmens in beiden Gebieten, so soll die Heranziehung zu den direkten Staatssteuern in jedem Gebiete nur nach Maßgabe des von den inländischen Betriebsstätten aus stattfindenden Betriebs erfolgen. Dem Gewerbebetrieb und dem daraus fließenden Einkommen sind, soweit es sich um Steuerquellen handelt, die dem Kanton Basel-Stadt angehören, Geschäftsfonds und Kommanditanteile und das Einkommen daraus im Sinne der §§ 10 Nr. 1, 2 und § 17 Nr. 1, 3 des baselstädtischen Gesetzes, betreffend die direkten Steuern vom 14. Oktober 1897 gleich zu achten.

§ 3. Die Bestimmungen der Vereinbarung finden keine Anwendung auf Personen, die aus internationalen Rücksichten von der Besteuerung an ihrem Wohnsitze befreit sind.

§ 4. Vorstehendes Übereinkommen wird vom 1. April 1911 ab in Kraft gesetzt. Die Kündigung desselben steht beiden Teilen frei, muß aber, um für ein Steuerjahr Wirksamkeit zu erlangen, 6 Monate vor Beginn desselben erfolgen.

Berlin, den 20. Dez. 1910.
(L. S.)
Der Königlich Preußische
Finanzminister.
gez. Lentze.

Basel, den 28. Jan. 1911.
Im Namen des
Regierungsrates,
Der Präsident:
gez. A. Stoecklin.
Der Sekretär:
gez. Im Hof.
(L. S.)

Sachregister.

Die Zahlen bezeichnen die Seiten, die in Klammer stehenden Zahlen weisen auf die betreffenden Anmerkungen hin.

B.

D.

E.

F.

T.

U.

V.

W.

Z.

Druck von C. Schulze & Co., G. m. b. H., Gräfenhainichen.

Nachtrag

für die Ausgaben

des

Einkommensteuergesetzes

und

Ergänzungssteuergesetzes

in der Bearbeitung

von

Präsident **A. Fernow,**
Wirklicher Geheimer Oberfinanzrat und vortragender Rat
im Finanzministerium.

Nebst den Steuertarifen.

Berlin 1916.
J. Guttentag, Verlagsbuchhandlung.
G. m. b. H.

Gesetz, betreffend die Erhöhung der Zuschläge zur Einkommensteuer und zur Ergänzungssteuer.

Vom 8. Juli 1916.

(Pr.Ges. 1916 Nr. 20 S. 109—110.)

Wir Wilhelm, von Gottes Gnaden König von Preußen rc., verordnen, mit Zustimmung der beiden Häuser des Landtags der Monarchie, was folgt:

§ 1. Für die Zeit vom 1. April 1916 bis zum Beginne desjenigen Etatsjahrs, für das ein nach Abschluß des Friedens mit den europäischen Großmächten aufgestellter Staatshaushalt in Kraft tritt, jedoch nicht über das Etatsjahr 1917 hinaus, werden für die Einkommensteuerpflichtigen mit Einkommen von mehr als 2400 Mark und für die Ergänzungssteuerpflichtigen die nach § 8 des Gesetzes, betreffend die Bereitstellung von Mitteln zu Diensteinkommensverbesserungen, vom 26. Mai 1909 (Gesetzsamml. S. 85) zu erhebenden Steuerzuschläge, wie folgt, festgesetzt:

bei der Einkommensteuer: in den Einkommensteuerstufen:						für die Aktiengesellschaften, Kommanditgesellschaften auf Aktien und Bergwerkschaften auf:	für die sonstigen Steuerpflichtigen auf:
von	mehr	als	2400	bis	3000 M.	15	8
"	"	"	3000	"	3900 "	25	12
"	"	"	3900	"	5000 "	25	16
"	"	"	5000	"	6500 "	30	20
"	"	"	6500	"	8000 "	40	25
"	"	"	8000	"	9500 "	50	30
"	"	"	9500	"	12500 "	60	35
"	"	"	12500	"	15500 "	70	40
"	"	"	15500	"	18500 "	80	45
"	"	"	18500	"	21500 "	90	50
"	"	"	21500	"	24500 "	90	55
"	"	"	24500	"	27500 "	100	60
"	"	"	27500	"	30500 "	110	65
"	"	"	30500	"	48000 "	120	70
"	"	"	48000	"	60000 "	130	75
"	"	"	60000	"	70000 "	140	80
"	"	"	70000	"	80000 "	140	85
"	"	"	80000	"	90000 "	150	90
"	"	"	90000	"	100000 "	150	95
"	"	"	100000 M.			160	100

bei der Ergänzungssteuer: auf 50 Prozent der zu entrichtenden Steuer.

§ 2. Sollte am 1. April 1918 der Krieg (§ 1) noch fortdauern und bis dahin ein neues Gesetz über die

Erhebung von Zuschlägen zur Einkommensteuer und zur Ergänzungssteuer nicht zustande gekommen sein, so verlängert sich die Gültigkeit dieses Gesetzes um ein weiteres Etatsjahr.

§ 3. Während der Dauer der Erhebung der Zuschläge nach § 1 ist am Schlusse jedes Etatsjahrs aus dem Gesamtaufkommen an Einkommensteuer und an Ergänzungssteuer ein Betrag von 100 Millionen Mark zu entnehmen und zur Deckung der Fehlbeträge des Etatsjahrs 1914 und der nächstfolgenden Etatsjahre zu verwenden.

Urkundlich unter Unserer Höchsteigenhändigen Unterschrift und beigedrucktem Königlichen Insiegel.

Gegeben Großes Hauptquartier, den 8. Juli 1916.

(L. S.) Wilhelm.

v. Bethmann Hollweg. v. Breitenbach. Beseler. Sydow. v. Trott zu Solz. Lentze. v. Loebell. v. Jagow.

Anlage 1.

Einkommensteuertarif A

für physische Personen sowie eingetragene Genossenschaften, deren Geschäftsbetrieb über den Kreis ihrer Mitglieder hinausgeht, und Vereine, einschließlich eingetragener Genossenschaften, zum gemeinsamen Einkaufe von Lebens- oder hauswirtschaftlichen Bedürfnissen im großen und Ablaß im kleinen, auch wenn ihr Geschäftsbetrieb nicht über den Kreis ihrer Mitglieder hinausgeht.

Einkommenstufe von ℳ	bis ℳ	Steuersatz	Zuschlag %	Abgerundeter Betrag ℳ	₰	Jahresbetrag der zu erhebenden Steuer ℳ	₰
900	1 050	6	—	—	—	6	—
1 050	1 200	9	—	—	—	9	—
1 200	1 350	12	5	—	60	12	60
1 350	1 500	16	5	—	80	16	80
1 500	1 650	21	5	1	—	22	—
1 650	1 800	26	5	1	20	27	20
1 800	2 100	31	5	1	40	32	40
2 100	2 400	36	5	1	80	37	80
2 400	2 700	44	8	3	40	47	40
2 700	3 000	52	8	4	—	56	—
3 000	3 300	60	12	7	20	67	20
3 300	3 600	70	12	8	40	78	40
3 600	3 900	80	12	9	60	89	60
3 900	4 200	92	16	14	60	106	60
4 200	4 500	104	16	16	60	120	60
4 500	5 000	118	16	18	80	136	80
5 000	5 500	132	20	26	40	158	40
5 500	6 000	146	20	29	20	175	20
6 000	6 500	160	20	32	—	192	—
6 500	7 000	176	25	44	—	220	—

Einkommenstufe von ℳ	Einkommenstufe bis ℳ	Steuersatz	Zuschlag %	Zuschlag Abgerundeter Betrag ℳ	Zuschlag Abgerundeter Betrag ₰	Jahresbetrag der zu erhebenden Steuer ℳ	Jahresbetrag der zu erhebenden Steuer ₰
7 000	7 500	192	25	48	—	240	—
7 500	8 000	212	25	53	—	265	—
8 000	8 500	232	30	69	60	301	60
8 500	9 000	252	30	75	60	327	60
9 000	9 500	276	30	82	80	358	80
9 500	10 500	300	35	105	—	405	—
10 500	11 500	330	35	115	40	445	40
11 500	12 500	360	35	126	—	486	—
12 500	13 500	390	40	156	—	546	—
13 500	14 500	420	40	168	—	588	—
14 500	15 500	450	40	180	—	630	—
15 500	16 500	480	45	216	—	696	—
16 500	17 500	510	45	229	40	739	40
17 500	18 500	540	45	243	—	783	—
18 500	19 500	570	50	285	—	855	—
19 500	20 500	600	50	300	—	900	—
20 500	21 500	630	50	315	—	945	—
21 500	22 500	660	55	363	—	1 023	—
22 500	23 500	690	55	379	40	1 069	40
23 500	24 500	720	55	396	—	1 116	—
24 500	25 500	750	60	450	—	1 200	—
25 500	26 500	780	60	468	—	1 248	—
26 500	27 500	810	60	486	—	1 296	—
27 500	28 500	840	65	546	—	1 386	—
28 500	29 500	870	65	565	40	1 435	40
29 500	30 500	900	65	585	—	1 485	—
30 500	32 000	960	70	672	—	1 632	—
32 000	34 000	1 040	70	728	—	1 768	—
34 000	36 000	1 120	70	784	—	1 904	—
36 000	38 000	1 200	70	840	—	2 040	—
38 000	40 000	1 280	70	896	—	2 176	—
40 000	42 000	1 360	70	952	—	2 312	—

Einkommenstufe von ℳ	bis ℳ	Steuersatz	Zuschlag %	Abgerundeter Betrag ℳ	₰	Jahresbetrag der zu erhebenden Steuer ℳ	₰
42000—	44000	1440	70	1008	—	2448	—
44000—	46000	1520	70	1064	—	2584	—
46000—	48000	1600	70	1120	—	2720	—
48000—	50000	1680	75	1260	—	2940	—
50000—	52000	1760	75	1320	—	3080	—
52000—	54000	1840	75	1380	—	3220	—
54000—	56000	1920	75	1440	—	3360	—
56000—	58000	2000	75	1500	—	3500	—
58000—	60000	2080	75	1560	—	3640	—
60000—	62000	2160	80	1728	—	3888	—
62000—	64000	2240	80	1792	—	4032	—
64000—	66000	2320	80	1856	—	4176	—
66000—	68000	2400	80	1920	—	4320	—
68000—	70000	2480	80	1984	—	4464	—
70000—	72000	2560	85	2176	—	4736	—
72000—	74000	2640	85	2244	—	4884	—
74000—	76000	2720	85	2312	—	5032	—
76000—	78000	2800	85	2380	—	5180	—
78000—	80000	2900	85	2465	—	5365	—
80000—	82000	3000	90	2700	—	5700	—
82000—	84000	3100	90	2790	—	5890	—
84000—	86000	3200	90	2880	—	6080	—
86000—	88000	3300	90	2970	—	6270	—
88000—	90000	3400	90	3060	—	6460	—
90000—	92000	3500	95	3325	—	6825	—
92000—	94000	3600	95	3420	—	7020	—
94000—	96000	3700	95	3515	—	7215	—
96000—	98000	3800	95	3610	—	7410	—
98000—	100000	3900	95	3705	—	7605	—
100000—	105000	4000	100	4000	—	8000	—
105000—	110000	4200	100	4200	—	8400	—
110000—	115000	4400	100	4400	—	8800	—

Einkommenstufe von M	bis M	Steuersatz	Zuschlag %	Abgerundeter Betrag M	₰	Jahresbetrag der zu erhebenden Steuer M	₰
115000	120000	4600	100	4600	—	9200	—
120000	125000	4800	100	4800	—	9600	—
125000	130000	5000	100	5000	—	10000	—
130000	135000	5200	100	5200	—	10400	—
135000	140000	5400	100	5400	—	10800	—
140000	145000	5600	100	5600	—	11200	—
145000	150000	5800	100	5800	—	11600	—
150000	155000	6000	100	6000	—	12000	—
155000	160000	6200	100	6200	—	12400	—
160000	165000	6400	100	6400	—	12800	—
165000	170000	6600	100	6600	—	13200	—
170000	175000	6800	100	6800	—	13600	—
175000	180000	7000	100	7000	—	14000	—
180000	185000	7200	100	7200	—	14400	—
185000	190000	7400	100	7400	—	14800	—
190000	195000	7600	100	7600	—	15200	—
195000	200000	7800	100	7800	—	15600	—
um je 5000 M steigend		um je 200 M steigend		um je 200 M steigend		um je 400 M steigend	

Anlage 2.

Einkommensteuertarif B

für Aktiengesellschaften, Kommanditgesellschaften auf Aktien und Berggewerkschaften.

Einkommenstufe von M	Einkommenstufe bis M	Steuersatz	Zuschlag %	Zuschlag Abgerundeter Betrag M	Zuschlag Abgerundeter Betrag ₰	Jahresbetrag der zu erhebenden Steuer M	Jahresbetrag der zu erhebenden Steuer ₰
900—	1050	6	—	—	—	6	—
1050—	1200	9	—	—	—	9	—
1200—	1350	12	10	1	20	13	20
1350—	1500	16	10	1	60	17	60
1500—	1650	21	10	2	—	23	—
1650—	1800	26	10	2	60	28	60
1800—	2100	31	10	3	—	34	—
2100—	2400	36	10	3	60	39	60
2400—	2700	44	15	6	60	50	60
2700—	3000	52	15	7	80	59	80
3000—	3300	60	25	15	—	75	—
3300—	3600	70	25	17	40	87	40
3600—	3900	80	25	20	—	100	—
3900—	4200	92	25	23	—	115	—
4200—	4500	104	25	26	—	130	—
4500—	5000	118	25	29	40	147	40
5000—	5500	132	30	39	60	171	60
5500—	6000	146	30	43	80	189	80
6000—	6500	160	30	48	—	208	—
6500—	7000	176	40	70	40	246	40
7000—	7500	192	40	76	80	268	80
7500—	8000	212	40	84	80	296	80
8000—	8500	232	50	116	—	348	—
8500—	9000	252	50	126	—	378	—
9000—	9500	276	50	138	—	414	—
9500—	10500	300	60	180	—	480	—

Einkommenstufe von ℳ	bis ℳ	Steuersatz	Zuschlag %	Abgerundeter Betrag ℳ	₰	Jahresbetrag der zu erhebenden Steuer ℳ	₰
10500	11500	330	60	198	—	528	—
11500	12500	360	60	216	—	576	—
12500	13500	390	70	273	—	663	—
13500	14500	420	70	294	—	714	—
14500	15500	450	70	315	—	765	—
15500	16500	480	80	384	—	864	—
16500	17500	510	80	408	—	918	—
17500	18500	540	80	432	—	972	—
18500	19500	570	90	513	—	1083	—
19500	20500	600	90	540	—	1140	—
20500	21500	630	90	567	—	1197	—
21500	22500	660	90	594	—	1254	—
22500	23500	690	90	621	—	1311	—
23500	24500	720	90	648	—	1368	—
24500	25500	750	100	750	—	1500	—
25500	26500	780	100	780	—	1560	—
26500	27500	810	100	810	—	1620	—
27500	28500	840	110	924	—	1764	—
28500	29500	870	110	957	—	1827	—
29500	30500	900	110	990	—	1890	—
30500	32000	960	120	1152	—	2112	—
32000	34000	1040	120	1248	—	2288	—
34000	36000	1120	120	1344	—	2464	—
36000	38000	1200	120	1440	—	2640	—
38000	40000	1280	120	1536	—	2816	—
40000	42000	1360	120	1632	—	2992	—
42000	44000	1440	120	1728	—	3168	—
44000	46000	1520	120	1824	—	3344	—
46000	48000	1600	120	1920	—	3520	—
48000	50000	1680	130	2184	—	3864	—
50000	52000	1760	130	2288	—	4048	—
52000	54000	1840	130	2392	—	4232	—

Einkommenstufe von ℳ	bis ℳ	Steuersatz	Zuschlag %	Abgerundeter Betrag ℳ	₰	Jahresbetrag der zu erhebenden Steuer ℳ	₰
54000	56000	1920	130	2496	—	4416	—
56000	58000	2000	130	2600	—	4600	—
58000	60000	2080	130	2704	—	4784	—
60000	62000	2160	140	3024	—	5184	—
62000	64000	2240	140	3136	—	5376	—
64000	66000	2320	140	3248	—	5568	—
66000	68000	2400	140	3360	—	5760	—
68000	70000	2480	140	3472	—	5952	—
70000	72000	2560	140	3584	—	6144	—
72000	74000	2640	140	3696	—	6336	—
74000	76000	2720	140	3808	—	6528	—
76000	78000	2800	140	3920	—	6720	—
78000	80000	2900	140	4060	—	6960	—
80000	82000	3000	150	4500	—	7500	—
82000	84000	3100	150	4650	—	7750	—
84000	86000	3200	150	4800	—	8000	—
86000	88000	3300	150	4950	—	8250	—
88000	90000	3400	150	5100	—	8500	—
90000	92000	3500	150	5250	—	8750	—
92000	94000	3600	150	5400	—	9000	—
94000	96000	3700	150	5550	—	9250	—
96000	98000	3800	150	5700	—	9500	—
98000	100000	3900	150	5850	—	9750	—
100000	105000	4000	160	6400	—	10400	—
105000	110000	4200	160	6720	—	10920	—
110000	115000	4400	160	7040	—	11440	—
115000	120000	4600	160	7360	—	11960	—
120000	125000	4800	160	7680	—	12480	—
125000	130000	5000	160	8000	—	13000	—
130000	135000	5200	160	8320	—	13520	—
135000	140000	5400	160	8640	—	14040	—
140000	145000	5600	160	8960	—	14560	—

Einkommensstufe von ℳ	Einkommensstufe bis ℳ	Steuersatz	Zuschlag %	Zuschlag Abgerundeter Betrag ℳ	Zuschlag Abgerundeter Betrag ₰	Jahresbetrag der zu erhebenden Steuer ℳ	Jahresbetrag der zu erhebenden Steuer ₰
145000	150000	5800	160	9280	—	15080	—
150000	155000	6000	160	9600	—	15600	—
155000	160000	6200	160	9920	—	16120	—
160000	165000	6400	160	10240	—	16640	—
165000	170000	6600	160	10560	—	17160	—
170000	175000	6800	160	10880	—	17680	—
175000	180000	7000	160	11200	—	18200	—
180000	185000	7200	160	11520	—	18720	—
185000	190000	7400	160	11840	—	19240	—
190000	195000	7600	160	12160	—	19760	—
195000	200000	7800	160	12480	—	20280	—
um je 5000 ℳ steigend		um je 200 ℳ steigend		um je 320 ℳ steigend		um je 520 ℳ steigend	

Anlage 3.

Einkommensteuertarif C

für die Gesellschaften mit beschränkter Haftung.

Einkommenstufe von M	bis M	Steuersatz	Zuschlag %	Abgerundeter Betrag M	M	Jahresbetrag der zu erhebenden Steuer M	₰
900—	1050	7	—	—	—	7	—
1050—	1200	10	—	—	—	10	—
1200—	1350	14	7,5	1	—	15	—
1300—	1500	18	7,5	1	20	19	20
1500—	1650	24	7,5	1	80	25	80
1650—	1800	30	7,5	2	20	32	20
1800—	2100	36	7,5	2	60	38	60
2100—	2400	42	7,5	3	—	45	—
2400—	2700	48	8	3	80	51	80
2700—	3000	56	8	4	40	60	40
3000—	3300	66	12	7	80	73	80
3300—	3600	76	12	9	—	85	—
3600—	3900	86	12	10	20	96	20
3900—	4200	96	16	15	20	111	20
4200—	4500	112	16	17	80	129	80
4500—	5000	132	16	21	—	153	—
5000—	5500	148	20	29	60	177	60
5500—	6000	164	20	32	80	196	80
6000—	6500	180	20	36	—	216	—
6500—	7000	200	25	50	—	250	—
7000—	7500	220	25	55	—	275	—
7500—	8000	240	25	60	—	300	—
8000—	8500	260	30	78	—	338	—
8500—	9000	280	30	84	—	364	—
9000—	9500	300	30	90	—	390	—
9500—	10500	340	35	119	—	459	—

Einkommenstufe von M	bis M	Steuersatz	Zuschlag %	Abgerundeter Betrag M	₰	Jahresbetrag der zu erhebenden Steuer M	₰
10500	11500	380	35	133	—	513	—
11500	12500	420	35	147	—	567	—
12500	13500	460	40	184	—	644	—
13500	14500	500	40	200	—	700	-
14500	15500	540	40	216	—	756	—
15500	16500	580	45	261	—	841	—
16500	17500	620	45	279	—	899	—
17500	18500	660	45	297	—	957	—
18500	19500	700	50	350	—	1050	—
19500	20500	740	50	370	—	1110	—
20500	21500	780	50	390	—	1170	—
21500	22500	820	55	451	—	1271	—
22500	23500	860	55	473	—	1333	—
23500	24500	900	55	495	—	1395	—
24500	25500	940	60	564	—	1504	—
25500	26500	980	60	588	—	1568	—
26500	27500	1020	60	612	—	1632	—
27500	28500	1060	65	689	—	1749	—
28500	29500	1100	65	715	—	1815	—
29500	30500	1140	65	741	—	1881	—
30500	31500	1180	70	826	—	2006	—
31500	32500	1220	70	854	—	2074	—
32500	33500	1260	70	882	—	2142	—
33500	34500	1300	70	910	—	2210	—
34500	35500	1340	70	938	—	2278	—
35500	36500	1380	70	966	—	2346	—
36500	37500	1420	70	994	—	2414	—
37500	38500	1460	70	1022	—	2482	—
38500	39500	1500	70	1050	—	2550	—
39500	40500	1540	70	1078	—	2618	—
40500	41500	1580	70	1106	—	2686	—
41500	42500	1620	70	1134	—	2754	—

Einkommensstufe von ℳ	bis ℳ	Steuersatz	Zuschlag %	Abgerundeter Betrag ℳ	₰	Jahresbetrag der zu erhebenden Steuer ℳ	₰
42 500—	43 500	1 660	70	1 162	—	2 822	—
43 500—	44 500	1 700	70	1 190	—	2 890	—
44 500—	45 500	1 740	70	1 218	—	2 958	—
45 500—	46 500	1 780	70	1 246	—	3 026	—
46 500—	48 000	1 840	70	1 288	—	3 128	—
48 000—	50 000	1 940	75	1 455	—	3 395	—
50 000—	52 000	2 040	75	1 530	—	3 570	—
52 000—	54 000	2 140	75	1 605	—	3 745	—
54 000—	56 000	2 240	75	1 680	—	3 920	—
56 000—	58 000	2 340	75	1 755	—	4 095	—
58 000—	60 000	2 440	75	1 830	—	4 270	—
60 000—	62 000	2 540	80	2 032	—	4 572	—
62 000—	64 000	2 640	80	2 112	—	4 752	—
64 000—	66 000	2 740	80	2 192	—	4 932	—
66 000—	68 000	2 840	80	2 272	—	5 112	—
68 000—	70 000	2 940	80	2 352	—	5 292	—
70 000—	72 000	3 040	85	2 584	—	5 624	—
72 000—	74 000	3 140	85	2 669	—	5 809	—
74 000—	76 000	3 240	85	2 754	—	5 994	—
76 000—	78 000	3 340	85	2 839	—	6 179	—
78 000—	80 000	3 440	85	2 924	—	6 364	—
80 000—	82 000	3 540	90	3 186	—	6 726	—
82 000—	84 000	3 640	90	3 276	—	6 916	—
84 000—	86 000	3 740	90	3 366	—	7 106	—
86 000—	88 000	3 840	90	3 456	—	7 296	—
88 000—	90 000	3 940	90	3 546	—	7 486	—
90 000—	92 000	4 040	95	3 838	—	7 878	—
92 000—	94 000	4 140	95	3 933	—	8 073	—
94 000—	96 000	4 240	95	4 028	—	8 268	—
96 000—	98 000	4 340	95	4 123	—	8 463	—
98 000—	100 000	4 440	95	4 218	—	8 658	—
100 000—	104 000	4 600	100	4 600	—	9 200	—

Einkommenstufe von M	bis M	Steuersatz	Zuschlag %	Abgerundeter Betrag M	₰	Jahresbetrag der zu erhebenden Steuer M	₰
104 000	108 000	4 780	100	4 780	—	9 560	—
108 000	112 000	4 960	100	4 960	—	9 920	—
112 000	116 000	5 140	100	5 140	—	10 280	—
116 000	120 000	5 320	100	5 320	—	10 640	—
120 000	124 000	5 500	100	5 500	—	11 000	—
124 000	128 000	5 680	100	5 680	—	11 360	—
128 000	132 000	5 860	100	5 860	—	11 720	—
132 000	136 000	6 040	100	6 040	—	12 080	—
136 000	140 000	6 220	100	6 220	—	12 440	—
140 000	144 000	6 400	100	6 400	—	12 800	—
144 000	148 000	6 580	100	6 580	—	13 160	—
148 000	152 000	6 760	100	6 760	—	13 520	—
152 000	156 000	6 940	100	6 940	—	13 880	—
156 000	160 000	7 120	100	7 120	—	14 240	—
160 000	164 000	7 300	100	7 300	—	14 600	—
164 000	168 000	7 480	100	7 480	—	14 960	—
168 000	172 000	7 660	100	7 660	—	15 320	—
172 000	176 000	7 840	100	7 840	—	15 680	—
176 000	180 000	8 020	100	8 020	—	16 040	—
180 000	184 000	8 200	100	8 200	—	16 400	—
184 000	188 000	8 380	100	8 380	—	16 760	—
188 000	192 000	8 560	100	8 560	—	17 120	—
192 000	196 000	8 740	100	8 740	—	17 480	—
196 000	200 000	8 920	100	8 920	—	17 840	—
usw. um je 4 000 M steigend		um je 180 M steigend		um je 180 M steigend		um je 360 M steigend	

Anlage 4.

Ergänzungssteuertarif.

Vermögen	Steuersätze gemäß § 19 Abs. 1 des Gesetzes ℳ	₰	50 % Zuschlag abgerundet ℳ	₰	Jahresbetrag der zu erhebenden Steuer ℳ	₰
von 6000 ℳ bis 32000 ℳ	3	—	1	40	4	40
	4	—	2	—	6	—
	7	—	3	40	10	40
	10	—	5	—	15	—
	14	—	7	—	21	—

Vermögensstufe von ℳ	bis ℳ	Steuersatz ℳ	₰	50 % Zuschlag abgerundet ℳ	₰	Jahresbetrag der zu erhebenden Steuer ℳ	₰
6000—	8000	3	20	1	60	4	80
8000—	10000	4	20	2	—	6	20
10000—	12000	5	20	2	60	7	80
12000—	14000	6	40	3	20	9	60
14000—	16000	7	40	3	60	11	—
16000—	18000	8	40	4	20	12	60
18000—	20000	9	40	4	60	14	—
20000—	22000	10	60	5	20	15	80
22000—	24000	11	60	5	80	17	40
24000—	28000	12	60	6	20	18	80
28000—	32000	14	80	7	40	22	20
32000—	36000	16	80	8	40	25	20
36000—	40000	19	—	9	40	28	40
40000—	44000	21	—	10	40	31	40

Vermögensstufe von	bis	Steuersatz		50 % Zuschlag abgerundet		Jahresbetrag der zu erhebenden Steuer	
ℳ	ℳ	ℳ	₰	ℳ	₰	ℳ	₰
44 000—	48 000	23	20	11	60	34	80
48 000—	52 000	25	20	12	60	37	80
52 000—	56 000	27	40	13	60	41	—
56 000—	60 000	29	40	14	60	44	—
60 000—	70 000	31	60	15	80	47	40
70 000—	80 000	36	80	18	40	55	20
80 000—	90 000	42	—	21	—	63	—
90 000—	100 000	47	40	23	60	71	—
100 000—	110 000	52	60	26	20	78	80
110 000—	120 000	57	80	28	80	86	60
120 000—	130 000	63	20	31	60	94	80
130 000—	140 000	68	40	34	20	102	60
140 000—	150 000	73	60	36	80	110	40
150 000—	160 000	78	80	39	40	118	20
160 000—	170 000	84	20	42	—	126	20
170 000—	180 000	89	40	44	60	134	—
180 000—	190 000	94	60	47	20	141	80
190 000—	200 000	100	—	50	—	150	—
200 000—	220 000	105	20	52	60	157	80
220 000—	240 000	115	80	57	80	173	60
240 000—	260 000	126	20	63	—	189	20
260 000—	280 000	136	80	68	40	205	20
280 000—	300 000	147	20	73	60	220	80
300 000—	320 000	157	80	78	80	236	60
320 000—	340 000	168	40	84	20	252	60
340 000—	360 000	178	80	89	40	268	20
360 000—	380 000	189	40	94	60	284	—
380 000—	400 000	199	80	99	80	299	60
400 000—	420 000	210	40	105	20	315	60
420 000—	440 000	221	—	110	40	331	40
440 000—	460 000	231	40	115	60	347	—
460 000—	480 000	242	—	121	—	363	—

Vermögensstufe von ℳ	bis ℳ	Steuersatz ℳ	₰	50% Zuschlag abgerundet ℳ	₰	Jahresbetrag der zu erhebenden Steuern ℳ	₰
480 000—	500 000	252	40	126	20	378	60
500 000—	520 000	263	—	131	40	394	40
520 000—	540 000	273	60	136	80	410	40
540 000—	560 000	284	—	142	—	426	—
560 000—	580 000	294	60	147	20	441	80
580 000—	600 000	305	—	152	40	457	40
600 000—	620 000	315	60	157	80	473	40
620 000—	640 000	326	20	163	—	489	20
640 000—	660 000	336	60	168	20	504	80
660 000—	680 000	347	20	173	60	520	80
680 000—	700 000	357	60	178	80	536	40
700 000—	720 000	368	20	184	—	552	20
720 000—	740 000	378	80	189	40	568	20
740 000—	760 000	389	20	194	60	583	80
760 000—	780 000	399	80	199	80	599	60
780 000—	800 000	410	20	205	—	615	20
800 000—	820 000	420	80	210	40	631	20
820 000—	840 000	431	40	215	60	647	—
840 000—	860 000	441	80	220	80	662	60
860 000—	880 000	452	40	226	20	678	60
880 000—	900 000	462	80	231	40	694	20
900 000—	920 000	473	40	236	60	710	—
920 000—	940 000	484	—	242	—	726	—
940 000—	960 000	494	40	247	20	741	60
960 000—	980 000	505	—	252	40	757	40
980 000—	1 000 000	515	40	257	60	773	—
1 000 000—	1 020 000	526	—	263	—	789	—
1 020 000—	1 040 000	536	60	268	20	804	80
1 040 000—	1 060 000	547	—	273	40	820	40
1 060 000—	1 080 000	557	60	278	80	836	40
1 080 000—	1 100 000	568	—	284	—	852	—
1 100 000—	1 120 000	578	60	289	20	867	80

Vermögensstufe von	bis	Steuersatz		50 % Zuschlag abgerundet		Jahresbetrag der zu erhebenden Steuer	
ℳ	ℳ	ℳ	₰	ℳ	₰	ℳ	₰
1 120 000	1 140 000	589	20	294	60	883	80
1 140 000	1 160 000	599	60	299	80	899	40
1 160 000	1 180 000	610	20	305	—	915	20
1 180 000	1 200 000	620	60	310	20	930	80
1 200 000	1 220 000	631	20	315	60	946	80
1 220 000	1 240 000	641	80	320	80	962	60
1 240 000	1 260 000	652	20	326	—	978	20
1 260 000	1 280 000	662	80	331	40	994	20
1 280 000	1 300 000	673	20	336	60	1 009	80
1 300 000	1 320 000	683	80	341	80	1 025	60
1 320 000	1 340 000	694	40	347	20	1 041	60
1 340 000	1 360 000	704	80	352	40	1 057	20
1 360 000	1 380 000	715	40	357	60	1 073	—
1 380 000	1 400 000	725	80	362	80	1 088	60
1 400 000	1 420 000	736	40	368	20	1 104	60
1 420 000	1 440 000	747	—	373	40	1 120	40
1 440 000	1 460 000	757	40	378	60	1 136	—
1 460 000	1 480 000	768	—	384	—	1 152	—
1 480 000	1 500 000	778	40	389	20	1 167	60
1 500 000	1 520 000	789	—	394	40	1 183	40
usw. um je 20 000 ℳ steigend.		um je 10,52 ℳ steigend. (Wegen der Abrundung siehe den Tarif auf Seite 77 der AA.)		Der für jeden Steuersatz zu berechnende Zuschlag ist auf den nächsten durch 20 teilbaren Pfennigbetrag nach unten abzurunden.			

Kolibri 360 GmbH
Ferdinand-Jühlke-Straße 7
99095 Erfurt, Deutschland
produktsicherheit@kolibri360.de